Hermann J. Abs
Entscheidungen

Hermann J. Abs

Entscheidungen
1949-1953

Die Entstehung des
Londoner Schuldenabkommens

v. Hase & Koehler

Umschlag: Manfred Igogeit, Cuxhaven
Photo: Paul Swiridoff

2. Auflage

Die Deutsche Bibliothek – CIP-Einheitsaufnahme
Abs, Hermann J.:
Entscheidungen: 1949–1953; Die Entstehung des »Londoner
Schuldenabkommens«/Hermann J. Abs. – Mainz: v. Hase und
Koehler, 1991
ISBN 3-7758-1245-8

©1991 v. Hase & Koehler Verlag, Mainz-München
Alle Rechte vorbehalten
Satz: Poeschel & Schulz-Schomburgk, Eschwege
Druck: Mühlhäuser Druckhaus, Mühlhausen/Thüringen
Bindearbeiten: Kurt Schirmer, Erfurt
ISBN 3-7758-1245-8
Printed in Germany

INHALT

INHALT

INHALT

VORWORT

Fast ein halbes Jahrhundert nach dem Ende des Zweiten Weltkrieges haben sich die Bürger der Bundesrepublik Deutschland daran gewöhnt, in einem respektierten, manchmal wegen seiner Wirtschaftskraft auch gefürchteten Land, der führenden Wirtschaftsmacht Europas, zu leben. Im Jahre 1945 wäre eine solche Vision Deutschlands, wie sie zum Ende des Jahrhunderts Wirklichkeit geworden ist, unvorstellbar gewesen. Vielmehr schien ein bescheidenes Überleben im Schatten anderer Länder unser Schicksal zu sein.

Die Weichen für den Wiederaufstieg Deutschlands wurden schon in den ersten Jahren nach dem Krieg gestellt. Der Marshall-Plan, eine Hilfe zur Selbsthilfe, gab den Anstoß, daß das zerstörte Europa begann, wieder auf die Beine zu kommen. Die deutsche Währungsreform des Jahres 1948 beseitigte die primitive Tauschwirtschaft, die sich in den Zeiten des wertlosen Geldes nach dem Kriege breitgemacht hatte, und schuf mit einer stabilen Währung die Voraussetzung für eine hochorganisierte, arbeitsteilige Wirtschaft.

Mit der Regelung der Schulden, und zwar sowohl der öffentlichen wie der privaten Vorkriegsschulden wie auch der im wesentlichen durch die alliierten Hilfeleistungen nach dem Kriege entstandenen Nachkriegsschulden, erlangte die Bundesrepublik nicht nur ihre kaufmännische Kreditwürdigkeit im engeren Sinne, sondern etwas, was darüber hinaus im Wort *credere* liegt: Die Welt begann, diesem Staat wieder zu vertrauen. Diese Zielrichtung, das zwischen 1933 und 1945 verlorene und verspielte Vertrauen wiederzugewinnen, zeigt schon, daß es auf der Londoner Schuldenkonferenz keineswegs nur darum gehen konnte, einen für den Schuldner möglichst günstigen Vergleich auszuhandeln. Vielmehr mußten die Gläubiger in der ganzen Welt – in London sah sich die deutsche Delegation Vertretern aus 25 Ländern gegenüber, dazu kamen die Delegationen der im Dreimächteausschuß vertretenen Staaten und eine Abordnung der Bank für Internationalen Zahlungsausgleich – davon überzeugt werden, daß ein Schuldner, der einen großen Teil seines Territoriums eingebüßt hatte und durch den verlorenen Krieg in seiner Wirtschaftskraft empfindlich geschwächt war, gleichwohl sein Äußerstes tun würde, um *bona fide* seine Gläubiger – so gut es eben ging – zu befriedigen.

Nachdem es sich ausschließlich um Auslandsschulden handelte, konnte es dabei nicht nur auf die Leistungskraft des Schuldners, gemessen in seiner eigenen Währung, ankommen. Den Rahmen für die Rückzahlung der Verbindlichkeiten bildeten die vorhandenen Transfermöglichkeiten. Devisen waren knapp, und am knappsten waren amerikanische Dollars. Kapital- und Zinsschuld gleichzeitig zu bedienen, wäre unmöglich gewesen. Diesem Umstand trug das Schuldenabkommen Rechnung.

Es ging bei der Londoner Schuldenkonferenz aber noch aus einem anderen Grunde als der Wiederherstellung des Vertrauens um mehr als nur ein günstiges kaufmännisches Ergebnis für einen schwachen internationalen Schuldner. Die Hauptgläubiger waren ja auch die Sieger des Krieges, die dem Schuldner als Besatzungsmächte gegenüberstanden, mit denen ein vielfältiges politisches Interessengeflecht bestand; die Angelegenheit komplizierte sich noch dadurch, daß die Vereinigten Staaten, England und Frankreich nicht immer einheitliche Standpunkte vertraten.

Zur gleichen Zeit wie mit den Vor- und Nachkriegsgläubigern wurde mit dem Staat Israel über eine globale Regelung zur Wiedergutmachung verhandelt. Dies war eine moralisch-politische Aufgabe von höchster Wichtigkeit. Die Verpflichtungen gegenüber Israel mußten bei der Einschätzung der zukünftigen Leistungskraft des Schuldners berücksichtigt werden.

Die Entstehung des Londoner Schuldenabkommens ist bisher noch nicht in Form einer Monographie behandelt worden. Bei der vorliegenden Arbeit habe ich mich bemüht, nicht allein meinem Gedächtnis zu vertrauen, sondern versucht, für diese bedeutsame Phase meines Lebens möglichst alle wesentlichen Aussagen überprüfbar zu machen. Damit erklärt sich die Vielzahl der Anmerkungen, die künftiger zeitgeschichtlicher Forschung den Einstieg erleichtern soll; es wäre wünschenswert, wenn sie sich des Themas weiter annähme.

Die Kausalität einzelner Ereignisse für spätere Entwicklungen ist nur sehr schwer nachzuweisen. Es wäre aber sicherlich reizvoll, dem Einfluß der markanten Nachkriegsereignisse auf das wirtschaftliche Erstarken und damit verbunden auf die Wiedergewinnung der außenpolitischen Souveränität nachzugehen. Auch nach Jahrzehnten zeigen sich noch einschneidende Folgen. Ohne den starken Sog der wirtschaftlich prosperierenden Bundesrepublik hätte die Wiedervereinigung nicht so rasch stattfinden können.

Ein Buch wie dieses ist selten allein die Leistung dessen, der auf dem Titelblatt steht. Den vielen, die in den benutzten Bibliotheken und Archiven zum Entstehen dieser Arbeit beigetragen haben, kann ich nur pauschal danken. Eine Ausnahme ist gegenüber Bernd Kulla angebracht, ohne den das Buch in dieser Form nicht entstanden wäre.

Frankfurt am Main,
im Juni 1991

Hermann J. Abs

I. DIE DEUTSCHEN VORKRIEGSSCHULDEN

1. Dawes- und Young-Anleihe

a) Wirtschafts- und finanzpolitischer Hintergrund

Nach dem Ende des Ersten Weltkriegs belasteten die mit der Umstellung von Kriegs- auf Friedenswirtschaft verbundenen Schwierigkeiten und die Auswirkungen des Versailler Vertrages von 1919 die deutsche Wirtschaft. Durch Gebietsabtretungen büßte Deutschland etwa ein Siebtel seiner landwirtschaftlichen Nutzfläche und wesentliche Rohstoffvorkommen ein.[1] Kohle, vor dem Krieg ein Exportartikel, mußte aufgrund der hohen Reparationslieferungen sogar aus Großbritannien eingeführt werden[2], was zur Folge hatte, daß die deutschen Importquoten kräftig anstiegen. Wegen des Devisenmangels betrugen allerdings die Einfuhren unmittelbar nach dem Krieg real nur etwa ein Drittel der Vorkriegsimporte. Ähnlich schlecht war es um die Ausfuhr bestellt, da sie nicht nur durch protektionistische Maßnahmen des Auslandes beeinträchtigt wurde, sondern auch unter der staatlichen Reglementierung des Außenhandels litt.[3]

Nicht weniger negativ auf die wirtschaftliche Entwicklung in den Nachkriegsjahren wirkten sich politische Wirren und Streiks sowie die zunächst sehr hohe Arbeitslosenquote aus. 1922 herrschte – allerdings nur für kurze Zeit – Vollbeschäftigung. Bereits während des Krieges waren die Steigerungsraten der Löhne hinter dem Anstieg der Preise für industrielle Fertigwaren zurückgeblieben, so daß es sich für die Unternehmer lohnte, Arbeitskräfte einzustellen. Ein zusätzlicher Vorteil war, daß der Außenwert der Mark laufend zurückging, wodurch die deutschen Waren am Weltmarkt preisgünstig angeboten werden konnten.[4] Allerdings handelte es sich hierbei nur um eine Schein-

1

blüte[5], die darauf beruhte, daß Deutschland aufgrund der inflationären Entwicklung von der weltwirtschaftlichen Krise der Jahre 1920/21 weniger stark betroffen worden war.[6]

Eine wichtige Ursache für die Inflation war der Zustand der deutschen Staatsfinanzen. Obgleich die unmittelbaren Kosten des Krieges weggefallen waren, hatte der Staat weiterhin große Lasten zu tragen. Der Reichshaushalt wies laufend Fehlbeträge auf. Am Ende des Haushaltsjahres 1919 stand die kurzfristige Schuld auf 91,6 Mrd. Mark – nach 51,2 Mrd. Mark im November 1918. Im folgenden Rechnungsjahr belief sich der Zuwachs auf rund 75 Mrd. Mark, im Jahr danach auf über 100 Mrd. Mark.[7] Sicher hätte eine starke Regierung das Wachstum der öffentlichen Verschuldung in Grenzen halten können, denn die Kriegsausgaben hatten zuvor immerhin etwa die Hälfte des Sozialprodukts beansprucht.[8] Doch diese Voraussetzung war nach der Revolution von 1918 nicht gegeben.

Für den Staat gab es keinen anderen Ausweg, als sich kurzfristig zu verschulden, da die Emission von Anleihen in den ersten Nachkriegsjahren wenig Erfolg gebracht hätte. Somit vergrößerte sich das Inflationspotential, das bereits während des Krieges aufgebaut worden war – der Bargeldumlauf hatte sich im Zeitraum von 1913 bis 1918 verfünffacht[9] –, ständig. Während des Krieges waren die Auswirkungen der Geldschöpfung zum Teil durch Preisbindung und Rationierung lebensnotwendiger Güter zurückgestaut worden. Die Reichsbank hatte den Wechselkurs der Mark manipuliert, und er war erheblichen spekulativen Schwankungen unterworfen gewesen. Am Ende des Krieges war er auf etwa 56 Prozent des Vorkriegsstandes gesunken.[10]

Zudem trieb auch die Kreditpolitik der Notenbank die Preise immer mehr in die Höhe. »Um die Wirtschaft in Gang zu halten, gewährte die Reichsbank der Industrie enorme Kreditsummen, obwohl sie wußte, daß diese verzweifelte Maßnahme den Währungsverfall nur beschleunigen würde.«[11] Der Index der Großhandelspreise, der bei Kriegsende einen Stand von 234 ausgewiesen hatte, kletterte im

2

März 1919 auf 274 und weiter über 1709 im März 1920 – nach einem Rückgang auf 1338 im März 1921 – auf 5433 im März 1922.[12] Ab September 1922 vollzog sich die Verschlechterung schlagartig. Ein neuer Sturz des Wechselkurses der Mark ließ den Dollarkurs in Berlin im November 1922 auf zeitweise über 9000 Mark steigen, nachdem er Anfang Juni noch unter 300 Mark gestanden und Mitte August »erst« 1000 Mark erreicht hatte.[13]

Die Inflationsmentalität erfaßte immer weitere Kreise der Bevölkerung, die sich bei ihren Preisforderungen zunehmend am Außenkurs der Mark orientierten, auf den wiederum politische und spekulative Faktoren Einfluß nahmen.[14] Die Verringerung des Außenwertes der Mark wirkte so auf das innere Preisniveau zurück. Den »Gnadenstoß«[15] erhielt die Währung im Januar 1923, als Frankreich Rückstände in den deutschen Reparationsleistungen zum Anlaß für die Besetzung des Ruhrgebiets nahm. Die Unterstützung der Ruhrbevölkerung durch die Reichsregierung, die zum »passiven Widerstand« gegen die französische Besatzung aufgerufen hatte, verschlang ungeheure Summen, die sich die Regierung über Notenbankkredite beschaffen mußte. Der Kursverfall der Mark nahm unterdessen rapide zu. Wohl sah die deutsche Regierung dieser Entwicklung nicht tatenlos zu und unternahm wiederholt Anstrengungen, mehr Steuereinnahmen zu erzielen, doch alle ihre Maßnahmen konnten die Geldentwertung nur wenig hemmen. Hinzu kam, daß auch die ökonomische Theorie die Ursachen der Inflation nicht voll zu erfassen, geschweige denn zu erklären vermochte.[16]

In der letzten Phase der Inflation reichte die im Umlauf befindliche Geldmenge nicht mehr aus, den Geldbedarf zu befriedigen, und Notgeld mußte in großen Mengen gedruckt werden. Neben der Reichsdruckerei waren 132 weitere Druckereien unmittelbar oder mittelbar mit dem Banknotendruck beschäftigt, und mehr als dreißig Papierfabriken teilten sich die Aufgabe der Papierbeschaffung.[17] Das Ausmaß der Inflation machte eine Stabilisierung des deutschen Finanzwesens unumgänglich, nachdem die Mark ihre Funktion als Recheneinheit weitgehend eingebüßt und zuletzt auch ihre Brauchbarkeit als Zahlungsmittel verloren hatte. Die Öffentlichkeit ging vielfach zu »wertbeständigen« Zahlungsmitteln über, beispielsweise zu den kleinen Stücken von Dollar-Schatzanweisungen des Deutschen Reiches oder zu »wertbeständigem Notgeld«.[18]

In dieser Zeit wurden mehrere Währungsreformpläne ausgearbeitet. Zunächst verfolgte die Regierung Stresemann das Projekt einer Gold-Notenbank. Da ihr aber für eine Stabilisierung der Währung auf Goldbasis die Goldreserven der Reichsbank nicht ausreichend erschienen – per Ende Juli 1923 bezifferten sich diese auf 596 Mio. Goldmark –, griff sie schließlich auf den Helfferich-Plan zurück.[19] Dieser Plan, der bereits Anfang August 1923 von Karl Helfferich der Regierung Cuno vorgelegt worden war, sah auf dem Roggenwert basierendes Geld (Roggenmark) vor und schuf die Möglichkeit, die Diskontierung von Reichsschatzanweisungen durch die Reichsbank, welche eine bedeutende Inflationsquelle war, sofort zu beenden, ohne daß das Reich zahlungsunfähig würde.[20] Von der Landwirtschaft, die zum Teil ohnehin schon in Roggenmark rechnete, wurde dieser Plan unterstützt.[21] Das war insofern wichtig, als es galt, der Landwirtschaft für ihre Produkte ein wertbeständiges Zahlungsmittel anzubieten, da sonst die Gefahr bestand, daß die Versorgung der Bevölkerung mit Nahrungsmitteln nicht gesichert werden konnte. Am Helfferich-Plan wurden, vor allem auf Betreiben von Reichsfinanzminister Hilferding, im Laufe der Zeit noch einige Änderungen vorgenommen. Die Geldzeichen erhielten in Anlehnung an die »Rentenbriefe« die Bezeichnung »Rentenmark«, also nicht »Roggenmark«, und die neue Bank bekam den Namen »Rentenbank«.[22] Allerdings wurde die Rentenmark nicht gesetzliches Zahlungsmittel und erhielt auch keinen festen Kurs zur Papiermark.

Neben den neuen Geldzeichen bestand ein wesentliches Element des Helfferich-Planes in der Gewährung eines Überbrückungskredites der Deutschen Rentenbank an das Reich, um dessen weitere Zahlungsfähigkeit zu gewährleisten, nachdem die Reichsbank keine Reichs-

4

schatzanweisungen mehr diskontierte. Die Regierung, insbesondere Luther, Hilferdings Nachfolger im Finanzministerium, setzte darauf, daß sich die Einschaltung der Rentenbank, die nicht mit dem Makel der Inflationsförderung behaftet war, psychologisch positiv auf die Bevölkerung auswirken würde. Man versprach sich davon eine beträchtliche Minderung der Umlaufgeschwindigkeit des Geldes. Entscheidend war, in der Bevölkerung Vertrauen zum neuen Geld zu schaffen. Helfferich gelang dies, indem er für die neuen Geldzeichen die Einlösung in »wertbeständige« Rentenbriefe garantierte, die wiederum durch eine Belastung von Landwirtschaft und gewerblichem Vermögen gedeckt waren.

Als Gegner des Helfferich-Planes erwies sich Hjalmar Schacht, den Stresemann am 6. Oktober 1923 bei einer Kabinettsumbildung zum neuen Finanzminister ernennen wollte.[23] Statt dessen übernahm jedoch Luther das Finanzministerium. Ihm ist es zu verdanken, daß die Regelung der Währungsfrage beschleunigt wurde. Am 13. Oktober 1923 verabschiedete der Reichstag ein Ermächtigungsgesetz, das es der Regierung gestattete, im Verordnungswege die notwendigen Stabilisierungsmaßnahmen zu treffen. Schon nach zwei Tagen, am 15. Oktober 1923, wurde die Rentenbank-Verordnung beschlossen und nach weiteren zwei Tagen verkündet. Am 15. November konnten die ersten Rentenbankscheine ausgegeben werden. Einen Tag später stellte die Reichsbank die Diskontierung von Reichsschatzwechseln ein.

Für die ersten Tage der Ausgabe von Rentenbankscheinen sah der Helfferich-Plan keinen festen Austauschkurs zwischen Papiermark und Rentenmark vor. Daraus ergab sich die Möglichkeit, den Kurs noch einige Zeit über die Relation zwischen Dollar und Papiermark zu regulieren. Je höher man den Dollarkurs festsetzte, desto geringer wurde die Gefahr, daß die von den großen Papiermarkbeträgen ausgehende Nachfrage nach Dollar seinen Kurs weiter hochtreiben könnte. So wurde der Dollarkurs am 13. November 1923 auf 840 Mrd., am 14. November auf 1260 Mrd. und am 15. November auf 2520 Mrd.

5

Mark angehoben. Dieser Kurs war bis zum 19. November gültig. Auf seiner Basis entsprachen 600 Mrd. Papiermark einer Rentenmark. Durch die Heraufsetzung des Dollarkurses wurde, in Goldmark gerechnet, eine Kontraktion der umlaufenden Geldmenge erreicht. Innerhalb von drei Tagen, vom 12. bis 15. November 1923, verminderte sie sich von 400 Mio. auf 156 Mio. Goldmark.[24] Am 20. November 1923 wurde, offenbar auf Empfehlung des Reichsbankdirektors Carl Kauffmann, im Einvernehmen mit Schacht der Dollarkurs kräftig angehoben, und zwar auf 4,2 Billionen Mark. Die Austauschrelation sah nun folgendermaßen aus: 1 Goldmark = 1 Billion Papiermark beziehungsweise 1 Rentenmark = 1 Billion Papiermark. Zu diesem Kurs begann nun die Reichsbank Rentenmark in Mark und umgekehrt zu tauschen.[25]

Das Ende der Inflation bewies, daß es möglich war, ein desolates Währungsgefüge bei entsprechenden geld- und finanzpolitischen Maßnahmen aus eigener Kraft, ohne fremde Hilfe und ohne Rückgriff auf Goldreserven, zu stabilisieren. Der Erfolg war zu gleichen Teilen dem Plan von Helfferich und dem Einsatz von Finanzminister Luther zu verdanken. Schacht, der fälschlicherweise häufig mit der Stabilisierung der Mark in Zusammenhang gebracht wird, wurde erst am 22. Dezember 1923 Präsident des Reichsbankdirektoriums, nachdem er am 12. November zum Reichswährungskommissar ernannt worden war. Er hatte bis zuletzt den Helfferich-Plan auch in der modifizierten Form abgelehnt.[26]

b) *Die Reparationen als Basis für die Verschuldung in
   der Zwischenkriegszeit*

Die Siegermächte forderten aufgrund des Versailler Vertrages von Deutschland hohe Wiedergutmachungsleistungen. Eine Endsumme der Reparationen wurde im Vertrag selbst nicht festgelegt, jedoch als erste Abschlagsrate der Gegenwert von 20 Mrd. Goldmark, zu leisten bis zum 1. Mai 1921, eingefordert.[27] Der Vertrag wurde von den Alliierten – ohne die Vereinigten Staaten – erst am 10. Januar 1920 in Kraft gesetzt. Präsident Wilson war es nicht gelungen, für die Friedensbedingungen die Zustimmung des Kongresses zu erhalten.

Ein alliierter Ausschuß, die sogenannte Reparationskommission, sollte die Höhe der durch den Krieg entstandenen Schäden bestimmen und sie der deutschen Regierung als Summe ihrer Verpflichtungen bekanntgeben. Zugleich war ein Zahlungsplan aufzustellen, der festlegte, wie Deutschland im Laufe von dreißig Jahren ab 1921 seine Schuld zu tilgen habe. Für die Reparationen waren außer Geldzahlungen auch Sachleistungen vorgesehen, insbesondere Kohle und Kohleprodukte, die an Frankreich, Belgien und Italien gingen. Der Wert dieser Lieferungen wurde von der Reparationskommission festgelegt und dem Reparationskonto gutgeschrieben.[28]

Um die Höhe der Reparationsschuld festzusetzen, trafen die Premiers der Alliierten auf Betreiben von Lloyd George im Frühjahr 1920 zu mehreren Besprechungen zusammen. Da jedoch keine grundsätzliche Einigung erzielt werden konnte, sollte vorerst eine Sachverständigenkommission ein Schema ausarbeiten, »wonach Deutschland jedes Jahr eine gewisse Mindestsumme und je nach seiner erhöhten Zahlungsfähigkeit Zuschläge dazu zahlen sollte«[29]. Beim nächsten Treffen der alliierten Premiers am 20. Juni 1920 in Boulogne entstand nach Vorlagen der Sachverständigen ein Plan, nach dem Deutschland innerhalb von 42 Jahren insgesamt 269 Mrd. Goldmark zahlen und zur Aufbringung internationale Anleihen aufnehmen sollte.[30]

Anfang Juli 1920 kamen die alliierten Premierminister noch einmal in Brüssel zusammen, bevor am 5. Juli eine Konferenz in Spa begann, zu der auch Deutschland eingeladen wurde. Einziger Erfolg dieser Konferenz war die unter den Alliierten erzielte Einigung über die Aufteilung der deutschen Reparationen; über das eigentliche Reparationsproblem wurde hingegen kaum gesprochen. Die Konferenz vermittelte einen nachhaltigen Eindruck von dem gespannten Verhältnis zwischen Siegern und Besiegten. Eine Reihe ähnlich verlaufender Zusammenkünfte stand noch bevor, bis ab 1924 allmählich ein Klimawechsel einsetzte. Lloyd George kennzeichnete später diesen Konferenzreigen der frühen zwanziger Jahre mit Blick auf Deutschland als » eine peinliche Folge von nervösen und daher unbeholfenen Versuchen, der Forderung der Alliierten seiner Fähigkeit entsprechend entgegenzukommen. Soweit die Alliierten in Betracht kommen, ist er die Geschichte eines sturen Rückzugsgefechtes, ausgetragen gegen unerbittliche Tatsachen«[31]. In der Tat ist die Geschichte der Verhandlungen über die deutschen Reparationen alles andere als ein Ruhmesblatt der Diplomatie. Für Deutschland machte sich die Abwesenheit der Vereinigten Staaten negativ bemerkbar, welche die Haltung der britischen Regierung hätte unterstützen können. Großbritannien hatte zunächst die härtesten Forderungen gestellt, modifizierte aber 1921 seine Position in der Reparationsfrage grundlegend.[32] Doch dominierte die unnachgiebige Haltung Frankreichs über mehrere Jahre hinweg sämtliche Verhandlungen.

Auf einer erneuten Zusammenkunft verabschiedeten die alliierten Premierminister die sogenannten » Pariser Beschlüsse« vom 29. Januar 1921, denen zufolge Deutschland in 42 Jahresraten insgesamt 226 Mrd. Goldmark zu leisten habe. Zugleich wurde eine Einladung nach London ausgesprochen, wo mit einer deutschen Delegation über diesen Zahlungsplan verhandelt werden sollte. Die Londoner Konferenz, die am 1. März 1921 begann, verlief äußerst unglücklich. Die einleitende Rede des deutschen Außenministers Simons wurde sehr ungnädig aufgenommen; zu einer genauen Darlegung der Vorschläge seiner Regierung kam er nicht mehr. Zwei Tage darauf antwortete Lloyd George, der Deutschland für renitent hielt[33], mit heftigen Anklagen und kündigte Sanktionen an, wenn die deutsche Regierung nicht bis zum 7. März unmißverständlich erklärte, daß sie die » Pariser Beschlüsse« annehme.[34] Auf dieser Grundlage war eine Einigung nicht zu erreichen, woraufhin am 8. März 1921 französische Truppen Düsseldorf, Duisburg und Ruhrort besetzten.

8

Zwischen den besetzten und unbesetzten Gebieten wurde eine Zollgrenze errichtet, und Zölle wurden beschlagnahmt. Bei der Einfuhr deutscher Waren behielten die alliierten Länder einen Teil des Kaufpreises ein. Dazu erließ England die German Reparation Recovery Act, wonach bis zu fünfzig Prozent des Wertes der eingeführten deutschen Waren einbehalten werden konnten, machte von dieser Ermächtigung jedoch nur in Höhe von 26 Prozent Gebrauch.[35]

In der Zwischenzeit hatte die Reparationskommission ihren Auftrag, bis zum 1. Mai 1921 die Höhe der Reparationsschuld festzusetzen, ausgeführt. Sie bezifferte die Gesamtschulden auf rund 132 Mrd. Goldmark.[36] Sämtliche bis zum 1. Mai 1921 getätigten deutschen Leistungen und Abtretungen wurden mit 5,6 Mrd. Goldmark bewertet. Die deutsche Rechnung, nach der allein bis zur Konferenz in Spa Mitte 1920 mehr als 20 Mrd. Goldmark erbracht worden waren, wurde nicht akzeptiert. Die von der Reparationskommission festgesetzte Schuld bildete die Grundlage für den Londoner Zahlungsplan vom 5. Mai 1921. Er enthielt folgende Forderungen:

a) Deutschland liefert der Reparationskommission anstelle der gemäß dem Versailler Vertrag übergebenen Schuldverschreibungen neue Bonds aus, und zwar

am 1. Juli 1921	12 Mrd. Goldmark A-Bonds,
am 1. November 1921	38 Mrd. Goldmark B-Bonds,
am 1. November 1921	82 Mrd. Goldmark C-Bonds.

Die Kommission kann die A- und B-Bonds jederzeit ausgeben, die C-Bonds unter gewissen Voraussetzungen erst später. Die Konditionen lauten für alle Bonds: Fünf Prozent Zinsen und ein Prozent Tilgung p. a.

b) Deutschland zahlt jährlich bis zur Tilgung der gesamten Bonds 2 Mrd. Goldmark und 26 Prozent des Wertes der deutschen Ausfuhr vom 1. Mai 1921 an gerechnet oder einen gleichwertigen Be-

9

trag aufgrund eines zu vereinbarenden Index. Die Zahlungen sind vierteljährlich fällig.

In Deutschland plädierten Teile der Öffentlichkeit, aber auch der Regierung, der Industrie und anderer Wirtschaftskreise dafür, diesen Plan, der zusammen mit einem »damals üblichen Ultimatum« überreicht worden war[37], nicht anzunehmen. Schließlich fand sich im Reichstag eine knappe Mehrheit für die Annahme. Die Regierung Fehrenbach trat zurück, und die neue Regierung Wirth akzeptierte den Zahlungsplan. Seine Befürworter hatten sich bei ihren Überlegungen offensichtlich mehr von den jährlich fälligen Zahlungen von insgesamt rund 3 Mrd. Goldmark leiten lassen, als von dem gesamten Bondsvolumen. Aufgrund der Konditionen ließ sich ein Kapital von 50 Mrd. Goldmark zum Zeitwert errechnen, so daß die C-Bonds offensichtlich nur dazu dienten, dem »Gedanken des Besserungsscheins eine papierne Unterlage zu geben«[38]. Das entsprach auch einem Vorschlag, den die deutsche Regierung nur wenige Tage vorher, am 24. April 1921, dem Präsidenten der Vereinigten Staaten übermittelt hatte und der von den Alliierten abgelehnt worden war.

Daß es unmöglich war, jährlich 3 Mrd. Goldmark aufzubringen, ist aus dem Vergleich der Einnahmen und Ausgaben des Reiches in den damaligen Jahren abzulesen. Die über den Dollar als Meßziffer in Goldmark umgerechneten ordentlichen Einnahmen des Reiches betrugen in den Jahren 1920 bis 1922 in der Reihenfolge 3,28, 2,98 und 1,51 Mrd. Goldmark. Dagegen lagen die Ausgaben mit 9,33, 6,65 und 3,95 Mrd. Goldmark wesentlich höher.[39] Die weitere Entwicklung zeigte, daß der Londoner Zahlungsplan nicht erfüllt werden konnte. Zwar zahlte das Reich die erste Milliarde Ende August 1921, doch war die nächste Reparationskrise schon absehbar.[40]

Am 10. April 1922 trat in Genua eine internationale Konferenz zur Erörterung wirtschaftlicher und finanzieller Fragen zusammen, zu der Deutschland, Österreich, Ungarn, Bulgarien und die Sowjetunion eingeladen waren. Das Reparationsproblem war auf Wunsch Frankreichs ausgeklammert, wurde aber doch am Rande behandelt. Die zunächst recht erfolgreichen Gespräche fanden durch den Abschluß des Rapallo-Vertrages am 16. April eine vorläufige Unterbrechung. Auch wenn dessen Inhalt »keineswegs sensationell«[41] war, so beeinflußte die Wiederaufnahme der diplomatischen und wirtschaftlichen Beziehungen zwischen dem Deutschen Reich und der Sowjetunion die allgemeine Stimmung der Konferenz zu Ungunsten der deutschen Vertreter. Das Unbehagen angesichts einer möglichen deutsch-sowjetischen Allianz führte besonders in Frankreich dazu, daß Poincarés Politik breitere Unterstützung gewann.[42]

Ende Mai 1922 bewilligte die Reparationskommission einen Teilnachlaß der Zahlung für das Jahr 1922. Unterdessen war die Reichsbank – bis dahin dem Reichskanzler unterstellt – selbständig geworden. Ein Gesetz vom 26. Mai 1922 hatte das Reich von ihrer Leitung ausgeschlossen[43], außerdem waren die Kontrollrechte der Reparationskommission geregelt und die Kapitalfluchtgesetze erweitert worden. Der eingereichte Haushaltsplan schloß mit einem Überschuß von 1 Mrd. Goldmark ab.

Jetzt konnte sich auch das als Ergänzung zur Reparationskommission gebildete Komitee mit seiner eigentlichen Aufgabe beschäftigen und die Möglichkeit der Auflegung einer internationalen Reparationsanleihe prüfen. Es gelangte zu der Ansicht, daß seine Arbeit nur dann einen praktischen Zweck habe, wenn zugleich das gesamte Reparationsproblem gründlich behandelt werde. Darüber kam es zum Streit mit der französischen Regierung, die auf jeden Fall verhindern wollte, daß an der festgesetzten deutschen Reparationsschuld gerüttelt würde. Das Komitee vertagte sich auf unbestimmte Zeit, veröffentlichte aber am 10. Juni 1922 einen Bericht, der die wirtschaftlichen Gesichtspunkte für eine Regelung des Reparationsproblems hervorhob und politische Sanktionen verurteilte.[44] Das Scheitern dieser Besprechungen verstärkte den französischen Druck, sich »produktive Pfänder« zu sichern. Es »begann die Zeit fruchtloser Konferenzen, unzulänglicher Lösungsversuche und fortlaufender Verschärfung der politischen Lage in Europa«[45], an deren Ende die Besetzung des Ruhrgebietes stand.

Nachdem im Januar 1923 die Reparationskommission festgestellt hatte, daß Deutschland seinen Verpflichtungen bei der Lieferung von Kohle und Holz nicht nachgekommen sei, besetzten französische und belgische Truppen das Ruhrgebiet; ihre Aufgabe war, so die Begründung, die »Begleitung einer Ingenieurkommission, die an Ort und Stelle die Reparationsleistungen sicherstellen sollte«[46]. Die deutsche Regierung antwortete mit dem Aufruf zum passiven Widerstand.

Diese plötzlichen Wirren wirkten sich auf Währung und Finanzen des Reichs verheerend aus. Zwar sandte die deutsche Regierung im Juni 1923 den Alliierten und den Vereinigten Staaten ein Memorandum, das von England durch scharfe Noten an Frankreich und Belgien unterstützt wurde, aber letzten Endes blieb der gesamte Notenaustausch des Jahres 1923 nutzlos. Am 26. September 1923 endete der passive Widerstand[47]. Aber Frankreich erklärte sich zu keinen neuen Verhandlungen bereit. Innenpolitisch war die Lage brisant: politische Unruhen in Bayern, Sachsen und Thüringen waren begleitet von separatistischen Bewegungen in der Pfalz und im Rheinland. Eine Lösung des Reparationsproblems schien dringender denn je.

c) Die Auflegung der Dawes-Anleihe und der Dawes-Plan

Das Kabinett Stresemann trat am 3. Oktober 1923 zurück. Da aber der neue Reichskanzler Marx mit Stresemann als Außenminister erst am 23. November die Regierungsgeschäfte übernehmen konnte, stellte noch das Rumpfkabinett der alten Regierung am 24. Oktober einen Antrag nach Artikel 234 des Versailler Vertrages, eine Untersuchung über die wirtschaftlichen Hilfsquellen und die Zahlungsfähigkeit Deutschlands vorzunehmen. Am 2. November teilte es der Reparationskommission offiziell mit, daß Deutschland angesichts seiner finanziellen Notlage vorläufig keine Sachlieferungen erbringen könne.

In der Reparationskommission wurde Frankreichs Position allmählich schwächer, zumal Poincaré hatte zugeben müssen, daß die Ruhr-besetzung zwar 691 Mio. Francs gekostet, aber nur 520 Mio. einge-bracht habe.[48] Jedenfalls wurde der deutsche Antrag vom 24. Oktober von den Alliierten ernsthaft behandelt, und am 30. November berief die Kommission einstimmig zwei Sachverständigenkomitees[49], von denen das eine den deutschen Haushalt und die deutsche Währung, das andere die deutsche Kapitalflucht zu untersuchen hatte.[50]

Die deutsche Regierung, die die Stabilität der Währung durch das lastende Reparationsproblem gefährdet sah, stimmte der Einberu-fung der beiden Komitees sofort zu. Daß die Vereinigten Staaten die Teilnahme amerikanischer Sachverständiger genehmigten, war für Deutschland ein zusätzlicher Lichtblick. Das Fehlen der Amerikaner, die über ausgezeichnete, volkswirtschaftlich weitblickende Sachver-ständige verfügten, hatte sich während der vorausgegangenen Ver-handlungen schmerzlich bemerkbar gemacht.

Unter dem Vorsitz des Engländers Reginald McKenna setzte sich ein Komitee mit dem Problem der deutschen Kapitalflucht ausein-ander. Sein Bericht war nur kurz. Die Sachverständigen schätzten das Eigentum und die Guthaben der Deutschen im Ausland zum Ende des Jahres 1923 auf einen Betrag zwischen 5,7 und 7,8 Mrd. Goldmark und errechneten einen Mittelwert von 6,75 Mrd. Goldmark.[51] Hinzu-gerechnet wurden fremde Zahlungsmittel im Gegenwert von etwa 1,2 Mrd. Goldmark aus deutschem Privatbesitz. Als vordringliche Maßnahmen, um die Kapitalflucht in Zukunft zu verhindern und das abgeflossene Kapital wieder zurückzuführen, nannten die Sachver-ständigen die Beseitigung der Inflation und eine Neuorientierung der Reparationspolitik entsprechend den Vorschlägen des zweiten Komi-tees.

Dieses befaßte sich unter dem Vorsitz des Amerikaners Charles G. Dawes mit dem deutschen Haushalt und der deutschen Währung. Sein Bericht fiel umfangreicher aus. Den Sachverständigen kam zu-gute, daß Deutschland bei der Untersuchung der Währungsverhältnisse durch die Stabilisierung der Mark und die Ordnung der Finanzen, die ab Oktober 1923 erfolgreich in Angriff genommen worden waren, erhebliche Vorarbeiten geleistet hatte. Schwierigkeiten bereitete dagegen die Frage der Reparationen. Obwohl es nicht die Aufgabe des Komitees war, eine Lösung des Reparationsproblems herbeizuführen, konnte es seinen Auftrag so weit auslegen, daß auch die Reparationsfrage davon betroffen war.[52] Doch hatten sich die Sachverständigen dabei mit sehr unterschiedlichen, zum Teil gegensätzlichen Vorstellungen der Alliierten auseinanderzusetzen. Schließlich verzichteten sie darauf, die Reparationsschuld definitiv festzusetzen.[53] Zwar wurden die 132 Mrd. Goldmark des Londoner Ultimatums von 1921 nicht offiziell aufgehoben, doch ergab sich aufgrund der vorgesehenen Annuitäten indirekt eine Herabsetzung des Barwertes der Reparationsschuld.[54]

Das Ergebnis der Untersuchung legte das Komitee im sogenannten Dawes-Plan nieder. Im Schlußteil des Berichtes wiesen die Sachverständigen darauf hin, daß der Plan als ein unteilbares Ganzes aufzufassen sei. Man könne erst zu arbeiten beginnen, wenn Deutschlands wirtschaftliche Einheit wieder hergestellt sei. Nach Meinung der Verfasser ließ sich durch den Plan nicht das ganze Reparationsproblem lösen, aber er zeige den Weg zu einer Regelung, »deren Durchführung genügend Zeit läßt, um das Vertrauen wieder herzustellen«[55].

Schon zwei Tage nach der Veröffentlichung des Berichts teilte die Reparationskommission am 11. April 1924 der deutschen Regierung mit, daß sie das Gutachten den Alliierten zur Übernahme empfehlen wolle, wenn Deutschland seine Mitwirkung an der Ausführung des Planes zusichere. Dies geschah am 16. April. Am 9. Juli kamen Frankreich, wo Poincaré am 11. Mai gestürzt und durch Herriot abgelöst worden war, und England überein, den Plan anzunehmen. Dies geschah auf einer Konferenz, die vom 16. Juli bis 16. August 1924 in London stattfand. Die deutschen Konferenzteilnehmer vermochten noch einige Wünsche durchzusetzen.

Nach einer Übergangsphase von vier Jahren waren Jahresraten von

2,5 Mrd. Goldmark, die aufgrund eines Wohlstandsindex erhöht werden konnten, vereinbart.[56] Wie bereits erwähnt, sagte der Plan nichts darüber aus, wie lange Reparationen gezahlt werden sollten, doch eine sehr wichtige Bestimmung verfügte, daß die Jahresleistungen sämtliche Beträge umfaßten, zu deren Zahlung Deutschland den alliierten und assoziierten Mächten gegenüber verpflichtet war. Die normalen Jahresraten von 2,5 Mrd. Goldmark waren zur Hälfte aus dem Reichshaushalt und zur anderen Hälfte aus Verkehrssteuern (290 Mio. Goldmark) und Zinszahlungen (660 Mio. Goldmark Zinsen auf Reichsbahn-Obligationen und 300 Mio. Goldmark Zinsen auf Industrie-Obligationen) aufzubringen. Zu diesem Zweck wurden die Reichsbahn mit Obligationen über 11 Mrd. und die Industrie mit Obligationen über 5 Mrd. Goldmark belastet.

Die Sachverständigen hatten in ihrem Gutachten auch die praktische Abwicklung der Zahlungen geregelt. Aufbringung und Transfer der Reparationsleistungen wurden getrennt. Die deutsche Seite war ihren Verpflichtungen nachgekommen, wenn sie die Beiträge in deutscher Währung auf ein Konto des Reparationsagenten Parker Gilbert bei der Reichsbank in Berlin gezahlt hatte. Dieser hatte sich als Vorsitzender des Transferkomitees um die weitere Überweisung der Gelder zu bemühen.[57] Zugleich oblag ihm die Kontrolle des deutschen Haushalts. Da die Sachverständigen einen Ausfuhrüberschuß und einen ausgeglichenen Haushalt vorausgesetzt hatten, durfte er nur so viel überweisen, daß die deutsche Währung nicht gefährdet wurde. Nicht transferierte Beträge sollten in Deutschland angelegt werden, und zwar höchstens 2 Mrd. Reichsmark kurzfristig, darüber hinausgehende Summen langfristig. Sofern ein Betrag von 5 Mrd. Reichsmark erreicht wurde, sollten die Reparationszahlungen reduziert werden. Ferner sah der Plan je einen Kommissar für die Reichsbank, die Reichsbahn und für verpfändete Einnahmen sowie je einen Treuhänder für die Eisenbahn- und Industrie-Obligationen vor.

Im ersten Jahr des Dawes-Planes, das heißt vom 1. September 1924 bis zum 31. August 1925, wurden 200 Mio. Goldmark an Reichsbahnzinsen fällig. Um nun die für das erste Planjahr vorgesehene Leistung von 1 Mrd. Goldmark zu erreichen, schlugen die Sachverständigen die Ausgabe einer Anleihe von 800 Mio. Goldmark, der sogenannten Dawes-Anleihe vor, da der Reichshaushalt im ersten Jahr völlig von Zahlungen befreit war. Das Anleihevorhaben wurde Ende September 1924 in London erörtert, und schon am 10. Oktober konnte ein entsprechendes Abkommen geschlossen werden. Eine internationale Anleihe wurde für 25 Jahre zu 7 Prozent Zinsen mit einem Ausgabekurs von 92 Prozent aufgelegt. Sie sollte am 15. Oktober 1949 in Amerika zu 105 Prozent, in allen anderen Ländern zum Nennwert zurückgezahlt werden. Um auf 800 Mio. Goldmark zu kommen, mußte der Nennbetrag darüber liegen.

Ein Teil der Anleihe von 110 Mio. Dollar wurde von dem Bankhaus J. P. Morgan & Co. in New York begeben, eine weitere Tranche von 12 Mio. Pfund legte die Bank of England in London auf. Kleinere Beträge der Pfundtranche von je 3 Mio. Pfund übernahmen die Bankhäuser Hope & Co. und Nederlandsche Handel-Maatschappij in Amsterdam, Lazard Frères & Co. in Paris und die Schweizerische Kreditanstalt in Zürich. Beträge zu je 1,5 Mio. Pfund wurden von der Stockholms Enskilda Bank in Stockholm, der Société Nationale de Crédit à l'Industrie in Brüssel und der Banca d'Italia in Rom untergebracht.[58] Einige Länder, wie die Schweiz, Schweden und Italien, gaben einen Teil ihrer Tranche auch in nationaler Währung aus. Zur Abrundung übernahm schließlich noch die Reichsbank in Berlin einen Teil der Pfundtranche.

Die Nettorendite bot einen guten Anreiz für Kapitalanleger. Zudem räumte man dem Anleihedienst Priorität im Rahmen aller Zahlungen unter dem Dawes-Plan ein. Bei etwaigen Sanktionen genossen die Pfänder für die Anleihe besonderen Schutz. So ausgestattet, wurde die Emission ein voller Erfolg. In kürzester Zeit wurden die Tranchen untergebracht. In New York war die Anleihe schon nach zwölf Minuten gezeichnet. Insgesamt ergab sich hier eine zehnfache Überzeichnung.[59] Den Devisenerlös der Anleihe erhielt die Reichsbank, die

16

GERMAN EXTERNAL LOAN 1924

N⁰C 008500   N⁰C 008500

DEUTSCHE ÄUSSERE ANLEIHE 1924

SEVEN PER CENT. GOLD BOND
TOTAL ISSUE IN UNITED STATES OF AMERICA,
$ 110,000,000.

7 PROZENTIGE GOLDSCHULDVERSCHREIBUNG
GESAMTAUSGABE IN DEN VEREINIGTEN STAATEN
VON AMERIKA **110,000,000 DOLLAR.**

FOR THE GERMAN REICH – FÜR DAS DEUTSCHE REICH

BY   *Haße*   *Hünßng*

PRESIDENT – PRÄSIDENT   MEMBER – MITGLIED
OF THE – DER
REICHSSCHULDENVERWALTUNG

COUNTERSIGNED FOR IDENTIFICATION:
GEGENGEZEICHNET ZUR BEGLAUBIGUNG:
BANKERS TRUST COMPANY

BY

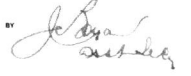

Abb. 2: Richard Fuchs war »Herr der Devisen« in der Reichsbank und hatte daher bei den Stillhaltekrediten ein gewichtiges Wort mitzureden.

◁ Abb. 1: Obligation der Dawes-Anleihe.

den Gegenwert in Reichsmark dem Konto des Reparationsagenten gutschrieb.

Die Kurse der Anleihe entwickelten sich zunächst erfreulich. Im Jahre 1931 aber begannen sie im Ausland kräftig zu fallen. Die Einführung der Devisenzwangswirtschaft in Deutschland, die dem freien Transfer von Zins- und Tilgungszahlungen für lange Zeit ein Ende setzte, zeigte ihre Auswirkungen. Zwar wurde die Bedienung der Dawes-Anleihe noch einige Jahre zugelassen, aber Mitte 1934 stellte Deutschland den Zinsen- und Tilgungsdienst völlig ein.[60] Seitdem waren die Auslandsschulden notleidend. Ab 1. Juli 1933 hatten die Schuldner ihre Zins- und Tilgungsbeträge in Reichsmark bei der neu eingerichteten Konversionskasse für deutsche Auslandsschulden einzuzahlen. Die Reichsbank legte sodann fest, ob und in welcher Höhe ein Bartransfer an die Auslandsgläubiger vorgenommen werden konnte. Er wurde allerdings immer weiter eingeschränkt, um schließlich mit Beginn des Zweiten Weltkrieges ganz zum Erliegen zu kommen. Einzig die neutralen Obligationäre der Dawes-Anleihe, Schweden und die Schweiz, erhielten ihre Kupons bis zum Ende des Krieges im Rahmen bilateraler Transferabkommen eingelöst.[61] Nach der Besetzung Deutschlands 1945 wurde auch dieser Schuldendienst eingestellt.

d) Die Young-Anleihe und der Young-Plan

Bei der Aufstellung des Dawes-Planes hatten die Sachverständigen einen ausgeglichenen Staatshaushalt und eine aktive Leistungsbilanz Deutschlands vorausgesetzt. Beide Bedingungen wurden während der gesamten Laufzeit des Planes nicht erfüllt.[62] Kein Wunder also, daß es schon bald nach Inkrafttreten von beiden Seiten Anstöße gab, den Plan zu ändern.

Viele Gläubiger fürchteten einen Konjunkturrückschlag und damit eine Verminderung der deutschen Leistungen aufgrund der Transfer-

schutzklausel. Frankreich ging es darum, die deutschen Reparationsleistungen möglichst früh flüssig zu machen. Deutschland selbst waren
die Jahresraten zu hoch. Außerdem war Stresemann aus innenpoliti-
schen Gründen dringend an einem vorzeitigen Abzug der Besatzungs-
truppen aus dem Rheinland gelegen. Er war dafür sogar bereit, Opfer
bei der endgültigen Regelung der Reparationen zu bringen.[63] Im
August 1928 stellte er über den Völkerbund einen entsprechenden
Antrag, und am 16. September 1928 wurde in Genf beschlossen, offizielle Verhandlungen über die Räumung des Rheinlandes aufzunehmen und eine Kommission aus Finanzsachverständigen zur endgültigen und vollständigen Regelung des Reparationsproblems einzusetzen.[64]

Die Finanzsachverständigen wurden im Januar 1929 ernannt und
tagten von Februar bis Juni in Paris. An den Beratungen nahmen
neben der deutschen eine belgische, englische, französische, italieni-
sche, japanische und amerikanische Delegation teil. Die deutsche Delegation stand unter der Leitung von Schacht, weitere Mitglieder
waren Albert Vögler, Ludwig Kastl und Carl Melchior. Präsident der
Konferenz wurde der Amerikaner Owen D. Young, der bereits Mitglied der Dawes-Kommission gewesen war.[65] Im April 1929 hatte die
Konferenz eine schwere Krise zu überstehen, die zeitlich mit dem
überraschenden Tod des englischen Delegationsmitglieds Lord Revel-
stoke zusammenfiel. Doch konnten die Schwierigkeiten überwunden
werden, wozu möglicherweise auch beitrug, daß durch Kreditkündigungen seitens französischer Banken »ein kleiner Auslandsrun auf
Deutschland veranstaltet« wurde, der die finanzielle Schwäche des
Reichs offenbarte.[66]

Ergebnis der Verhandlungen war der Young-Plan. Im Unterschied
zum Dawes-Plan, der keine zeitliche Begrenzung enthielt, sah er eine
Zahlungsdauer von 59 Jahren vor. Die jährlichen Leistungen beliefen
sich im Durchschnitt auf 2050,6 Mio. Reichsmark.[67] Die Tatsache, daß
im Young-Plan von Reichsmarkzahlungen die Rede war, die deutschen Verpflichtungen also nicht mehr in Goldmark ausgedrückt wur-

18

den, illustrierte das Vertrauen der Sachverständigen in die Stabilität der deutschen Währung[68].

Der Transferschutz des Dawes-Planes wurde von den Sachverständigen in Paris nicht übernommen. An die Stelle der Reparationskommission und ihrer Aufsichtsorgane, des Transferkomitees und des Reparationsagenten, trat die neugegründete Bank für Internationalen Zahlungsausgleich (BIZ), die als Treuhänder oder Agent die Reparationsbeträge anzunehmen, zu verwalten und an die Gläubiger weiterzuleiten hatte. Dieser Punkt des Planes wurde in die Haager Vereinbarungen vom Januar 1930 als besonderes Abkommen mit der Schweiz hineingenommen, und so entstand mit Sitz in Basel das erste internationale Finanzinstitut.[69] Ferner sah der Plan bei der Aufteilung der Jahresraten »ungeschützte« Annuitäten von 660 Mio. Reichsmark vor, für die jeder Transferschutz und jede Stundungsmöglichkeit entfielen. Dieser Betrag sollte durch die Auflegung einer Anleihe, der sogenannten Young-Anleihe, kapitalisiert werden. So bot der Plan gleichzeitig die Grundlage für eine Kommerzialisierung dieses Teiles.

Am 31. August 1929 wurde der Young-Plan in Den Haag grundsätzlich gebilligt. Bei den dortigen Verhandlungen erreichte Stresemann, der Leiter der deutschen Delegation, die Räumung des Rheinlandes von alliierten Truppen bis zum 30. Juni 1930. Allerdings ergaben sich neue Belastungen für das Reich, die gemessen an der Gesamtbelastung zwar nur eine Bagatelle darstellten, jedoch Schacht den Anlaß lieferten, eine Kampagne gegen den Plan zu eröffnen.[70]

Auf einer zweiten Haager Konferenz, die vom 3. bis zum 20. Januar 1930 stattfand, mußte Deutschland weitere Verschlechterungen in Kauf nehmen. Schacht trat nun vom Amt des Reichsbankpräsidenten zurück.[71] Die deutsche Regierung widersetzte sich der Regelung kaum, weil es für sie von großer Wichtigkeit war, die Räumung des Rheinlandes zu erreichen. Außerdem bedurfte sie dringend der finanziellen Entlastungen, die der Young-Plan mit sich brachte.[72] Des weiteren wollte sich die Regierung auf Auslandsanleihen stützen, und

Auslandsgelder konnten im ersten Halbjahr 1930 nur unter der Voraussetzung fließen, daß zuvor die vorgesehene Reparationsanleihe in Höhe von 300 Mio. Dollar untergebracht war.

Da sich die Lage am internationalen Kapitalmarkt ebenso verschlechtert hatte wie die Situation der Weltwirtschaft insgesamt, dauerte es längere Zeit, bis die Emissionsbedingungen dieser Anleihe ausgehandelt waren. Erst Mitte Juni konnte die Young-Anleihe unter der offiziellen Bezeichnung »Internationale 5½-prozentige Anleihe des Deutschen Reiches 1930« ausgegeben werden.

Doch anders als die Dawes-Anleihe wurde sie trotz einer hohen Nettorendite von 6,4 Prozent nach gutem Start ein Mißerfolg.[73] Um einen Nettoerlös von 300 Mio. Dollar zu erzielen, mußte der Nennwert auf etwa 352 Mio. Dollar festgesetzt werden. Daraus ergaben sich für den Schuldner ungünstigere Bedingungen, auch wenn der Nominalzins erheblich niedriger war als bei der Dawes-Anleihe. Die Anleihe wurde in neun Tranchen aufgelegt. Der Emissionskurs betrug für fast alle Länder einheitlich 90 Prozent mit Ausnahme von Frankreich, wo sie ihrer steuerlichen Begünstigung wegen zu einem Kurs von 98,25 Prozent ausgegeben wurde. Die Tilgung sollte durch Rückkauf oder Auslosung innerhalb von 35 Jahren über einen kumulativen Tilgungsfonds vorgenommen werden.

In Deutschland wurden Zeichnungen am 12. und 13. Juni 1930 entgegengenommen. Wegen starker Überzeichnung mußte die Anleihe hier repartiert werden. Die Zuteilung betrug in Berlin zwischen 30 und 40 Prozent. Auch im Ausland wurde die Anleihe überzeichnet. Wie die Presse berichtete, wurde in England das Doppelte und in Frankreich etwa das Fünffache gezeichnet. Sogar in den Vereinigten Staaten kam es trotz des ungünstigen Zeitpunktes zu einer raschen Überzeichnung.[74]

Schon sehr bald drückten aber die schlechte Wirtschaftslage und die negative Entwicklung an den internationalen Börsen die Kurse unter das Ausgabeniveau. Ende 1930 hatte die Anleihe an den wichtigsten Börsenplätzen 20 Prozent ihres Ausgabekurses eingebüßt. Schließlich kam die deutsche Devisenzwangswirtschaft hinzu, die zu einem weiteren Absinken der Notierungen führte.[75] An der Berliner Börse nahm die Kursentwicklung allerdings einen günstigeren Verlauf.

Die Young-Anleihe erschien erstmals am 30. Juni 1930 in der Aufstellung der Reichsschuld mit 1473,7 Mio. Reichsmark. Der gesamte Reinerlös war natürlich geringer und betrug etwa 1261,25 Mio. Reichsmark, womit er geringfügig den Gegenwert von 300 Mio. Dollar überstieg. Nach dem Haager Abkommen waren zwei Drittel davon für die »ungeschützten« Annuitäten des Young-Planes bestimmt. Das restliche Drittel floß dem Reich zu, das den Betrag im Verhältnis 2:3 auf Reichspost und Reichsbahn verteilte.[76] Für den Zinsen- und Tilgungsdienst der Anleihe hatte die deutsche Regierung durch Zahlungen an die Bank für Internationalen Zahlungsausgleich zu sorgen. Dies geschah bis Mitte 1934.[77]

2. Die Stillhaltekredite

a) Wirtschafts- und finanzpolitische Voraussetzungen

Trotz einer frei konvertiblen Währung und eines Außenhandels ohne wesentliche Einschränkungen war Deutschland nicht in der Lage, eine aktive Handelsbilanz zu erzielen. Dem Reich gelang es bis 1929 nur einmal, und zwar im Jahre 1926, einen Ausfuhrüberschuß zu erwirtschaften, als es von 1925 bis Mitte 1926 einen konjunkturellen Abstieg erlebte, von dem das Ausland verschont blieb. Er ließ die Einfuhr zurückgehen und die Ausfuhr ansteigen. Aber schon im Jahr 1927 kam es zu einer überaus kräftigen Erhöhung der Importe. Die Handelsbilanz erreichte ihren bis dahin größten Passivsaldo von fast 3 Mrd. Reichsmark.[78]

Ein noch schlechteres Bild zeichnete sich für die Leistungsbilanz ab. In den Jahren von 1924 bis 1929 wies die Leistungsbilanz noch einen weit höheren Passivsaldo als die Handelsbilanz aus. Auch das Jahr 1926, das eine aktive Handelsbilanz zeigte, schloß hier mit einem Passivsaldo ab, ebenso wie das Jahr 1930, das einen noch größeren Aktivsaldo in der Handelsbilanz aufwies.

Demnach hat Deutschland die mehr als 10 Mrd. Reichsmark, die es nach den im Dawes- und Young-Plan getroffenen Vereinbarungen von 1924 bis 1929 an Reparationen zu zahlen hatte, in keinem Jahr real erwirtschaften können.[79] Die dennoch geleisteten Milliardenbeträge waren vielmehr alle »gepumpt«, das heißt aus dem Erlös von Auslandskrediten und Anleihen transferiert.[80]

Ebensowenig wie die Reparationszahlungen real transferiert werden konnten, gelang ihre interne Aufbringung im Rahmen eines ausgeglichenen Reichshaushaltes. Um die Mark zu stabilisieren, war mit rigorosen Mitteln das Budget ausgeglichen worden, und nach einer Berechnung des Reparationsagenten schloß das Haushaltsjahr 1924/25 noch mit einem Überschuß von 537 Mio. Reichsmark ab. In den folgenden fünf Haushaltsjahren bis 1929/30 ergaben sich hingegen ständig Defizite, die zwischen 110 und 1237 Mio. Reichsmark lagen.[81]

Die Verschuldung der öffentlichen Haushalte betrug im Jahr 1913/14 knapp 33 Mrd. Mark. Aus der Zeit nach dem Ersten Weltkrieg werden Zahlen über die Verschuldung der Gesamthaushalte zuerst für das Jahr 1927/28 mit 14,6 Mrd. Reichsmark angegeben. Davon entfielen 7,1 Mrd. auf das Reich, 1,7 Mrd. auf die Länder und 5,8 Mrd. auf die Gemeinden. Die Schuldenaufnahme erstreckte sich nicht nur auf das Inland, sondern auch auf das Ausland. Der Anteil der langfristigen Schulden ist dabei beträchtlich zurückgegangen. Das zeigt sich insbesondere bei den Ländern, deren langfristige Verschuldung im Jahr 1913/14 noch 94,3 Prozent betragen hatte und sich im Jahr 1927/28 nur noch auf 59,8 Prozent belief. Bis zum Jahr 1929/30 fiel der langfristige Anteil bei den Ländern weiter auf 45,6 Prozent ab.[82]

Um trotz passiver Handels- und Leistungsbilanz und trotz wachsender Staatsverschuldung auch noch den Reparationen nachkommen zu können, lag es nicht nur nahe, sondern zeigte sich für die öffentliche Hand und die Wirtschaft nach der Geldkapitalvernichtung durch die Inflation als letzter Ausweg, ausländisches Kapital ins Land zu holen. Dieses floß auch reichlich, nachdem der Dawes-Plan abgeschlossen worden war. Besonders in den Jahren 1927 und 1928 kamen hohe Beträge an Auslandsgeldern nach Deutschland, wobei es sich für das Reich später als Nachteil erweisen sollte, daß mehr kurz- als langfristiges Auslandsgeld einströmte.[83] Auch Länder und Gemeinden, Banken und sonstige Unternehmen nahmen in dieser Zeit in erheblichem Umfang Auslandsgelder herein. In den Jahren 1924 bis 1928 stammte gut ein Drittel der kurzfristigen Geldkapitalbildung aus dem Ausland, während von der langfristigen Geldkapitalbildung in der gleichen Zeit nur etwas weniger als ein Fünftel auf Auslandsgelder entfiel.[84] Deutschland nahm zunächst sogar weit mehr Gelder im Ausland auf, als es Reparationen zahlte. So war trotz der passiven Leistungsbilanz und der Reparationsleistungen die gesamte Zahlungsbilanz aufgrund der positiven Kapitalbilanz in den Jahren 1924 bis einschließlich 1928 – mit Ausnahme des Jahres 1927 – aktiv.

Im Herbst 1929 brach in den Vereinigten Staaten eine Wirtschaftskrise aus, die für Deutschland katastrophale Folgen hatte. Die Zahl der Arbeitslosen, die 1927, als die deutsche Industrieproduktion den Vorkriegsstand erreicht hatte, in Deutschland auf etwas unter 800 000 gefallen war, war bereits im Winter 1928/29 auf über 3 Millionen gestiegen. Bis zum Oktober 1930 erhöhte sie sich weiter auf 3,3 Millionen und betrug Ende Januar 1931 4,9 Millionen.[85] Zu der wirtschaftlichen Abwärtsbewegung in den Vereinigten Staaten gesellten sich eine Krise auf dem Weltagrarmarkt und der Zusammenbruch der Rohstoffpreise. Von 1929 bis 1933 herrschte eine weltweite Depression. Der Welthandel schrumpfte beträchtlich. Er wurde durch eine Reihe wichtiger Länder eingeschränkt, die eine Deflationspolitik betrieben und die Einfuhr durch verschiedene Restriktionen erschwerten. England wertete am 21. September 1931 das Pfund ab, und die Vereinigten Staaten führten den Hawley-Smoot-Zolltarif ein.[86] Von diesen Maßnahmen waren besonders jene Länder betroffen, für deren Wirtschaftsentwicklung der Außenhandel strukturell eine große Bedeutung hatte.

Ihren Tiefpunkt erreichte die Wirtschaftsentwicklung in Deutschland mit der Bankenkrise, die in zwei großen Zusammenbrüchen ihren spektakulärsten Ausdruck fand. Österreich kam durch hohe Devisenabflüsse derart in Bedrängnis, daß die Credit-Anstalt in Wien am 11. Mai 1931 wegen Zahlungsschwierigkeiten ihre Schalter schließen mußte. Dieses Ereignis und der Zusammenbruch des Nordwolle-Konzerns in Bremen im Juni 1931 verbreiteten ein weitreichendes Mißtrauen,[87] und das Ausland kündigte auch den deutschen Banken zahlreiche kurzfristige Kredite. Dabei handelte es sich zu einem guten Teil um Finanzkredite. Schon der Ausgang der Reichstagswahlen am 14. September 1930 mit einem großen Sieg der radikalen Parteien hatte dem Vertrauen des Auslands einen Stoß versetzt und Kreditabzüge hervorgerufen. Aber auch deutsche Kapitalflucht spielte eine Rolle.[88] Dann wurde am 20. März 1931 das Projekt einer deutsch-österreichischen Zollunion bekannt, das vor allem von Reichsaußenminister Curtius betrieben worden war. Frankreich reagierte hierauf sehr heftig. In großem Maße wurden Auslandsgelder aus Österreich abgezogen, insbesondere seitens französischer Kreditinstitute einschließlich deren Londoner Niederlassungen. Das Opfer wurde – wie oben erwähnt – die Österreichische Credit-Anstalt.

Die deutschen Kreditinstitute verloren 1931 fast 2 Mrd. Reichsmark an Auslandseinlagen[89]. Es kam zu einer »Vertrauenskrise bisher noch nicht erlebter Art und Größe«, wie die Reichsbank rückblickend schrieb: »Die Abziehungen der ausländischen Gläubiger steigerten sich zu einem regelrechten Run auf Deutschland, der im weiteren Verlaufe auch auf das Inland übergriff und im Juli zu einer völligen Stockung im Kredit- und Zahlungsverkehr führte«[90]. Die Banken wurden von den Kreditkündigungen unterschiedlich betroffen. Am stärksten waren die Abzüge bei der Darmstädter und Nationalbank. Von ihr war bekannt, daß sie in ihrer Kundschaft hohe Kreditausfälle hatte, unter anderem war sie Hauptkreditgeber des Nordwolle-Konzerns gewesen. Sie mußte am 13. Juli 1931 die Zahlungen einstellen und ihre Schalter schließen.

An diesem Tag setzte auf alle Kreditinstitute ein Ansturm des inländischen Publikums ein. Die Abhebungen nahmen einen solchen Umfang an, daß noch im Laufe des Vormittags die Auszahlungen rationiert werden mußten.[91] Daraufhin erklärte das Reichskabinett die nächsten beiden Tage, den 14. und 15. Juli, zu Bankfeiertagen. Auch der Handel an den Wertpapierbörsen lag still. Während dieser Tage beriet die Regierung über eine Devisenzwangswirtschaft, die auch sogleich durch drei Notverordnungen vom 15. und 18. Juli sowie vom 1. August 1931 in Kraft trat. Damit wurde der gesamte Devisenverkehr bei der Reichsbank zentralisiert.[92] Dies bedeutete das Ende des Goldstandards für Deutschland. Nach den Bankfeiertagen konnte der Zahlungsverkehr in abgestufter Lockerung erst seit dem 5. August 1931 wieder normal abgewickelt werden.

Um den Geldabfluß in den Griff zu bekommen, hatte die Reichsbank am 13. Juni 1931 den Diskontsatz bei Weltnotenbanksätzen von nur 1,5 bis 2,5 Prozent drastisch von 5 auf 7 Prozent erhöht.[93] Sie lehnte am 11. Juni 1931 die Weiterführung des Betriebskredites an das Reich ab. Am 20. Juni 1931, nachdem Luther im Ausland keine Hilfe erhalten hatte, beschloß die Reichsbank kräftige Kreditrestriktionen, die am 22. Juni 1931 wirksam werden sollten. Da erklärte am Abend des 20. Juni der amerikanische Präsident Hoover, daß die Vereinigten Staaten bereit seien, alle Zahlungen von Regierung zu Regierung, d. h. die alliierten Kriegsschuldenzahlungen und die Reparationsleistungen Deutschlands, für ein Jahr zu stunden.[94] Die anderen Länder schlossen sich diesem Schritt an, und das Hoover-Moratorium trat in Kraft. Zudem erhielt die Reichsbank von der BIZ und den Notenbanken der Vereinigten Staaten, Englands und Frankreichs einenÜberbrückungskredit von 100 Mio. Dollar, der allerdings bis zum 16. Juli befristet war.[95] Trotzdem hielt Luther an der Restriktion fest. Am 24. Juni erteilte die Reichsbank befristete Lombardzusagen und lehnte unbefristete Zusagen ab, die Staatssekretär Schäffer vom Finanzministerium gefordert hatte, selbst wenn dann die Deckungsgrenze für die Notenausgabe überschritten werden sollte. Auch als Anfang Juli die Schwierigkeiten bei der Darmstädter und Nationalbank in ein akutes Stadium traten und Luther erfolglos einen letzten Versuch unternahm, doch noch einen ausländischen Notenbankkredit zu erhalten, behielt die Reichsbank ihren restriktiven Kurs bei. Luther empfahl sogar noch von Paris aus dem Reichsbankdirektorium, schärfere Restriktionen einzuführen.[96]

Aus heutiger Sicht ist es schwierig, die Politik von Reichsregierung und Reichsbank zu verstehen. Beide klammerten sich an die gesetzliche Deckungsvorschrift, standen aber auch unter erheblichem Druck des Auslands, das hinter kreditpolitischen Lockerungen allzu schnell das Gespenst einer neuen Inflation auftauchen sah.[97] Bei der Reichsbank hatte man wohl »bis zum Schluß auf eine Art Wunder gehofft, etwa auf neue Auslandskredite oder auf ein Abebben der in- und ausländischen Panikstimmung, die den Run auf die Banken ausgelöst hatte. Vorbereitungen für den ›Ernstfall‹ waren jedenfalls nicht getroffen«[98], und erst zu spät erhielten die Banken die benötigte Refinanzierungshilfe.

b) Die einzelnen Stillhalteabkommen

Durch das Hoover-Moratorium und die Devisenzwangswirtschaft war die Gefahr des weiteren Abzugs von Währungsreserven zwar zunächst gebannt, aber eine Dauerlösung konnte das nicht sein. Neue Mittel aus dem Ausland waren nötig, um das noch vorhandene Volumen von Auslandskrediten zu erhalten und die Devisenbewirtschaftung eines Tages wieder aufheben zu können. Da Luther im Ausland weder den gewünschten Rediskontkredit erhalten hatte noch eine Anleihe hatte unterbringen können, blieb nur mehr der Ausweg, die deutsche Zahlungsfähigkeit durch eine Stillhaltung der privaten Auslandsgläubiger zu stützen.

Erste Vorstöße in dieser Richtung wurden auf einer Konferenz über die deutsche Finanzkrise unternommen, die vom 20. bis zum 23. Juli 1931 in London tagte. Um zu verhindern, daß bis zum Inkrafttreten eines Stillhalteabkommens die ausländischen Gläubiger ihre kurzfristigen Gelder weiter aus Deutschland abzogen, fanden noch während der Konferenz interne Vorbesprechungen zwischen Vertretern der Londoner City-Banken und Mitgliedern der deutschen Delegation über Stillhaltungen statt.[99] Auf der Konferenz selbst verliefen die Verhandlungen über eine Anleihe an Deutschland ergebnislos. Aber der Vorschlag des amerikanischen Außenministers Stimson, Stillhaltungsvereinbarungen über kurzfristige Kredite in Deutschland zu treffen, wurde angenommen, und die Notenbanken Englands, Frankreichs und der Vereinigten Staaten, die Bank für Internationalen Zahlungsausgleich und private Gläubigerbanken erhielten entsprechende Empfehlungen. Der 100-Mio.-Dollar-Kredit, der der Reichsbank am 25. Juni 1931 gewährt worden war, wurde verlängert.[100] Erst im April 1933 zahlte ihn die Reichsbank zurück.[101]

Nach den Vorbesprechungen in London bildeten englische und amerikanische Gläubigerbanken eine Kommission. Diese sandte am 27. Juli 1931 zwei ihrer Mitglieder, den Engländer Frank C. Tiarks und den Amerikaner John D. Gannon, zu Verhandlungen nach Berlin. In der Zwischenzeit hatten Carl Fürstenberg und Otto Jeidels von der Berliner Handels-Gesellschaft, Rudolf Loeb vom Bankhaus Mendelssohn & Co., Gustaf Schlieper von der Deutschen Bank und Disconto-Gesellschaft und Ernst Spiegelberg vom Bankhaus Warburg unter dem Vorsitz Luthers ein deutsches Stillhaltekomitee gebildet.[102] Sie arbeiteten einen eigenen Plan aus. Als am 14. August 1931 die eigentliche Stillhaltekonferenz nach Basel einberufen wurde, legten die Vertreter der deutschen Delegation, Schlieper, Jeidels und Fuchs, ein Mitglied des Reichsbankdirektoriums, ihn in revidierter Form vor.

27

Zur gleichen Zeit tagte in Basel das sogenannte Wiggin-Committee, ein Sonderausschuß zur Untersuchung des unmittelbaren deutschen Kreditbedarfs, der auf Empfehlungen der Londoner Konferenz hin gebildet worden war. Seine Mitglieder waren der Amerikaner Albert H. Wiggin, Walter Layton – Herausgeber des Londoner *Economist* — für England und Carl Melchior aus Deutschland; außerdem Vertreter aus Frankreich, Belgien, Italien, Japan, der Schweiz, den Niederlanden und Schweden. Als Generalsekretär fungierte der spätere Präsident der Deutschen Bundesbank Karl Blessing, der der Leitung der Bank für Internationalen Zahlungsausgleich angehörte.[103]

Am 15. August 1931 schloß das Wiggin-Committee einen Bericht ab, der nach dem englischen Vertreter Layton benannt wurde. Er umfaßte zehn Punkte, das Stillhalteabkommen war als Punkt sieben eingearbeitet. Das Komitee hob hervor, daß sich die Depression in ganz außergewöhnlichem Maße auf Deutschland ausgewirkt habe, und nannte die Zunahme der Verschuldung an das Ausland als Besonderheit der deutschen Lage. Zahlen über Verschuldung und Auslandsguthaben, die das Komitee im einzelnen geschätzt hatte, wurden im Bericht aufgeführt. Das Komitee sah Deutschlands Schwäche vornehmlich in dem kurzfristigen Charakter des größten Teils der Auslandsschulden. Die Frage, ob eigene Ersparnisse für die erforderliche Kapitalbildung ausreichten, ließ das Komitee unbeantwortet. Es warnte lediglich vor weiterer kurzfristiger Verschuldung und betonte, daß das ausländische Kreditvolumen Deutschland durch Stillhaltung erhalten bleiben müsse.[104]

Am 18. August 1931 wurde die endgültige Fassung des Layton-Berichts veröffentlicht. Da das Komitee zur Frage der Reparationen nicht unmittelbar Stellung nehmen durfte, lag die Bedeutung des Berichts eher in seinen Andeutungen als in seinen Vorschlägen. Er lieferte zudem »eine souveräne Beschreibung des Zirkels deutscher Verschuldung, aus dem auszubrechen Deutschland ohne Hilfe von außen nicht in der Lage war«[105]. Diese Hilfe von außen kam rasch, denn in der Nacht vom 18. zum 19. August wurde in den gleichzeitig laufenden Stillhalteverhandlungen eine Übereinkunft erzielt. Sie umfaßte den ansehnlichen Betrag von 6,3 Mrd. Reichsmark. Mit dem Abkommen wurden mehrere hundert ausländische Bankengläubiger in zehn verschiedenen Ländern zur Stillhaltung gegenüber rund sechstausend Einzelkreditverhältnissen angehalten.[106] Kurzfristige Kredite wurden zunächst auf sechs Monate gestundet.

Die Vertragsparteien auf deutscher Seite waren neben der Reichsbank und der Golddiskontbank der Deutsche Ausschuß, für den die Bankenvertreter Jeidels und Schlieper sowie Kastl vom Reichsverband der Deutschen Industrie zeichneten. Auf der Gläubigerseite standen die Vertreter der Bankenausschüsse in den Vereinigten Staaten, Belgien, Dänemark, England, Frankreich, Holland, Italien, Norwegen, Schweden, der Schweiz und der Tschechoslowakei. Sie verpflichteten sich mit der Unterzeichnung des Vertrages lediglich, ihren Gläubigern und Schuldnern den Beitritt zu empfehlen. Erst durch den förmlichen Beitritt der einzelnen Gläubiger und Schuldner erlangte das Abkommen für sie privatrechtliche Vertragswirkung. Die deutschen Schuldner wurden zwangsweise durch Notverordnung zum Beitritt verpflichtet.[107] Das Abkommen lief vom 1. September 1931 bis zum 29. Februar 1932. Danach wurde es bis zum Zweiten Weltkrieg jährlich verlängert.

Bestimmte Kredite waren von der Stillhaltung ausgeschlossen, so etwa langfristige Schulden, kaufmännische Kredite, Saison- und Erntekredite, täglich fälliges Börsengeld und Vorschüsse gegen Börsenpapiere oder Hypotheken. Kredite an ausländische Zweigniederlassungen oder ausländische Konzern- und Tochtergesellschaften deutscher Firmen waren im ersten Abkommen nicht enthalten. Ferner waren kurzfristige Schulden der öffentlichen Hand ausgenommen. Für diese Schulden, etwa 260 Mio. Reichsmark, wurden ab 1932 besondere Stillhalteabkommen abgeschlossen. Erst ab 1939 wurden die kurzfristigen Schulden der öffentlichen Hand, die vom Betrag her nicht mehr erheblich waren, aus Gründen der Vereinheitlichung wieder zusammen mit den kommerziellen kurzfristigen Schulden der

Bank-, Industrie- und Handelsfirmen geregelt. Von der Stillhaltung ausgeschlossen waren 1931 auch Reichsmarkguthaben. Diese wurden aufgrund eines Kompromißvorschlages mit 25 Prozent sofort und mit je 15 Prozent in den folgenden Monaten fällig. Diese Ausklammerungen machten die weitere Beibehaltung der Devisenzwangswirtschaft in Deutschland notwendig, da Regierung und Reichsbank mit Devisenabzügen rechnen mußten.[108]

Das Stillhalteabkommen von 1931 war ein Vertragswerk von eigenartiger Rechtsstruktur, denn das individuelle Geschäftsverhältnis zwischen den einzelnen Schuldnern und ihren Gläubigern bestand weiterhin in vollem Umfang. Es kann insofern ein Experiment genannt werden, als es keine Erfahrungen mit einem derart umfangreichen Kollektivabkommen gab. Kein Wunder also, daß schon bald Lücken und Hintertüren sichtbar wurden, die dann durch den ein halbes Jahr später abgeschlossenen Verlängerungsvertrag beseitigt werden konnten. In dieses »Deutsche Kreditabkommen von 1932« gelang es Deutschland auch, einige Erleichterungen einzubringen. So wurden deutsche Zweigniederlassungen und Tochtergesellschaften in die Stillhaltung einbezogen. Man empfahl ferner eine Zinssenkung und dehnte die Laufzeit des Abkommens auf zwölf Monate aus[109].

Da in diesem und in den folgenden Abkommen Rückzahlungen vorgesehen waren, ermäßigte sich der Betrag, der unter die Stillhaltung fiel, von Jahr zu Jahr. Die gestundeten kurzfristigen Auslandsschulden fielen bis zum Frühjahr 1939 auf einen Gegenwert von 700 Mio. Reichsmark, »teilweise durch Rückzahlungen, teilweise durch Zahlung auf nur innerhalb Deutschlands verwendbare Markkonten und teilweise durch langfristige Umschuldung«[110]. Allerdings hatten auch die Abwertung des englischen Pfundes am 21. September 1931 und die Dollarabwertung am 31. Januar 1934 dazu erheblich beigetragen.

Insgesamt wurden bis zum Beginn des Zweiten Weltkrieges neun Stillhalteabkommen geschlossen, deren Grundstruktur im wesentlichen gleich war. So fehlten in allen Abkommen auf der Schuldnerseite Privatpersonen sowie die öffentliche Hand, für die später besondere Abkommen geschlossen wurden, und es traten nur Bank-, Handels- und Industriefirmen auf. Auch auf der Gläubigerseite unterzeichneten stets nur die Banken.[111] Die Gläubiger mußten mit allen stillhaltefähigen Kreditlinien dem Abkommen beitreten, wobei eventuelle Ausnahmen genau definiert waren und im Falle von Streitigkeiten ein von der Bank für Internationalen Zahlungsausgleich eingesetzter Schiedsausschuß den Spruch fällte. Allerdings erhielten sie gewisse Sicherheiten, wie etwa die Möglichkeit, bestimmte Prozentsätze der Gesamtkredite auf die Deutsche Golddiskontbank umzulagern. Eine weitere Sicherung bestand im Grundsatz der Gleichbehandlung. Deutsche Schuldner sollten »weder einen ausländischen Bankgläubiger vor einem anderen hinsichtlich der Rückzahlung oder Sicherstellung bevorzugen noch bei Sicherstellung einer Schuld deutschen Gläubigern vor ausländischen Bankgläubigern den Vorzug geben«[112].

Im achten Stillhalteabkommen sah eine Bestimmung über Rekommerzialisierung vor, allmählich Finanzwechsel durch echte Warenwechsel zu ersetzen. Ferner wurde die Laufzeit des Abkommens um drei Monate, also bis Ende Mai 1939, verlängert, so daß die folgenden Stillhalteabkommen jeweils vom 1. Juni bis Ende Mai des nächsten Jahres liefen. Eine alte und bewährte Einrichtung der Stillhaltung war der »Beratende Ausschuß«. Er wurde aus Vertretern ausländischer Bankenausschüsse gebildet, hatte weitgehende Befugnisse und wurde erst, als sich die Stillhaltung in eine Reihe von Einzelabkommen mit den neutral gebliebenen Ländern auflöste, nur noch zur Beratung eingesetzt und von Vertretern des Deutschen Ausschusses mitgetragen.

Bereits in den ersten Jahren der Stillhaltung suchten die Beteiligten nach Mitteln und Wegen, die Stillhalteschulden in Reichsmark abzudecken. Im Abkommen von 1932 wurde eine Lösung in der sogenannten »Schweizer Klausel« gefunden. Diese Umschuldungsmöglichkeit wurde im Abkommen von 1933 noch erweitert und in den folgenden Abkommen fortgeführt, so daß in etwa zehn Jahren, vom Juli 1931 bis Februar 1941, die im Rahmen der Stillhaltung behandelten Kredite von 6,3 Mrd. Reichsmark auf weniger als ein Zehntel dieses Betrages abgebaut wurden.[113]

Wesentlichen Einfluß darauf hatten die Entwertung der Währungen in den Gläubigerländern und die Einführung der Rückzahlungen in Registermark: Die deutschen Schuldner überwiesen ihre Rückzahlungen nicht direkt ins Ausland, sondern zahlten sie in Reichsmark bei einem der Kontrolle der Reichsbank unterstehenden Treuhänder ein. Die ausländischen Bankgläubiger sowie andere von der Reichsbank zugelassene Personen konnten als »registrierte Berechtigte« untereinander Überträge von dieser Registermark oder von mit ihr beschafften Anleihen tätigen, aber sie durften das Geld nicht außer Landes nehmen. Verwendung fand die Registermark vor allem im deutschen Reiseverkehr der Ausländer. Die Bestimmungen über ihren Gebrauch wurden mehrfach geändert und durch das sechste Abkommen wesentlich erleichtert. Die Umsätze von Registermark und deren Handel fanden mit einem wachsendem Disagio statt, jedoch lag der Kurs erheblich besser als der anderer Sperrmarkarten – neben der Reisemark, der Registermark und der Sperrmark gab es – um nur einige Sorten zu erwähnen – noch Askimark, Libkamark und »Scrips« der Konversionskasse für deutsche Auslandsschulden.[114] Mit Hilfe dieser verschiedenen Sperrmarkarten und des Systems der immer strenger werdenden Devisenbewirtschaftung konnte die Goldparität der Reichsmark formell gehalten werden. Indessen zeigten die oben erwähnten Kursabschläge für die Sperrmarkarten ein anderes Bild der Wirklichkeit in Deutschland.

Als am 3. September 1939 der englische und der amerikanische Bankenausschuß das neunte Abkommen von 1939 kündigten, ging die gesamte Stillhaltung vorerst zu Ende. Deutschland war jedoch daran interessiert, mit den neutralen Staaten die Stillhaltung zu erneuern. Da während des Krieges eine gemeinsame Verhandlung nicht möglich war, wurden verschiedene Einzelabkommen getroffen, die gewisse Elemente einer Gesamtregelung enthielten. Am 18. September 1939 kam ein Abkommen mit der Schweiz zustande, dem am 11. Dezember 1939 ein Zusatzabkommen folgte. Zur Regelung der Stillhaltung im vertragslosen Zeitraum seit der Kündigung des »Deutschen Kreditabkommens von 1939« wurde am 8. Februar 1940 ein Ergänzungsabkommen geschlossen. Am 3. Oktober 1939 wurde der Vertrag mit Holland und Belgien unterzeichnet, der am 8. Februar 1940 ebenfalls durch ein Zusatzabkommen ergänzt wurde. Schließlich wurde am 9. Dezember 1939 das »Deutsch-Amerikanische Stillhalteabkommen von 1939« mit einer siebenmonatigen Laufzeit vom 1. November 1939 bis zum 31. Mai 1940 geschlossen. Der Zeitraum vom 3. September bis zum 1. November 1939 blieb vertragslos.[115]

Mitte Mai 1940 fanden in Rom Verhandlungen über eine Weiterführung der einzelnen Abkommen statt. Sie führten zum Abschluß des »German-American Standstill Agreement of 1940« mit den Vereinigten Staaten und Ende Mai in Luzern zum »Deutschen Kreditabkommen von 1940« mit der Schweiz. Nach der deutschen Kriegserklärung an die Vereinigten Staaten am 11. Dezember 1941 verblieb die Schweiz als einziger Gläubigerstaat, mit dem weiterhin Kreditabkommen abgeschlossen wurden. Auch diese hatten wiederum jeweils eine Laufzeit von einem Jahr. Die Verhandlungen für das letzte Abkommen fanden im Mai 1944 in Zürich statt.[116]

3. Sonstige Vorkriegsschulden

a) Die Kreuger-Anleihe und der Lee-Higginson-Kredit

Im Jahre 1929 strebte Reichsfinanzminister Hilferding eine Finanzreform an und benötigte dringend Mittel zur Aufbesserung der Kassenlage. Da die deutsche Regierung aber weder im In- noch im Ausland eine langfristige Anleihe aufnehmen konnte, begrüßte sie die Möglichkeit, am 26. Oktober 1929 mit der Svenska Tändsticks Aktiebolaget in Stockholm und der N. V. Financieele Maatschappij Kreuger & Toll in Amsterdam einen Vertrag abschließen zu können, durch den das Deutsche Reich eine Anleihe von 125 Mio. US-Dollar erhielt. Die Anleihe, die am 15. Juli 1930 mit 6 Prozent verzinslich und zu einem Kurs von 93 Prozent ausgegeben wurde, war zehn Jahre unkündbar und sollte von 1940 an in achtzig annähernd gleichmäßigen Halbjahresraten durch Auslosung oder freihändigen Ankauf getilgt werden, wobei das Deutsche Reich auch vorzeitig kündigen und verstärkt tilgen konnte. Die erste Rate war am 15. Januar 1941 fällig, die letzte am 15. Juli 1980.[117]

Die Anleihe wurde in zwei Teilbeträgen ausgezahlt und war an die Einführung des Zündwarenmonopols gebunden. Es entstand durch ein Reichsgesetz vom 29. Januar 1930 als Deutsche Zündwaren-Monopolgesellschaft. Zu dieser Gesellschaft gehörten eine schwedische und eine deutsche Gruppe, denen das Aktienkapital von 1 Mio. Reichsmark jeweils zur Hälfte zustand. Am Gewinn der Gesellschaft wurde die Svenska Tändsticks Aktiebolaget nach einem im Vertrag festgelegten Schlüssel beteiligt.[118]

Die erste Tranche der Anleihe mußte spätestens sieben Monate nach Verkündung des Gesetzes ausgezahlt werden, und ihr Eingang wurde im August 1930 mit 210 Mio. Reichsmark vermerkt. Die zweite Tranche folgte im Mai 1931 mit 315 Mio. Reichsmark.[119] Die Anleihe war allerdings bereits im April und Juni 1930 dem Reich durch ein ausländisches Bankenkonsortium diskontiert worden.[120] Die Zinsen der Kreuger-Anleihe wurden im Gegensatz zu denen der meisten sonstigen Auslandsanleihen bis zum Zusammenbruch des Reiches 1945 gezahlt.

Die deutsche Finanzlage verschlechterte sich erneut, als der Ausgang der Reichstagswahlen im September 1930 zu größeren Abzügen von Auslandsgeldern führte.[121] Das Ausland verkaufte deutsche Wertpapiere und zog Kredite zurück, während das inländische Publikum zur Kapitalflucht schritt. Zum vorläufigen Ausgleich der Reichsfinanzen arbeitete die Regierung ein Sofortprogramm aus, und es gelang ihr, durch die Aufnahme eines internationalen Überbrückungskredites eine Atempause zu schaffen.[122] Die Börsenstimmung schlug um und »ging Hand in Hand mit einer Entspannung der Lage an den Devisenmärkten«[123].

Der Kredit wurde der deutschen Regierung im Oktober 1930 von einem internationalen Bankensyndikat unter der Führung des New Yorker Bankhauses Lee, Higginson & Co. in Höhe von 125 Mio. Dollar zu einem Zinssatz von 4,75 Prozent gewährt und in den folgenden Jahren mehrfach erneuert. Als die deutsche Bankengruppe vom Kredit abgetrennt und auf Reichsmarkschatzanweisungen umgestellt wurde, setzte man unter Berücksichtigung der bisherigen Rückzahlungen den Kredit im Mai 1934 auf 71,7 Mio. Dollar herab, wobei sich die britische Tranche auf 440 000 Pfund Sterling belief.[124]

Die deutsche Regierung bezahlte die Zinsen für die amerikanischen Beteiligungen bis zur Beschlagnahme der deutschen Gelder in den Vereinigten Staaten im Juni 1941. Den Zinszahlungen für die britische Tranche kam sie bis zum Beginn des Krieges im Jahre 1939 nach. Die Rückzahlungen auf das Kapital leistete sie ab 1933 nicht mehr in Valuta, sondern in Registermark. Allerdings wurden den Beteiligten nach 1937 mehrmals Rückzahlungen aus den angesammelten Beträgen zugebilligt, die sich bis zum 1. Dezember 1940 auf rund siebzig Prozent der Kreditsumme beliefen, so daß nach dem Krieg nur noch vergleichsweise geringe Beträge offenstanden.

b) Die Verbindlichkeiten der Konversionskasse

Eine Schlüsselposition in dem von der NS-Regierung ausgebauten
System zur Überwachung der wirtschaftlichen Transaktionen mit dem
Ausland besaß die Konversionskasse für deutsche Auslandsschulden.
Sie war in Berlin eingerichtet worden, nachdem das Transfergesetz
vom 9. Juni 1933 ein Transfermoratorium für bestimmte Zahlungen
wie etwa regelmäßige Tilgungsbeträge, Zinsen und Mieten ange-
ordnet hatte. Wenn die deutschen Schuldner ihre Zahlungen für ausländische Gläubiger an die Konversionskasse geleistet hatten, waren
sie nach § 1 des Transfergesetzes ihren Verpflichtungen nachgekommen. Die Konversionskasse schrieb den eingezahlten Betrag als Sperrguthaben dem ausländischen Gläubiger gut. Der Transfer nach dem
Ausland fand später, zu einem mehrfach verringerten Prozentsatz
der eingezahlten Beträge, statt. Für den restlichen Teil wurden den
Gläubigern unverzinsliche, auf Reichsmark lautende Schuldscheine,
sogenannte Scrips, angeboten.[125]

Nachdem die Gold- und Devisenbestände der Reichsbank den »un-
glaubhaften Tiefstand« von 77 Mio. Reichsmark erreicht hatten[126],
wurden die Zahlungen an das Ausland stark eingeschränkt. Die Auslandsgläubiger konnten nun für Zinsen und Tilgung dreiprozentige
Schuldverschreibungen, sogenannte Fundierungsbonds, der Konversionskasse übernehmen. Im Sommer 1934 stellte die sich rasch ver-
schlechternde Devisenlage das Reich vor die Alternative, entweder
auf die bisherigen Methoden der Finanzierung des Aufschwungs zu
verzichten und damit das Beschäftigungs- und Rüstungsprogramm
zu gefährden, oder »die devisenpolitische Grenze für die Geld- und
Kreditschöpfung hinauszuschieben«[127]. In dieser Situation verkündete
Schacht, der 1933 wieder zum Reichsbankpräsidenten ernannt worden war, einen *Neuen Plan*, »dessen Zweck und Ziel es war, die
lebenswichtige Einfuhr auf Kosten der weniger lebenswichtigen zu
fördern«[128]. Das sollte geschehen durch eine Bilateralisierung des
deutschen Außenhandels und Auslandszahlungsverkehrs, durch

quantitative Einfuhrbeschränkungen und verschiedene Maßnahmen zur Förderung der Ausfuhr. Durch zweiseitige Zahlungs- und Verrechnungsabkommen wurde der deutsche Außenhandel systematisch kanalisiert.[129] Sie setzten das Grundprinzip jeder Verrechnung, nämlich Devisenzahlungen zu vermeiden, in eine Steuerung des Außenhandels um, die darauf hinauslief,»nur das Dringendste zu kaufen und es nach Möglichkeit dort zu kaufen, wo deutsche Ware als Äquivalent angenommen wurde«[130].

Die Bürokratisierung der Außenwirtschaft schritt damit weiter voran, und aus schweizerischer Sicht war beispielsweise »die jeweilige Verlängerung der Verrechnungsabkommen mit Deutschland [...] Anlaß zu zahlreichen und oft wenig erquicklichen Verhandlungen«[131]. Die Reichsbank sah es anders:»Wir können [...] feststellen, daß die infolge des Neuen Planes notwendig gewordenen Verhandlungen mit den auswärtigen Staaten im allgemeinen zufriedenstellend verlaufen sind«[132]. Bereits die zeitgenössische Kritik an der deutschen Außenwirtschaftspolitik konnte eine gewisse Verwandtschaft mit lange totgeglaubten merkantilistischen Methoden feststellen.[133] Über die Konversionskasse und die Einführung verschiedener nur beschränkt verwendbarer Reichsmark-Sorten wurde de facto der deutsche Export durch die Auslandsgläubiger subventioniert. Eine Abwertung der »echten« Reichsmark erübrigte sich, sie konnte durch die Quasi-Abwertung jener Sorten ersetzt werden, die über die Konversionskasse liefen.[134] Während des Krieges überwiesen die privaten deutschen Schuldner weiterhin Zins- und Tilgungsbeträge, so daß sich bei der Konversionskasse ein erheblicher Betrag an Auslandsverbindlichkeiten ansammelte, der am 21. April 1945 mit rund 694 Mio. Reichsmark angegeben wurde.[135]

Im Mai 1945 endete mit dem Zusammenbruch des Deutschen Reichs die Tätigkeit der Konversionskasse. Ihre Deckungswerte wurden auf Befehl der Alliierten Kommandantur von Berlin an die Sowjets ausgeliefert. Außerdem wurden bei der Besetzung Berlins die Tresore der Berliner Kreditinstitute, insbesondere der Deutschen

Reichsbank, geleert. Dort befanden sich neben dem größten Teil der sammelverwahrten Wertpapiere auch Auslandsbonds, die zurückgekauft oder getilgt, aber nicht entwertet worden waren, weil hierzu die Mitwirkung der Trustees erforderlich gewesen wäre.[136] Diese Auslandsbonds wurden vornehmlich für die Deutsche Golddiskontbank und die Konversionskasse verwahrt, da beide Institute erhebliche Rückkäufe, zum Teil für Rechnung der deutschen Schuldner, getätigt hatten; für diese Schuldner wurde dadurch der Nachweis, daß sie bereits gezahlt hatten, vernichtet. Es hatte zu den Charakteristika der deutschen Außenwirtschaftspolitik gehört, daß zwar keine Devisen vorhanden waren, um eingegangene Verpflichtungen vertragsgemäß zu erfüllen, wohl aber, um im Ausland die aufgrund des Transfermoratoriums im Kurs stark gesunkenen Wertpapiere aufzukaufen.

II. DIE NACHKRIEGSSCHULDEN

1. Zur Situation Deutschlands nach dem Ende des Zweiten Weltkrieges

Gestützt auf die Ergebnisse der Konferenzen von Teheran und Jalta teilten nach der Kapitulation Deutschlands 1945 die alliierten Siegermächte das Land in vier Besatzungszonen auf und übernahmen die oberste Regierungsgewalt.[1] Das weitere Vorgehen wurde auf der vom 17. Juli bis zum 2. August 1945 abgehaltenen Potsdamer Konferenz festgelegt.

Entmilitarisierung und Entnazifizierung, Dezentralisierung der Verwaltung und »Umgestaltung des deutschen politischen Lebens auf demokratischer Grundlage« waren politische Ziele. Außerdem wollten die Alliierten die Strukturen der deutschen Wirtschaft grundlegend umgestalten, die Industrieproduktion auf ein Minimum beschränken und die Großindustrie entflechten. In diesem Zusammenhang verhandelten sie auch über Wiedergutmachungen an die im Krieg durch Deutschland zerstörten Länder. Sie legten fest, daß im Zuge der Demontage der Rüstungsbetriebe jede Besatzungsmacht ihre Ansprüche in Sachwerten aus ihrer Zone zu befriedigen habe. Allein der Sowjetunion gestanden sie zusätzlich ein Viertel der in den Westzonen zu demontierenden Werke zu. Eine absolute Summe der Wiedergutmachungen und genaue Ausführungsbestimmungen wurden von ihnen nicht genannt.[2]

Auf der Konferenz in Potsdam erörterten die drei alliierten Regierungschefs auch die Frage von Gebietsabtretungen. Die von der Sowjetunion besetzten deutschen Gebiete östlich von Oder und Neiße stellten sie »bis zur endgültigen Regelung in einem Friedensvertrag« unter polnische Verwaltung, das nördliche Ostpreußen schlossen sie der Sowjetunion an. Im Gegensatz zu den bisherigen Teilungsplänen wurde im Potsdamer Abkommen vorgesehen, Deutschland als wirtschaftliche Einheit zu erhalten. Es war von einem Friedensvertrag und einer zukünftigen deutschen Regierung die Rede. Zentrale Verwaltungsstellen wurden geplant, und die alliierten Mächte sollten in einem Kontrollrat für Deutschland insgesamt verantwortlich sein.[3] Dieser »Alliierte Kontrollrat« in Berlin nahm am 30. August 1945 seine Tätigkeit auf. Aber die wachsenden Meinungsverschiedenheiten unter den Alliierten, die bereits in Potsdam nur mühsam zu überbrücken gewesen waren, erschwerten seine Arbeit zunehmend, und der Auszug des sowjetischen Vertreters im März 1948 zerstörte seine Funktionsfähigkeit schließlich völlig.

Im Zeichen des beginnenden Kalten Kriegs wurde immer offenkundiger, daß sich die im Potsdamer Abkommen vorgesehene deutsche Zentralverwaltung zur einheitlichen Entwicklung in allen Besatzungszonen nicht verwirklichen ließ. Die gegensätzlichen Auffassungen zwischen der Sowjetunion und den westlichen Alliierten traten bei zahlreichen Gelegenheiten immer deutlicher hervor. Als die Sowjetunion im Juni 1946 eine Grenzsperre zwischen der sowjetischen Zone und den westlichen Zonen errichtete und zusammen mit Frankreich den amerikanischen Vorschlag einer wirtschaftlichen Vereinigung aller Besatzungszonen ablehnte, sahen sich die Vereinigten Staaten und England zu einer Änderung ihrer Deutschlandpolitik veranlaßt. Sie kamen überein, mit Beginn des Jahres 1947 ihre beiden Zonen in einem »Vereinigten Wirtschaftsgebiet«, der sogenannten Bi-Zone, zusammenzulegen, um die Eingliederung von Flüchtlingen, die industrielle Produktion und die Verteilung von Lebensmitteln besser steuern zu können. Im Zusammenhang damit setzten sie deutsche Verwaltungsstellen ein: den Verwaltungsrat für Wirtschaft in Minden, für Ernährung und Landwirtschaft in Stuttgart, für Verkehr in Bielefeld, für Post- und Fernmeldewesen in Frankfurt und den Finanzrat in Bad Homburg. Am 10. Juni 1947 errichteten sie eine Zwei-Zonen-Verwaltung, die aus einem Wirtschaftsrat und einem Exekutivausschuß bestand. Dem Wirtschaftsrat gehörten 52 Abgeordnete aus den Landtagen beider Zonen an, in den Exekutivausschuß entsandten die Landesregierungen je einen Vertreter.[4] Im Frühjahr 1948 suchte auch Frankreich Anschluß an die Bi-Zone. Damit entstand aus den drei westlichen Zonen jenes einheitliche Gebiet der »Tri-Zone«, das 1949 zur Bundesrepublik Deutschland wurde.

Einem dynamischen wirtschaftlichen Aufbau standen hingegen immer noch die Bestimmungen des Potsdamer Abkommens über die Zerschlagung der deutschen Rüstungsindustrie, die radikale Senkung der Industriekapazität und die Reparationsleistungen und ihre späteren Durchführungsgesetze entgegen. Nicht nur die deutsche Industrie, sondern auch das Bankensystem mußte sich erhebliche Umstrukturierungen gefallen lassen. Dieses Vorhaben ist mit dem Namen des Direktors der Finance Division der US-Militärregierung, Joseph M. Dodge, verknüpft. Er legte Ende 1945 mehrere Pläne vor, die auf eine rigide Regionalisierung des Bankensystems hinausliefen.[5] Aufgrund der unterschiedlichen Anschauungen der amerikanischen und der britischen Besatzungsmacht verzögerte sich die Durchführung dieser Pläne, schließlich setzten die Amerikaner ihre Vorstellungen weitgehend durch. Aus den drei früheren Großbanken entstanden dreißig Institute, deren Geschäftstätigkeit regional begrenzt wurde. Die Aufgaben der Reichsbank gingen 1948 auf das neue Zentralbanksystem mit der Bank deutscher Länder als Spitzeninstitut und einem Unterbau von elf Landeszentralbanken über.

1946 legten die Siegermächte Umfang und Art der Demontage und Reparationsleistungen im Kontrollrat fest. Auf amerikanische Initiative hin entstand ein »Plan für Reparationen und den Nachkriegsstand der deutschen Wirtschaft«. Dieser »Erste Industrieplan« sah die Begrenzung der industriellen Erzeugung Deutschlands auf etwa 55 Prozent des Standes von 1938 vor[6], was etwa der Produktion des Krisenjahres 1932 entsprach. Mehr war nach Auffassung der Siegermächte für eine Friedenswirtschaft nicht nötig, und den Deutschen sollte schließlich nur ein »mittlerer europäischer Lebensstandard verbleiben«[7]. Unter diesem Aspekt verbot der Plan nicht nur die Herstellung von Waffen, Munition und anderem Kriegsgerät, sondern auch die Produktion von Kugel- und Rollenlagern, den Bau von schweren Werkzeugmaschinen, Traktoren, Seeschiffen und Flugzeugen, die synthetische Gewinnung von Benzin, Öl und Gummi sowie die Erzeugung von Rohaluminium und Magnesium. In einem langen Register waren die erlaubten Produktionskapazitäten der einzelnen Industriezweige im Verhältnis zur Produktion des Jahres 1938 aufgelistet, alle darüber hinausgehenden Kapazitäten sollten demontiert werden. Die Idee Morgenthaus, Deutschland auf den Stand eines Agrarlandes zurückzuführen, verwirklichte der »Industrieplan« zwar nicht, aber die vorgesehene Begrenzung der Industrieproduktion machte den Wiederaufbau unmöglich.

Über die Auslegung der Reparationsbedingungen kam es unter den Alliierten schon sehr bald zu ernsten Meinungsverschiedenheiten. Die sowjetische Besatzungsmacht, die entschlossen war, möglichst viel aus ihrer Zone herauszuholen, hielt sich nicht an das Potsdamer Abkommen und entnahm auch erhebliche Teile aus der laufenden Produktion zu Reparationszwecken. In den Vereinigten Staaten erhob sich im Laufe des Jahres 1946 Kritik an den Demontagen. Der amerikanische Außenminister Byrnes äußerte sich in einer Rede in Stuttgart am 6. September 1946 kritisch zu dieser Politik und stellte eine Revision des »Industrieplans« in Aussicht. Deutschland dürfe kein Armenhaus werden, betonte er, denn die deutsche und die europäische Wirtschaft seien aufeinander angewiesen.[8] Diese Verbindung der deutschen mit der europäischen Perspektive zeigte die Richtung an, in der sich die amerikanische Politik von nun an bewegte.

Die veränderte Einstellung wurde im »Zweiten Industrieplan« vom 26. August 1947 deutlich, der nur für die Bi-Zone galt. Die erlaubte Industrieproduktion wurde auf den Stand des Jahres 1936 angehoben[9], die Demontage der überschüssigen Kapazitäten ging jedoch weiter. Zwar wurden an den Demontagelisten 1949 noch einmal beträchtliche Abstriche vorgenommen, aber der Abtransport von Maschinen und Anlagen aus dem Gebiet der Bundesrepublik hörte erst im April 1951 auf. Zu diesem Zeitpunkt hatte Westdeutschland freilich schon hohe Beträge an amerikanischer Wirtschaftshilfe erhalten, mit denen die demontierten Anlagen wieder aufgebaut werden konnten. Nichts vermochte deutlicher die Unsinnigkeit der Demontagepolitik zu beweisen. Erst im Petersberger Abkommen vom 22. November 1949 wurde die Frage der Demontage zwischen der Bundesregierung und den Westalliierten geklärt.[10]

2. Die amerikanische Nachkriegs-Wirtschaftshilfe

a) Das GARIOA-Programm

Der hungernden deutschen Bevölkerung wurde schon bald nach dem Ende des Krieges durch verschiedene Organisationen und Programme Unterstützung gewährt. Der größte Beitrag dazu kam von den Vereinigten Staaten. Ab Juni 1945 stellten sie ihrer Militärregierung in Deutschland im Rahmen der allgemeinen Kriegsfinanzierung »Lieferungen an die Zivilbevölkerung« (Civilian Supplies) zur Verfügung, damit die Besatzungsbehörden »Hunger und Seuchen« in ihrer Zone verhindern und die physische Existenz der dortigen Bevölkerung sichern konnten.[11] Durch sogenannte »GARIOA« (Government And Relief In Occupied Areas)-Lieferungen und aufgekaufte amerikanische Armeebestände wurde die deutsche Bevölkerung vor allem mit Nahrungsmitteln versorgt. Den Wert der Lieferungen bis zum 30. Juni 1946 bezifferten die Vereinigten Staaten auf rund 195 Mio. Dollar.[12] Ab 1. Juli 1946 wurden die GARIOA-Lieferungen aufgrund besonderer Gesetze des amerikanischen Kongresses bewilligt. Sie fanden in dem Abkommen über wirtschaftliche Zusammenarbeit zwischen den Vereinigten Staaten und der Bundesrepublik Deutschland vom 15. Dezember 1949 erstmals eine vertragliche Regelung.

43

Für die Bearbeitung von Geschäften mit dem Ausland richteten die amerikanische und britische Militärregierung für das Gebiet der Bi-Zone im Januar 1947 zwei Dienststellen ein, die »Joint Export Import Agency« (JEIA) und die »Joint Foreign Exchange Agency« (JFEA). Die JEIA organisierte Außenhandelsgeschäfte, während die JFEA für die Abwicklung des Auslandszahlungsverkehrs zuständig war.[13] Die Einfuhren wurden in zwei Kategorien aufgeteilt. In die Kategorie A fielen Lebensmittel und Brennstoffe. Sie wurden, solange keine deutschen Exportüberschüsse vorhanden waren, von den Besatzungsmächten bezahlt. Kategorie B umfaßte Rohstoffe für die eigene deutsche Produktion. Ihre Kosten sollte die deutsche Ausfuhr von Kohle, Holz und den wenigen Fertig- und Halbfertigwaren decken, die nur gegen Dollar durchgeführt werden durfte. Ein Exportüberschuß konnte jedoch nicht erzielt werden, unter anderem deshalb, weil die von Deutschland exportierten Rohstoffe weit unter dem Weltmarktpreis verrechnet wurden.[14] Es bestand auch wenig Interesse daran, einen neuen Konkurrenten auf dem Weltmarkt heranzuziehen. Unter diesen Umständen wandelte sich allmählich der Charakter der Wirtschaftshilfe. Sie diente auch dazu, die auf alliierte Entscheidungen zurückzuführende Unterentwicklung der deutschen Exporte zu kompensieren.[15]

b) Der Marshall-Plan

Am 5. Juni 1947 stellte der amerikanische Außenminister George C. Marshall in einer Rede in der Harvard University ein Wiederaufbauprogramm für Europa vor. Darin führte er aus, wie Europa durch Unterstützung der Vereinigten Staaten und Koordinierung der europäischen Volkswirtschaften die Kriegsfolgen überwinden und von ständigen amerikanischen Hilfeleistungen unabhängig werden könnte.[16] Das »European Recovery Program« (ERP) bildete unter der Bezeichnung »Marshall-Plan« die Grundlage für eine wirtschaftliche und in seiner Konsequenz auch politische und militärische Neuordnung der westlichen Welt. Die Einsicht, daß eine gemeinsame Deutschlandpolitik mit der Sowjetunion unmöglich war, die Angst vor der Anfälligkeit eines verelendeten Europas gegenüber kommunistischer Propaganda und die politische Forderung des *containment*, der Eindämmung der sowjetischen Expansion, wie sie der Planungsstab im State Department unter George F. Kennan vertrat, führten zur Ausarbeitung eines großzügigen Hilfsprogramms. Die zerstörte europäische Produktionskapazität sollte wiederaufgebaut werden, gleichzeitig aber auch die amerikanische Wirtschaft neue Absatzchancen zur Überführung der Kriegs- in eine Friedenswirtschaft erhalten. Der Marshall-Plan war im Gegensatz zu den bisherigen amerikanischen Hilfeleistungen nicht für ein einzelnes Empfängerland gedacht, sondern er wollte sich an die europäischen Länder, die er zu gegenseitiger Hilfestellung verpflichtete, als Gruppe richten. Die Sowjetunion allerdings verweigerte im Juli 1947 ihre Mitarbeit an einem solchen Programm und lehnte jede amerikanische Hilfe für ihren Machtbereich ab.[17]

Anfang Juli 1947 trafen Vertreter Griechenlands und der Türkei sowie aller westeuropäischen Nationen mit Ausnahme Spaniens und Deutschlands in Paris zusammen. Zu diesen sechzehn Ländern wurden später noch die beiden westlichen Besatzungszonen Deutschlands und Triest hinzugezogen. Es konstituierte sich der »Ausschuß für Europäische Wirtschaftliche Zusammenarbeit«, der die Aufgabe hatte, »dem amerikanischen Kongreß eingehenden Bericht über die wirtschaftliche Lage in Europa zu erstatten und sich zu überlegen, welche Mittel für welchen Zweck und an welche Adressen aufzubringen wären«[18]. Dieser Bericht vom September 1947, das ursprüngliche Europäische Wiederaufbau-Programm für die Jahre 1948 bis 1951, diente unter anderem den Vereinigten Staaten zur Vorbereitung des »Auslandshilfegesetzes« (Foreign Assistance Act). Präsident Truman unterzeichnete es am 3. April 1948. In Washington entstand eine zentrale Verwaltungsbehörde, die »Economic Cooperation Administration« (ECA) im Range eines Ministeriums, und für das erste Jahr wurde ein Hilfsprogramm in Höhe von fünf Mrd. Dollar verabschiedet.[19]

Zur Steuerung der Marshallplan-Hilfe gründeten die europäischen Teilnehmerländer am 16. April 1948 in Paris die »Organization for European Economic Cooperation« (OEEC), in der die westlichen Besatzungszonen Deutschlands durch ihre Militärregierungen bereits als gleichberechtigte Mitglieder vertreten waren. Zu den Hauptaufgaben dieser Organisation gehörten die zweckmäßige Verteilung der Mittel auf die Empfängerstaaten, die Liberalisierung des europäischen Handelsverkehrs und die Gründung der Europäischen Zahlungsunion (EZU) mit dem Ziel, die Konvertibilität der europäischen Währungen herzustellen.[20]

Am 21. April 1948 formulierte Ludwig Erhard in einer Rede vor dem Wirtschaftsrat Richtlinien für eine neue deutsche Wirtschaftspolitik. Er zeigte sich zuversichtlich, »daß unsere nach einer sorgfältig abgewogenen Währungsreform wieder rechenhaft gewordene Wirtschaft durch die ihr aus der Marshallplan-Hilfe zufließenden Mittel und deren ökonomisch richtigen Einsatz eine nachhaltige und stetige Belebung erfahren wird«[21]. Die Währungsreform, die am 20. Juni 1948 in den westlichen Besatzungszonen durchgeführt wurde, schuf eine der Grundlagen für ein kontinuierliches wirtschaftliches Wachstum. Von Wichtigkeit war nun der »ökonomisch richtige Einsatz« der *counterpart funds.* Sie entstanden, weil die amerikanischen Lieferungen von den Empfängern in deutscher Währung bezahlt werden mußten. Für die 1948 gegründete Kreditanstalt für Wiederaufbau dienten diese Gegenwertmittel als Grundlage für Investitionskredite.[22]

Den westlichen Besatzungszonen und später der Bundesrepublik Deutschland flossen in der Zeit vom 3. April 1948 bis zum 31. Dezember 1952 insgesamt 1585,2 Mio. Dollar an Mitteln aus dem Marshall-Plan zu.[23] Mit deren Hilfe und den gleichzeitig noch weiterlaufenden GARIOA-Geldern war ab 1948 die deutsche Lebensmittel-

versorgung gesichert, und die Beschaffung von Maschinen und Rohstoffen für den industriellen Wiederaufbau konnte beginnen. Die
veränderte Zusammensetzung der Warenbezüge machte deutlich,
daß die deutsche Wirtschaft allmählich in Gang kam. Während
1948/49 der Anteil landwirtschaftlicher Einfuhren aus Marshallplan-
Geldern noch 55 Prozent betragen hatte, sank er im Jahre 1951/52
auf 36 Prozent. Dagegen stieg der Anteil von Industrieprodukten und
Rohstoffen von 37 auf 52 Prozent. Rund 80 Prozent aller ERP-Einfuhren kamen aus den Vereinigten Staaten, wobei auch die Frachten
aus den Dollarbeträgen gedeckt werden mußten, da keine deutschen
Schiffe mehr für den Transport zur Verfügung standen.[24]

Die deutsche Beteiligung am Marshall-Plan beruhte bis Ende 1949
auf Verträgen zwischen den westlichen Besatzungszonen und den
Vereinigten Staaten. Nach Gründung der Bundesrepublik wurde am
15. Dezember 1949 ein »Abkommen über wirtschaftliche Zusammenarbeit zwischen den Vereinigten Staaten von Amerika und der Bundesrepublik Deutschland« geschlossen. Da die ERP-Hilfe nur Dollar
beziehungsweise Waren bereitstellte, die innerhalb Westdeutschlands
mit Mark bezahlt wurden, gründete die Bundesrepublik ein »ERP-
Sondervermögen«, dem die von den deutschen Importeuren für die
GARIOA- und ERP-Einfuhren zu zahlenden DM-Gegenwerte zu-
flossen. Auch Tilgungs- und Zinsbeträge für Investitionskredite, die
aus diesen Gegenwerten gewährt wurden, und Zinsbeträge aus sonstigen Anlageformen dieser Mittel wurden ihm zugezählt.

Bis zum Auslaufen der Marshallplan-Hilfe erreichte das Vermögen
eine Höhe von über fünf Mrd. D-Mark. Es wuchs durch Zinserträge
weiter an und diente der Bundesrepublik als Kapitalfonds, der in Zusammenarbeit mit der amerikanischen Verwaltung des Marshall-Plans
revolvierend zur Kreditfinanzierung von Investitionsvorhaben und
Aufbauarbeiten eingesetzt wurde. Den größten Teil der ERP-Gelder
erhielt die Kreditanstalt für Wiederaufbau. Durch sie oder zum Teil
auch direkt durch die Marshallplan-Verwaltung wurden Kredite zu
günstigen Zinsen an die verschiedenen Zweige der Wirtschaft ver-

geben. Zu den bevorzugten Empfängern gehörten die Kohle- und andere Grundstoffindustrien, die Elektrizitätswirtschaft, der Wohnungsbau und die Landwirtschaft.[25]

Die Gegenwertfonds wurden in den einzelnen ERP-Empfängerländern unterschiedlich verwandt. In England und Norwegen zum Beispiel dienten sie, um den inflationären Effekt der einströmenden Mittel zu vermeiden, ausschließlich der Tilgung von Staatsschulden. In Frankreich, Italien und Westdeutschland fanden sie zur Finanzierung von Investitionen und Vorhaben des Wiederaufbaus Verwendung.

Bis zum Ende des Jahres 1952 sollte Deutschland wie auch die übrigen Marshallplan-Hilfe empfangenden Länder nach Möglichkeit von ausländischer Hilfe unabhängig sein. Um dieses Ziel zu erreichen, mußten die Investitionsvorhaben weitgehend devisensparend oder sogar devisenbringend sein. Eine wesentliche Aufgabe der Kreditanstalt für Wiederaufbau bestand von Anfang an darin, eigene Finanzierungsmöglichkeiten zu schaffen. Die 5,5-prozentige Wiederaufbauanleihe, die nachträglich durch das Kapitalmarktförderungsgesetz steuerbefreit wurde, und die 3,5-prozentige steuerfreie Wohnungsbauanleihe waren erste Versuche in dieser Richtung. Einen weiteren Vorstoß auf diesem Gebiet stellte die aufgrund der Kabinettsentscheidung vom 6. März 1951 beschlossene Investitionshilfe der gewerblichen Wirtschaft in Höhe von 1,2 Mrd. D-Mark dar.[26]

Die GARIOA- und Marshallplan-Gelder zusammen ergaben einen Betrag von über drei Mrd. Dollar an Hilfeleistungen für das Gebiet der Bundesrepublik Deutschland. Die Einfuhr von Lebensmitteln und sonstigen Gütern wäre ohne sie aus Mangel an Devisen unmöglich gewesen. Die Wirtschaftshilfe rettete vielen Menschen das Leben und wurde zur Grundlage für den Wiederaufbau der deutschen Wirtschaft. Von den insgesamt 13,9 Mrd. Dollar, die die Vereinigten Staaten an ERP-Hilfe gewährten, erhielt Westdeutschland über 10 Prozent. Obwohl Großbritannien mit 3,4 Mrd. Dollar und Frankreich mit 2,8 Mrd. Dollar höhere Beträge bekamen, hatten diese Länder doch nicht dieselben günstigen Folgewirkungen zu verzeichnen wie die Bundes-republik.[27] Gestützt durch die Konzeption der »Sozialen Marktwirt-schaft« und angeregt durch den großen Nachholbedarf der vergange-nen Jahre begann in der Bundesrepublik ein wirtschaftlicher Auf-schwung, der schon bald – in Anlehnung an eine Wortschöpfung der zwanziger Jahre – als »Wirtschaftswunder« bezeichnet wurde.[28]

c) Das »Amerika-Geschäft«

In der ersten Zeit der Besatzung verkaufte die amerikanische Militär-regierung in ihrer Zone Güter aus den Beständen der amerikanischen Heeresverwaltung. Die Länder Bayern, Württemberg-Baden und Hessen gründeten zur Übernahme und Verwertung dieser Güter im September 1946 die »Gesellschaft zur Erfassung von Rüstungsgut«, die im Jahr darauf in »Staatliche Erfassungs-Gesellschaft für öffentli-ches Gut« (STEG) umbenannt wurde. Für die Versorgung der Zivil-bevölkerung waren die Programme des sogenannten Amerika-Ge-schäfts bedeutsam. Es umfaßte drei Teile, von denen das »SIM«-Programm (Surplus Incentive Material), das »QR«-Geschäft (Quan-titative Receipt) und das »Bulk Deal«-Geschäft die wichtigsten waren.[29]

Das »SIM«-Programm wurde durch einen Briefwechsel veranlaßt, den der Verwaltungsrat für Wirtschaft in Minden in den Monaten August und September 1947 mit der für die Bi-Zone geschaffenen »Bipartite Economic Control Group« führte. In seinem Rahmen ver-kauften die Amerikaner rund 40 000 Tonnen an Heeresgütern, vor-wiegend Textilien und Schuhe, aus Lagern östlich des Mississippi. Die ersten der 133 Schiffsladungen trafen im November 1947 in Deutsch-land ein, die letzten im Mai 1949.

Das »QR«-Geschäft begann bereits im April 1945. Es lief bis zur Mitte des Jahres 1949 und umfaßte über 6000 Einzelübergaben von Surplus-Beständen, die vor allem sanitäre und andere für die öffent-

liche Versorgung nützliche Güter enthielten. Sie dienten in der Haupt-
sache der Versorgung von Verschleppten, ausländischen Flüchtlingen
und Zivilinternierten und wurden nicht nur in der amerikanischen
Zone und in Berlin, sondern auch beim Marsch amerikanischer Truppen durch Gebiete der englischen, französischen und sowjetischen
Besatzungszone verkauft.

Im Herbst 1947 schlug die amerikanische Militärregierung dem
Wirtschaftsrat der Bi-Zone den globalen Ankauf überschüssiger amerikanischer Heeresbestände aus den Depots der Besatzungszone vor.
Der Wirtschaftsrat ging auf das Angebot ein, und am 23. Januar 1948
wurde der »Bulk-Deal«-Vertrag unterzeichnet. Die amerikanische
Militärregierung lieferte im Laufe des Jahres 1948 rund 420 000 Tonnen Heeresgüter; insgesamt verkauften die Vereinigten Staaten über
1,8 Mio. Tonnen.

Für die Übernahmen im »Amerika-Geschäft« wurde die Bundesrepublik Deutschland mit 204,87 Mio. Dollar belastet. Dabei verlangten die Amerikaner für die »SIM«-Lieferungen aus Übersee, die
sie mit einem Durchschnittspreis je Tonne berechneten, 63,56 Mio.
Dollar. Für die im Rahmen des »QR«- und des »Bulk-Deal«-Geschäf-
tes übergebenen Materialien legten sie einen Kaufpreis von 21 Prozent des amerikanischen Anschaffungspreises fest. Sie veranschlagten
das »QR«-Geschäft mit 74,58 Mio. Dollar und das »Bulk-Deal«-Ge-
schäft mit 66,73 Mio. Dollar. Da sie die Preise zu hoch ansetzten und
bei ihren Berechnungen nicht vom Zustand der Güter oder ihrer Ver-
wendbarkeit in der zivilen Wirtschaft ausgingen, war das finanzielle
Ergebnis des »Amerika-Geschäfts« für die Bundesrepublik Deutschland ungünstig. Die Waren, bei denen es sich vorwiegend um Güter
des Kriegsbedarfs handelte, mußten für die Friedenswirtschaft erst
nutzbar gemacht werden.[30] Vielfach war das Material erst nach inten-
siver Auf- und Umarbeitung zu verkaufen. In der Reichsmarkzeit
wurden die Güter noch nach den Weisungen der Lenkungsstellen
beim Verkauf vorgezogen, aber nach der Währungsreform mußten sie
auf dem freien Markt veräußert werden und hatten in wachsendem

Maße mit Importgütern und Produkten aus der wiedererstarkenden deutschen Produktion zu konkurrieren.

Dennoch bedeutete das »Amerika-Geschäft« gerade in den ersten Nachkriegsjahren, als die Not am größten und die Knappheit der Güter am drückendsten war, für Deutschland eine Hilfe. Die Bevölkerung wurde mit dringend benötigten Verbrauchsgütern versorgt. Die Wirtschaft empfing Baugeräte, Werkzeuge, Werkzeugmaschinen, Motoren, Roh- und Betriebsstoffe – alles Güter, die damals auf andere Weise kaum zu beschaffen waren. Die Beschäftigungsmöglichkeiten, die die STEG in den Jahren 1947 bis 1949 vielen Tausenden von Arbeitskräften bot, entlasteten den Arbeitsmarkt.

3. Die britische Nachkriegs-Wirtschaftshilfe

Angesichts der großen amerikanischen Unterstützung ist es der Öffentlichkeit weniger zum Bewußtsein gekommen, daß auch andere Länder Deutschland nach dem Zweiten Weltkrieg Hilfe gewährt haben. Großbritannien leistete im Rahmen der allgemeinen Kriegsfinanzierung unmittelbar nach dem Zusammenbruch des Deutschen Reiches sowohl der Zivilbevölkerung wie der Wirtschaft seiner Besatzungszone vielfältige Unterstützung. Ab 1. April 1946 wurden diese sogenannten UK-Contributions aufgrund besonderer Gesetze des britischen Parlaments offiziell bewilligt. Einem Teil dieser Unterstützungen lagen Vereinbarungen mit der amerikanischen Besatzungsmacht zugrunde, etwa das Abkommen vom 2. Dezember 1946 über die Zusammenlegung der britischen und amerikanischen Besatzungszone zur Bi-Zone. Schließlich stellte die britische Regierung noch einen kleinen Betrag zur Verfügung, den sie aus dem Erlös deutscher Vermögenswerte in Schweden erhalten hatte.[31] Ebenso wie die amerikanischen GARIOA-Gelder wurden auch die »UK-Contributions« zur

51

Bezahlung von Nahrungsmitteln, insbesondere Getreide, Saatgut, Düngemitteln, Medikamenten und anderen Importgütern verwendet. Sie hatten jedoch einen wesentlich bescheideneren Umfang, mußte Großbritannien sich doch in erheblichem Maße selbst verschulden, um seine Wirtschaft wieder in Gang zu bringen. Die britische Regierung bezifferte ihre Ausgaben für die Wirtschaftshilfe an Deutschland im Zeitraum vom 8. Mai 1945 bis zum 30. September 1951 mit 201,8 Mio. Pfund.

4. Die französische Nachkriegs-Wirtschaftshilfe

Die französische Besatzungspolitik war weitgehend von dem Bestreben geleitet, das deutsche Wirtschaftspotential zugunsten Frankreichs zu nutzen.[32] Das Land hatte nach dem Krieg große Schwierigkeiten mit seiner eigenen Wirtschaft und beschränkte daher die Unterstützung für seine Besatzungszone in Deutschland auf die Überlassung einiger Guthaben und die weitgehende Finanzierung und Förderung des Außenhandels. In den Jahren 1945 bis 1948 bezahlte das französische Schatzamt durch Vorschüsse in Francs und sonstigen Devisen oder durch direkte Zahlungen in Frankreich und in den Vereinigten Staaten die Einfuhren der französischen Zone. Zugleich beließ es der Zone die Devisenerlöse aus den deutschen Ausfuhren nach allen dem Frankenraum nicht angehörenden Ländern, während es die Einnahmen aus den Ausfuhren des Frankenraums zur Abdeckung seiner Forderungen verwendete.[33] Die Abwicklung dieser Handelsgeschäfte besorgte das Ende 1945 eingerichtete » Office du Commerce Extérieur « (Oficomex).

Um die Versorgung der französischen Zone mit Lebensmitteln durch Teilnahme an den amerikanischen Lieferungen sicherzustellen, suchte Frankreich im Jahre 1948 Anschluß an die Bi-Zone, und ab

18. Oktober war die »Joint Export Import Agency« auch für die Handelsgeschäfte der französischen Zone zuständig.[34]

Frankreich bezifferte die Ausgaben für die französische Zone im Rahmen der Außenhandelsgeschäfte in den Jahren 1945 bis 1948 mit rund 303 Mio. Dollar. Die Einnahmen der Zone beliefen sich auf rund 287 Mio. Dollar. Bei der Fusion der französischen Zone mit der Bi-Zone im Oktober 1948 ergab sich in den Warenbewegungen daher ein Restsaldo von 15,8 Mio. Dollar.[35] Frankreich machte es zur Bedingung, daß dieser Restsaldo als französischer Beitrag zum Kapital der »Joint Export Import Agency« anerkannt würde, und bezeichnete ihn als seinen Beitrag zur Nachkriegs-Wirtschaftshilfe.

III. ASPEKTE DES SCHULDENPROBLEMS
NACH DEM KRIEG

Als 1949 die ersten ernsthaften Erwägungen zur Bereinigung der deutschen Auslandsschulden angestellt wurden, stand der Gesichtspunkt, die Bundesrepublik für Auslandskapital zu öffnen, im Vordergrund. Es war klar, daß der Wiederaufbau nicht allein aus internen Quellen und den Mitteln der amerikanischen Wirtschaftshilfe bezahlt werden konnte. Einem Kapitalimport in größerem Maße standen jedoch die Ungewißheit über den finanziellen Status der Bundesrepublik und enge Beschränkungen beim Transfer von Devisen entgegen. Es war die Politik der Besatzungsmächte, neue ausländische Investitionen zu unterbinden, denn »die deutsche Wirtschaft sollte nicht ein billiges Ramschgeschäft für andere werden«[1]. Gesetze der Militärregierung verboten sämtliche Geschäfte zwischen Deviseninländern und -ausländern. Mit der Einstellung des Schuldendienstes gegenüber dem Ausland sollte verhindert werden, daß einzelne Gläubiger der deutschen Konkursmasse eine bevorzugte Befriedigung fänden.

Die Folge war, daß sich die Wirtschaftsbeziehungen zwischen Westdeutschland und dem Ausland beinahe ausschließlich auf die Abwicklung des Außenhandels beschränkten. Bei einer defizitären Zahlungsbilanz schien kaum Aussicht zu bestehen, etwas zur Bedienung der Auslandsschulden tun zu können und damit den Anstoß zur Entwicklung eines grenzüberschreitenden Kapitalverkehrs zu geben, denn vor einer Regelung der alten Kredite bestand für ausländische Kapitalgeber kein Anlaß, sich erneut in Deutschland zu engagieren. Aus Gründen der Gleichbehandlung mußten außerdem jegliche Anreize, die neuen Kapitalgebern geboten werden konnten, auch den alten Gläubigern zustehen.[2] In einem Vortrag, den ich am 16. September 1949 vor dem Übersee-Club in Hamburg hielt, konnte ich den Stand der Diskussion über dieses Thema zusammenfassend darstellen.[3]

ASPEKTE DES SCHULDENPROBLEMS NACH DEM KRIEG

Bundeskanzler Adenauer berichtete in der Kabinettssitzung am 18. Oktober 1949, der amerikanische Hohe Kommissar McCloy habe ihn orientiert, daß keine neuen privaten Kredite zu erwarten seien, solange die Frage der alten Schulden nicht geklärt sei.[4] Wirtschaftsminister Erhard wurde gebeten, im Einvernehmen mit dem Finanzminister ein Schreiben an die Alliierte Hohe Kommission vorzubereiten, in dem die Auslandsschulden angesprochen werden sollten. Diese Note gelangte allerdings über das Stadium eines Entwurfs nie hinaus. Er betonte sehr stark die Hoffnung, den Kapitalimport anzuregen und klammerte daher die öffentlichen Schulden zunächst aus.[5]

Hingegen wurde am 26. Oktober 1949 eine Note abgesandt, in der Adenauer die Bundesrepublik als » ausschließliche Trägerin der Rechte des früheren Deutschen Reiches« bezeichnete. Damit wollte die Bundesregierung »schon jetzt zum Ausdruck [. . .] bringen, daß ihr bei einer Freigabe des Vermögens des ehemaligen Deutschen Reiches alle Rechte an diesen Vermögenswerten zustehen«[6]. In ihrer Antwort stellte die Hohe Kommission fest, daß der Behandlung des Auslandsvermögens Vereinbarungen und Gesetze zugrunde lägen, in die sie sich nicht einzumischen gedenke. Eine endgültige Stellungnahme zur Nachfolgefrage wollte sie noch nicht abgeben, doch hielt sie es für »wertvoll zu wissen, ob sich die Bundesregierung auch hinsichtlich der Verpflichtungen des früheren Reichs als Rechtsnachfolgerin betrachtet«[7]. Adenauer stellte daraufhin in Aussicht, diese Frage überprüfen zu lassen. In einer Sitzung mit den Hohen Kommissaren am 22. März 1950 wurde sie noch einmal kurz angesprochen.[8] Da die Antwort rechtlich begründet sein sollte, konnte die Angelegenheit zu diesem Zeitpunkt noch nicht geklärt werden.

Am 15. Dezember 1949 fand die Unterzeichnung des Abkommens über die wirtschaftliche Zusammenarbeit zwischen den Vereinigten Staaten und der Bundesrepublik statt. Im Anschluß daran wies Adenauer McCloy erneut auf die dringende Notwendigkeit hin, ausländisches privates Kapital zur Investierung in Deutschland zu bewegen, woraufhin dieser erklärte, man habe sich während des letzten halben

Jahres fast ausschließlich mit diesem Problem beschäftigt. Die grundsätzliche Schwierigkeit dabei sei, daß alle interessierten Nationen die Bevorzugung ihrer eigenen Forderungen verlangt hätten. Immerhin habe man insofern Fortschritte erzielt, als nun Einigkeit darüber bestünde, alle Gläubiger Deutschlands gleichmäßig zu behandeln.[9]

Obwohl es in der Bundesregierung Minister gab, denen die Dringlichkeit der Schuldenregelung bewußt war, kam Anfang 1950 die Angelegenheit nicht recht voran. Sie gehörte nicht zu den Prioritäten der Regierungsarbeit, die Adenauer am 10. Januar 1950 im Kabinett nannte.[10] Vizekanzler Blücher, der bereits im November 1949 die Frage der Auslandsschulden zu den dringendsten außenpolitischen Problemen gezählt hatte[11], erkannte, daß aufgrund der Aufteilung der Zuständigkeiten zwischen verschiedenen Ministerien und der Bank deutscher Länder keine Stelle sich verantwortlich fühlte und demzufolge auch keine Initiative ergriffen worden war, um die Schuldenregelung voranzubringen. Zwar tagte seit Anfang 1950 gelegentlich der Wirtschaftsausschuß, den Adenauer auf Vorschlag von Vocke gebildet hatte.[12] Ihm gehörten die Minister Ludwig Erhard, Fritz Schäffer und Franz Blücher, von der Bank deutscher Länder Wilhelm Vocke und Karl Bernard, schließlich Robert Pferdmenges und ich an. Aber dieses Gremium diente mehr zur Beratung des Kanzlers als der interministeriellen Koordination.

Blücher schlug daher vor, einen Ausschuß zu bilden, damit »endlich einmal die Angelegenheit in Fluß käme und den alliierten Stellen, die trotz aller Ankündigungen bisher keinen Schritt vorangekommen sind, eine verhandlungsfähige und schlagkräftige deutsche Organisation gegenübergestellt würde«[13]. Für den Vorsitz dieses Ausschusses hatte er mich vorgesehen, doch wurde seine Anregung weder in sachlicher noch in personeller Hinsicht aufgegriffen.[14] Die dabei deutlich werdende dilatorische Behandlung der mit Auslandsschulden und Auslandsvermögen zusammenhängenden Fragen lag auch darin begründet, daß der Aufbau einer Dienststelle für Auswärtige Angelegenheiten beim Bundeskanzleramt nur zögernd vonstatten ging.[15]

56

Im Handel mit bestimmten Ländern, etwa der Schweiz, erzielte die Bundesrepublik Überschüsse. Zumindest eine partielle Regelung der alten Schulden wäre hier möglich gewesen und wurde von der Schweiz auch angeregt. Im Hinblick auf den vor allem von den Vereinigten Staaten vertretenen Grundsatz der Gleichbehandlung aller Gläubiger verboten sich jedoch bilaterale Lösungen. Anläßlich zwischenstaatlicher Verhandlungen über Zahlungs- und Handelsabkommen wurde der deutschen Seite von den alliierten Vertretern immer wieder erklärt, daß die alten Schulden kein Thema sein dürften.[16] Speziell in der Schweiz stieß die Haltung der Alliierten auf Kritik. Die Freigabe ausländischen Kapitals für Neuinvestitionen sei bereits im Mai 1949 angekündigt, dann aber immer wieder verschoben worden.» So ist der groteske Zustand herausgekommen, daß man einerseits dringend um ausländisches [. . .] Kapital wirbt und andererseits die Altguthaben so schlecht behandelt, als ob man gegen jeden Anlagewillen eine Warnungstafel errichten wollte.«[17] Die Schweiz sah eine bilaterale Bereinigung der deutschen Schulden als den nächstliegenden und einfachsten Weg an; es gelang ihr jedoch nicht, gegenüber den Besatzungsmächten eine solche Lösung durchzusetzen.[18]

Als weiteres Hindernis für rasche Fortschritte in der Schuldenfrage müssen die langanhaltenden Auseinandersetzungen zwischen der Bundesregierung und der Alliierten Hohen Kommission um die Wirtschaftspolitik gesehen werden. Die Alliierten hatten erhebliche Vorbehalte gegenüber Erhards wirtschaftspolitischer Konzeption, so daß – bis in das Jahr 1951 hinein – grundlegende Korrekturen gefordert wurden.[19] Solange demnach die deutsche Fähigkeit, Beträge für einen eventuellen Schuldendienst überhaupt aufzubringen, geschweige denn zu transferieren, bezweifelt wurde, schien die Regelung Zeit zu haben. Übersehen wurde dabei, daß sie nicht unbedingt eine Belastung bedeuten mußte, sondern die Reintegration in den Weltmarkt vielfache Vorteile mit sich bringen würde.

Unter diesem Gesichtspunkt verdienten die Stillhalteschulden besondere Beachtung. In den westlichen Besatzungszonen und in Berlin wurden bald nach der deutschen Kapitulation mehrere Verwalter für die Interessen der amerikanischen und englischen Stillhaltegläubiger eingesetzt, denn die Reichsbank war nicht mehr in der Lage, ihre Aufgabe als Treuhänder für die Rechtsbeziehungen zwischen Stillhaltegläubigern und -schuldnern zu erfüllen.[20] Zunächst sorgten unklare Kompetenzen für Verwirrung. Aus Hamburg erging Anfang 1946 mit Unterstützung durch englische und amerikanische Finanzoffiziere die Aufforderung des dortigen Verwalters, die vorhandenen Stillhaltekredite besser zu besichern. Anstelle der internen Sperre von kreditorischen Konten sollten formelle Sicherheiten bestellt werden.[21] Für die deutschen Banken hatte dies Vorteile, da sie gegenüber den Auslandsbanken hafteten und durch neue Sicherheiten ihre eigene Position verbessern konnten. Verschiedene ausländische Banken traten auch direkt an deutsche Banken heran und verlangten eine volle Sicherstellung der noch laufenden Engagements.

Ich begann im Jahre 1947, mich wieder mit Fragen der Stillhaltekredite zu befassen, nachdem ich seit 1937 dem »Deutschen Ausschuß für Stillhalteschulden« angehört hatte. Im Vordergrund standen zunächst Rechtsfragen und die Sammlung von Unterlagen über Kredite, denn an Zahlungen war noch nicht zu denken. Die durch die alliierte, insbesondere die amerikanische Politik bewirkte Zerschlagung des deutschen Bankensystems hatte die Voraussetzungen dafür zusätzlich verschlechtert. Es war verständlich, daß die unter Aufsicht von Treuhändern stehenden Nachfolge-Institute der früheren Großbanken keinen besonderen Wert darauf legten, Verpflichtungen und zudem Devisen-Verpflichtungen zu übernehmen.[22] Die Neuordnung des Bankensystems hatte daher für die Behandlung der Stillhaltekredite große Bedeutung.[23] Trotz aller Schwierigkeiten schien es sinnvoll, einen organisatorischen Unterbau zu schaffen, um die Interessen der deutschen Stillhalteschuldner einheitlich vertreten zu können. Nachdem Sondierungen bei den zuständigen alliierten Stellen ergeben hatten, daß dort keine Bedenken gegen eine formelle Rekonstituierung des deutschen Stillhaltekomitees bestanden, fand am 4. November 1948 auf Einladung von Wilhelm Vocke, dem Präsidenten des Direktoriums der Bank deutscher Länder, eine Besprechung statt, an der mehrere Fachleute, unter anderem Richard Merton und Carl Goetz, teilnahmen.[24] Es wurde beschlossen, einen Ausschuß einzurichten, der die deutschen Schuldner in Angelegenheiten der Stillhaltung beraten sollte.[25] Er wurde als »Deutscher Ausschuß für internationale finanzielle Beziehungen« bezeichnet. Der Name mußte auf besondere Anregung der Alliierten Bankkommission so nichtssagend gewählt werden, weil keiner deutschen Stelle das Recht zustand, über alte Vorkriegsverpflichtungen mit dem Ausland zu verhandeln.[26]

Die Alliierte Bankkommission wurde auch von sich aus aktiv und regte an, noch im Januar 1949 das weitere Vorgehen zu klären. Auf einer Sitzung, die am 14. Januar 1949 bei der Bank deutscher Länder stattfand, wurde beschlossen, daß der frühere Stillhalteausschuß – in etwas veränderter personeller Besetzung – seine Tätigkeit wiederaufnehmen sollte.[27] Jeweils zur Hälfte waren in ihm Banken und Direktschuldner bzw. Zweitschuldner aus Kreisen der Industrie vertreten. Vocke ernannte mich zum Vorsitzenden.[28]

Am 7. April 1949 konstituierte sich der Ausschuß formell und trat in der Folge mehrmals jährlich zusammen. Zu den Schwerpunkten seiner Tätigkeit gehörte es, Daten über den Umfang der Stillhalteverschuldung zusammenzutragen; er gab aber auch wichtige Anregungen zur Ausarbeitung eines Gesetzes, das der besonderen Lage von Schuldnern Rechnung tragen sollte, deren Kontrakte durch den Beginn des Krieges 1939 nicht mehr zur Ausführung gekommen waren.[29] Dies betraf insbesondere Verbindlichkeiten aus Rembourskrediten. Importeure hatten zwar die Ware erhalten, aber die Bezahlung in Devisen war nicht mehr möglich gewesen. Der Reichsmarkerlös wurde durch die Währungsreform abgewertet, aber die Devisenverpflichtung bestand weiterhin. Die Masse dieser offengebliebenen Geschäfte betraf Großbritannien.

Auch die Möglichkeit, beschlagnahmtes Auslandsvermögen gegen Verbindlichkeiten aus der Stillhaltung aufrechnen zu können, wurde in diesem Kreis erörtert. Die englische Gesetzgebung hatte Hoffnungen darauf gemacht, obwohl das Pariser Reparationsabkommen von 1946 den Staaten, die deutsches Auslandsvermögen beschlagnahmt hatten, verbot, etwas davon den deutschen Schuldnern wieder gutzubringen. Nach dem englischen Gesetz über beschlagnahmte deutsche Vermögen vom 16. Dezember 1949 konnte englischen Gläubigern das Vorkriegsvermögen ihrer deutschen Schuldner zur Befriedigung der Ansprüche überlassen werden. Formell wurde der Schuldner dadurch allerdings nicht entlastet, da es sich um eine sogenannte »ex gratia-Zahlung« der englischen Regierung handelte.[30] Großbritannien war der Hauptgläubiger aus den noch verbliebenen Stillhaltekrediten und besaß ein entsprechend starkes Interesse an deren Rückzahlung. Der Deutsche Ausschuß empfahl, zunächst nur solche Vermögenswerte in eine Aufrechnung einzubeziehen, bei denen ein unmittelbarer Zusammenhang mit einer bestimmten Stillhalteverpflichtung bestand.[31]

Im Juni 1950 gab die Hohe Kommission Pläne bekannt, die Kapitaleinfuhr zu erleichtern und unter gewissen Umständen Rückzahlungen von Schulden zu ermöglichen.[32] McCloy warnte allerdings davor, die Aufhebung der Investitionssperre als »Sprungbrett zum Wohlstand« anzusehen.[33] Nach seiner Erfahrung war nicht damit zu rechnen, daß sich innerhalb kurzer Zeit ein Strom ausländischen Kapitals nach Deutschland ergießen würde, vielmehr hinge es von den Deutschen ab, ob sie auf längere Sicht das Vertrauen des ausländischen Kapitals erwerben könnten. Dies richtete sich gegen Erhard, der einen Monat zuvor erklärt hatte, nach der Aufhebung des Verbots ausländischer Investitionen in Deutschland seien »wesentliche Kapitalmengen aus dem Ausland zu erwarten«[34].

War der Liberalisierungsplan auch in weiten Teilen ein amerikanisches Produkt, so trug er doch zugleich alle Zeichen eines Kompromisses.[35] Das Interesse der britischen Seite lag vor allem darin, die alten Kredite aufzutauen, während die Amerikaner sich mehr an der Möglichkeit neuer Investitionen interessiert zeigten.[36] Der Plan erkannte an, daß die Kapitaleinfuhr nach Deutschland durch Erleichterungen bei der Rückzahlung von Stillhaltekrediten bedeutend verbessert werden konnte. Durch die Direktive 50/6 der Alliierten Bankkommission wurde es möglich, aufgrund freiwilliger Vereinbarung zwischen Gläubiger und Schuldner Auslandsschulden durch DM-Zahlung auf ein Sperrkonto abzugelten.[37] Allerdings mußte jeder Schuldner, der plante etwas zurückzuzahlen, sechzig Tage im voraus seinen sämtlichen ausländischen Gläubigern diese Absicht bekanntgeben und ihnen die Möglichkeit des Einspruchs geben. Es war ein Verfahren, dessen Handhabung sich in der Praxis als nahezu unmöglich erwies, zumal die überwiegende Zahl der Stillhalteschuldner Banken mit einer Vielzahl von Gläubigern waren.[38] Die auf deutscher Seite bestehende Zahlungsbereitschaft wurde damit konterkariert.

Zudem hatten viele Gläubiger ihre Forderungen bis auf einen Merkposten abgeschrieben. Dies galt zum Beispiel für sämtliche Stillhalteforderungen amerikanischer Banken.[39] Sie hätten also für eine Rückzahlung in Sperrmark Gewinnsteuern in ihrer eigenen Währung zahlen müssen. Diese Aussicht sorgte ebenfalls dafür, daß von der theoretischen Möglichkeit der Rückzahlung wenig Gebrauch gemacht wurde. An einen Transfer in Devisen war nicht zu denken, solange die Regelung der alten Schulden offenstand. Natürlich war aber auch die Schuldnermoral nicht überall gleich ausgeprägt. Es gab Fälle, in denen die Gläubigerbanken die Zweitschuldner aufforderten, bei der Bank deutscher Länder eine Ermächtigung zur Rückzahlung in D-Mark einzuholen und die Antwort erhielten, daß dies zum gegenwärtigen Zeitpunkt nicht genehm sei.[40] Andererseits zeigten auch die Gläubiger gelegentlich Zeichen von Unduldsamkeit. Ein deutscher Schuldner führte an, es sei auf die Berechnung von Zinseszinsen verzichtet worden. Die Reaktion darauf: »Alles nur leere Behauptungen und Quertreibereien. Nicht genug damit, daß man seinen Kapital- und Zinsverpflichtungen deutscherseits nicht nachkommt, man muß den Gläubigern auch noch durch Unfreundlichkeiten ärgern.«[41]

Die Bemühungen beider Seiten konzentrierten sich darauf, das Rückzahlungsverfahren praktikabler zu gestalten. Im November 1950

fand in London eine informelle Besprechung zwischen Stillhaltegläubigern und -schuldnern statt.[42] Nachdem zuvor nur durch private
Kontakte die Verbindung mit den ausländischen Gläubigervertretern
aufrechterhalten worden war, gab nun der Rahmen ausführlicher
Besprechungen Gelegenheit zum Meinungsaustausch. Dabei konnten
die deutschen Teilnehmer feststellen, daß im Kreis der Stillhaltegläubiger großes Verständnis für die wirtschaftliche Lage der Bundesrepublik vorhanden war und der Wunsch bestand, normale Kreditbeziehungen wiederherzustellen. Man war sich darüber einig, daß die
Stillhalteverbindlichkeiten nicht zusammen mit den übrigen deutschen Schulden abgewickelt werden sollten. Es war vorgesehen, in der
Angelegenheit der Sechzig-Tage-Benachrichtigungsfrist an die Alliierte Hohe Kommission heranzutreten. In einem Memorandum schlugen die Vorsitzenden der Stillhaltekomitees in England, den Vereinigten Staaten, der Schweiz und in Deutschland die Aufhebung
dieser Bestimmung vor.[43] Die ausweichende Antwort der Hohen Kommission veranlaßte ein zweites Memorandum[44]. Da sich im Frühjahr
1951 allmählich eine Konferenz zur Regelung der deutschen Schulden
unter Beteiligung der privaten Gläubiger abzuzeichnen begann, erschien es ratsam, die lange Prozedur der Regelung im Falle der Stillhaltekredite abzukürzen. Aber auch dieser Versuch blieb ohne Erfolg.

Während im Bereich der kurzfristigen privaten Verschuldung von
deutscher Seite aus verschiedene Versuche unternommen wurden, um
zu Vereinbarungen mit den Gläubigern zu gelangen, geschah nichts,
was die Angelegenheit der öffentlichen Schulden weitergebracht hätte. Nach dem Scheitern von Blüchers Vorstoß, einen deutschen Ko-
ordinierungsausschuß einzurichten, war es nur folgerichtig, daß die
Initiative auf die Alliierten überging.

IV. DIE ANERKENNUNG DER DEUTSCHEN AUSLANDSSCHULDEN

Im Frühjahr 1950 bildete sich auf amerikanischer Seite allmählich die Ansicht heraus, das Problem der deutschen Schulden könne nur durch einen Friedensvertrag oder eine internationale Konferenz gelöst werden.[1] Während des Treffens der Außenminister der drei Mächte, das im Mai 1950 in London stattfand, wurde beschlossen, eine »high level Intergovernmental Study Group on Germany« (ISG) einzurichten. Sie sollte während der nächsten vier Monate verschiedene Aspekte der alliierten Politik gegenüber Deutschland untersuchen. Dazu gehörte auch die Frage, wie die ausstehenden Ansprüche an Deutschland geregelt werden könnten. Der Arbeitsauftrag umfaßte sowohl Vor- und Nachkriegsschulden als auch Verpflichtungen, die im Zusammenhang mit dem Krieg entstanden waren. Die Sitzungen der ISG sollten in London stattfinden.[2]

Als im September 1950 die Außenminister erneut zusammenkamen, lag ein Bericht der Studiengruppe vor.[3] Es zeigte sich, daß noch grundsätzliche Differenzen darüber bestanden, welche Schulden in die Regelung einzubeziehen seien. Die Übereinstimmung beschränkte sich darauf, daß die öffentlichen und privaten Auslandsschulden aus der Vorkriegszeit geregelt werden müßten. Die Ansicht des französischen Vertreters war, daß gewisse Gläubigeransprüche aus der Kriegszeit mit einbezogen werden müßten, während nach britischer Auffassung auch die deutschen Verpflichtungen aufgrund der alliierten Nachkriegswirtschaftshilfe berücksichtigt werden sollten, ebenso wie Entschädigungen für Kriegsschäden. Die amerikanische Haltung war am konziliantesten. Der Bericht stellte explizit fest, daß noch weitere Arbeiten auf Regierungsebene notwendig seien.

Auf der Konferenz stellten sich weitere Unterschiede der Auffassungen über das weitere Vorgehen heraus. Der amerikanische Außenminister war der Meinung, man solle zunächst von Deutschland eine Anerkennung (»recognition«) der Verpflichtungen verlangen, und dann in einem Plan die Ansprüche der Gläubiger im einzelnen regeln. Es sei offensichtlich unmöglich, von den Deutschen eine Rückzahlung zu verlangen, solange sie das Geld dafür nicht hätten. Hingegen tendierte die englische Auffassung dahin, bereits eine klare Verpflichtung zur Rückzahlung zu fordern. Bevin begründete dies mit seiner Stellung gegenüber dem Unterhaus, die es notwendig mache, daß er mit mehr als der Anerkennung einer Verpflichtung zurückkehre. Auf Schumans Vorschlag einigte man sich schließlich auf die Formulierung, daß Deutschland die Schulden anerkennen solle (»acknowledge the debt«). Um für die Bundesregierung einen zusätzlichen Anreiz zu schaffen, die Schuldenanerkennung möglichst schnell vorzulegen, wurde ein Junktim geschaffen: die angekündigten Erleichterungen des Besatzungsstatuts sollten erst in Kraft treten, wenn diese Erklärung vorliege.[4]

Es wurde der grundsätzliche Beschluß gefaßt, die Bundesrepublik in die westliche Allianz einzugliedern und die erforderlichen Schritte zu tun, um den Kriegszustand mit Deutschland zu beenden. Im Kommuniqué der Besprechungen bezeichneten die Drei Mächte die Bundesregierung als die einzige frei und gesetzlich konstituierte deutsche Regierung.[5] Dies sollte durch eine Lockerung des Besatzungsstatuts zum Ausdruck gebracht werden. Die deutsche Öffentlichkeit nahm die Ergebnisse der Konferenz mit vorsichtiger Zustimmung auf. Als »Großer Fortschritt in Neuyork« wurden sie auf der Titelseite der *Frankfurter Allgemeinen Zeitung* gefeiert.[6] Adenauer, der schon am 17. September vorab von McCloys Stellvertreter Hays unterrichtet worden war[7], traf am 23. September mit den drei Hochkommissaren zusammen und erhielt bei dieser Gelegenheit durch François-Poncet genauere Aufschlüsse über die einzelnen Punkte des New Yorker Kommuniqués.[9] In der Anlage zu dieser Verbalnote waren die Verpflichtungen genannt, die die Bundesrepublik übernehmen sollte, bevor das revidierte Besatzungsstatut in Kraft treten könne. In der etwas

Abb. 3: Bundeskanzler Konrad Adenauer.

Abb. 4: Bundesfinanzminister Fritz Schäffer sah in der Regelung der deutschen Auslandsschulden vor allem eine zusätzliche Belastung der ohnehin angespannten Haushaltslage.

Abb. 5: Die deutschen Nachkriegsschulden fielen in die Zuständigkeit von Franz Blücher als Bundesminister für Angelegenheiten des Marshallplanes.

unbeholfenen Formulierung spiegelten sich die Schwierigkeiten wider, die die Außenminister in New York gehabt hatten:»Die Bundesrepublik muß die Verpflichtung übernehmen, die ihre Haftung sowohl für die äußere Vorkriegsverschuldung Deutschlands als auch für die nach dem Krieg den Westzonen gewährte wirtschaftliche Hilfe anerkennt. Sie soll sich ferner zur Mitwirkung bei der Aufstellung und Durchführung eines Zahlungsplanes verpflichten.«[9] Als zweite Forderung wurde die Zusammenarbeit der Bundesregierung mit den Westmächten bei der Verteilung knapper oder rüstungswichtiger Rohstoffe verlangt. Beide Erklärungen seien offiziell von der Bundesregierung abzugeben. Außerdem sollte die Schuldenanerkennung vom Bundestag ratifiziert werden.

In der nächsten Zeit waren die Finanzberater der Alliierten Hohen Kommission damit beschäftigt, die bisher nur auf dem New Yorker Kommuniqué und François-Poncets Verbalnote beruhende Forderung in die Form eines offiziellen Schreibens der Hohen Kommission zu bringen. Dies war, da auf die Ausarbeitung große Sorgfalt verwandt wurde und der Text nicht selbständig formuliert werden konnte, ein etwas langwieriger Vorgang.[10] Erst vom 23. Oktober 1950 datiert der Brief der Hohen Kommission, den Kirkpatrick als turnusmäßiger Vorsitzender unterzeichnete und mit dem die Bundesrepublik zur förmlichen Anerkennung ihrer Auslandsschulden aufgefordert wurde. Ein Vorausexemplar hatte die Bundesregierung bereits am 20. Oktober erhalten[11], nachdem der Rat der Hohen Kommission am Tag zuvor den endgültigen Text verabschiedet hatte.[12] In dem Schreiben drückten die Alliierten ihre Ansicht aus, daß die Bundesregierung »die einzige deutsche Regierung ist, die berechtigt ist, die Rechte des früheren Deutschen Reiches zu übernehmen und dessen Verpflichtungen zu erfüllen. [...] Die drei Regierungen würden es begrüßen, wenn sie von der Bundesregierung eine formelle Zusicherung erhielten, daß sie sich für die äußere Vorkriegsschuld des Deutschen Reiches als verantwortlich betrachtet, und daß sie ihre Haftung hinsichtlich der von den Besatzungsmächten im Zusammenhang mit der Wirtschaftshilfe für die Bundesrepublik gemachten Ausgaben anerkennt und den Vorrang bestätigt, den die aus derartiger Hilfe erwachsenen Forderungen vor anderen Forderungen gegen Deutschland genießen«[13]. Damit verbunden war die Aufforderung, bei der Ausarbeitung und Durchführung eines Zahlungsplans mitzuarbeiten.

Dem Schreiben war der Entwurf einer Verpflichtungserklärung beigefügt, und um diesen Entwurf bewegten sich die Verhandlungen, die nun zwischen Deutschen und Alliierten aufgenommen wurden. Herbert Blankenhorn, Ministerialdirektor im Bundeskanzleramt, hatte am 11. Oktober 1950 in einer Besprechung mit Vertretern der Hohen Kommission die Schuldenfrage bereits berührt und benannte einige Tage später die deutschen Mitglieder eines Ausschusses, der zusammen mit den Finanzberatern der Hohen Kommission die Fragen, die durch die Schuldenanerkennung aufgeworfen wurden, beraten sollte.[14] In ihm waren die beteiligten Ressorts und die Bank deutscher Länder vertreten. Dies galt auch für einen rein deutsch besetzten interministeriellen Ausschuß, der zur Vorbereitung der ersten deutsch-alliierten Besprechung am 24. Oktober zusammentraf. Er beriet den alliierten Entwurf der Schuldenerklärung, wobei einige Punkte bedenklich zu sein schienen.[15] Dies wurde, als am 30. Oktober die erste Sitzung auf dem Petersberg stattfand, dort vorgebracht.

Den Hauptanteil des Gesprächs bestritten Erich Kaufmann, der Rechtsberater des Bundeskanzleramts, und Eugene Melville, der englische Finanzberater der Alliierten Hohen Kommission.[16] Die deutschen Vertreter erfuhren, daß die Studiengruppe in London bereits mit dem Studium eines Schuldenregelungsplans begonnen habe, wobei vorerst noch keine Mitwirkung von deutscher Seite vorgesehen sei. Der Plan für eine Konferenz zur Schuldenregelung war bereits weit entwickelt: Es stand fest, daß die endgültigen Verhandlungen nicht mit den drei Alliierten, sondern mit allen Gläubigerländern geführt werden sollten. Sinn der Besprechung war allerdings zunächst nur, Klarheit über die Verpflichtungserklärung, wie sie im Anhang des Schreibens vom 23. Oktober formuliert war, zu gewinnen.

Auf diese Erklärung bezog sich der erste Einwand, den Kaufmann vorbrachte. Er regte an, zu Beginn des Schreibens eine Klausel einzufügen, wonach die Bundesrepublik die Verpflichtung des Reiches nur nach Maßgabe der territorialen Begrenzung und der Leistungsfähigkeit übernehme. Andernfalls seien Auswirkungen auf die inneren Schulden zu befürchten, bei denen solche Vorbehalte gälten. Mit der Erwiderung auf dieses Argument wurde klar, daß hinter dem Text der Schuldenerklärung eine politische Konzeption stand. Die Formulierung des Entwurfs war so gewählt worden, weil die Alliierten damit ausdrücken wollten, daß sie die Bundesregierung als einzige gesetzliche Regierung Deutschlands anerkennen. Eine Änderung gerade des ersten Satzes sei für die Außenminister unannehmbar, zumal es sich bei der Schuldenerklärung um ein Dokument handele, das in langer Arbeit abgestimmt worden sei. Eine fundamentale Änderung beschwöre daher Zeitverluste herauf. Melville empfahl, die Bundesregierung solle sich auf den zweiten Satz des Dokuments verlassen, wonach die Alliierten auf die beschränkten Möglichkeiten der Bundesrepublik Rücksicht nehmen würden. Rückwirkungen auf die innere Schuldenregelung glaubte er nicht befürchten zu müssen.

Der zweite grundsätzliche deutsche Einwand bezog sich auf die Nachkriegsschulden, die nicht nur als das Ergebnis alliierter Wirtschaftshilfe angesehen werden könnten, sondern zum Teil aus Verpflichtungen resultierten, die eine Besatzungsmacht immer zu erfüllen habe. Eine Einigung über die divergierenden Fragen konnte auf dieser Zusammenkunft nicht erreicht werden. Es war auch keine Verhandlung. Melville erkannte an, daß von den Deutschen verlangt werde, » to buy the pig in the poke«: eine Anerkennung von Schulden, ohne daß ein Zahlungsplan vorliege oder auch nur der genaue Betrag der Schuld feststehe.[17] Da aber hinter der Schuldenregelung politische Ziele stünden, die weit über das Schuldenproblem hinausgingen, sei es nicht ratsam, die Verzögerung in Kauf zu nehmen, die in der Ausarbeitung und Anerkennung eines Zahlungsplanes gelegen hätte. Die abschließende Empfehlung war, daß Adenauer die deutschen

Änderungswünsche zu der Schuldenerklärung direkt bei den Hohen Kommissaren vorbringen sollte.

Zuvor stand allerdings die Schuldenfrage auf der Tagesordnung für die nächste Kabinettssitzung am 31. Oktober. Dieser Punkt wurde jedoch vertagt; statt dessen fand am 2. November eine Sondersitzung statt, auf der im Zusammenhang mit der Behandlung einer Reihe von wirtschaftlichen Fragen auch die Auslandsschulden zur Sprache kommen sollten.

Dazu lag dem Kabinett eine Aufzeichnung von Erich Kaufmann vor.[18] Sie war aus einer Besprechung am 31. Oktober hervorgegangen, an der außer Kaufmann nur Weiz (Dienststelle für auswärtige Angelegenheiten), Dittmann (Bundeskanzleramt), Granow (Bundesfinanzministerium) und Vogel (Bundesministerium für den Marshall-Plan) teilgenommen hatten. Außer der bereits erwähnten Problematik der Haftungsbeschränkungen wurden die bereits vorgebrachten Einwendungen gegen die Anerkennung der Nachkriegsschulden konkretisiert: Die Wirtschaftshilfe der Jahre 1945 und 1946 sei eine unmittelbare Folge der Besetzung Deutschlands gewesen, und die Bundesregierung könne für diese Beträge keine Haftung übernehmen. Zudem vermißte man eine Schutzklausel, wie sie in dem ECA-Abkommen vom 15. Dezember 1949 zu finden war. Sie stellte die Bundesregierung von einer Inanspruchnahme für Beträge frei, die nicht der deutschen Wirtschaft und der deutschen Bevölkerung zugute gekommen waren. In diesem Abkommen hatte die Bundesrepublik anerkannt, daß die Vereinigten Staaten im Hinblick auf die unter dem Marshall-Plan geleistete Wirtschaftshilfe nicht näher bezeichnete Ansprüche (claims) gegen die Bundesrepublik hätten.

Adenauer stellte sich in dieser Sitzung Kaufmanns Auffassung entgegen.[19] Er hielt die Haftungsbeschränkung für nicht durchsetzbar und meinte, aus politischen Gründen müsse wohl ein uneingeschränktes Anerkenntnis mit voller Haftung ausgesprochen werden. Als sich am 7. November 1950 das Kabinett erneut mit dieser Frage befaßte, wurde er noch deutlicher. Er sah »in einer solchen Beschränkung der

Haftung auf einen dem Gebietsumfang der Bundesrepublik entsprechenden Anteil eine Anerkennung der Abspaltung der Sowjetzone« und hob das Interesse der Bundesrepublik hervor, international als Rechtsnachfolger des Deutschen Reiches anerkannt zu werden.[20]

Bedenken bestanden im Kabinett insbesondere bei der Behandlung der Nachkriegsschulden. Blücher, als hierfür zuständiger Minister, erinnerte an wirtschaftliche Beschränkungen der frühen Besatzungszeit, ohne die viele Verpflichtungen, die jetzt bestätigt werden sollten, nicht entstanden wären. Nach seiner Meinung dürften »die politischen Torheiten aus der Nachkriegszeit« von deutscher Seite nicht offiziell anerkannt werden, zumal sonst das Wort von der »Erfüllungspolitik« wieder hochkommen könnte.[21]

Neben diesen eher politisch motivierten Vorbehalten wurden auch solche geäußert, die die Leistungsfähigkeit der Bundesrepublik in Frage stellten. Selbst der Kanzler glaubte nicht, daß Deutschland jemals in der Lage sein werde, seine Vorkriegsschulden abzutragen[22] – ihm kam es allein auf die mit der Anerkennung verknüpfte erweiterte Souveränität an. Weniger politisch begründet war die Haltung der Bank deutscher Länder, die in hohem Maße durch Wilhelm Vocke beeinflußt wurde. Zwar bestand Einigkeit darüber, daß die deutsche Auslandsverschuldung geregelt werden müsse, doch klang in den Stellungnahmen der Notenbank Besorgnis an, die Bundesrepublik könne Verpflichtungen übernehmen, denen sie nicht gewachsen sei. Gegen die von der Hohen Kommission gewünschte Form der Schuldenanerkennung sprach sich die Bank deutscher Länder bereits kurz nach der Übermittlung von Kirkpatricks Schreiben aus, da sich »Deutschland damit mehr oder weniger ganz in die Hände seiner Gläubiger« begebe.[23] Es sei daher anzustreben, mit der Anerkennung der Schulden auch in den Grundzügen eine Vereinbarung über deren Regelung zu treffen. Die übrige Argumentation bewegte sich mehr auf der juristischen Ebene: so sei es schwer vorstellbar, daß der Bund seine Verbindlichkeit gegenüber ausländischen Gläubigern anerkenne, ohne dies zugleich auch gegenüber den inländischen zu tun.

Auch nachdem sich das Kabinett am 7. November 1950 erneut mit den Auslandsschulden befaßt hatte, sah es sich nicht in der Lage, bereits definitiv Stellung zu beziehen, da einige Mitglieder über die Auswirkung einer Schuldenanerkennung in der von den Alliierten vorgeschlagenen Fassung besorgt waren.[24] Finanzminister Schäffer argumentierte, daß es zunächst nötig sei, von den Alliierten Aufschluß darüber zu erhalten, welche Verpflichtungen in welchem Umfange übernommen werden sollten. Erst dann könne das Kabinett einen Beschluß fassen und auch der Auswärtige Ausschuß des Bundestages mit der Angelegenheit befaßt werden.[25]

Zwei Wochen später war die Frage der Auslandsschulden erneut Gegenstand einer Kabinettssitzung.[26] Der Informationsstand hatte sich allerdings nicht wesentlich verbessert. Zwar lagen neue Statistiken des Finanzministeriums über die Vorkriegsschulden vor[27], aber in den grundsätzlichen Fragen war man nicht weitergekommen. Adenauer sprach sich zum dritten Mal im Kabinett gegen die Haftungsbeschränkung *pro rata territorii* aus, da Kaufmann darauf bestanden hatte, daß »bis zur Wiederherstellung der deutschen Einheit bzw. bis zu einem Friedensvertrage nur eine provisorische Regelung der Schuldenfrage auf der Grundlage der zur Zeit bestehenden territorialen Herrschaftsverhältnisse möglich« sei.[28] Im genauen Gegensatz zu Adenauer vertrat er die Ansicht, daß nur die Anerkennung einer beschränkten Haftung unter dem Vorbehalt einer Regelung durch den Friedensvertrag den Gedanken ausschließe, daß die deutsche Teilung endgültig sei. Insofern müsse man sich fragen, ob eine unbeschränkte Schuldenübernahme nach dem Grundgesetz überhaupt zulässig sei. Adenauer wurde von Innenminister Lehr und Finanzminister Schäffer unterstützt, während Vizekanzler Blücher Bedenken äußerte. Der Kanzler regte schließlich an, gewisse Formulierungen des Anerkennungsschreibens zu ändern, was aber, um monatelange Verzögerungen zu vermeiden, von der Hohen Kommission in eigener Verantwortung zugestanden werden müßte. Andernfalls könnte die deutsche Auffassung in einem Begleitschreiben niedergelegt werden.

Auch die Einwände dagegen, daß es nur von einer einseitigen Zusicherung der Besatzungsmächte abhänge, ob bei der Regelung der Schulden die allgemeine Lage der Bundesrepublik berücksichtigt werde, hielt Adenauer nicht für stichhaltig. Seiner Ansicht nach konnte man von einem Gläubiger nicht mehr als eine solche Zusicherung erwarten. Das Kabinett entschied grundsätzlich im Sinne des Kanzlers: Falls die Erklärung nicht entsprechend den deutschen Wünschen verbessert werden könne, sei in einer mit den Alliierten abzustimmenden Mantelnote zu der Schuldenanerkennung Stellung zu beziehen, in der gewisse Unklarheiten des Textes präzisiert werden sollten.

Am 27. November trafen die deutschen Sachverständigen erneut mit den alliierten Finanzberatern zusammen und unterrichteten sie über die Bedenken der Bundesregierung, nach deren Ansicht die Ratifizierung der Erklärung im Bundestag auf große Schwierigkeiten stoßen werde.[29] Kaufmann, der sich – in Adenauers späterem Urteil – »mit etwas großer wissenschaftlicher Gründlichkeit« der Angelegenheit widmete[30], wollte zunächst Änderungen der Schuldenerklärung dadurch leichter annehmbar machen, daß er Formulierungen aus dem Schreiben vom 23. Oktober übernahm. Daneben verwies er auf die Schwierigkeiten, die die Bundesregierung mit dem Ausdruck »übernimmt die Haftung« (assumes responsibility) habe. Er versuchte, die Erklärung so umzuformulieren, daß die Bundesregierung zwar Deutschlands Vorkriegsschulden anerkenne, aber nur für einen Teil die Haftung übernehme.

Weitere Vorbehalte bezogen sich auf Einzelfragen. Zum einen sollten die Vorkriegsschulden genauer definiert werden, zum anderen bestanden noch immer unterschiedliche Ansichten darüber, ob für die ganze Zeit nach dem Krieg von einer wirtschaftlichen Hilfeleistung der Besatzungsmächte zugunsten des deutschen Volkes gesprochen werden könne. Der Vertreter des Marshallplanministeriums verneinte dies zumindest für die Jahre 1945/46. Die Sitzung endete mit dem Ergebnis, die deutschen Vorschläge schriftlich bei der Hohen Kommission einzureichen.

Dies tat Kaufmann am folgenden Tag in einem Brief an Jean Cattier, den amerikanischen Finanzberater.[31] Dann traf Adenauer, von Dittmann begleitet, am 1. Dezember mit der Hohen Kommission zusammen. Daß diese allmählich ungeduldig wurde, weil die Schuldenanerkennung nicht vorankam, hatte sich schon in der vorherigen Sitzung am 16. November gezeigt.[32] McCloy hatte von Haarspalterei gesprochen und glaubte auch nun, Adenauer erst einmal seine grundsätzliche Position erneut klarmachen zu müssen. Der Kanzler habe alles völlig falsch aufgefaßt, wenn er annehme, die Schuldenerklärung wäre eine Last.[33] Sie solle vielmehr als Gelegenheit für Deutschland angesehen werden, um seinen Kredit wiederherzustellen und seine auswärtigen Beziehungen zu normalisieren.»Die Vorschläge des Herrn Kaufmann erinnern mich etwas an die Haltung des Beckmesser in den Meistersingern«[34], meinte McCloy und fragte, inwieweit Kaufmanns Brief eine Kabinettsentscheidung repräsentiere. Adenauer mußte zugeben, daß dies gar nicht der Fall sei. Die vom Marshallplan-Ministerium inspirierte Verschiebung des Beginns der Nachkriegswirtschaftshilfe war bei den Alliierten auf heftige Kritik gestoßen und galt als völlig unakzeptabel. Der britische Berichterstatter, der diese Aussprache festhielt, merkte mit leichtem Sarkasmus an, daß Adenauer und Dittmann bei diesen Ausführungen »sagely nodded their heads to each other« und Adenauer klarstellte, das Kabinett hätte dies während seiner Abwesenheit beschlossen.[35] Er würde sehen, daß die Angelegenheit wieder in Ordnung gebracht werde.

Aufgrund von Kaufmanns Brief fand bereits am 4. Dezember eine weitere Expertensitzung mit verändertem Teilnehmerkreis statt.[36] Der Anregung, in der Erklärung zu erwähnen, daß Art und Ausmaß der deutschen Leistungen im Einvernehmen mit der Bundesregierung zu bestimmen seien, wurde stattgegeben; die Forderung nach unterschiedlicher Behandlung von Nachkriegsschulden fand hingegen die Alliierten zu keiner Konzession bereit: sie sollen sogar ob dieses Ansinnens »einigermaßen erschreckt« gewesen sein.[37] Das Kabinett billigte den Text der Erklärung und der Begleitnote am 5. Dezember.[38]

Die Nachgiebigkeit der Alliierten überraschte und ließ sogleich Vermutungen aufkommen, bei besserer Vorbereitung der deutschen Seite wäre mehr zu erreichen gewesen. Angesichts der Besorgnis der Bundesregierung, das Inkrafttreten des revidierten Besatzungsstatuts könne gefährdet werden, hatten wenig Hoffnungen auf Zugeständnisse bestanden. Adenauers Stellung war im Herbst 1950 bei weitem noch nicht gesichert. Dies wurde von den Alliierten mit Aufmerksamkeit und Besorgnis registriert.[39] Die Ergebnisse einiger Landtagswahlen waren wenig ermutigend gewesen, und er bedurfte dringend außenpolitischer Erfolge, um seine Position im Inneren zu stärken. Er war daher – auch mit Rücksicht auf seine Koalitionspartner – dazu gezwungen, mehr auf das Parlament einzugehen, als es seinem Regierungsstil entsprach.[40] Als am 6. Dezember Pressemeldungen zu entnehmen war, bei der Unterzeichnung der Schuldenanerkennung werde auf das Parlament keine Rücksicht genommen werden, gab Vizekanzler Blücher offenbar im Einvernehmen mit seiner Fraktion, in der manche sogar von »Übererfüllungspolitik« sprachen, seiner Sorge Ausdruck, daß das Zustandekommen einer Mehrheit für die Anerkennung gefährdet sei, wenn sich bei den Abgeordneten der Eindruck einer Beschneidung ihrer Rechte durchsetzen würde.[41]

Widerstand gab es auch in Kreisen der privaten Wirtschaft. Stellvertretend kann hier nur die Studiengesellschaft für privatrechtliche Auslandsinteressen genannt werden, die am 4. Dezember in einem Memorandum vor der Anerkennung der öffentlichen Schulden Deutschlands warnte. Die Studiengesellschaft, 1948 in Bremen gegründet, hatte, ebenso wie der Deutsche Ausschuß für internationale finanzielle Beziehungen, auf Wunsch der Besatzungsmächte einen so wenig aussagekräftigen Namen wählen müssen.[42] Sie war eine von zahlreichen Unternehmen unterstützte Organisation, die sich insbesondere die Wiedererlangung des enteigneten deutschen Auslandsvermögens zum Ziel gesetzt hatte, und entsprechend war auch ihre Argumentation darauf gerichtet, Auslandsvermögen und Auslandsschulden gegeneinander zu verrechnen. Daneben betonte sie, daß für die Wiederherstellung des deutschen Auslandskredits die Regelung der privaten Schulden vordringlich sei, die Zahlungsbilanz der Bundesrepublik aber nie ausgeglichen werden könne, wenn auch noch die gewaltige Auslandsverschuldung des Deutschen Reiches bezahlt werden müßte.[43] Grundsätzliche Einwände wurden auch dagegen erhoben, daß überhaupt noch die »politischen Schulden« der Weimarer Zeit zur Rückzahlung anstanden. So betrachtet war die Frage naheliegend, warum öffentliche und private Schulden zugleich anerkannt werden sollten. Da »an Exportüberschüsse [...] über Jahre hinaus nicht zu denken« war, ergab sich als Schlußfolgerung, daß die Auslandsguthaben »offenbar der einzige Schlüssel zur Lösung dieses Problems« waren.[44] Dies war eine in der deutschen Öffentlichkeit verbreitete Ansicht, die in den parlamentarischen Widerständen gegenüber Adenauers Politik zum Teil ihren Ausdruck fand.

Noch am Nachmittag des 5. Dezembers, nachdem das Kabinett der neuen Fassung der Schuldenerklärung samt Mantelnote zugestimmt hatte, stand Adenauer dem Auswärtigen Ausschuß Rede und Antwort. Er fand dort wenig Entgegenkommen. Die Abgeordneten wollten erst genauere Informationen haben und dann entscheiden.[45] Die nächste Sitzung am 14. und 15. Dezember brachte dann ein glattes »Nein« zu den Vorschlägen des Kanzlers.[46] Ein Unterausschuß wurde gebildet, der eine gründlichere Stellungnahme des Auswärtigen Ausschusses vorbereiten sollte. Ihm gehörten die Abgeordneten Carlo Schmid, Johannes Semler, Karl Georg Pfleiderer und Carl von Campe an.[47]

Für Adenauer bedeutete dieses Votum eine Niederlage. Noch kurz vor der Sitzung mit dem Ausschuß hatte er – dessen Zustimmung vorausgesetzt – es gegenüber den Hohen Kommissaren für möglich gehalten, die Anerkennung der Schulden vor dem 18. Dezember, also rechtzeitig zum Beginn der nächsten Außenministerkonferenz in Brüssel, auszusprechen.[48] Diese hatten ihn gewarnt, die Wirkung einer Verschiebung werde »ganz entsetzlich« sein.[49] Nun versuchte er, allein auf den Kabinettsbeschluß vom 5. Dezember gestützt, durch ein inoffizielles Schreiben an François-Poncet, den geschäftsführenden Vorsitzenden der Hohen Kommission, eine Wendung zu seinen Gunsten herbeizuführen. Der Brief war von Kaufmann entworfen worden und hatte auf einer Besprechung mit Vertretern einiger Ressorts noch den »letzten Schliff« bekommen.[50] Adenauer hatte sogar schon vor Pressevertretern am 15. Dezember angekündigt, daß er in Kürze die formelle Anerkennung der deutschen Auslandsschulden aussprechen werde und damit den Protest des SPD-Vorsitzenden Schumacher hervorgerufen.[51] In dem Schreiben schilderte er die Entwicklung der letzten zwei Wochen und die Schwierigkeiten, die aufgetreten waren. Er gab die grundsätzliche Erklärung ab, daß die Bundesrepublik für ihre Verbindlichkeiten verantwortlich sei und sie mit gewissen Einschränkungen zu erfüllen gedenke.[52]

Als der Kanzler am 21. Dezember mit dem Rat der Hohen Kommission zusammentraf, schlug er vor, diesen Brief als ausreichend für die Ausführung der New Yorker Beschlüsse anzusehen.[53] François-Poncet erwiderte, daß angesichts der Haltung des Auswärtigen Ausschusses die Hohe Kommission es vorzöge, dies solange zurückzustellen, bis sichergestellt sei, daß der Bundestag der Schuldenerklärung zustimmen werde. Offenbar hatte Adenauer seinen Einfluß überschätzt. Von seinem guten Willen in Sachen Schuldenanerkennung brauchte er ohnehin niemanden zu überzeugen – was weniger in der Sache selbst begründet war als in seinem Streben nach erweiterter Souveränität. Mehr konnte der Brief in diesem Stadium der Entwicklung aber nicht leisten, da er nicht deutlicher gefaßt werden durfte. Denn jetzt noch die Haltung des Auswärtigen Ausschusses zu ignorieren, wäre politisch sehr riskant gewesen. Auch die Alliierten wollten nun nicht mehr auf die ursprünglich vorgesehene Prozedur zurückkommen.

Nach Ansicht der Hohen Kommission war die Verzögerung ein Desaster, an dem Adenauer zumindest teilweise die Schuld trug. Gemäß dem Schreiben vom 23. Oktober sollte die Bundesregierung eine Erklärung abgeben und dann dafür sorgen, daß diese vom Parlament ratifiziert werde; nun hatte Adenauer einen der Ratifizierung ähnlichen Akt gleichsam vorweggenommen.[54] Kirkpatrick machte die allgemeine Stimmung für die Ablehnung der Schuldennote durch den Bundestagsausschuß verantwortlich: »Zur Zeit sind die Deutschen von Beweggründen wie Mißtrauen, Ungeduld, Sturheit und Stolz erfüllt, so daß es dem Kanzler nicht möglich war, dem Bundestag, der wahrscheinlich mehr Gespür für die augenblicklichen Strömungen der Meinungen besitzt als er selbst, seinen Wunsch aufzudrängen.«[55]

Einen Monat lang waren weitere Entwicklungen blockiert. Erst am 24. Januar 1951 gab der Unterausschuß des Auswärtigen Ausschusses sein Votum ab. Es war negativ. In vorsichtigen Worten wandte er sich gegen das Junktim von Neufassung des Besatzungsstatuts und Anerkennung der Auslandsschulden. Ein Anerkenntnis der Vorkriegsschulden wurde als überflüssig angesehen, da die Bundesrepublik nicht Nachfolger des Deutschen Reiches, sondern mit ihm identisch sei. Für die Nachkriegsschulden empfahl der Unterausschuß, sie dem Grunde nach anzuerkennen und ihnen die verlangte Priorität einzuräumen, sich jedoch eine Reihe von Einwendungen vorzubehalten. Die Möglichkeit, auch das deutsche Auslandsvermögen zur Verzinsung und Tilgung der Schulden heranzuziehen, sollte bei den Schuldenverhandlungen geprüft werden.[56]

In der am selben Tage abgehaltenen Sitzung des Auswärtigen Ausschusses plädierte Adenauer dafür, der mit den Alliierten ausgehandelten Fassung der Schuldenerklärung zuzustimmen, da sonst ein zu großer Zeitverlust einträte. Er sei dafür, die Erklärung wie verlangt abzugeben und daneben die Vorschläge des Unterausschusses gesondert zu erörtern. Als hierauf Einwände kamen, erwiderte er, es sei nicht gut möglich, einen politischen Sitzstreik zu veranstalten und – mit einer für ihn typischen Wendung ins Allgemeine – man müsse vermeiden, daß die Vereinigten Staaten Deutschland als unsicheren Faktor ansähen und sich auf eine Verteidigung hinter den Pyrenäen einrichteten.[57]

Das Ergebnis der Sitzung war, daß der Ausschuß dem Bundes-

kanzler empfahl, mit den Alliierten neu zu verhandeln. Die Bundesregierung solle zwar die Schulden anerkennen, müsse aber die
vorgeschlagenen Modifikationen aufnehmen. Schmid faßte diese
Forderungen am folgenden Tag in einem Schreiben an Adenauer
zusammen.[58] Der Kanzler hatte die Hohe Kommission bereits nach
der Ausschußsitzung informiert und ließ eine Woche später informell
den Alliierten Schmids Brief zusammen mit einer neuen Fassung der
Schuldenerklärung übermitteln.[59]

Die Verhandlungen darüber kamen am 3. Februar wieder in Gang.
Im Unterschied zu den Besprechungen vom Herbst 1950 war es allerdings »Geheimdiplomatie«, was nun ablief.[60] In der Absicht, zügig
zu einem Abschluß zu gelangen, wurde keines der betroffenen Ressorts beteiligt. Auch Kaufmann wurde kaum noch gehört, sondern die
Verhandlungen führten Mitarbeiter des Bundeskanzlers, vor allem
Blankenhorn und Dittmann.[61]

Die einzige größere Schwierigkeit, die jetzt noch auftrat, betraf die
Regelung der kurzfristigen Verbindlichkeiten, also insbesondere der
Stillhalteschulden. Im Dezember 1950 war unter anderem von Robert
Pferdmenges, Wilhelm Vocke und mir angeregt worden, diese Schuldenkategorie in der Erklärung zu erwähnen und die Möglichkeit
offenzuhalten, sie außerhalb einer erst in späterer Zukunft zu erwartenden Schuldenkonferenz zu regeln.[62] Ich hatte in der Sitzung des
Auswärtigen Ausschusses am 14. Dezember 1950 eine Sonderregelung
für die kurzfristigen Kredite befürwortet, und ein entsprechender
Satz stand in der Fassung der Schuldenerklärung, die den Verhandlungen von Anfang Februar 1951 als Grundlage diente. Diese Forderung gründete in der Ansicht, daß die Regelung dieser Schulden
für die Wiederherstellung der Kreditfähigkeit von besonderer Bedeutung sei. Durch das Instrument der Rekommerzialisierung wäre
es möglich gewesen, die alten Kreditlinien wieder für neue Schuldner
nutzbar zu machen.

Am 16. Februar 1951 erklärte sich der Auswärtige Ausschuß mit
der nun vorliegenden Fassung des Schuldendokuments einverstan-

den.[63] Auch im Kabinett wurden keine grundsätzlichen Einwendungen mehr laut, wenn auch in einzelnen Ministerien ein gewisses Unbehagen zu registrieren war, das aber durch die Nichtbeteiligung an den Verhandlungen sicherlich zum Teil erklärt werden konnte.[64] Der Entwurf ging nun noch einmal zurück nach London und wurde dort von der Intergovernmental Study Group behandelt. Offenbar in Verkennung der tatsächlichen Lage wurde sie für den langsamen Fortschritt in der Angelegenheit der Schuldenanerkennung verantwortlich gemacht. Die britische Finanzzeitschrift *The Banker* bemerkte bissig, daß im Vergleich zum Arbeitstempo der Studiengruppe die Geschwindigkeit einer Schnecke als schwindelerregend erscheine.[65] Als einzige substantielle Änderung wurde nun jener Satz gestrichen, der die Möglichkeit einer unmittelbaren Regelung bei den privaten Schulden offenhalten sollte. Vertreter der Alliierten Hohen Kommission sagten mir, daß in der Praxis solche Verhandlungen nicht ausgeschlossen seien. Es erschien ihnen jedoch nicht ratsam, möglicherweise durch den expliziten Bezug darauf sich Kritik zuzuziehen.[66] Da Pferdmenges, Vocke und ich als diejenigen galten, auf deren Betreiben der Passus in die Erklärung aufgenommen worden war, wurden die drei alliierten Finanzberater auf uns »angesetzt«, um jegliche Schwierigkeiten bei der abschließenden Behandlung im Auswärtigen Ausschuß am 28. Februar zu vermeiden.[67] Vocke gab jedoch so schnell nicht auf. Noch am 27. Februar richtete er ein Schreiben an McCloy, in dem er die Forderung ausführlich begründete. Er hielt die »gefährliche deutsche Devisensituation« zum Teil dadurch hervorgerufen, daß der deutschen Wirtschaft zur Außenhandelsfinanzierung der ansonsten übliche Weg des Remburskredits nicht offenstand. Der Hauptgrund dafür sei die bisher unterbliebene Regelung der Stillhalteverpflichtungen.[68]

Auch nachdem der Auswärtige Ausschuß am 28. Februar der Schuldennote zugestimmt hatte, blieb Vocke bei seiner Auffassung und empfahl, mit der Abgabe des Anerkenntnisses noch so lange zu warten, bis McCloys Antwort eingegangen sei.[69] McCloy antwortete am

12. März, nachdem zuvor auch der amerikanische Finanzberater Cattier mit Vocke hatte sprechen können.[70] Beide hielten die Bedenken in einem Mißverständnis über die Natur des Zahlungsplanes begründet, konnten Vocke aber wohl nicht völlig überzeugen, denn er bemerkte bald darauf, die Angelegenheit der Schuldenanerkennung sei ihm in mancher Hinsicht »contre cœur« verlaufen.[71]

Der Rat der Hohen Kommission beschloß am 1. März, den Briefwechsel auf den 6. März 1951 zu datieren.[72] Die Form hatte sich während der Verhandlungen noch einmal geändert. Auf die Mantelnote war verzichtet worden: alle Vorbehalte standen nun in dem Schuldanerkenntnis, das von Adenauer mit einem kurzen Begleitbrief, in dem er die baldige Vorlage zur Ratifizierung zusicherte, der Hohen Kommission übersandt wurde. Die Antwortnote sollte das Datum des selben Tages tragen, weil die Alliierten großen Wert darauf legten, den Briefwechsel als Beurkundung eines Abkommens anzusehen.

In dem Schreiben vom 6. März 1951 bestätigte Adenauer, daß die Bundesrepublik für die äußeren Vorkriegsschulden des Deutschen Reiches und für bestimmte Verbindlichkeiten der österreichischen Regierung hafte, bat jedoch, bei der Feststellung von Art und Ausmaß der Verpflichtungen die allgemeine Lage der Bundesrepublik und insbesondere die Wirkungen der territorialen Beschränkung auf ihre Zahlungsfähigkeit zu berücksichtigen. Die Bundesrepublik erkannte auch die Schulden aus der Wirtschaftshilfe in der Nachkriegszeit dem Grunde nach an und erklärte sich bereit, den Verpflichtungen aus dieser Wirtschaftshilfe Vorrang gegenüber allen anderen ausländischen Forderungen einzuräumen. Schließlich bezeichnete der Kanzler es als Wunsch der Bundesregierung, den Zahlungsdienst für die deutsche äußere Schuld wieder aufzunehmen. Er betonte die Bereitschaft, im Einvernehmen mit den alliierten Regierungen einen Zahlungsplan auszuarbeiten, hob jedoch hervor, daß dieser der allgemeinen Wirtschaftslage der Bundesrepublik und insbesondere der Zunahme ihrer Lasten und der Minderung ihrer volkswirtschaftlichen Substanz Rechnung tragen müsse.[74]

Beim unmittelbaren Vergleich der Note mit früheren Fassungen zeigt sich, welche Zugeständnisse den Deutschen gemacht worden waren. Die Haltung des Auswärtigen Ausschusses hatte dazu geführt, daß nun ein Text vorlag, der nicht als Diktat aufgefaßt werden mußte. Manches von dem, was während der Besprechungen im Herbst 1950 vorgeschlagen und von den alliierten Finanzberatern zunächst verworfen worden war, stand nun in der Erklärung. Die Bedenken, die darauf hinausliefen, daß der Bundesregierung ein Zahlungsplan oktroyiert werden könnte, waren beseitigt worden. Wichtiger noch: Die Regierung übernahm keine Haftung für die Schulden, sondern bestätigte sie nur, ein Punkt, in dem der Alleinvertretungsanspruch der Bundesrepublik, ihre Identität mit dem Deutschen Reich, bekräftigt werden sollte. Dies geschah übrigens gegen den Widerstand der Franzosen, denen dadurch in der Saarfrage ein Argument entging.

Dennoch war das Zustandekommen der Erklärung alles andere als ein diplomatisches Meisterstück. Adenauer hatte die Brisanz der Angelegenheit verkannt und im Glauben, es handele sich um eine reine Routineangelegenheit, den Bundestag zu spät eingeschaltet. Es wurde die Äußerung eines hohen amerikanischen Beamten kolportiert, der den ersten »beinahe tragikomischen« Teil der Besprechungen als ein Schulbeispiel dafür bezeichnet habe, wie man politisch etwas so falsch wie nur möglich machen könne.[74] Diese Beurteilung ändert nichts daran, daß die Erklärung vom 6. März 1951 als Ausgangspunkt der späteren Verhandlungen von großer Bedeutung gewesen ist. Gemäß Adenauers Zusicherung im Begleitbrief sollte sie vom Bundestag ratifiziert werden, doch wurde dieses Vorhaben aus taktischen Gründen immer aufs neue verschoben.[75]

V. ERSTE BESPRECHUNGEN
IM SOMMER 1951

1. Vorbereitungen in Bonn

Am 8. Mai 1951 traf Jean Cattier, der amerikanische Finanzberater bei der Alliierten Hohen Kommission, mit Bundesfinanzminister Schäffer zusammen, um die Vorstellungen der Drei Mächte in bezug auf das weitere Vorgehen bei der Schuldenregelung zu erläutern.[1] Zunächst sollten in inoffiziellen Besprechungen die Ansichten der verschiedenen deutschen Schuldnergruppen und einiger Gläubigervertreter ausgetauscht werden. Entscheidungen wären dabei noch keine zu treffen. Die drei Bereiche, um die es gehen sollte, waren erstens das Verfahren für die Regelung sämtlicher Auslandsschulden aus der Vorkriegszeit, zweitens die allgemeinen Grundsätze für die Regelung und drittens technische Fragen. Die Besprechungen sollten Anfang Juni 1951 in Bonn stattfinden.

Zu dieser Zeit war es für die deutsche Seite noch nicht möglich, eine klare Vorstellung davon zu gewinnen, welche Fragen auf der Schuldenkonferenz zur Sprache kommen würden. Dies wird aus Überlegungen deutlich, ob bereits während der vorbereitenden Besprechungen Zusagen für eine Verzinsung und Tilgung von Auslandsschulden gegeben werden sollten. Dabei waren Zahlungen in Devisen so gut wie ausgeschlossen, und nur für den Fall, daß die Stillhalteschulden Priorität erhielten, war an deren Verzinsung zu denken. Diesen Gedanken lag die Hoffnung zugrunde, daß es bei der Zusage von Leistungen in Devisen vielleicht gelingen könnte, die Gläubiger zu einem partiellen Verzicht auf ihre Kapital- und Zinsforderungen zu bewegen. Stellte man ihnen nur DM-Zahlungen in Aussicht, wäre es sicherlich schwieriger, einen Forderungsnachlaß zu erhalten.[2]

Das starke Hervortreten spekulativer Momente in solchen Überlegungen der Bank deutscher Länder zeigt, daß die Alliierten gegenüber der Bundesrepublik eine sehr restriktive Informationspolitik betrieben. Von den Beratungen, die die Intergovernmental Study Group
seit einem Jahr in London abhielt, wurde so gut wie nichts bekannt.
Erst am 23. Mai ließen die alliierten Regierungen der Bundesregierung über die Hohe Kommission ein Schreiben zukommen, das die
Vorstellungen über die geplanten Besprechungen präzisierte und dem
Vorschläge für eine allgemeine Schuldenregelung beigefügt waren.
Diese beschrieben den Umfang der Regelung und Grundsätze für
einen Regelungsplan, mußten aber eine ganze Reihe von technischen
Fragen einer weiteren Erörterung vorbehalten.[3]
Der zu vereinbarende Plan zur Regelung der Schulden sollte, um
annehmbar zu sein, den folgenden Grundsätzen entsprechen:

– Er muß der allgemeinen wirtschaftlichen Lage der Bundesrepublik
  Rechnung tragen; das heißt unter anderem, daß er weder die innere
  Finanzlage stören noch Devisenquellen übermäßig in Anspruch
  nehmen darf. Für die Besatzungsmächte dürfe keine erhebliche
  finanzielle Mehrbelastung eintreten.

– Es soll sich um eine Gesamtregelung der zu berücksichtigenden
  Schulden handeln, in der alle beteiligten Interessen angemessen
  und gerecht behandelt werden.

– Im Falle der Wiedervereinigung Deutschlands und einer endgültigen Friedensregelung soll der Plan anpassungsfähig sein, so daß
  eine Revision unter veränderten Umständen möglich sein wird.

In London übernahm der Dreimächteausschuß für deutsche Schulden
die Nachfolge der Study Group. Er unterstützte die alliierten Regierungen bei der Vorbereitung der Schuldenregelung und leitete später
die Verhandlungen. Der Vorsitz wechselte zwischen den drei Mächten.
Die britische Regierung hatte bereits im April 1951 Sir George Rendel,

einen ihrer Karrierediplomaten, zu ihrem Vertreter in diesem Gremium ernannt.[4] Er war zu diesem Zeitpunkt aus dem regulären Dienst bereits ausgeschieden und nahm für das Foreign Office noch verschiedene Sonderaufgaben wahr. Da Rendel keine Erfahrung mit der in hohem Maße durch technische Einzelheiten und juristische Spitzfindigkeiten geprägten Materie der Schuldenregelung besaß[5], wurde ihm Sir David Waley als Stellvertreter beigegeben. Waley kam aus dem Schatzministerium und war laut Einschätzung eines Kollegen mit »every trick of this particular game« vertraut.[6] Französischer Delegierter wurde François-Didier Gregh, ein *inspecteur des finances*, der aus dem Finanzministerium in die Leitung des Crédit Lyonnais gewechselt war.[7] Erst Mitte Juni ernannte die amerikanische Regierung nach einem längeren Entscheidungsprozeß, bei dem unter anderem der Name des »Bankreformers« Joseph M. Dodge auf der Liste der Kandidaten auftauchte[8], den Präsidenten der Trans World Airlines, Warren Lee Pierson, zum Vertreter der Vereinigten Staaten.[9] Die Bedeutung, die dieser Aufgabe zugemessen wurde, erhellt sich dadurch, daß Pierson den Rang eines Botschafters erhielt. Sein Stellvertreter John W. Gunter, der ursprünglich schlicht als *deputy chief* bezeichnet wurde, erhielt den Titel eines *alternate representative*, um seiner Stellung mehr Kontur zu verleihen.[10]

Finanzminister Schäffer schlug dem Bundeskabinett vor, sich den Vorschlägen der Alliierten anzuschließen.[11] Zudem sei vor der für Herbst 1951 vorgesehenen Hauptkonferenz die Schuldenanerkennung vom 6. März 1951 durch den Bundestag zu ratifizieren. Soweit konnte Schäffer sicher sein, im Kabinett Zustimmung zu finden. Mit seinen weiteren Vorschlägen begab er sich auf unsicheres Terrain. Er verlangte, die Federführung für die Schuldenkonferenz solle in den Händen des Bundesfinanzministeriums liegen. Zudem nannte seine Aufstellung der Teilnehmer an der Vorkonferenz keinen Vertreter des Wirtschaftsministeriums, das Schäffer als »Ministerium für Gewerbe, Handel und Handwerk« ansah[12], so daß angesichts des ständig schwelenden Streits um die Zuständigkeit für Geld und Kredit eine erneute

Auseinandersetzung mit Erhard unausweichlich war.[13] Dessen Antwort kam bald darauf: Der Wirtschaftsminister hielt es für wenig zweckmäßig, über die Federführung zu entscheiden, solange nicht die Zuständigkeiten im Bereich von Geld und Kredit endgültig klargestellt seien.[14] Im Hinblick auf die gesamtwirtschaftliche Bedeutung der Schuldenregelung und den hohen Anteil privater Auslandsschulden könne auf eine Mitwirkung des Wirtschaftsministeriums bei den Verhandlungen nicht verzichtet werden.

In der Kabinettssitzung am 29. Mai 1951 konnte Schäffer mit seiner Ansicht nicht durchdringen. Auf Vorschlag von Vizekanzler Blücher erhielt das Auswärtige Amt die Federführung für die Schuldenverhandlungen.[15] Die Frage, wer zum Leiter der deutschen Delegation bestellt werden sollte, stand zu diesem Zeitpunkt noch offen. Unter den Namen, die im Gespräch waren, befand sich der des früheren Reichskanzlers und Reichsbankpräsidenten Luther, für den Adenauers Wirtschaftsberater Friedrich Ernst eintrat. Schäffers Wunschkandidat war der Präsident der Landeszentralbank von Nordrhein-Westfalen und frühere 'Mitarbeiter des Bundesfinanzministeriums Walter Kriege. Er schlug ihn Adenauer vor, doch entschloß sich der Kanzler, mich mit der Aufgabe zu betrauen.[16] Kriege wurde mein Stellvertreter.

Am 5. Juni fand im Godesberger Rhein-Hotel Dreesen, dem Sitz des französischen Hohen Kommissars, die erste gemeinsame Sitzung mit Vertretern des Dreimächteausschusses statt. In seiner kurzen Begrüßungsansprache, deren Inhalt sich an dem alliierten Memorandum vom 23. Mai orientierte, stellte Gregh fest, daß bei der Wiederaufnahme des deutschen Schuldendienstes die Festlegung des genauen Betrages der Auslandsschuld, die Abschätzung der Zahlungsfähigkeit Deutschlands unter Berücksichtigung seiner Haushalts- und Kreditlage, die Transferfähigkeit und die Goldklausel große Schwierigkeiten bereiten würden. Dennoch betonte er nachdrücklich, daß Deutschland erst dann wieder die ihm gebührende Stellung unter den Nationen einnehmen könne, »wenn es ihm möglich ist, eines der größten Hindernisse für die Wiederaufnahme normaler wirtschaftlicher und finanzieller Beziehungen mit dem Ausland aus dem Wege zu räumen, nämlich die Einstellung des Auslandsschuldendienstes«[17]. Für die deutsche Delegation hielt Finanzminister Schäffer im Namen des Bundeskanzlers die Eröffnungsansprache. Er umriß kurz einige prinzipielle Punkte, die nach deutscher Ansicht Bestandteil einer Schuldenregelung sein müßten. Dazu gehörte, daß » die Besprechungen in dem Geiste geführt werden, auf dem sich das Wirtschaftsleben der westlichen Demokratien aufbaut«[18]. Schäffer nannte dabei die Grundsätze der Vertragstreue und der Anerkennung des privaten Eigentums. Er ging auch auf die Teilung Deutschlands ein und betonte, daß sie bei der Feststellung der deutschen Leistungsfähigkeit berücksichtigt werden müsse. Für die Verhandlungen war wichtig, daß sie der exponierten Lage der Bundesrepublik Rechnung trugen und eine Gefährdung des sich allmählich entwickelnden Bündnissystems ausschlossen. Wiederherstellung des Vertrauens war ein umfassenderes Ziel als Wiederherstellung des Kredits im kaufmännischen Sinne.

Von den Eröffnungserklärungen abgesehen, beschränkten sich die zwischen dem 5. und 7. Juni geführten Besprechungen auf die vorläufige Klärung von Verfahrensfragen. Dazu zählte beispielsweise die Vertretung der Gläubiger und der Schuldner, die Stellung des angestrebten Regierungsabkommens und die organisatorische Abwicklung der Konferenz. Auch über die Höhe der Verschuldung lagen noch immer keine genauen Unterlagen vor, so daß hier noch viel Arbeit zu erwarten war.

Selbst die alliierte Seite konnte nur ungefähre Angaben über die Höhe der Forderungen aus der Nachkriegswirtschaftshilfe machen.[19] Rendel bezifferte die englische Forderung auf 122 Mio. Pfund zuzüglich 342 Mio. Dollar nach dem Stand von Ende März 1951. Hierbei handele es sich um allgemeine Zahlen, die noch im einzelnen korrigiert werden müßten. Ähnliche Vorbehalte meldeten auch Gunter und Gregh für ihre Regierungen an. Die amerikanische Forderung sollte sich auf ungefähr 3,2 Mrd. Dollar belaufen, wobei die Geschäfte aus Überschußbeständen der Armee (STEG) nicht einbegriffen waren. Im übrigen verwies Gunter darauf, daß bei der Ermittlung der Summen der Grundsatz von Artikel 1 des ECA-Abkommens von 1949 sinngemäß berücksichtigt worden sei, wonach nur solche Leistungen einbezogen werden sollten, die der deutschen Bevölkerung zugute gekommen seien. Mit dem Hinweis darauf, daß Ermäßigungen bei den Nachkriegsschulden gewährt werden könnten, wenn eine befriedigende Regelung bei den sonstigen deutschen Verbindlichkeiten zustande käme, deutete er ein Junktim an, das in späteren Verhandlungsphasen noch deutlicher formuliert wurde. Vergleichsweise gering war die französische Forderung; sie wurde mit 5,5 Mrd. Francs angegeben, die damals einen Gegenwert von rund 15 Mio. Dollar entsprachen.

Die alliierten Regierungen wußten durchaus, daß die Bundesrepublik solche Summen in absehbarer Zeit nicht würde zahlen können. Bereits in den Anlagen zum Brief der Hohen Kommission vom 23. Mai hatten sie angedeutet, daß sie nicht unbedingt auf der Priorität ihrer Forderungen bestehen würden. Von diesen Hinweisen abgesehen, waren die deutschen Nachkriegsverpflichtungen kein Thema dieser Vorbesprechungen. Auch auf der Londoner Vorkonferenz sollten sie noch nicht behandelt werden, sondern die Planungen sahen dafür eine eigene Konferenzrunde vor.

Nachdem am 7. Juni noch einige Verfahrensfragen geklärt worden waren, konnten die Vorbesprechungen in Bonn abgeschlossen werden. Sie waren in einer angenehmen Atmosphäre verlaufen und ließen erwarten, daß auch in London das Verhandlungsklima nicht wesentlich anders sein würde. Die Konferenz sollte vom 25. Juni bis 17. Juli 1951 dauern, aber erst ab 5. Juli war die Mitwirkung der deutschen Delegation vorgesehen. Zur Vorbereitung fanden am 11. und 19. Juni zwei Sitzungen der deutschen Delegation statt.[20]

Als gravierendste Frage, bei der Konflikte vermutlich nicht zu vermeiden sein würden, zeichnete sich ab, ob das nach dem Krieg beschlagnahmte deutsche Auslandsvermögen in die Schuldenverhand-lungen würde einbezogen werden können. In diesem Bereich waren nach der Schuldenerklärung vom 6. März 1951 bedeutsame Entwick-lungen zu verzeichnen gewesen, die sich zu Beginn der Londoner Be-sprechungen hin zuspitzten.

2. Auslandsschulden und Auslandsvermögen

Mit der Erklärung vom 6. März 1951 war der erste Schritt zur Be-reinigung der deutschen Auslandsschulden getan. Die weitere Initia-tive lag nun wieder in der Hand der Alliierten, *in concreto* bei der Intergovernmental Study Group in London. Dort fanden die Beratun-gen statt, auf welche Weise die Aufstellung eines Zahlungsplanes am besten zu bewerkstelligen sei. Dieses Gremium faßte seine Beschlüsse in Abstimmung mit den Regierungen der Drei Mächte.

In der Bundesrepublik wurde die Frage der Schuldenregelung zu-nächst vom Bemühen überlagert, zumindest Teile des im und nach dem Krieg beschlagnahmten deutschen Auslandsvermögens zu retten. Nach dem Potsdamer Abkommen von 1945 und dem Pariser Repara-tionsabkommen von 1946 sollten deutsche Reparationen durch Kapi-talschnitte geleistet werden, in Form von Demontagen und Enteig-nungen. Dieses Verfahren war zum Teil eine Folge der Erfahrun-gen, die die Siegermächte des Ersten Weltkriegs mit dem Repara-tionsproblem gemacht hatten. Zum anderen Teil spielten auch auf den Morgenthau-Plan zurückgehende Überlegungen eine Rolle.[21] Auf diese Weise konnte das Transferproblem, das die wirtschaftlichen Be-ziehungen in der Zwischenkriegszeit stark belastet hatte, ausgeschlos-sen werden. Die sowjetische Forderung, auch Reparationen aus der laufenden Produktion zu entnehmen, wurde entschieden abgelehnt.[22] Seit Gründung der Bundesrepublik waren Bemühungen im Gange, das Kontrollratsgesetz Nr. 5, das die Erfassung und Übernahme des deutschen Vermögens im Ausland regelte, zu revidieren. War diese Frage zunächst noch unabhängig von einer Regelung der Auslandsschulden angesehen worden, so trat ab 1950 immer mehr die Idee einer Verbindung zwischen Rückzahlung der Schulden und Rückgabe des Vermögens in den Vordergrund. Nicht nur die deutschen Passiva, sondern auch die Aktiva sollten Berücksichtigung finden. Diese Ansicht wurde vom Auswärtigen Ausschuß des Bundestages vertreten, aber auch von der Studiengesellschaft für private Auslandsinteressen.

Dies erschwerte eine politische Lösung des Schuldenproblems, denn allzu laut und undifferenziert wurde die Verquickung beider Bereiche verlangt. Übersehen wurde meist, daß die Frage des Auslandsvermögens außerordentlich vielschichtig war. Es war ein Unterschied, ob es sich um Marken und Patente handelte, um ausländische Niederlassungen, um Vermögen aus der Vorkriegszeit oder etwa um solches Vermögen, das erst im Krieg in einem besetzten Land mit Reichsmark erworben worden war. Es war auch ein Unterschied, ob sich das Vermögen in einem kriegführenden oder neutralen Land befunden hatte. Solche Überlegungen kamen in der öffentlichen Diskussion meist zu kurz.[23]

Am 21. Dezember 1950 beauftragte ein interministerieller Ausschuß für das deutsche Vermögen im Ausland, der seit Anfang des Jahres regelmäßig in Bonn zusammenkam, das Bundesfinanzministerium mit der Ausarbeitung einer Note an die Hohe Kommission.[24] Der rechtliche Rahmen, innerhalb dessen die Bundesregierung selbst aktiv werden konnte, war sehr eng gesteckt. Die Besatzungsmächte hatten sich in der Frage der Behandlung von Reparationen die alleinige Zuständigkeit vorbehalten. Deutsche Stellen mußten, bevor sie irgend etwas auf diesem Gebiet unternehmen wollten, die Genehmigung der Hohen Kommission einholen, und die bisherigen Anläufe dazu waren ohne Erfolg geblieben. » Versuche deutscher Unterhändler, die Frage des deutschen Vermögens im Ausland im Zusammenhang mit der angekündigten Beendigung des Kriegszustandes und mit der Anerkennung der deutschen Vorkriegsauslandsschulden zur Erörterung zu stellen, wurden auf dem Petersberg mit dem Ausdruck des Unwillens und dem Bemerken zurückgewiesen, daß das deutsche Auslandseigentum zu den Reparationen gehöre, über welche in dem Pariser Reparationsabkommen in einer auch für Deutschland bindenden Weise entschieden worden sei.«[25]

Das Bundeskabinett befaßte sich am 2. Februar 1951 mit dem Notenentwurf des Finanzministeriums und beschloß, ihn als Anregung dem Bundeskanzler zuzuleiten.[26] Die Überlegungen, gleichzeitig mit der Anerkennung der Auslandsschulden den Alliierten eine Note zum Auslandsvermögen zu überreichen, fanden bei diesen allerdings keine Zustimmung. Während der bereits erwähnten Besprechung am 3. Februar, an der unter anderem Blankenhorn und Kaufmann teilnahmen, wurde auch der Entwurf dieser Note diskutiert, aber selbst nach verschiedenen Änderungen erschien sie der Hohen Kommission als nicht tragbar, und es wurde daher einstweilen darauf verzichtet, sie abzusenden.[27]

In Beratungen mit Vertretern des Finanz-, Wirtschafts- und Justizministeriums entstand eine neue Fassung, deren abschließende Redaktion Kaufmann übernahm und die unter dem Datum des 10. April 1951 an die Alliierte Hohe Kommission gesandt wurde.[28] Wesentlicher Inhalt der Note war der Vorschlag, das Kontrollratsgesetz Nr. 5 aus dem Jahre 1945 aufzuheben und es der Bundesregierung zu ermöglichen, unmittelbare Verhandlungen mit den Staaten aufzunehmen, die deutsche Auslandswerte beschlagnahmt hatten. Zudem regte sie an, die Auslandswerte in die Regelung der Auslandsschulden einzubeziehen. Die Hohe Kommission wurde gebeten, sich bei ihren Regierungen für einen Beschlagnahme- und Liquidationsstopp einzusetzen. Die Reaktion darauf war wenig ermutigend. In ihrer Antwort vom 28. April 1951 erteilte die Hohe Kommission der Bundesregierung eine deutliche Absage und ließ keinerlei Bereitschaft zu irgendwelchen Konzessionen erkennen.[29] Die Behauptung, dies sei nach Anhörung der Regierungen der Drei Mächte geschehen, erschien im

Hinblick auf die kurze Zeit bis zur Antwort als unwahrscheinlich, und auch die brüske Form der Ablehnung verstimmte in Bonn. Im interministeriellen Ausschuß wurde am 9. Mai vorgeschlagen, der Bundeskanzler solle bei McCloy vorstellig werden und die Note als für die deutsche Regierung unannehmbar zurückgeben.[30] In einer späteren Sitzung wurde diesem Vorschlag die Alternative gegenübergestellt, durch eine offizielle Antwortnote die Einwendungen vorzubringen, die gegen die alliierte Haltung zu erheben seien.[31]

Die Zeit für ein solches Vorgehen begann bereits knapp zu werden, denn es war vorgesehen, die Schuldenerklärung noch vor Beginn der Besprechungen über die deutschen Schulden zu ratifizieren. Sollte jedoch die strikte Zurückweisung der Bemühungen um das Auslandsvermögen bekannt werden, war im Bundestag mit Schwierigkeiten zu rechnen.[32] Im interministeriellen Ausschuß hieß es, bei den Verhandlungen über den Text der Schuldenerklärung habe man noch nicht mit einer derart rigiden Haltung rechnen müssen, insofern sei unter falschen Voraussetzungen auf die Erwähnung des Auslandsvermögens verzichtet worden. Zunächst sollte die Angelegenheit dem Kabinett unterbreitet werden.

Dort lief bereits seit Ende April eine Vorlage des Bundesfinanzministeriums um, nach der bei Handelsvertragsverhandlungen mit anderen Staaten jeweils auch das deutsche Auslandsvermögen angesprochen werden sollte.[33] Ein solcher Vorschlag war bereits Anfang 1950 zwischen den Ressorts erörtert und bei Gelegenheit auch schon praktiziert worden.[34] Es bestanden jedoch noch immer Bedenken. Zum einen handelte es sich um einen Eingriff in die Zuständigkeit des Außenministers, zum anderen lag die Gefahr dieser Verhandlungstaktik darin, »bei Unnachgiebigkeit der Gegenseite entweder ein Scheitern auch für die Bundesrepublik wichtiger Verhandlungen oder aber einen unerfreulichen Rückzug gerade in der Frage des Auslandsvermögens« herbeizuführen.[35] Diese Ansicht trug Blücher in der Kabinettssitzung am 26. Juni 1951 vor und betonte, daß vorgesehen sei, bei den kommenden Besprechungen in London auf den Protest der

AUSLANDSSCHULDEN UND AUSLANDSVERMÖGEN

Bundesregierung gegen die Note der Alliierten vom 28. April hinzu-
weisen. Das Kabinett billigte jedoch ohne formelle Beschlußfassung
die Vorlage des Finanzministeriums und stimmte damit einer Praxis
zu, die zwar einen ständigen Konflikt mit der Hohen Kommission zur
Folge hatte, aber auch Erfolge verbuchen konnte.[36]

Um die gleiche Zeit wurde die Frage des Auslandsvermögens auch
im Auswärtigen Ausschuß des Bundestages wieder behandelt. In der
Sitzung am 20. Juni forderte Carlo Schmid, daß erst dann über Schulden verhandelt werde, wenn die Liquidierung des deutschen Auslandsvermögens gestoppt sei.[37] Es wurde ein Unterausschuß für Auslandsschulden und Auslandsvermögen gebildet; dieser tagte erstmals
am 22. Juni. An der Sitzung nahmen auch Blücher und ich teil.[38] Wir
warnten davor, die Schuldenverhandlungen mit zu vielen Vorbedin-
gungen zu belasten. Blücher befürwortete allerdings eine etwas rigi-
dere Haltung als ich, zumal einen Monat zuvor der Hauptausschuß
seiner Partei gefordert hatte, zusammen mit der Regelung der Auslandsschulden auch das Problem des Auslandsvermögens zu klären.[39]
Über die Antwort der Bundesregierung auf die alliierte Note vom
28. April war sich der Unterausschuß einig. Er billigte sie am 28. Juni
definitiv, nachdem zuvor alle beteiligten Stellen ihr Einverständnis
erklärt hatten.[40]

Nach dieser Note mußte die alliierte Haltung auf einem Mißverständnis beruhen, da die Finanzberater der Hohen Kommission lediglich gebeten hätten, das Auslandsvermögen während der Verhandlungen über die Schuldenanerkennung nicht zur Sprache zu bringen.
Sie hätten ausdrücklich hinzugefügt, daß es der Bundesregierung
selbstverständlich unbenommen bleibe, die Frage des Auslandsvermögens zu einem späteren Zeitpunkt, spätestens auf der geplanten
internationalen Schuldenkonferenz, anzuschneiden. Für den Fall, daß
die Alliierten ihre ablehnende Haltung beibehielten, sah der Kanzler
die Gefahr, »daß die Parteien, die den Notenwechsel vom 6. März
1951 gebilligt hatten, sich [. . .] veranlaßt sehen könnten, ihre bisherige zustimmende Haltung zu überprüfen«[41].

Der Versuch, das deutsche Auslandsvermögen in London anzusprechen, war schwieriger als zuvor erwartet. Natürlich war der Dreimächteausschuß über die deutschen Bemühungen, die Regelung der
Auslandsschulden mit der Frage des beschlagnahmten Vermögens zu
verknüpfen, informiert. Die aktuelle Entwicklung nach Adenauers
Note vom 28. Juni 1951 an die Hohe Kommission sorgte allerdings
dafür, daß sogar eine Spur von Dramatik in das Geschehen kam. Der
Text der Note war dem britischen Außenministerium erst am Morgen
des 5. Juli bekannt geworden und wurde sofort im Dreimächteausschuß besprochen.[42] Die Alliierten hielten die Behauptung der Bundesregierung, sie hätten eine Modifikation der Beschlagnahmepolitik
angedeutet oder eine Verknüpfung von Vermögen und Schulden kon-
zediert, nun ihrerseits für ein Mißverständnis, das im Vorfeld der
Verhandlungen über die Schuldenanerkennung entstanden sei. Der
vergleichsweise scharfe Ton des Schreibens erstaunte daher. Ein Mitarbeiter des deutschen Auswärtigen Amtes fühlte sich offenbar um
einige Jahre zurückversetzt, als er berichten konnte, die Note sei auf
dem Petersberg wie eine Bombe eingeschlagen.[43]

Nun erschien am selben Tag in der *Financial Times* eine aus Bonn
vom 4. Juli datierte Reuter-Meldung, die offenbar den Inhalt der
Note stark vergröbert in zwei Sätzen zusammenfaßte. Nach dieser
Meldung, von der man in London vermutete, sie sei von offizieller
Seite inspiriert worden, sollte Adenauer gedroht haben, die Bundesrepublik könnte die Schuldenanerkennung widerrufen. Die Bundesregierung hätte nie eingesehen, daß sie auf einer internationalen
Konferenz nicht die Regelung der Schulden mit der Behandlung
deutschen Auslandsvermögens verknüpfen könnte.[44]

Ich hatte vor, das Thema bei der Eröffnung der Verhandlungen
aufzugreifen, doch stellte sich nun heraus, daß der Dreimächteausschuß für den Fall, daß die deutsche Delegation auf der Einbeziehung
der Vermögensfrage als Gegenstand der Konferenz bestehen würde,
bereits eine Erwiderung vorbereitet hatte, die ein solches Ansinnen
auf sehr entschiedene Art zurückwies:» une déclaration cassante«, wie

Rendel es ausdrückte.[45] Um einen Affront zu vermeiden, kam der Ausschuß in einer Besprechung mit mir überein, die Angelegenheit nicht im formellen Rahmen, etwa der Eröffnungserklärung, zu behandeln. Die Bereitschaft, die Frage auf informeller Ebene zu erörtern, wurde mir zugesichert.

Als ich dieses Ergebnis mit der deutschen Delegation besprach, stieß mein Vorgehen auf Kritik. Die vorherrschende Ansicht war, daß das Auslandsvermögen auf irgendeine Weise in der Eröffnungserklärung erwähnt werden müsse. Verschiedene Formulierungsvorschläge wurden gemacht. Als ich jedoch kurz vor Beginn der Plenarsitzung am Nachmittag die Fassung, die ich zu verwenden gedachte, Rendel vorlegte, hielt dieser sie für zu stark. Er zog seine Kollegen hinzu, und so einigten wir uns nach gut zwanzig Minuten Diskussion auf eine Formulierung, die sich an den Text der Schuldenanerkennungsnote vom 6. März anlehnte und von der Minderung der wirtschaftlichen Substanz der Bundesrepublik sprach.[46] Sie war nun jedoch so allgemein, daß in der englischen Presse mit Befriedigung vermerkt werden konnte, ich hätte nicht über das Auslandsvermögen gesprochen.[47] Im Verlauf der Konferenz wurde die Vermögensfrage noch mehrmals thematisiert, allerdings ohne etwas am *status quo* ändern zu können. Der Dreimächteausschuß erkannte nicht an, daß das Auslandsvermögen im Laufe der Schuldenverhandlungen grundsätzlich zur Debatte stehen würde, und die deutsche Delegation behielt sich weiterhin vor, Tatsachen hinsichtlich des Auslandsvermögens vorzubringen, die unmittelbaren Einfluß auf die Schuldenregelung hätten.[48] Entscheidungen waren ohnehin nicht zu erwarten, die fielen woanders.

Auf die Note vom 28. Juni erhielt die Bundesregierung von der Hohen Kommission formell keine Antwort. Nicht nur beim Dreimächteausschuß in London hatte sie für Aufregung gesorgt, sondern auch in Washington war man sehr beunruhigt über das, was man als kaum verschleierte Drohung ansah, die Schuldenanerkennung vom 6. März zurückzunehmen.[49] Erhard, der sich um diese Zeit in den Vereinigten Staaten aufhielt, mußte sich – natürlich ohne viel dazu sagen zu können – die Beschwerde anhören. Das State Department empfahl der Hohen Kommission, Adenauer eine »firm reply« zu erteilen.[50] McCloy hielt das nicht für angebracht, obwohl von französischer Seite in der Hohen Kommission die gleiche Forderung erhoben wurde. Er war der Meinung, daß eine solche Note die Lage unnötig verschärfen und die Deutschen veranlassen würde, die Frage des Auslandsvermögens auf der Schuldenkonferenz noch einmal mit Nachdruck vorzubringen.[51]

Anstatt sich auf weiteren Notenwechsel einzulassen, handelte die Hohe Kommission. Sie verwirklichte damit ein bereits seit längerem geplantes Vorhaben, das sie in einer Note vom 3. Juli – die auf Adenauers Schreiben vom 28. Juni keinen Bezug nahm – angekündigt hatte.[52] Nachdem bereits im Juni ausländische Wertpapiere in deutschem Besitz in einer großangelegten Aktion beschlagnahmt worden waren, beschloß der Rat der Hohen Kommission am 16. August 1951, das Kontrollratsgesetz Nr. 5, auf dem die bisherige Praxis beruht hatte, für das Gebiet der Bundesrepublik durch das AHK-Gesetz Nr. 63 zu ersetzen, das die Enteignung der deutschen Auslandswerte und die Entnahme von Reparations- und Restitutionswerten aus dem Bundesgebiet festschrieb.[53] Vor seiner Verkündung sollte die Bundesregierung dazu Stellung nehmen können.[54] Die deutschen Sachverständigen stellten fest, daß der Inhalt des Gesetzes weit über die Ankündigung in der Note vom 3. Juli hinausging. Sie gelangten zu der Überzeugung, daß das Gesetz »die Enteignung der deutschen Auslandswerte in den meisten Ländern permanent und irreparabel machen und deshalb dem deutschen Volksvermögen schweren Schaden zufügen würde« und empfahlen, die deutsche Seite dürfe bei der Einführung dieses alliierten Gesetzes in keiner Weise, auch nicht durch Beratung oder Vorbringen von Verbesserungsvorschlägen, mitwirken.[55]

Adenauer versuchte, das Gesetz zu verhindern. Nachdem Verhandlungen auf Referentenebene vorangegangen waren, traf er am 27. August 1951 zu einer langen Unterredung mit McCloy zusammen, an der ich ebenfalls teilnahm.[56] Der Kanzler wies unter anderem auf die politischen Konsequenzen des Gesetzes hin. Da es auch eine Reihe von rechtlichen Zweifelsfragen aufwarf, die nicht sofort geklärt werden konnten, hatte ich am folgenden Tag eine Besprechung mit zwei amerikanischen Sachverständigen von der Hohen Kommission.[57] Deren Ergebnis veranlaßte Adenauer, nochmals die Konsultierung deutscher Experten vorzuschlagen.[58] Darauf gingen die Alliierten ein, so daß am 31. August auf dem Petersberg die mit dem Gesetz zusammenhängenden Fragen eingehend erörtert werden konnten. Die Verhandlungen fanden am 3. September ihren Abschluß, als Adenauer erneut in meinem Beisein mit McCloy zusammentraf.[59] Das Gesetz wurde am 5. September verkündet.

Für die Schuldenverhandlungen verlor mit diesem Gesetz die Frage des Auslandsvermögens erheblich an Bedeutung. Die Alliierten hatten ein *fait accompli* geschaffen, und es war nicht anzunehmen, daß die Schuldenkonferenz das richtige Forum wäre, um das Problem weiter zu verfolgen. Daß es nicht zu den Akten gelegt werden konnte, war klar, aber von nun an ging es weniger um allgemeine Regelungen als vielmehr um Lösungen von Einzelfragen, von denen vor allem die des deutschen Vermögens in der Schweiz in London noch eine gewisse Rolle spielte.

Dieser Bedeutungsverlust spielte sich allerdings zeitverschoben zwischen Exekutive und Legislative ab. Während das Auswärtige Amt bereits Schuldenregelung und Vermögensverhandlungen als separate Komplexe ansah, hielt der Auswärtige Ausschuß des Bundestags noch an der Verknüpfung beider Teile fest. Er und sein Unterausschuß für Auslandsschulden und Auslandsvermögen blieben zunächst dabei, in der Londoner Konferenz eine Gelegenheit zu sehen, auf allgemeiner Ebene den deutschen Rechtsstandpunkt zum Auslandsvermögen vorzubringen. Auch die Studiengesellschaft für privatrechtliche Auslandsinteressen vertrat ähnliche Positionen. Sie sah in einem alliierten Zugeständnis von zweiseitigen Verhandlungen der Bundesregierung mit den Staaten, die das Auslandsvermögen beschlagnahmt haben, die einzige Möglichkeit, um den Widerstand im Bundestag gegen das neue Gesetz der Hohen Kommission zu überwinden. Da sich solcher Widerstand nicht unmittelbar gegen das Gesetz richten konnte, war es nach Ansicht der Studiengesellschaft möglich, daß die »Konzession zweiseitiger Verhandlungen [...] auch die Rettung der Schuldenkonferenz bedeuten« würde.[60]

Zum Teil scheint die Hartnäckigkeit, mit der das Junktim von Auslandsschulden und Auslandsvermögen vertreten wurde, in der Tat auf mißverständliche Interpretation der alliierten Absichten zurückzugehen. Der Konflikt, der sich in den Noten vom 28. April und 28. Juni 1951 besonders stark ausdrückt, entstand vor allem deshalb, weil unterschiedliche Ansichten darüber bestanden, welche Zugeständnisse bereits gemacht worden waren. Die deutsche Seite war der Meinung, daß durch die Erläuterungen François-Poncets auf dem Petersberg am 23. September 1950 und die nachfolgenden Besprechungen über den Text der deutschen Schuldenanerkennung die Alliierten ihre Bereitschaft zu erkennen gegeben hätten, bei den Verhandlungen über die Schulden auch das beschlagnahmte Auslandsvermögen anzusprechen.[61] Die Alliierten hingegen wollten von einer solchen Festlegung nichts wissen. Man habe nur darüber gesprochen, daß es der Bundesregierung freistehe, wegen des Auslandsvermögens an die Hohe Kommission heranzutreten, aber nichts sei gesagt worden, was auf eine Verbindung zwischen Auslandsvermögen und Auslandsschulden hätte schließen lassen können.[62]

Als Druckmittel gedachte der Auswärtige Ausschuß noch immer die ausstehende Ratifizierung der deutschen Schuldenanerkennung zu verwenden. Ende Mai 1951 war sie auf einer Sitzung im Finanzministerium befürwortet worden, um der deutschen Delegation für die Besprechungen in London »eine feste Verhandlungsbasis zu geben«[63]. Daraufhin besprach ich die Angelegenheit mit Adenauer. Wir kamen zu dem Ergebnis, daß die Ratifizierung vorerst nicht sinnvoll sei, zumal es keine Garantie dafür gab, daß – nach der schroffen Ablehnung aller Versuche, die Vermögensfrage bei den Alliierten vorzu-

Abb. 6: Die drei Alliierten Hohen Kommissare (v. l. n. r.): John J. McCloy, Sir Ivone Kirkpatrick und André François-Poncet.

Abb. 7: Beginn der Besprechungen in London, Juli 1951. V. l. n. r.: Sir George Rendel, Warren Lee Pierson, Hermann J. Abs, François-Didier Gregh.

Consultations on German Debts

JUNE — JULY, 1951

Admit to Lancaster House

PASS **150** *H. A. CRIDLAND*
No. Secretary-General

Abb. 8 a/b: Die drei Verhandlungsrunden 1951/52 fanden im Londoner Lancaster House statt.

bringen – der Bundestag überhaupt zustimmen würde. Ein »Nein« wäre sehr belastend gewesen.[64] Es bestand daher die Absicht, die Schuldenerklärung erst zu Beginn der Hauptschuldenkonferenz dem Parlament vorzulegen.[65] Genau dies forderte der Auswärtige Ausschuß nun. In Kreisen der SPD tauchte der Gedanke auf, die Bundesregierung solle die Schuldenkonferenz nicht besuchen – und damit verhindern –, wenn nicht vorher die Schuldenerklärung ratifiziert worden sei.[66] Dies könne jedoch nur geschehen, wenn Klarheit über das deutsche Auslandsvermögen und eventuelle Reparationsansprüche bestünde.

Inzwischen hatte sich allerdings die Lage geändert, denn die Verhandlungen über die Ablösung des Besatzungsstatuts, die später zu dem ersten Zusatzabkommen über die Regelung der aus Krieg und Besatzung entstandenen Fragen führten, gaben den drei westlichen Mächten Veranlassung, in diesem Zusammenhang erneut auf die Schuldenanerkennung vom 6. März 1951 zurückzukommen. So kam es, daß im Achten Teil des Überleitungsvertrages die Bundesregierung bekräftigte, an einer ordnungsgemäßen Regelung der deutschen Auslandsschulden teilzunehmen. Damit war erneut die Verbindung zwischen der politischen und der wirtschaftlich-finanziellen Seite des Schuldenproblems zum Ausdruck gebracht. Die vertraglichen Vereinbarungen des Deutschlandvertrags und seiner Zusatzabkommen stellten in gewissem Sinne vorweggenommene friedensvertragliche Regelungen dar, wenn sie auch der politischen Lage nach nur im Verhältnis zu drei der vier Besatzungsmächte Platz greifen konnten.

Die Verhandlungen über die Regelung der deutschen Vorkriegsschulden – bei den Nachkriegsschulden lagen die Dinge anders – trugen somit einen doppelten Charakter. Während die eigentliche Schuldenregelung Gegenstand einer großen Gläubiger-Schuldner-Konferenz und später zwecks Kodifikation auch einer Regierungs-Konferenz war, blieb das Schuldenproblem als solches stets auch ein Problem des politischen Verhältnisses der drei westlichen Regierungen zur Bundesrepublik. Das war bei den langen Auseinandersetzungen um die

Schuldenanerkennung im besonderen Maße deutlich geworden. Aber auch die späteren Konferenzen waren mehr als nur Auseinandersetzungen zwischen Finanzfachleuten. Der politische Aspekt blieb stets präsent.[67]

Anfang 1952 nahm Adenauer an einer Sitzung des Auswärtigen Ausschusses teil, nachdem auch die Frage wieder aufgebracht worden war, ob die Schuldenerklärung noch separat ratifiziert werden sollte. Bei dieser Gelegenheit wandte er sich gegen weitere Versuche, in London über das Auslandsvermögen verhandeln zu wollen.[68] Überhaupt zeigte die Bundesregierung in dieser Frage größeren Realitätssinn als das Parlament. Blücher mahnte seinen Parteifreund Pfleiderer, den Vorsitzenden des Unterausschusses für Auslandsschulden und Auslandsvermögen, zur Vorsicht, als es darum ging, politische Folgerungen aus dem Zusammenhang zwischen Schuldenregelung, Auslandsvermögen und der Reparationsfrage zu ziehen. Er könne »fast den Eindruck gewinnen, als stünden einige Mitglieder des Unterausschusses auf dem Standpunkt, man dürfe deutscherseits weder die Nachkriegshilfe auch nur in der bereits stark gesenkten Höhe zurückerstatten, noch könne man die Wegnahme des deutschen Auslandsvermögens hinnehmen, noch endlich könne eine Reparationsleistung zu Lasten des Auslandsvermögens anerkannt werden«[69]. Die Schuldenkonferenz schien ihm nicht das geeignete Forum, um solche Forderungen vorzubringen.

Danach spielte diese Frage nur bis in die Frühphase der Verhandlungen 1952 eine Rolle, zumal sich das Interesse zunehmend auf den Deutschlandvertrag und die darin vorgesehenen Regelungen, unter anderem den Verzicht auf Einwendungen gegen die bisherige Beschlagnahmepolitik der Alliierten, verlagerte.

3. Die Vorkonferenz in London

Abgesehen von der politisch heiklen Befassung mit der Frage des deutschen Auslandsvermögens, beschränkten sich die Londoner Besprechungen im Juli 1951 auf die Erörterung rein technischer Fragen. Es handelte sich nicht um eine Konferenz in dem Sinne, daß über Einzelheiten verhandelt worden wäre, sondern eher um einen unverbindlichen Meinungsaustausch der Beteiligten. Man nahm die gegenseitigen Auffassungen zur Kenntnis und diskutierte das vorliegende Material. Drei Ausschüsse behandelten grundsätzliche, technische und statistische Fragen.

Es zeigte sich, daß für viele Bereiche fundierte Unterlagen erarbeitet werden mußten, da das Vorhandene als Verhandlungsgrundlage nicht ausreichte. Die deutsche Delegation plante daher, um die für Ende des Jahres vorgesehene Hauptkonferenz zu entlasten, mehrere Ausarbeitungen, insbesondere über die Leistungsfähigkeit der deutschen Wirtschaft, die Steuerkraft, die Haushaltsentwicklung und die Auswirkung von Kriegsfolgen, vorzulegen. Außerdem waren Untersuchungen über die Transfermöglichkeiten, die Notwendigkeit der Wiederherstellung ausländischer Niederlassungen, die Möglichkeit von Zahlungen in D-Mark sowie Stellungnahmen zur Frage der Goldklausel und der Konversionskasse in Aussicht genommen.[70]

Bereits bei diesen Vorbesprechungen wurde über die Laufzeit der geplanten Schuldenregelung gesprochen. Die *Financial Times*, auch in den späteren Verhandlungsabschnitten Sprachrohr der britischen Gläubiger, räumte ein, daß Deutschland momentan zu einem angemessenen Schuldendienst nicht in der Lage sei, doch gebe es allen Grund zu der Annahme, daß sich dies auf längere Sicht ändern werde[71]. Die englische Seite neigte deshalb zu einem vorläufigen Abkommen für etwa drei bis vier Jahre, während die Amerikaner einer sofortigen und endgültigen Lösung den Vorzug gaben. Das Schauspiel alljährlich wiederkehrender Finanzkonferenzen, wie sie in den dreißiger Jahren für die Stillhaltekredite zur stehenden Einrichtung geworden waren, sollte nach deutscher Ansicht unter allen Umständen vermieden werden.[72] Als Zwischenlösung wurde erwogen, mit Hilfe eines Index die zu transferierenden Leistungen der deutschen Wirtschaftslage anzupassen. Doch sprach sich die deutsche Delegation gegen eine solche Lösung aus. Nach eingehender Erörterung kam auch der Dreimächteausschuß zu dem Ergebnis, daß die Nachteile einer Indexformel größer seien als ihre ohnehin geringen Vorzüge. Im übrigen traf sich das deutsche Interesse mit dem amerikanischen: Eine vorläufige Regelung sollte nur für den Notfall ins Auge gefaßt werden. Zwar befürchteten die Gläubiger, bei einer endgültigen Festlegung der deutschen Transferleistung Gefahr zu laufen, die zukünftigen Möglichkeiten zu unterschätzen. Aber letztlich waren sich beide Seiten einig, daß es der Wiederherstellung des deutschen Kredits am besten diene, wenn Gläubiger und Schuldner von Anfang an Klarheit über die zu erbringenden Leistungen besäßen.[73]

Mein Eindruck nach dieser Vorkonferenz war, daß sich die Kapitalschuld der öffentlichen Hand mit Hinweis auf den Territorialfaktor werde verringern lassen. In der Frage der Goldklausel schien ebenfalls ein Kompromiß möglich zu sein. Für die privaten Auslandsschulden sah ich keine Aussicht auf eine Ermäßigung. Dagegen ergaben sich Möglichkeiten bei den rückständigen Zinsen, und zwar sowohl für öffentliche wie für private Schulden. Die deutsche Delegation wies wiederholt auf die Regelung der italienischen Auslandsschulden hin. Dort war die Schuld nach Kapital und Zinsen anerkannt und langfristig mit einem langsam steigenden Zinsfuß und einer langsam steigenden Amortisation fundiert worden.[74]

VI. AUF DEM WEG ZUR HAUPTKONFERENZ

1. Die Regelung der Nachkriegsschulden

Nach dem Abschluß der Londoner Besprechungen vom Juli 1951, bei denen ausschließlich die Vorkriegsschulden zur Sprache gekommen waren, bestand Übereinkunft darüber, daß vor der für Oktober vorgesehenen Hauptkonferenz in einer neuen Runde über die alliierten Forderungen aus der Nachkriegswirtschaftshilfe verhandelt werden sollte.[1] Über den Charakter dieser Verhandlungen war allerdings noch nichts bekannt. In meiner Eröffnungsansprache auf der Juli-Konferenz hatte ich die Frage gestellt, ob die Regelung der Nachkriegsschulden als Voraussetzung oder als Ergebnis der Konferenz angesehen würde, doch war damals der Dreimächteausschuß nicht bereit – und, wie sich später zeigte, auch gar nicht in der Lage – gewesen, seine Ansichten über die Rückzahlung der Nachkriegswirtschaftshilfe bekanntzugeben.[2] In der deutschen Delegation wurde angenommen, daß damit Druck auf die Vertreter der privaten Gläubiger ausgeübt werden sollte.

Ende August deutete sich an, daß diese Verhandlungen vermutlich vertagt werden würden.[3] Als Pierson Ende September 1951 Deutschland besuchte und unter anderem Besprechungen mit Adenauer, Schäffer und mir hatte, war bereits klar, daß der Zeitplan sich nicht mehr einhalten ließ.[4] Als Grund wurde angedeutet, daß die britischen Wahlen, die Mitte Oktober stattfinden sollten, die Verhandlungen stören könnten. Die gleiche Auskunft erhielt das Auswärtige Amt von einem der französischen Vertreter beim Dreimächteausschuß für deutsche Schulden.[5] Diese Begründung hatte allerdings nur informellen Charakter, da die Möglichkeit eines Regierungswechsels nicht ins Arsenal offizieller diplomatischer Erklärungen gehört.[6]

In Wirklichkeit stand hinter der Verzögerung etwas ganz anderes. Bereits zu Beginn des Jahres 1951 waren in der Intergovernmental Study Group amerikanische Vorstellungen erörtert worden, auf einen Teil der Forderungen aus der Nachkriegswirtschaftshilfe zu verzichten.[7] Dies sollte im Hinblick auf die deutsche Zahlungsfähigkeit geschehen, denn das Argument der beschränkten Herrschaftsgewalt der Bundesrepublik, das in der Diskussion um die Anerkennung der Vorkriegsschulden eine so große Rolle gespielt hatte, konnte nicht zugunsten einer Ermäßigung dieser Forderungen herangezogen werden, da die alliierte Wirtschaftshilfe nur den westlichen Besatzungszonen zugute gekommen war. Die amerikanische Delegation in London hätte es am liebsten gesehen, wenn die Nachkriegsschulden völlig gestrichen worden wären. Indessen war ihr klar, daß sie Großbritannien unmöglich zum gleichen Vorgehen veranlassen könnte, und daß auch mit anderen europäischen Ländern zweifellos Schwierigkeiten entstehen würden. Sie regte daher an, die Nachkriegsschulden bis auf einen Betrag von zehn bis fünfzehn Prozent der Nominalforderung abzuschreiben.[8]

Am 25. April 1951 unterbreitete der »National Advisory Council« dem amerikanischen Außenminister folgende Vorschläge: Erstens sollten die Vereinigten Staaten sich darauf einrichten, einen großen Teil ihrer Forderung auf Grund von ERP- und GARIOA-Lieferungen an Deutschland abzuschreiben. Ein entsprechendes Vorgehen werde von Großbritannien und Frankreich erwartet. Zweitens sollten die bereits existierenden ECA-Abkommen als Leitfaden für die Verhandlungen dienen. Abweichungen, etwa Hinausschieben des Beginns von Rückzahlungen oder andere Mittel, die zu einer flexibleren Haltung führen könnten, seien allerdings nicht auszuschließen. Die Abschreibungen auf die Forderung sollten sich, entsprechend dem Vorschlag der amerikanischen ISG-Delegation, zwischen achtzig und neunzig Prozent bewegen. Als Orientierung für die Konditionen galt: $2^1/_2$ Prozent Verzinsung, Rückzahlung über 35 Jahre, Beginn der Zinszahlung 1952, Beginn der Rückzahlung 1956. Das State Department schlug für die Diskussion in der Intergovernmental Study Group vor, von einer Abschreibung in der Größenordnung von neunzig Prozent auszugehen.[9] Darüber fanden erste vertrauliche Gespräche zwischen Vertretern der britischen und der amerikanischen Seite am 1. Mai 1951 statt. Die Franzosen waren ausgeschlossen worden, da ihre Forderung von der Größenordnung her unbedeutend war. Zudem sollte einem Durchsickern von Informationen vorgebeugt werden.[10] Auch in der Folge wurde der Gegenstand zwischen beiden Regierungen streng vertraulich behandelt.[11] Die amerikanischen Vorstellungen überraschten die Engländer, da diese allenfalls Abschreibungen von etwa zehn bis zwanzig Prozent ins Auge gefaßt hatten.[12] Zum Streitpunkt entwickelte sich das amerikanische Verlangen, daß alle Nachkriegsforderungen in gleichem Maße reduziert werden sollten.

Die amerikanischen Vertreter wiesen wie üblich auf die Probleme hin, die im Kongreß entstehen würden, wenn vom Prinzip der gleichen Abschreibung aller Forderungen abgewichen würde. Und in der Tat gab es Proteste mit der Begründung, daß die Abschreibungen nur bedeuteten, private Gläubiger zu Lasten der amerikanischen Steuerzahler zu bevorzugen.[13] Auf britischer Seite war man der Ansicht, daß die amerikanische Haltung auf jene Politik zurückzuführen sei, den an den sowjetischen Machtbereich grenzenden Staaten in besonderem Maße entgegenzukommen, da die »russische Gefahr« als hauptsächliche Antriebskraft der amerikanischen Außenpolitik angesehen wurde.[14] Großbritannien wollte hingegen seine Forderung im Grundsatz zu hundert Prozent anmelden. Die einzige Konzession, die zunächst zugestanden wurde, war eine Verringerung von 201 auf 175 Mio. Pfund, um Auseinandersetzungen über Details zu vermeiden. Die zunächst dem Botschafter in Washington eingeräumte Ermächtigung, gegebenenfalls auch auf 150 Mio. hinunterzugehen, wurde kurz darauf wieder aufgehoben.[15] Die britische Haltung verhärtete sich infolge der Irankrise.

Besprechungen, die Ende August in Washington stattfanden, blieben ergebnislos, und es zeichnete sich ab, daß die weiteren Verhandlungen mit der deutschen Delegation verschoben werden müßten.[16] Dennoch sollte nach Möglichkeit versucht werden, eine rechtzeitige Einigung herbeizuführen. Den ursprünglichen Zeitplan hatte man – nach Rückfrage – der deutschen Delegation bereits während der Juli-Konferenz informell mitgeteilt. Er war Ende August geringfügig modifiziert worden. Die Besprechungen über die Nachkriegsschulden sollten in der ersten Oktoberhälfte in London stattfinden. Für die eigentliche Schuldenkonferenz war ein Beginn im November vorgesehen.[17] Abweichungen von diesem Plan sollten nach englischer Auffassung möglichst vermieden werden.[18]

Nachdem Pierson aus Deutschland zurückgekehrt war, diskutierte der Dreimächteausschuß am 25. September das Problem. Inzwischen traten die Engländer für eine Verschiebung ein, während Frankreich und die Vereinigten Staaten zögerten. Nach langwierigen Diskussionen wurde schließlich eine Verschiebung um maximal einen Monat beschlossen, die allgemein mit Entwicklungen seit der Festlegung des Oktobertermins begründet werden sollte.[19]

Rendel resümierte in einem Brief an Oliver Franks, den britischen Botschafter in Washington, daß » die ziemlich komplizierte und lästige Frage der deutschen Nachkriegsverschuldung, über die wir einige unangenehme Diskussionen mit den Amerikanern hier hatten, möglicherweise eine ganze Menge Ärger in unseren Beziehungen sowohl zu den Amerikanern als auch zu den Deutschen verursachen wird. [...] Die Amerikaner geben vor, sie seien ziemlich bestürzt über das, was sie als die Unnachgiebigkeit unserer Haltung ansehen. [...] Pierson hat gesagt, er sei überzeugt, daß die Regierung Adenauer stürzen würde, wenn die Vereinigten Staaten und Großbritannien auf einer Rückzahlung ihrer ganzen Forderungen bestünden «[20].

Die Einigung wurde dadurch erschwert, daß die Briten die von ihnen geleistete Wirtschaftshilfe unter völlig anderem Aspekt betrachteten als die Vereinigten Staaten. Ein Teil der Lieferungen an Deutschland war aus einer Anleihe bezahlt worden, die Großbritannien 1946 bei den Vereinigten Staaten aufgenommen hatte und die eigentlich für andere Zwecke bestimmt gewesen war.[21] Auf der anderen Seite war klar, daß die Einbeziehung der vollen amerikanischen Forderungen eine befriedigende Regelung für die anderen Schuldenkategorien sehr schwer, wenn nicht unmöglich machen würde. Die englischen Vertreter befanden sich daher in der unangenehmen Lage, auf eine erhebliche Reduzierung der amerikanischen Forderungen unter gleichzeitiger Aufrechterhaltung der eigenen hinwirken zu müssen.[22]

Eine weitere Schwierigkeit ergab sich aus dem zeitlichen Zusammenfallen der Verhandlungen über einen deutschen Verteidigungsbeitrag mit den geplanten Besprechungen über die Nachkriegsschulden. McCloy plädierte für eine Verschiebung der Schuldenbesprechungen, da er befürchtete, daß die Möglichkeit, einen angemessenen Verteidigungsbeitrag zu erhalten, ernsthaft beeinträchtigt werden würde, gäbe man den Deutschen Gelegenheit, die beiden Komplexe miteinander zu verbinden.[23] Im State Department erkannte man zwar die Vorteile einer solchen Trennung an, glaubte aber nicht, sie durchsetzen zu können. Es war vielmehr anzunehmen, daß die Bundesregierung vor einem Abkommen über den Verteidigungsbeitrag wissen wolle, welchen Betrag die Forderungen für die Nachkriegswirtschaftshilfe ausmachen würden. Andernfalls müßte sie diese Forderungen in maximaler Höhe einkalkulieren. Die amerikanische Verhandlungsstrategie sollte daher sein, die beiden Verhandlungskomplexe nebeneinander herlaufen zu lassen, die Regelung der Nachkriegsschulden aber nicht nur an ein akzeptables Abkommen über sämtliche deutschen Auslandsschulden zu knüpfen, sondern auch von einem befriedigenden Verteidigungsbeitrag abhängig zu machen.[24]

Nachdem am 19. Oktober die britische Botschaft in Washington signalisiert hatte, daß die amerikanische Haltung im Hinblick auf die Gleichbehandlung der Forderungen weicher zu werden beginne[25], fand zehn Tage darauf eine Sitzung des Dreimächteausschusses statt, auf der der entscheidende Durchbruch zu einem Kompromiß gelang.

Von einer Abschreibung in Höhe von neunzig Prozent war keine Rede
mehr, und aus den verschiedenen Möglichkeiten, die noch zur Debatte
standen, wurde im Laufe der nächsten Tage die Lösung entwickelt,
die amerikanische Forderung um 62,5 Prozent und die britische (und
die französische) um 25 Prozent zu reduzieren. Dazu kamen Vereinbarungen über die Rückzahlungsmodalität und die Verzinsung, die
die unterschiedlichen Kürzungen wieder etwas ausglichen. Die amerikanische Forderung sollte mit $2\,^1/_2$ Prozent verzinst und in 35 Jahren
getilgt werden; die britische und die französische waren zinslos bei
einer Laufzeit von zwanzig Jahren.[26]

Diese Vorgänge waren natürlich der deutschen Seite nicht bekannt,
als am 17. November 1951 die Einladung für die Besprechungen zur
Regelung der deutschen Nachkriegsschulden erging[27]. Auch diesmal
handelte es sich nicht um eine internationale Konferenz, sondern um
einen Meinungsaustausch zwischen dem Dreimächteausschuß und der
deutschen Delegation. Die Eröffnungssitzung war für den 26. November angesetzt. Im Hinblick auf den begrenzten Themenkomplex
konnte die deutsche Delegation kleiner gehalten werden als im Juli.
Sie bestand aus nur dreizehn Mitgliedern. Da Kriege aus Gesundheits-
gründen nicht teilnehmen konnte und Wolff durch gleichzeitig statt-
findende Verhandlungen mit den Niederlanden über die Restitution
von Wertpapieren verhindert war[28], übertrug ich Vogel vom Marshallplan-Ministerium das Amt des stellvertretenden Leiters der Delegation.[29]

In den Besprechungen sollten die Beträge der Nachkriegswirtschaftshilfe genauer überprüft werden. Rendel wies in seiner Eröffnungsansprache am Nachmittag des 26. November darauf hin, daß
die Nachkriegswirtschaftshilfe der alliierten Mächte unter Bedingungen gewährt worden sei, die eine genaue Berechnung und Nachprü-
fung der Zahlen schwierig machten. Er vertraute aber darauf, daß das
Problem sich großzügig behandeln ließe und ergänzte, daß bei einem
zufriedenstellenden Verlauf der Besprechungen die drei Gläubigerstaaten bereit seien, den Anspruch auf die Priorität ihrer Forderungen

aufgrund der Nachkriegswirtschaftshilfe zu modifizieren.[30] In meiner Antwort konnte ich nur kurz die bisherige Entwicklung resümieren und auf die schwierigen Bedingungen hinweisen, zu deren Beseitigung die wirtschaftlichen Hilfeleistungen der Alliierten beigetragen hatten. Daß, wie Rendel bereits festgestellt hatte, eine administrative Abrechnung über die gelieferten Güter aus der Not der Zeit heraus nicht immer möglich gewesen war, erkannte auch die deutsche Delegation an. In den Besprechungen konnte es zunächst nur darum gehen, sich über die Größenordnung der Gesamtziffern und der einzelnen Kategorien der Wirtschaftshilfe klar zu werden und zu einigen, um auf dieser Grundlage zu einer Regelung zu gelangen.[31]

Es wurde beschlossen, einen »Technischen Ausschuß« einzusetzen, der die vorgelegten Zahlen genau prüfen sollte. Dies bezog sich vor allem auf die parlamentarischen Bewilligungen, die den Ausgaben zugrunde lagen, und allgemein auf die Berechnung von Mengen und Preisen. Einen Sonderfall stellten die Beiträge zum Kapitel der Joint Export Import Agency (JEIA) dar, die in den ersten Nachkriegsjahren den Außenhandel der britischen und amerikanischen Besatzungszone abgewickelt hatte. Obwohl die alliierte Seite nur zögernd weitere Unterlagen zur Verfügung stellte, konnte doch herausgefunden werden, daß nicht alle angemeldeten Forderungen einer genauen Prüfung standhalten würden. Während es hinsichtlich der amerikanischen und der britischen Forderung genügend Unterlagen gab, um der deutschen Delegation deren Überprüfung zu ermöglichen, traf dies für die französische Forderung nicht zu. Die Alliierten hatten jedoch ein gemeinsames Interesse daran, Frankreich die Stellung eines Nachkriegsgläubigers zu geben. Durch eine Übereinkunft der Alliierten Hohen Kommission war daher 1950 festgelegt worden, daß ein Betrag von nahezu 16 Mio. Dollar, der nach französischer Darstellung ein Saldo im Außenhandel Frankreichs mit seiner Besatzungszone war, als Beitrag zum Kapital der JEIA gelten sollte.[32] Dies brachte, obwohl der strittige Betrag vergleichsweise gering war, die deutsche Delegation in eine schwierige Verhandlungssituation.[33]

Als der Dreimächteausschuß am 6. Dezember bekanntgab, in welchem Maße die alliierten Regierungen ihre Forderungen zu reduzieren gedachten, endete der wenig befriedigende Zustand einer Scheinverhandlung. In Erwartung der in Aussicht gestellten Zugeständnisse waren die kontroversen Punkte zwar angesprochen, aber nicht in der Weise behandelt worden, wie das unter anderen Umständen hätte geschehen müssen. Pierson entzog sich deutschen Einwendungen mit dem expliziten Hinweis darauf, daß man die zugestandene Herabsetzung der Gesamtforderung für so bedeutend halte, daß sich eine Erörterung von Einzelfragen erübrige.»Die Tatsache, daß die deutschen Argumente von der Delegation freimütig vorgebracht worden sind, ist [...] auf das Ergebnis der Besprechungen nicht ohne Einfluß geblieben«, stellte der abschließende Bericht der deutschen Delegation fest; aber das erwies sich, vergleicht man die Beschlüsse des Dreimächteausschusses von Anfang November mit den am 6. Dezember bekanntgegebenen Reduzierungen, als Illusion.[34]

Die britische Regierung kürzte ihre Forderung auf 150 Mio. Pfund, die in zwanzig Jahres-Raten à 7,5 Mio. Pfund zurückzuzahlen waren. Entsprechend strich auch Frankreich ein Viertel seiner Forderung. Der Restbetrag von umgerechnet 11,84 Mio. Dollar war, da ebenfalls zinslos, in zwanzig Raten à 582 000 Dollar zu begleichen. Für die amerikanischen Forderungen kam eine Verringerung von 3,2 Mrd. Dollar auf rund 1,2 Mrd. zustande. Darin waren die Forderungen aufgrund von STEG-Lieferungen enthalten. Der Betrag sollte, entsprechend der Einigung von Anfang November, mit 2 $\frac{1}{2}$ Prozent verzinst und in 35 Jahresraten getilgt werden. Diese Regelung umfaßte die bis zum 30. Juni 1951 geleistete Wirtschaftshilfe.[35]

In der Plenarsitzung konnte ich nur kurz *ex tempore* auf diese Entscheidungen eingehen. Ich würdigte ihre Großzügigkeit und sagte zu, die Bundesregierung zu unterrichten. Die Ermäßigungen waren an zwei Bedingungen geknüpft. Sie hingen ab vom Zustandekommen einer zufriedenstellenden und gerechten Regelung für die deutschen Vorkriegsschulden; außerdem sollte die Bundesregierung auf An-

sprüche gegen die drei Gläubigermächte verzichten, die mit deren
Maßnahmen in Deutschland seit Kriegsende auf irgendeine Weise in
Verbindung standen. Hingegen war auf die vorgeschlagene Verknüpfung mit einem befriedigenden deutschen Verteidigungsbeitrag verzichtet worden.

Während das Ergebnis dieser Vorkonferenz im Bundeskabinett
Zustimmung fand[36], bestanden in der Notenbank Bedenken, ob ein
Transfer der Annuitäten möglich sein werde. Vocke, der ohnehin die
Londoner Konferenz für verfrüht hielt und »praktische Ergebnisse
[...] höchstens in einer gewissen Regelung zugunsten der Dawes-
und Young-Anleihe und der Stillhaltung« erwartete[37], sah bei der
jährlichen Transferverpflichtung von 75 Mio. Dollar, wovon allein
52 Mio. Dollar den Dollarraum betrafen, keine Möglichkeit, zusätzlich etwas zur Bedienung der Vorkriegsschulden tun zu können. Da
die Wiedererlangung der deutschen Kreditwürdigkeit aber haupt-
sächlich von der Behandlung dieser Schulden abhing, schien ihm das
Ziel der Schuldenkonferenz gefährdet zu sein.[38]

Auch die Presse äußerte vereinzelt Kritik. Der deutschen Delegation
wurde vorgeworfen, »taktisch wenig geschickt operiert zu haben«[39].
Kreise der Wirtschaft zeigten sich enttäuscht darüber, daß die alliierten Forderungen weitaus weniger reduziert worden seien, als man zu
Beginn des Jahres 1951 hätte erwarten können.[40] Die Bundesrepublik
erfuhr keine bessere Behandlung als die anderen Schuldner der amerikanischen Wirtschaftshilfe. Denn aufgrund der besonderen Lage eines
geteilten Deutschland und des fehlenden Friedensvertrages war der
gesamte Betrag der Deutschland gewährten Hilfe als Forderung behandelt worden, die einer Regelung bedurfte, und nicht als Schenkung, wie es in großem Ausmaß im Falle anderer europäischer Länder geschehen war. Im Durchschnitt waren nur etwa 35 Prozent der
Wirtschaftshilfe, die die Vereinigten Staaten diesen Ländern hatten
zukommen lassen, eine Forderung, während der Rest als Schenkung
angesehen wurde.[41]

2. Die deutsche Delegation

Bei der Berufung der Mitglieder der deutschen Delegation galt es, mehrere Gesichtspunkte zu berücksichtigen. Einerseits handelte es sich um eine komplizierte Materie, für deren einzelne Bereiche Fachleute herangezogen werden mußten. Auf der anderen Seite bestand die Gefahr von Indiskretionen und des Mißbrauchs von Insider-Informationen. Das Erkennen dieses allgemeinen Problems war kein deutsches Privileg; denn:»the fewer the participants in the negotiating stages the better, to minimise both the inevitable leaks and rumours and what might be very embarassing and improper, speculation in the Stock Market«, schrieb Sir Otto Niemeyer, der Vertreter der britischen Anleihegläubiger, an Rendel.[42]

Mein Bestreben war, die Delegation so klein wie möglich zu halten und für einzelne Fragen besonders qualifizierte Sachkenner kurzzeitig heranzuziehen. Es war noch vergleichsweise einfach, für den Bereich der öffentlichen Schulden die in Frage kommenden Mitarbeiter herauszufinden. Bei ihnen handelte es sich um solche, die in ihren jeweiligen Dienststellen meist schon lange mit Fragen der Auslandsverschuldung zu tun gehabt hatten. Allenfalls die üblichen ministeriellen Rivalitäten sorgten für gelegentliche Verstimmung. Größere Schwierigkeiten gab es mit den privaten Schuldnern. Diese hatten sich bereits auf der Londoner Vorkonferenz vom Juli 1951 nicht genügend repräsentiert gefühlt und » die Überzeugung gewonnen, daß die Schuldendelegation in ihrer bisherigen Zusammensetzung überwiegend eine Vertretung der Bundesregierung darstellte, die weitgehend von deren Weisungen abhängig ist, so daß es schwer halten mag, die unter Umständen von politischen Konzeptionen abweichenden wirtschaftlichen und zumal privatwirtschaftlichen Gesichtspunkte innerhalb dieser Delegation zur Geltung zu bringen«[43].

Der Gemeinschaftsausschuß der deutschen gewerblichen Wirtschaft, in dem sich verschiedene Wirtschaftsverbände zusammengeschlossen hatten, wandte sich daher am 2. Oktober 1951 an Adenauer.[44] Nach dem Kenntnisstand dieser Organisation umfaßte die deutsche Delegation für die Schuldenkonferenz etwa zwanzig Mitglieder, von denen drei, nämlich Carl Goetz, Walter Schwede und Paul Leverkuehn, dem Bereich der privaten Wirtschaft zuzuordnen waren. Es erschien dem Ausschuß nun einerseits wünschenswert, Vertreter der Studiengesellschaft für privatrechtliche Auslandsinteressen hinzuzuziehen, und er schlug daher deren Vorsitzenden Hermann Janssen und als zweiten Vertreter Walter Hoffmann vor. Zum anderen sah er in zwei der eingangs genannten drei Vertreter der Wirtschaft ausgesprochene Exponenten der Banken und leitete daraus die Notwendigkeit ab, zur Vertretung der industriellen Interessen zwei weitere Mitglieder zu benennen. Dafür standen Ludwig Kastl, Hans Constantin Boden und Max H. Schmid zur Auswahl, wobei Kastls Berufung als besonders wünschenswert galt.

Adenauer tat, was er oft in solchen Fällen zu tun pflegte. Er gab den Brief an den Betroffenen zur Stellungnahme weiter.[45] Der Betroffene war in diesem Fall der Leiter der deutschen Delegation. Für meine Antwort waren zwei Gesichtspunkte von Bedeutung.[46] Die beiden großen Gruppen der privaten Auslandsverschuldung waren die Stillhalteschulden und die Auslandsanleihen. Bei den Stillhalteschulden ergab sich die im deutschen Ausschuß für internationale finanzielle Beziehungen bestehende starke Vertretung der Banken aufgrund der Tatsache, daß sie zu über achtzig Prozent Verbindlichkeiten von Banken gegenüber dem Ausland darstellten. Im Falle der Auslandsanleihen hatten die Schuldner Walter Schwede zu ihrem Vertreter bestimmt. Auf der gleichen Sitzung war die Bildung eines Arbeitskreises angeregt worden, in dem die verschiedenen Industriegruppen vertreten sein sollten. Dieser Anregung wurde stattgegeben.

Daneben existierten allgemeine kommerzielle Schulden, zumeist Rembourskredite, die nach dem Beginn des Krieges 1939 nicht mehr abgewickelt werden konnten. Für die Vertretung dieser Schuldnergruppe war auf Vorschlag des Deutschen Industrie- und Handelstags

Paul Leverkuehn berufen worden. Das Versicherungsgewerbe hatte hingegen darauf verzichtet, einen eigenen Vertreter zu benennen, da es die Hoffnung hatte, in direkten Verhandlungen mit den Gläubigern eine günstige Regelung zu finden.

Der Vorschlag des Gemeinschaftsausschusses stand nun in einem gewissen Gegensatz zu dem Verfahren, die Schuldner ihre Vertreter selbst vorschlagen zu lassen. Die Bremer Studiengesellschaft hatte bereits bedeutsame Arbeit in der Frage des deutschen Auslandsvermögens geleistet, doch konnten gegenüber ihrem Verhandlungsstil mit Vertretern der Gläubiger Vorbehalte geltend gemacht werden.[47] Es erschien daher taktisch wenig geschickt, sie in der deutschen Delegation zu berücksichtigen. Von den drei Vertretern der Wirtschaft waren bereits zwei in Gremien der Schuldner vertreten. Daß Kastl aufgrund seiner großen Erfahrung die deutsche Delegation wirksam würde unterstützen können, konnte keinem Zweifel unterliegen.

Die Angelegenheit blieb bis Anfang 1952 in der Schwebe. Allerdings wurde vereinzelt in der Presse – in möglicherweise inspirierten Artikeln – Kritik geübt, wenn auch zum Teil in wenig sachlicher Weise: »Die Bundesregierung und die mit der Vorbereitung der Hauptschuldenkonferenz in London beauftragten Stellen halten es anscheinend nicht für notwendig, Vertreter der Wirtschaft zur engeren Vorbereitung heranzuziehen. Auch sollen offenbar auf der Hauptkonferenz [...] die privaten Schuldner – über deren Zahlungsverpflichtungen in London entschieden werden soll – überhaupt nicht vertreten sein.«[48] Das war natürlich entweder Polemik oder Unkenntnis. Auch Kritik daran, daß an der zweiten Londoner Vorkonferenz keine Vertreter der privaten Schuldner teilgenommen hatten, entbehrte der Grundlage, da hier nicht über Schulden der Privatwirtschaft verhandelt worden war.

Im Januar 1952 startete der Bundesverband der Deutschen Industrie eine neue Initiative. Ein Vertreter des Verbands war im Finanzministerium vertraulich darauf hingewiesen worden, »daß die Vorstellungen, die Herr Abs von der zweckmäßigen Lösung der Schulden-

Abb. 9: Walter Kriege.   Abb. 10: Wilhelm Vocke.

Abb. 11: Otmar Emminger.
Sie gehörten zu denen, die sich von seiten der Notenbank mit der Schuldenregelung zu befassen hatten.

Abb. 12: Herbert Blankenhorn und Walter Hallstein übten im Auswärtigen Amt
starken Einfluß auf die Wiedergutmachungsverhandlungen mit Israel aus.

frage hat, für die Wirtschaft außerordentlich gefährlich seien und zwar deshalb, weil ihm daran gelegen sei, in erster Linie die Kreditwürdigkeit des Bankgewerbes wiederherzustellen und weil er bereit sei, hierfür große Opfer zu bringen, nach begründeter Vermutung auch solche Opfer, die zu Lasten der übrigen privaten Wirtschaft gehen. Die Industrie müßte deshalb der Haltung des Herrn Abs in ihrem eigenen Interesse größte Aufmerksamkeit schenken«.[49] Aus dieser Erkenntnis wurde die Notwendigkeit abgeleitet, die Vertretung der privaten Schuldner in der deutschen Delegation besser zu organisieren. Die Adressaten des Rundschreibens[50], in dem diese Gründe genannt wurden, sollten daher »bei etwaigen Unterhaltungen mit dem Herrn Bundeskanzler dem Wunsch der Industrie, in stärkerem Umfang in der deutschen Delegation vertreten zu sein, Ausdruck [...] verleihen und seine Berücksichtigung dem Bundeskanzler als unbedingt notwendig« nahebringen.[51] Auch der FDP-Bundestagsabgeordnete Hans Wellhausen, Mitglied des Unterausschusses für Auslandsvermögen und Auslandsschulden, engagierte sich für den gleichen Zweck.[52]

Das Insistieren auf einer stärkeren Beteiligung der Privatwirtschaft hatte seine Ursache auch in anderen Vorstellungen, wie eine Schuldenregelung aussehen sollte. Nach Ansicht der Studiengesellschaft für privatrechtliche Auslandsinteressen, die über eine genügend breite Mitgliederbasis verfügte, um als Sprachrohr der privaten Schuldner angesehen werden zu können, mußte eine Transferregelung für diese Schuldenkategorie Priorität genießen, um die Kreditfähigkeit der einzelnen Schuldner so schnell wie möglich wiederherzustellen. Hingegen sei angesichts der Belastung der Bundesrepublik mit Nachkriegsschulden, Wiedergutmachungsforderungen und internen Lasten an eine Abtragung und Transferierung der öffentlichen Vorkriegsschulden noch nicht zu denken. Da eine für die Gläubiger einigermaßen befriedigende Regelung sich aus dem laufenden Devisenaufkommen der Bundesrepublik nicht finanzieren ließ, ohne Gefahren für Zahlungsbilanz und Währung heraufzubeschwören, sollte außerdem das beschlagnahmte Auslandsvermögen oder dessen Liquidationserlös dazu beitragen, den privaten Gläubigern zu ihrem Gelde zu verhelfen.[53]

Solche Gedankengänge ließen sich nach Ansicht der Studiengesellschaft von Regierungsvertretern nicht mit der gleichen Entschiedenheit vorbringen, wie das unabhängigen und sachverständigen Schuldnervertretern möglich sein sollte. Die Argumentation zeugte allerdings von einer gewissen Naivität, wenn es hieß: »Wirtschaftliche Vertreter und Kreise sind [. . .] in erster Linie dazu berufen, die Forderung auf eine vernünftige und konstruktive Lösung der Frage des beschlagnahmten deutschen Privateigentums zu verfechten und die Erörterung dieses Problems, unbelastet von politischen Momenten, in einer gewissen Interessengemeinschaft mit den ausländischen Privatgläubigern durchzuführen.«[54]

Angesichts dieser lobbyistischen Bemühungen schien es ratsam, neue Überlegungen anzustellen. Dies wurde eine Notwendigkeit, nachdem der organisatorische Ablauf der Konferenz deutlicher erkennbar geworden war. Es zeigte sich, daß die Gläubiger sehr unterschiedlich vertreten waren, denn nicht in allen Ländern gab es organisierte Gläubigervereinigungen. Die Vereinigten Staaten und Großbritannien boten starke Vertretungen der Gläubiger auf. Sowohl James G. Rogers als Vertreter der amerikanischen Anleihegläubiger als auch Otto Niemeyer waren starke Persönlichkeiten. Niemeyer war sogar ein ausgesprochenes Original. Von ihm hieß es, er sei der einzige Direktor der Bank of England, der sich nicht täglich rasiere.[55] Im Umgang war er schwierig. Er traf Entscheidungen selbstherrlich und ertrug Widerspruch nur schwer.

Die deutsche Delegation mußte bestrebt sein, ein Gegengewicht dazu zu bilden. Außerdem war es sinnvoll, der zu erwartenden Kritik am Schuldenabkommen, egal wie es aussehen würde, die Möglichkeit zu nehmen, die Nichtbeteiligung der privaten Schuldner als Argument heranzuziehen. Daher wurden Ende Januar 1952 noch einige Vertreter der Privatwirtschaft in die deutsche Delegation berufen.[56]

114

Kreise der deutschen Delegation vermuteten, daß auch das Schreiben Vockes an Schäffer, in dem die Regelung der Nachkriegsschulden kritisiert worden war, dazu beigetragen hätte.[57] Hingegen mußten die wiederholten Wünsche der Studiengesellschaft, ebenfalls berücksichtigt zu werden, unerfüllt bleiben.[58]

Die Ergänzung der Delegation verstärkte die Position der Stillhalte- und der Anleiheschuldner, während die sonstigen privaten Schuldner zunächst unterrepräsentiert schienen. Bei ihnen bestand noch immer eine gewisse Unzufriedenheit über ihre Vertretung in London. Die Verhandlungen zeigten, so hieß es Anfang April 1952, daß »Herr Abs grundsätzlich alle Fäden in der Hand zu behalten« versuche, und die Delegation mache daher einen sehr unsicheren Eindruck.[59] Kritik wurde auch daran geübt, »wie der Leiter der Deutschen Delegation prominente Schuldnervertreter [...] für ihre Verhandlungsführung zurechtweist, ohne jedoch aus den angeblichen Pannen die Folgerung zu ziehen, die privaten Vertreter stärker als bisher in die Gesamtkonzeption der deutschen Seite einzuweihen«[60]. Es sei noch immer wünschenswert, die Delegation zu erweitern, da das Gewicht der privaten Interessen bisher nicht genügend zur Geltung gekommen wäre. Leverkuehn, der die Gruppe der diversen Privatschuldner in London vertrat, sah sich alleine den Anforderungen nicht gewachsen, zumal er seine Praxis als Rechtsanwalt in Hamburg nicht zu sehr vernachlässigen durfte. Zu seiner Unterstützung sollte Karl Klasen, der Präsident der Landeszentralbank von Hamburg, gewonnen werden.[61] Als zweiter Kandidat für die Vertretung dieser Schuldner war Hans Constantin Boden vorgesehen. Zur Verbesserung der internen Koordination richtete der Bundesverband der Deutschen Industrie im April 1952 ein Büro in Köln ein, das von dem Stuttgarter Rechtsanwalt Werner Veith geleitet wurde.[62]

Unabhängig von der Frage der Beteiligung der privaten Schuldnervertreter kam es auch zwischen den beteiligten Ressorts des Bundes immer wieder zu Spannungen. Bereits erwähnt wurde Schäffers Versuch, im Mai 1951 das Wirtschaftsministerium auszuschließen. Ähnliches unternahm er Anfang 1952, als er eine Bitte Blüchers um Stellenverbesserungen als Folge der Belastung durch die Londoner Verhandlungen zum Anlaß nahm, dem Marshallplan-Ministerium anheimzustellen, seine Teilnahme auf »etwa ein Mitglied« zu beschränken.[63] Auch hier mußte das Finanzministerium zurückstecken.

Die endgültige deutsche Delegation hatte dreißig Mitglieder[64], von denen zwei Drittel aus dem öffentlichen Dienst stammten. Den stärksten Anteil hatte mit fünf Delegierten das Bundesfinanzministerium. Es folgte die Bundesschuldenverwaltung mit drei Vertretern, wobei sich zufälligerweise ergab, daß es der amtierende Präsident und zwei seiner Nachfolger waren. Jeweils zwei Mitglieder entsandten das Auswärtige Amt, das Wirtschaftsministerium, das Marshallplan-Ministerium und die Bank deutscher Länder. Hinzu kamen mehrere Sachverständige, darunter die von den Schuldnervertretungen nominierten, und die Delegationsleitung.

3. Die erste Phase der Hauptkonferenz

Mit dem Abschluß der Besprechungen über die Nachkriegsschulden stand dem Beginn der Hauptkonferenz nichts mehr im Wege. Zunächst gab es allerdings Bedenken bei der Bank deutscher Länder. Da noch keine Klarheit über die Auswirkungen des deutschen Verteidigungsbeitrags auf die Transfersituation bestand, regte sie eine Vertagung um einen bis zwei Monate an.[65] In einer Sitzung über Transferfragen, die am 10. Januar 1952 in Frankfurt stattfand, modifizierte Vocke diese Haltung. Er stimmte mit mir überein, daß im Falle einer Verschiebung der Konferenz von der deutschen Seite ein Transferangebot erwartet würde, wobei allerdings zweifelhaft sei, ob ein solches Angebot selbst in einem halben Jahr würde abgegeben werden können.[66] Eine Verschiebung wäre auch manchen britischen Interessen entgegengekommen, die nur geringen Wert auf baldige Wiederherstellung der deutschen Kreditwürdigkeit legten.

Ende Dezember 1951 gab der Dreimächteausschuß für deutsche Schulden in einem Memorandum wertvolle Hinweise auf den vorgesehenen Verlauf der Konferenz.[67] Das besondere Interesse der drei alliierten Mächte an der Schuldenregelung drückte sich darin aus, daß der Ausschuß beabsichtigte, sich stark in die Arbeit der Konferenz zu integrieren, um ihren erfolgreichen Abschluß zu erleichtern. Daran sollte sich die Ausarbeitung eines zwischenstaatlichen Abkommens anschließen, dem die Ergebnisse der Konferenz zugrundeliegen und das die Schuldenregelung international verbindlich machen sollte. Auch Staaten, die nicht an der Konferenz teilgenommen hatten, sollten berechtigt sein, dem Abkommen beizutreten.

Zugleich wurde der Bundesregierung der Vorschlag übermittelt, die Konferenz am 20. Februar 1952 beginnen zu lassen. Falls dieser Termin genehm sei, würden die drei Alliierten die Regierungen derjenigen Länder einladen, die »ein gewisses Interesse« an der Regelung der deutschen Auslandsschulden besäßen. Es wurde dabei vorausgesetzt, daß die Bundesregierung für eine Vertretung der deutschen Schuldner Sorge tragen würde.[68] In ihrer Antwort bat die Bundesregierung »mit Rücksicht auf technische Vorbereitungen« darum, den Beginn der Konferenz um eine Woche zu verschieben.[69] Diesem Vorschlag wurde entsprochen und als Tag der Eröffnungssitzung der 28. Februar 1952 bestimmt.

Vor Beginn der Konferenz mußte das Bundeskabinett noch einmal mit der Schuldenfrage befaßt werden. Die Vorlage dazu stammte aus dem Auswärtigen Amt und diente vor allem zur Orientierung.[70] Das Kabinett hatte nur zwei Beschlüsse zu fassen: Zur Londoner Konferenz wird eine deutsche Delegation in der vorgeschlagenen Zusammensetzung entsandt, und die Schuldenerklärung vom 6. März 1951 wird dem Bundestag im Zusammenhang mit dem Deutschlandvertrag zur Ratifizierung vorgelegt. Die Vorlage sollte ursprünglich in der Kabinettssitzung am 5. Februar beraten werden. Wegen der Bedenken, die im Auswärtigen Ausschuß gegen die Teilnahme bestanden, wurde die Behandlung vertagt, um zunächst mit Pfleiderer und mir Rücksprache zu halten.[71] Die Angelegenheit stand am 12. Februar erneut auf der Tagesordnung und ging diesmal ohne Schwierigkeiten durch.[72]

Im Vorfeld der Verhandlungen zogen beide Seiten die Presse zur Verdeutlichung und Unterstützung der eigenen Position heran. Pointiert ließe sich sagen, die Verhandlungen begannen bereits vor der Eröffnung der Konferenz. Am 13. Februar 1952 brachte die *Financial Times* einen Artikel, der schnell als »wahrscheinlich inspirierte Information«[73] erkannt wurde. Er ging auf ein Gespräch des Frankfurter Korrespondenten mit mir zurück und erregte in London Aufsehen.[74] Er faßte die Punkte zusammen, von denen die deutsche Delegation bei den kommenden Verhandlungen ausgehen wollte. Dazu gehörte die Forderung, die Zinsen aus der Kriegszeit zu streichen, der deutschen Teilung durch eine Kapitalreduktion um 43 Prozent gerecht zu werden und Goldklauseln durch Dollarklauseln zu ersetzen. Die jährliche Transferleistung wurde mit weniger als 150 Mio. US-Dollar veranschlagt. Zwei Tage später war in einer Meldung von einer Verschiebung der Konferenz die Rede, da sie »im gegenwärtigen Augenblick zu keinerlei positiven Ergebnissen führen« könne.[75] Das sei erst dann möglich, wenn die Frage des deutschen Verteidigungsbeitrags geklärt sei. Es blieb unklar, woher die Nachricht stammte, doch hatte man in der deutschen Delegation amerikanische Kreise im Verdacht.[76]

Es tauchten aber auch die alten Argumente aus dem Herbst 1950 wieder auf, um den Sinn der Konferenz grundsätzlich in Frage zu stellen. Bei der Unterscheidung zwischen politischen und kommerziellen Schulden wurden die Verpflichtungen aus der alliierten Wirtschaftshilfe und die Dawes- und Young-Anleihe zur ersten Kategorie gezählt. Bei diesen Schulden setzte die Kritik an. Die Frage, inwieweit die Wirtschaftshilfe der Nachkriegszeit wirklich diese Bezeichnung verdiente, wurde erneut erörtert, obwohl sie durch die Vereinbarungen vom Dezember 1951 erheblich an Bedeutung verloren hatte.[77]

In London sah sich die deutsche Delegation Vertretern aus fünfund-zwanzig Ländern gegenüber. Dazu kamen die Delegationen der im Dreimächteausschuß vertretenen Staaten und eine Abordnung der Bank für Internationalen Zahlungsausgleich. Es waren über zwei-hundert Personen, die an der Konferenz teilnahmen. Zum wichtigsten Gremium entwickelte sich der Arbeits- und Organisationsausschuß. Ihm gehörten 21 Mitglieder an. Doch war es möglich, zu den Sitzun-gen über diesen Kreis hinaus weitere Sachverständige oder Stellver-treter beizuziehen. Er war das einzige Organ der Konferenz, in dem die Vertreter des Dreimächteausschusses ihren Einfluß wirksam zur Geltung bringen konnten, da die Vollversammlung schon wegen der großen Zahl der Delegierten nicht arbeitsfähig war.[78] Sie war aus-schließlich das Forum für grundlegende Erklärungen.

Die eigentliche Arbeit mußte in Verhandlungsausschüssen geleistet werden. Für die verschiedenen Schuldenkategorien wurden vier Aus-schüsse eingerichtet:

– Ausschuß A für Reichsschulden und andere öffentliche Schulden
– Ausschuß B für Industrie-Anleihe-Schulden
– Ausschuß C für Stillhalteschulden
– Ausschuß D für kommerzielle und sonstige Schulden.[79]

Es war vorgesehen, in diesen Ausschüssen Regelungsbedingungen für die einzelnen Schuldenkategorien auszuarbeiten, um sie über den Ausschuß der Gläubiger dem Arbeits- und Organisationsausschuß vorzulegen. Zur Abstimmung des Zahlenmaterials und zur Kalku-lation der finanziellen Folgen der Regelungsbedingungen diente ein Statistischer Ausschuß.

Im Unterschied zu den Verhandlungen über die Nachkriegsschul-den, die reine Regierungsverhandlungen gewesen waren, und zur Vorkonferenz vom Juni 1951, an der sich nur ein kleiner Teil der Gläubiger beteiligt hatte, war nun deren starkes Hervortreten be-merkenswert. Sie schlossen sich in einem Gläubigerausschuß zusam-men und standen in gewisser Rivalität zum Dreimächteausschuß.[80]

Nachdem der Arbeits- und Organisationsausschuß die Organisationsfragen geregelt hatte, war der Zeitpunkt für den zu erwartenden Kampf um die Leitung der Konferenz zwischen dem Dreimächteausschuß und dem Gläubigerausschuß gekommen. Die Gläubiger beanspruchten das Recht, Regelungsvorschläge nicht an den Arbeits- und Organisationsausschuß weiterzuleiten, sondern sie entweder zu verwerfen oder zu erneuter Beratung an die Verhandlungsausschüsse zurückzuverweisen. Es gelang den Mitgliedern des Dreimächteausschusses im Arbeits- und Organisationsausschuß, diesen Antrag zum Scheitern zu bringen. Dem Gläubigerausschuß wurde nur das Recht eingeräumt, zu den ausgearbeiteten Regelungsbedingungen Stellung zu beziehen – ohne daß er die Weiterleitung dieser Vorschläge verweigern konnte.[81] Zu diesem Zweck bildeten die Gläubiger entsprechend den Verhandlungsausschüssen vier Arbeitsgruppen. Es war für die späteren Phasen der Konferenz von Bedeutung, daß der Dreimächteausschuß seine Stellung hatte behaupten können, obwohl er sich auch des Verdachts erwehren mußte, dem deutschen Standpunkt gegenüber eine zu freundliche Haltung einzunehmen. Schon das Memorandum vom Dezember 1951, das in Deutschland eine wohlwollende Aufnahme gefunden hatte, schien den Gläubigern den deutschen Standpunkt über Gebühr zu berücksichtigen, und sie sahen sich durch den Hebel des Junktims zwischen Vor- und Nachkriegsschuldenregelung unter Druck gesetzt.[82] Ein gewisser Gegensatz zwischen dem Dreimächteausschuß und den Gläubigern bestand während der gesamten Konferenz.

Durch einen Briefwechsel des amerikanischen Senators Guy Gillette mit dem State Department war kurz vor Beginn der Verhandlungen ein weiteres Moment hinzugekommen, das ebenfalls die Position der Gläubiger schwächte. Gillette hatte es unbegreiflich gefunden, wie die amerikanische Regierung dazu kommen konnte, eine Forderung von 3,2 Mrd. Dollar aus der Nachkriegswirtschaftshilfe auf 1,2 Mrd. zu ermäßigen und es damit doch nur den privaten Gläubigern ermöglichte, zu ihrem Geld zu kommen. Er verlangte, daß das Schuldenabkommen durch den Senat zu ratifizieren sei.[83] In der Antwort des State Department bemerkte Unterstaatssekretär McFall, es sei immer die Absicht der Regierung gewesen, das geplante Abkommen dem Senat vorzulegen. Außerdem stellte er klar, daß die amerikanischen Leistungen nach dem Kriege der deutschen Bevölkerung und nicht der Wiederherstellung der deutschen Kapitalkraft gedient hätten. Außerdem müßten die übrigen Gläubiger selbstverständlich ebenfalls Opfer bei der Regelung ihrer Forderungen gegenüber Deutschland bringen.[84] Die deutsche Delegation konnte daher annehmen, daß der Dreimächteausschuß, in dem das amerikanische Element dominierte, gegebenenfalls die eigenen Gläubigervertreter zur Räson rufen würde. Die Hoffnung, diese bereits während der ersten Ausschußverhandlungen zu wesentlichen materiellen Zugeständnissen veranlassen zu können, erwies sich allerdings als Illusion. Die deutsche Taktik konzentrierte sich, in der Reihenfolge ihrer Bedeutung, auf vier Punkte: Ermäßigung der rückständigen Zinsen, Reduzierung der laufenden Zinsen, Hinausschieben der Endfälligkeit und Kürzung von Kapitalbeträgen. Letzteres wurde zwar auch für die privaten Schulden verlangt, war aber nur bei den öffentlichen Schulden zu erwarten.[85] Dennoch hatte Pierson in amerikanischen Bankkreisen erhebliche Unruhe hervorgerufen, als er auf einer Pressekonferenz am 14. Januar die Regelung der deutschen Nachkriegsschulden als Rahmen bezeichnete, innerhalb dessen die Verhandlungen in London zu einem erfolgreichen Abschluß geführt werden sollten. Man befürchtete, er habe damit andeuten wollen, daß auch die deutschen Vorkriegsschulden erheblich reduziert werden müßten, wobei eine Streichung privater Schulden erheblichen Widerstand hervorrufen würde.[86]

Es wurde jedoch bald offenbar, daß die Gläubiger zu einem vorzeitigen Nachgeben nicht bereit waren. Ihrer Ansicht nach mußte zunächst die deutsche Seite die bestehenden Verträge und damit die Rechtsgrundlage der Gläubigeransprüche in vollem Umfang anerkennen. Die Gegensätze, die sich damit entwickelten, zeigten sich vor

allem in den Verhandlungsausschüssen für die Staats- und Industrie-
anleihen. Die Arbeiten des Ausschusses für die Stillhalteschulden
wickelten sich in einer wesentlich günstigeren Atmosphäre ab, was
wohl auch darauf zurückgeführt werden konnte, daß sich die Beteiligten seit Jahren kannten. Hier war eher das mangelnde Engagement der deutschen Vertreter zu kritisieren.[87] Bei den Verhandlungen
des Ausschusses, der sich mit den kommerziellen und sonstigen Schulden befaßte, war ohnehin klar, daß wesentliche Fortschritte erst dann
möglich sein würden, wenn in den beiden wichtigsten Ausschüssen,
nämlich den Ausschüssen A und B, eine Annäherung zwischen den
Auffassungen der Gläubiger- und der Schuldnerseite erreicht worden
war.[88]

Das Vorgehen in parallel arbeitenden Ausschüssen begann nach
einigen Wochen schwierig zu werden, da in allen Ausschüssen ähnliche Grundsatzprobleme auftauchten. Dazu gehörten die Goldklausel, die Konversionskasse und die Frage der rückständigen Zinsen. Es
erschien der deutschen Delegation ratsam, solche Fragen unmittelbar
im Arbeits- und Organisationsausschuß zu erörtern. Es war die Politik
des Dreimächteausschusses, Gläubiger und Schuldner in direkten Verhandlungen Lösungswege suchen zu lassen, wenn auch Beobachter an
allen Ausschußsitzungen teilnahmen.[89]

Vom Beginn der Konferenz an wurde deutlich, daß die verschiedenen Gläubigergruppen viele der allgemeinen Fragen von höchst
unterschiedlichen Positionen aus betrachteten. Interessengegensätze
ergaben sich auch aus der unterschiedlichen Forderungsstruktur. Die
Amerikaner waren wesentlich in Anleihen, die Engländer mehr in
Bank-, Stillhalte- und Handelskrediten engagiert. Nahezu die Hälfte
aller zu regelnden deutschen Auslandsanleihen waren Dollaranlei-
hen[90], während andererseits rund zwei Drittel der Stillhalteschulden
auf Großbritannien entfielen.[91]

VII. ENTSCHEIDUNGEN

1. Im Spannungsfeld von kommerzieller und moralischer Schuld

Die Notwendigkeit einer Wiedergutmachung für das den Juden unter dem NS-Regime Angetane war nach Kriegsende vielen bewußt. Bereits in der Anfangsphase der Besatzung ergriffen die Alliierten Initiativen, um zu gesetzlichen Regelungen auf Länderebene zu gelangen. Besonders weit gediehen diese Vorhaben in der amerikanischen Besatzungszone, deren Länderrat 1949 die Verabschiedung eines Gesetzes betrieb, das für die spätere bundesdeutsche Gesetzgebung im Bereich der individuellen Entschädigung bedeutsam war.[1] Hingegen ging Bundeskanzler Adenauer in seiner ersten Regierungserklärung mit keinem Wort auf den Gedanken der Wiedergutmachung gegenüber dem jüdischen Volk ein.[2] Im November 1949 sprach er in einem Interview von der Stiftung eines Krankenhauses für Israel und bot als Zeichen des guten Willens 10 Mio. D-Mark an.[3]

Erst im Jahre 1951 kam auf diesem Gebiet etwas in Bewegung. Die israelische Regierung sandte am 16. Januar und am 12. März Noten an die vier Siegermächte des Zweiten Weltkriegs, von denen die zweite den Gedanken der kollektiven Wiedergutmachung ausführte.[4] Dabei argumentierte sie nicht völkerrechtlich oder politisch, sondern moralisch.[5] Grundlage des Anspruchs, der anfangs mit dem für diesen Fall sehr unglücklichen Ausdruck »Reparationen« belegt wurde[6], sollten die Kosten für die Eingliederung von rund 500000 jüdischen Flüchtlingen sein. Israel bezifferte den Betrag auf 1,5 Mrd. Dollar; wenn er über eine Anzahl von Jahren verteilt und zum Teil in Waren geleistet würde, sollte seine Zahlung die deutsche Leistungsfähigkeit nicht überfordern.

Die Note wurde von den Adressaten – mit Ausnahme der Sowjetunion – am 5. Juli 1951 beantwortet.[7] Dies dauerte so lange, weil die Antworten miteinander abgestimmt werden mußten und sich die Alliierten zunächst selbst über den Grundtenor nicht einig waren. Auf französischer Seite bestand die Absicht, die Note als Aufhänger für eine Grundsatzerklärung über deutsche Reparationen zu verwenden.[8] Dieser Vorschlag fand bei den Engländern und Amerikanern keine Gegenliebe. Zu einem Zeitpunkt, da man begann, über die deutsche Wiederbewaffnung zu verhandeln, durfte nicht durch eine erneute Diskussion von Reparationsfragen das Verhältnis der Bundesregierung zu den alliierten Mächten belastet werden. Somit fielen die Antwortnoten für Israel wenig günstig aus. Der Anspruch sollte in direkten Verhandlungen mit der Bundesrepublik geregelt werden. Es wurde aber zugesichert, die Antworten nicht zur Kenntnis der Bundesregierung gelangen zu lassen, um die israelische Position nicht noch weiter zu schwächen.[9]

Im April 1951 traf Adenauer unter höchster Geheimhaltung in Paris mit zwei Vertretern der israelischen Regierung zusammen.[10] Die Unterhaltung brachte allerdings wenig an greifbaren Ergebnissen. Anfang Juli konnte er jedoch bereits an Blücher schreiben: »Ich suche nach einer Gelegenheit, namens des Kabinetts eine Erklärung zur Judenfrage abzugeben. Man muß doch eine passende Gelegenheit haben, damit die Sache nicht so an den Haaren herbeigezogen aussieht.[11]« Die Kontakte zu Israel liefen vor allem über Blankenhorn, der bei der Regelung der finanziellen Wiedergutmachung eine Schlüsselfunktion innehatte. Eine Vorbedingung für die Aufnahme direkter Verhandlungen war für Israel, daß die Bundesregierung öffentlich ihren Willen zur Wiedergutmachung erklärte. Dies geschah im Bundestag am 27. September 1951.[12] Der Text war mit israelischen Vertretern abgestimmt worden, und auch McCloy hatte an der Ausarbeitung mitgewirkt.[13]

Diese Erklärung war eine der Voraussetzungen dafür, daß Adenauer im Dezember 1951 in London mit Nahum Goldmann, dem

Vorsitzenden des Jüdischen Weltkongresses, zusammentreffen konnte. Im Anschluß daran schrieb er ihm am 6. Dezember – ohne sich zuvor mit dem Kabinett beraten zu haben – einen Brief, der die in der israelischen Note vom 12. März gestellten Ansprüche zur Grundlage von Verhandlungen zwischen der Bundesrepublik und Israel machte. Die Bundesregierung werde »die Möglichkeit begrüßen, durch Warenlieferungen zu dem Aufbau des Staates Israel einen Beitrag zu leisten«[14]. Ich hatte zufällig am 3. Dezember von dem bevorstehenden Treffen gehört und daraufhin in einem Brief an Adenauer erläutert, daß unter dem Gesichtspunkt der deutschen Transferkapazität die Leistung in Devisen und Waren gleichbedeutend sei.[15]

Das israelische Parlament erteilte nach heftigen Auseinandersetzungen der Regierung am 9. Januar 1952 das Mandat, Verhandlungen mit der Bundesregierung über Wiedergutmachungsfragen aufzunehmen.[16] Da sie aus begreiflichen Gründen nicht in Deutschland stattfinden sollten[17], wurde Brüssel zum Ort der Verhandlungen bestimmt. Auf israelischen Wunsch wurden sie im März aus Sicherheitsgründen nach Wassenaar, einem Vorort von Den Haag, verlegt und ihr Beginn vom 17. auf den 21. März verschoben.[18] Nach außen hielt die belgische Regierung an der Version fest, daß die Verhandlungen am 28. März in Brüssel beginnen würden.[19] Die Befürchtungen um die Sicherheit bestanden, wie sich bald zeigte, nicht zu unrecht. Ende März schlug ein Attentat auf Adenauer fehl. Menachem Begin, der spätere Ministerpräsident Israels, sah sich zu der Erklärung veranlaßt, daß die von ihm vertretene Organisation mit dem Anschlag nichts zu tun hätte.[20] Am 1. April ging bei der deutschen Delegation im Haag eine Briefbombe ein, die jedoch rechtzeitig entschärft werden konnte.[21] Es gab auch Drohungen gegen die Schuldenkonferenz.[22]

Die ausgesprochen unglückliche Terminplanung war der deutschen Seite erst allmählich bewußt geworden.[23] Nun wurde neben der Londoner Konferenz eine weitere in Den Haag abgehalten, auf der ebenfalls Aspekte der deutschen Leistungs- und Transferfähigkeit zur Debatte standen. Im Rückblick zeigt sich, daß es ein Fehler der Bundesregierung war, interdependenten Verhandlungen zuzustimmen.[24] In meiner Eröffnungsansprache in London hatte ich es am 28. Februar als Ziel der Konferenz bezeichnet, »eine umfassende und endgültige Regelung des Schuldenproblems herbeizuführen«, und um dies zu betonen hinzugefügt: »Es wird also darauf ankommen, in den Kreis unserer Erörterungen neben den Vorkriegsschulden, die das eigentliche Thema dieser Konferenz bilden, auch die Gesamtheit aller übrigen gegen Deutschland erhobenen Forderungen einzubeziehen. Sonst könnte eine auf dieser Konferenz erreichte Regelung dadurch gefährdet werden, daß weitere, auf der Konferenz nicht behandelte Ansprüche gegen die Bundesrepublik erhoben werden.«[25] Darauf konnte sich der israelische Delegierte Moshe Keren einen Tag später beziehen, als er die Forderung seines Landes im Plenum der Schuldenkonferenz präsentierte. Seine Regierung wisse zwar, daß ihre Forderung über den Rahmen der Konferenz hinausgehe, sie könne jedoch keine Gesamtregelung der deutschen Auslandsschulden als gerecht oder realistisch ansehen, die die israelischen Ansprüche nicht berücksichtige.[26]

Nach diesen Ausführungen herrschte zunächst Aufregung. Vogel berichtete seinem Minister, daß sich die Lage zugespitzt hätte, zumal der deutschen Delegation weder die von Keren erwähnte Note Israels vom 12. März noch Adenauers Brief vom 6. Dezember 1951 bekannt waren.[27] Nun war die Note zwar auszugsweise veröffentlicht worden, und sogar Hinweise auf den Brief Adenauers hätte ein aufmerksamer Leser jüdischer Zeitungen in London finden können.[28] Aber die Rede des israelischen Delegierten war dennoch eine Überraschung. Ich telegraphierte nach Bonn, um den Text des Briefes vom 6. Dezember zu erhalten.[29] Adenauer hatte mir zwar in London von seinem Gespräch mit Goldmann berichtet; seine schriftliche Zusage für die Aufnahme von Verhandlungen war mir allerdings unbekannt geblieben.

Ich war besorgt über das bereits sehr weitgehende Zugeständnis Adenauers gegenüber Goldmann. Am 22. Februar hatte ich dem Kanzler die schwierige Situation geschildert, in die mich die Gleichzeitigkeit der beiden Verhandlungen voraussichtlich bringen würde und vorgeschlagen, die israelischen Ansprüche in die Londoner Schuldenkonferenz miteinzubeziehen.[30] In dem Gespräch, das ich am Montag darauf mit Adenauer führte, bestätigte er mir – zu diesem Zeitpunkt wußte ich von seinem Brief an Goldmann noch nichts –, daß bisher gegenüber Israel keinerlei Bindung vorliege. Die Verhandlungen, die für Mitte März angesetzt waren, sollten noch zu keinen Verpflichtungen oder Festlegungen führen und in engem Einvernehmen mit den zuständigen Ressorts und der deutschen Delegation für Auslandsschulden geführt werden.[31]

Am 3. März besprach ich die neueste Entwicklung mit Pierson. Zu diesem Zeitpunkt war noch längst nicht allen in Bonn klargeworden, wie sehr die Haager Verhandlungen der Schuldenkonferenz ins Gehege kommen mußten. Ich sagte ihm offen, daß angesichts der zu erwartenden Probleme es mir am liebsten gewesen wäre, die Konferenz über die Wiedergutmachung bis zu einer Einigung in London zurückzustellen. Falls das nicht möglich wäre, sollte – wenn die israelische Forderung auch schlecht in den Rahmen paßte, den der Dreimächteausschuß für die Konferenz vorgegeben hatte – zumindest eine Verlegung von Brüssel nach London angestrebt werden. Obwohl ich die jüdischen Ansprüche für gerechtfertigt hielt und unter keinen Umständen den Eindruck von grundsätzlicher Opposition erwecken wollte, war auf der anderen Seite die Gefahr nicht zu verkennen, daß Zugeständnisse an Israel während der Verhandlungen in London Deutschlands Leistungsfähigkeit berühren würden.[32] Keren unterstützte mit seiner Rede implizit diese Position, indem auch er dafür plädierte, der Konferenz die an Deutschland gestellten Ansprüche in ihrer Gesamtheit zu präsentieren.[33]

Pierson, der zunächst nicht selbst Stellung bezogen, sondern meine Anregungen nach Washington weitergeleitet hatte, erhielt von dort die Antwort, daß trotz der vorhersehbaren Schwierigkeiten es nicht wünschenswert sei, die Israel-Verhandlungen zu verschieben. Angesichts der Schwierigkeiten, die die israelische Regierung gehabt hatte,

um überhaupt die Verhandlungen beginnen zu können, stand zu befürchten, daß von einer Verschiebung auch negative Rückwirkungen
auf die Londoner Konferenz ausgehen könnten. Auch die Verlegung
nach London schien mit der Gefahr verbunden, daß die Israel-Verhandlungen zu einem Anhängsel der Schuldenkonferenz degradiert
würden, was nicht gerechtfertigt war, da es außer der Leistungsfähigkeit genügend andere Fragen gab, die separat von der Schuldenkonferenz zu regeln waren.[34] Staatssekretär Hallstein trug am 11. März
bei einem Besuch in Washington Vertretern des State Department die
deutschen Bedenken nochmals vor, erreichte aber nichts, da die Amerikaner – wohl zu Recht – vermuteten, sein Vorschlag werde sie in
beträchtliche Schwierigkeiten bringen.[35]

Im State Department hielt man es für ausreichend, durch engen
Kontakt zwischen den beiden Delegationen das Koordinationsproblem
zu lösen, zumal zwischen der Einführung von Vorschlägen in die
Konferenz und ihrer Bestätigung meist eine gewisse Zeitspanne liege.
McCloy sprach in einer Unterhaltung mit Adenauer dasselbe Thema
an und erklärte, er hielte es für unklug, die Verhandlungen mit Israel
zu verschieben. Adenauer erwiderte, er hätte nicht die Absicht es zu
tun, wenn auch davon gesprochen würde, die Sitzungen von Brüssel
nach London zu verlegen.[36] Das Ersuchen der deutschen Seite, der
Dreimächteausschuß möge einen Beobachter nach Den Haag ent-
senden, wurde ebenfalls abschlägig beschieden.[37]

Innerhalb der Bundesregierung gab es große Meinungsunter-
schiede in der Frage der Israel-Verhandlungen. Kein Zweifel konnte
an der Haltung Adenauers bestehen. Er glaubte, wie er mir schrieb,
»daß, wenn es uns gelingt, das Judentum wenigstens in seinen maß-
gebenden Männern zu versöhnen, wir dann doch auf wirtschaftliche
Hilfe in stärkerem Maße rechnen können, als wenn dieser schroffe
Gegensatz weiterbesteht. Abgesehen von diesem Grunde bewegt mich
auch das Gefühl der moralischen Verpflichtung, das wir gegenüber
dem Judentum haben. Natürlich darf das Ergebnis Ihrer Verhandlungen in London, das entscheidend für unsere wirtschaftliche Zukunft

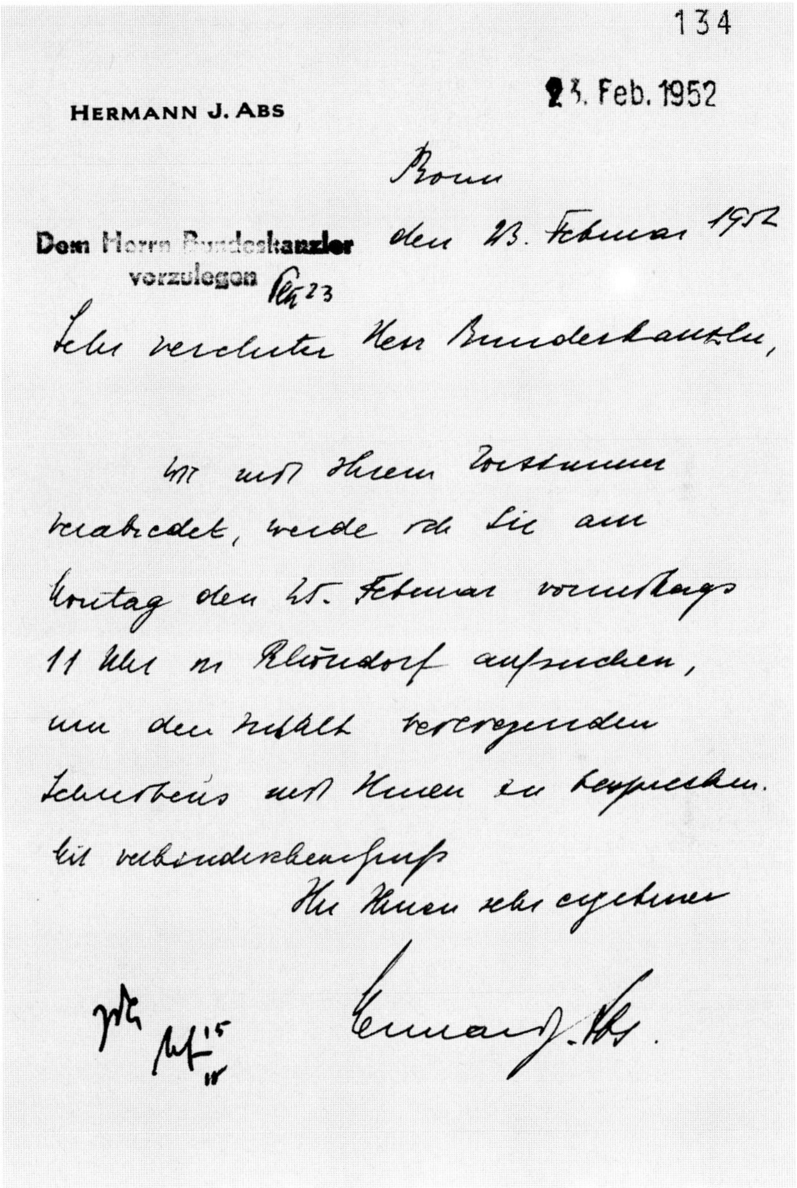

HERMANN J. ABS

23. Feb. 1952

Dem Herrn Bundeskanzler
vorzulegen

Bonn
den 23. Februar 1952

Sehr verehrter Herr Bundeskanzler,

wie mit Ihrem Vorzimmer
verabredet, werde ich Sie am
Freitag den 25. Februar vormittags
11 Uhr in Rhöndorf aufsuchen,
um den Inhalt vorstehenden
Schreibens mit Ihnen zu besprechen.
Mit verbindlichstem Gruß
Ihr Ihnen sehr ergebener

Hermann J. Abs.

Abb. 13: Zwei Briefe an Konrad Adenauer dienten zur Vorbereitung der letzten
Besprechung mit ihm, ehe die Hauptkonferenz in London begann.

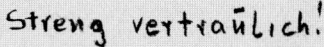

HERMANN J. ABS

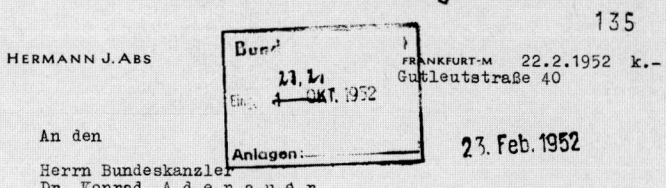

FRANKFURT-M 22.2.1952 k.-
Gutleutstraße 40

An den

23. Feb. 1952

Herrn Bundeskanzler
Dr. Konrad A d e n a u e r

R h ö n d o r f / Rhein

Sehr verehrter Herr Bundeskanzler!

Ich darf ergebenst in der Angelegenheit der schwebenden
Ansprüche des Staates Israel gegen die Bundesrepublik auf
den Schriftwechsel und die Unterhaltungen Bezug nehmen, die
ich in dieser Angelegenheit mit Ihnen hatte. Über diese
israelitschen Ansprüche sind, wie ich nachträglich erfahre,
in der Zwischenzeit Verhandlungen durch das Auswärtige Amt
gepflogen worden, Verhandlungen, die offenbar in ein akutes
Stadium getreten sind und in allerstärkstem Maße die Londoner
Schuldenkonferenz berühren.

In meinem an Sie, sehr verehrter Herr Bundeskanzler, gerich-
teten Schreiben vom 3. Dezember 1951, hatte ich mir erlaubt
zum Ausdruck zu bringen, daß Absprachen über die Tilgung von
ausländischen Sperrguthaben oder von Forderungen deshalb
nicht möglich sind, weil diese Frage noch zur Zuständigkeit
der Alliierten gehört, die einen Transfer solcher Forderungen,
sei es durch Überweisung in Devisen, sei es durch Lieferung
von Waren oder Leistungen, unter keinen Umständen zulassen;
ferner, weil im Zuge der Contractual Arrangements durch die
Bundesregierung ein Annex unterzeichnet werden soll, nach
dem die vorstehend genannte Praxis bis zur Regelung der Vor-
und Nachkriegsschulden Deutschlands gegenüber dem Ausland
beibehalten werden muß und schließlich, weil vor Abschluß
der nunmehr beginnenden Schuldenverhandlungen in London
Sonderregelungen nicht möglich sind.

Wenn nun, wie ich aus der Presse und im Anschluß daran durch
Rückfrage bei Ihnen am 2o. Februar erfahren habe, am 17.3.
ds.Js. offizielle deutsche Verhandlungen mit Vertretern
Israels über Festlegung und Tilgung der von Israel bean-

5 30 0 2 an 2103/52   -2-

spruchten Forderungen beachtlichen Ausmaßes eröffnet werden
sollen, so würden derartige Verhandlungen der oben genannten
Rechtslage widersprechen. Unabhängig davon - und das ist das
entscheidende Moment für meine schwerwiegenden Bedenken gegen
eine Sonderverhandlung mit Israel - würde durch ein solches
Verfahren eine befriedigende Regelung der deutschen Auslandsschulden bei der Londoner Konferenz infrage gestellt sein.
Für diese Konferenz verstehe ich den mir gewordenen Auftrag
als Leiter der deutschen Delegation so - und dies entspricht
auch den Belangen der deutschen Volkswirtschaft - daß unter
allen Umständen alle nur irgendwie gegen Deutschland bestehenden oder vorgebrachten Ansprüche von der Schuldenregelung
erfaßt werden sollten. Desgleichen ist es das Bestreben der
deutschen Delegation, mit der Auslandsschuldenregelung zu
erreichen, daß die im oder durch den Krieg entstandenen Auslandsverbindlichkeiten als durch die Demontagen, durch die
Beschlagnahme des Auslandsvermögens, der deutschen Patente
usw., abgegolten gelten, so daß neue Reparationsansprüche
irgendwelcher Art in Fortfall kämen. Das Gesamtziel würde
aber infrage gestellt sein, wenn sich die Bundesrepublik in
Sonderverhandlungen zu Leistungen verpflichtet, die ihrem
Grunde und ihrer Größenordnung nach sowohl die deutsche Auf-
bringungs- als Transferfähigkeit hinsichtlich des Schuldendienstes zusätzlich belasten.

Die deutsche Devisenlage ist derart ernst, daß unsere Delegation in London von vornherein auf die hierdurch verursachten
Transferschwierigkeiten aufmerksam machen muß und nicht in
der Lage sein wird, Angebote zum Transfer für die Vor- und
Nachkriegsschulden zu machen. Der Wert und die Aufrichtigkeit
offizieller deutscher Erklärungen in Bezug auf die Transferfähigkeit der Bundesrepublik würde aber von unseren Gesprächs-
partnern, insbesondere der Dreimächtekommission, bezweifelt,
ja sogar völlig verneint werden, wenn die amtlichen deutschen
Stellen in der gleichen Zeit Verhandlungen über Transferzu-
geständnisse an Israel führen würden, gleichgültig, ob in
Form direkten Transfers oder durch Warenlieferungen, was
auf dasselbe hinausläuft.

Sie werden verstehen, sehr verehrter Herr Bundeskanzler, daß

- 3 -

ich unter diesen, meine Verhandlungsführung in London infrage
stellenden Umständen, meinen Auftrag, für die Bundesrepublik
in der Aufbringungs- und Transferfrage hinsichtlich der Vor-
und Nachkriegsschulden das Bestmögliche herauszuholen, nicht
erfüllen kann. Mit anderen Worten: Die Londoner Konferenz
wird aus den angedeuteten Gründen scheitern müssen mit der
Folge, daß Deutschland nach wie vor im Verzuge bleibt, und
daß die lebensnotwendige Wiederherstellung seiner Kreditfähigkeit im Ausland mindestens zunächst nicht erreicht
werden kann. Damit leben auch die ursprünglichen Forderungen
der drei Mächte aus der Nachkriegs-Wirtschaftshilfe in der
vollen Höhe von rund 16 Mrd. DM und mit ihrem vollen Vorrang
gegenüber den Vorkriegsschulden wieder auf. Damit wäre das
Ergebnis der Nachkriegsschuldenkonferenz aus dem Herbst 1951
zunichte gemacht. Wenn überhaupt das Problem sowohl der Vor-
und Nachkriegsschulden der Bundesrepublik als auch der isra-
elitischen Ansprüche gelöst werden kann, so nur in der Weise,
daß diese letztgenannten Forderungen, will man ihnen statt-
geben, mit in die Londoner Schuldenkonferenz einbezogen werden.
Angesichts der Höhe dieser Ansprüche darf ich jedoch von
vornherein darauf aufmerksam machen, daß dann bei der gegebenen
Devisenlage nur ein so kleiner Teil unserer Transfermöglichkeiten zugunsten der Vorkriegs-Gläubiger verbleiben würde,
daß ich mir von deren Standpunkt aus gesehen eine befriedigende
Regelung ihrer Forderungen nicht vorstellen kann, es sei denn,
daß wir uns zu Transfer-Zugeständnissen bereitfinden, die die
Versorgung der Bundesrepublik mit lebenswichtigen Nahrungsmitteln und Rohstoffen wesentlich beeinträchtigen.

Ich empfehle mich Ihnen mit verbindlichen Grüßen

Ihr sehr ergebener

Hermann J. Abs

ist, nicht darunter leiden«[38]. Die stärksten Vorbehalte bestanden hingegen im Finanzministerium. Schäffer hatte bereits am 18. Dezember 1951, als Adenauer im Kabinett die Möglichkeit der Wiedergutmachung andeutete, Vorbehalte geltend gemacht und sprach sich am 26. Februar 1952 dort »grundsätzlich ablehnend« gegen die Aufnahme von Verhandlungen aus.[39]

Adenauer sah sich daraufhin veranlaßt, Schäffer zu ermahnen, »daß die Verhandlungen unter weitgehender Hintanstellung aller Bedenken, die in einem anderen Fall sehr verständlich wären, in einem Geiste vorbereitet und durchgeführt werden, der dem moralischen und politischen Gewicht und der Einmaligkeit unserer Verpflichtungen entspricht«[40]. In einem Interview des Journalisten Maurice Carr mit Bundespressechef Felix von Eckardt hieß es wenig später, daß der Bundeskanzler den Gedanken einer Zahlung an Israel verschiedenen Kabinettsmitgliedern geradezu habe aufzwingen müssen. Da diese Aussage der Wahrheit ziemlich nahe kam, aber nicht erwünscht war, mußte sie dementiert werden; nun unterstrich von Eckardt, »im Kabinett habe es keinen Widerspruch, sondern einmütige Zustimmung gegeben«[41].

Die Wahl des Frankfurter Professors Franz Böhm zum Leiter der Delegation sorgte im Finanzministerium ebenfalls für Unzufriedenheit, denn man hielt es für notwendig, jemanden mit dieser Aufgabe zu betrauen, dem sowohl die Problematik von Aufbringung und Transfer als auch der Zusammenhang mit der Londoner Schuldenkonferenz genau bekannt seien.[42] Diese den politischen Aspekt zurückstellende Auffassung verkannte zwar, daß im Haag angesichts des Charakters dieser Verhandlungen nicht gefeilscht werden durfte; dennoch aber zeigte sich im Laufe der kommenden Monate, daß es in der Tat wünschenswert gewesen wäre, an der Spitze der Delegation den finanziellen Sachverstand stärker berücksichtigt zu haben, denn in Otto Küster wurde – auf Vorschlag von Goldmann[43] – ein Fachmann für Wiedergutmachungsfragen Böhm zur Seite gestellt, der ebenfalls für Finanzprobleme nicht viel Verständnis aufbrachte.

Es ergaben sich daher innerhalb der deutschen Delegation für die Verhandlungen mit Israel starke Interessengegensätze.[44] Die Vertreter des Finanzministeriums waren dabei die *hardliner,* während die Leitung der Delegation den Eindruck erweckte, über allen trivial anmutenden finanziellen Fragen zu stehen und allein den Aspekt der Wiedergutmachung im Auge zu haben.[45] Diese Polarisierung der Meinungen zeigte sich bereits im Verlauf einer Sitzung, die Hallstein für den 8. März nach Bonn einberufen hatte, um die Verhandlungstaktik der beiden deutschen Delegationen zu koordinieren.[46] Da kaum noch Aussichten bestanden, die israelische Forderung in die Londoner Konferenz einzubeziehen, zumal auch Israel auf der Sonderstellung seines moralisch begründeten Anspruchs bestand, schien es nicht ratsam, an zwei verschiedenen Orten darüber zu verhandeln, was die Bundesrepublik in Form von Devisen oder Waren transferieren könne. Der Auftrag an die deutsche Delegation im Haag mußte sich demnach darauf beschränken, die Ansprüche der israelischen Seite hinsichtlich Höhe und Begründung kennenzulernen.[47] Böhm war sich darüber im klaren, daß er mit einer solchen Verhandlungstaktik die israelische Delegation in große Schwierigkeiten bringen würde, da sie unter großem Erfolgszwang stand.

Die Anweisung aus Bonn, die als Ergebnis der Sitzung vom 8. März in London eintraf, ging allerdings von der falschen Voraussetzung aus, daß die israelische Forderung unmittelbar in Verhandlungen zur Gesamtregelung der deutschen Schulden einbezogen werden könne. Die Planung für die Verhandlungen sah danach eine Zweiteilung vor: »In der ersten Phase würde die deutsche Delegation sich darauf beschränken müssen, die Forderungen des Staates Israel und der Jüdischen Organisationen kennenzulernen, um diese hinsichtlich Höhe und Art zu erörtern. Das Ergebnis dieser Aussprache würde dann der Schuldenkonferenz zugeleitet. [. . .] Sobald die Londoner Schuldenkonferenz ihre Verhandlungen über die Aufnahme des israelischen Schuldenkomplexes in eine Gesamtregelung der deutschen Schulden abgeschlossen hat, wird in der 2. Phase der Verhandlungen

im Haag die Frage der Modalitäten der Zahlungen (Warenlieferungen) erörtert werden.«[48]

Dies sollte ich bei einem für die nächsten Tage vorgesehenen Treffen Goldmann und Keren als Auffassung der Bundesregierung mitteilen. Eine Behandlung der israelischen Forderung auf der Schuldenkonferenz war inzwischen nicht mehr zu erwarten. Die israelischen
Vertreter konnten somit nur in sehr allgemeiner Form von der Planung für die Wiedergutmachungsverhandlungen unterrichtet werden. Das Gespräch fand am 16. März statt. Im Sinne meiner Erklärung in der Eröffnungssitzung wies ich nochmals darauf hin, daß in
London möglichst alle gegenüber Deutschland erhobenen Forderungen berücksichtigt werden sollten. Ich sagte Goldmann, daß meiner
Meinung nach entweder beide Verhandlungen, in London und im
Haag, erfolgreich sein würden oder sie beide scheitern müßten.[49]

Es schien mir sinnvoll, daß Böhm auf der Haager Konferenz in
seiner Eröffnungsansprache noch einmal auf diesen sachlichen Zusammenhang hinwies, und ich schlug Adenauer vor, in diesem Sinne
auf ihn einzuwirken. Nach einigem Hin und Her mit Bonner Stellen
arbeitete die deutsche Delegation in London den Entwurf einer Eröffnungserklärung aus, die dem besonderen Umstand des zeitlichen
Zusammenfallens der beiden Verhandlungen Rechnung trug. Da die
beiden israelischen Delegationen, die Regierungsdelegation und die
der Conference on Jewish Material Claims against Germany, auf ge-
trennten Verhandlungen bestanden, mußten am 21. März zwei Er-
öffnungssitzungen in Wassenaar abgehalten werden. Die Erklärungen, die von der deutschen Delegation abgegeben wurden, waren
identisch. Bei ihrer Formulierung waren Anregungen der Londoner
Schuldendelegation berücksichtigt worden; außerdem hatte Böhm am
Entwurf mitgewirkt, der schließlich von Blankenhorn und Hallstein
redigiert und mit Adenauer abgestimmt wurde.[50]

Die Spannungen auf der deutschen Seite hatten ihr Gegenstück in
einer uneinheitlichen israelischen Argumentation. Hatte Keren auf
der Schuldenkonferenz noch dafür plädiert, sämtliche Forderungen

131

gegenüber Deutschland zu erörtern, so kritisierte andererseits Easterman von der Claims Conference meine These, daß man die im Haag zur Debatte stehenden Ansprüche nicht vom Problem der kommerziellen Schulden trennen könne. In seiner Erklärung vor dem Bundestag am 27. September 1951 habe der Kanzler aber genau das getan. Die einzige Beschränkung, die sich die Bundesregierung ausdrücklich vorbehalten hatte, war die Rücksicht auf die »Grenzen, die der deutschen Leistungsfähigkeit durch die bittere Notwendigkeit der Versorgung der zahlreichen Kriegsopfer und der Fürsorge für die Flüchtlinge und Vertriebenen gezogen wurden«[51]. Die Claims Conference habe nun den Eindruck, von Adenauer hinters Licht geführt worden zu sein. Wenn dies vorher klar gewesen wäre, hätte sie sich niemals an den Haager Verhandlungen beteiligt.[52]

2. Unterbrechung der Verhandlungen in London und Den Haag

Am 2. April 1952 fand in London die letzte Sitzung des Arbeits- und Organisationsausschusses statt, bevor sich die Konferenz für eine »Osterpause« vertagte. Es war in Aussicht genommen, am 12. Mai wieder zusammenzutreten, wobei dann der Erwartung der Gläubiger entsprochen werden mußte, die Daten über die deutsche Leistungsfähigkeit zu präzisieren. Bereits in der vorherigen Sitzung am 31. März hatte Rogers erklärt, noch niemals an einer Schuldenkonferenz teilgenommen zu haben, auf der nicht die Schuldner mit eigenen Vorschlägen hervorgetreten seien. Bis zu einem deutschen Angebot könnten daher keine weiteren Fortschritte der Konferenz erwartet werden.[53] Nun betonte er die Überzeugung der amerikanischen Gläubiger, daß die Bundesrepublik in absehbarer Zukunft nicht nur alle auf der Konferenz vorgebrachten Schulden, sondern sogar eventuell noch weitere Schulden bezahlen könne, die sie in den nächsten Jahren noch eingehen würde. Er sprach von einem »fast alarmierenden« Anstieg der deutschen Produktion und des Außenhandels und meinte, die Zahlungsfähigkeit sei keine Angelegenheit, die aus der Statistik abgelesen werden könne. Im übrigen waren für ihn weniger die tatsächlichen Zahlungen für die Wiederherstellung des deutschen Kredits entscheidend, als der nach außen dokumentierte Wille zur Zahlung.[54]

Niemeyer vertrat eine ähnliche Ansicht. Er sah die Schwierigkeiten der Zahlungsfähigkeit als kaum bestehend an, da ein großer Teil der deutschen Schuldner voll zahlungsfähig sei. Das Problem sei zugegebenermaßen der Transfer, doch habe die Überwindung der deutschen Zahlungskrise in der Europäischen Zahlungsunion 1950/51 gezeigt, was durch geschickte Politik erreicht werden könne. Pierson und Rendel sprachen abschließend für den Dreimächteausschuß und wiesen in allgemeinen Worten auf die deutsche Leistungsfähigkeit hin, die es erwarten ließe, daß ein für alle Beteiligten faires Angebot zustandekäme. Rendel betonte insbesondere, daß man von Deutschland präzise Vorschläge erwarte, wie die einzelnen Kategorien von Schulden bedient werden sollten.[55]

Die deutsche Delegation legte in dieser Sitzung je ein Ergänzungsmemorandum zur Aufbringungs- und Transferfähigkeit vor, und ich nahm noch einmal grundsätzlich zu beiden Fragen Stellung. Zugleich wurden Memoranden über die Höhe der gesamten deutschen Verschuldung und die Frage von DM-Zahlungen dem Ausschuß unterbreitet.[56] Diese Dokumente sollten dazu beitragen, das Problem der Schuldenregelung in seiner Gesamtheit zu sehen und die Standpunkte von Gläubigern und Schuldnern anzunähern. Nach deutscher Ansicht konnte über die im Hinblick auf die begrenzte deutsche Leistungsfähigkeit nötigen Schuldenreduktionen nur dann mit Nutzen verhandelt werden, wenn bekannt war, was die Bundesrepublik glaube leisten zu können. In der Konferenzpause sollte diese Frage mit der Bundesregierung behandelt werden. Zuvor war erörtert worden, vor welchem Gremium ich über das Transferproblem sprechen sollte. Dabei zeigte sich erneut ein gewisser Gegensatz zwischen den Gläubigervertretern und dem Dreimächteausschuß. Dieser hätte es vorgezogen, wenn die Vollversammlung der Konferenz das Forum dafür gewesen wäre. Die Gläubigervertreter waren damit nicht einverstanden. Sie setzten durch, daß die Erklärung nur vor dem Arbeits- und Organisationsausschuß abgegeben wurde.[57]

Es stellte sich heraus, daß die zunächst in Aussicht genommene Dauer der Osterpause für die deutsche Seite zu kurz bemessen war, um die anstehenden Entscheidungen zu treffen. In der Plenarsitzung vom 4. April kündigte Rendel daher an, daß die Konferenz erst am 19. Mai wieder zusammentreten werde.[58] Er faßte die bisher geleistete Arbeit in einem kurzen Bericht zusammen und meinte, auch wenn es Erwartungen gäbe, daß ein solcher Bericht mit einer Entschuldigung wegen des langsamen Fortschritts der Konferenz zu beginnen hätte, habe er nicht vor, dies zu tun. Wer geglaubt habe, während des ersten Monats der Verhandlungen zu einem allen Interessen entgegenkommenden Ergebnis zu gelangen, der verkenne die Natur der zur Debatte stehenden Probleme. Der Versuch, sämtliche Verbindlichkeiten eines großen Landes in einem Anlauf zu ordnen, werde auf der Londoner Konferenz zum ersten Mal unternommen, und wenn auch jede einzelne Gläubigergruppe eine genaue Vorstellung von ihren Forderungen besäße, so sei es doch notwendig, zu einer Gesamtregelung zu gelangen, die keine Rechte anderer Gläubiger verletze.[59] Soweit seine für die Öffentlichkeit bestimmte Ansicht. In Wirklichkeit war auch Rendel enttäuscht, daß bisher nicht mehr erreicht worden war. In einem Bericht an den englischen Außenminister, den er nach Abschluß der Verhandlungen formulierte, sprach er von »six weeks of hard but somewhat frustrating work«[60].

Zurück in Bonn, nahm vorerst die Frage der israelischen Wiedergutmachung die meisten Kräfte in Anspruch. In London hatte ich erfahren, daß Böhm den Israelis vor der geplanten Unterbrechung der Konferenz einen festen Betrag nennen wollte. In vertraulichen

Gesprächen hatten Mitglieder des Dreimächteausschusses sich besorgt gezeigt, daß vorzeitige Zugeständnisse in den Haager Verhandlungen den Erfolg der Londoner Konferenz gefährden könnten.[61] Ich war der gleichen Ansicht und warnte daher am 31. März davor, sich im Haag auf eine Summe festzulegen, da ein Scheitern der Londoner Verhandlungen die wahrscheinliche Folge wäre. In diesem Fall wäre die Bundesrepublik aber auch nicht in der Lage, irgendwelche Leistungen zugunsten Israels zu erbringen.[62] Die Israelis empfanden den bisherigen Verlauf der Verhandlungen als unbefriedigend. Böhm hatte von Adenauer den nicht sehr präzise formulierten Auftrag erhalten, einmal festzustellen, »was die Herren eigentlich wollen«[63], doch wurde die deutsche Strategie, die in der Bonner Besprechung am 8. März festgelegt worden war und die Adenauer am 12. März in seinem Telegramm an mich eindeutig formuliert hatte, von den Israelis nicht akzeptiert. Die Aussichten Böhms, mit einer auf Hinhalten abzielenden Verhandlungstaktik die Zeit überbrücken zu können, bis sich in London eine Regelung abzeichnete, verschlechterten sich zusehends.

Die israelische Regierung wurde bei den westlichen Alliierten vorstellig, um diese zu veranlassen, Druck auf die Bundesregierung auszuüben, damit die Verhandlungen beschleunigt würden. In London und Paris hatte sie zunächst keinen Erfolg, doch in Washington führten ihre Bemühungen zu einem Telegramm von Außenminister Acheson an McCloy, in dem der Hohe Kommissar gebeten wurde, dem Bundeskanzler in vorsichtiger Weise seine Besorgnis über die mit einem eventuellen Scheitern der Verhandlungen verbundenen Gefahren auszudrücken.[64] McCloy nützte am 4. April eine Pause in den Verhandlungen über den Generalvertrag, um – ohne sich zuvor mit seinen Kollegen abzustimmen – Adenauer diese Besorgnis mitzuteilen.[65]

Am nächsten Tag fand im Palais Schaumburg eine Sitzung statt, die vom Kanzler geleitet wurde. Er wies zu Beginn auf die Bedeutung der israelischen Wiedergutmachung hin und war offensichtlich froh darüber, seine eigene Ansicht über die verhängnisvollen Folgen eines Scheiterns der Verhandlungen von McCloy geteilt zu sehen. Das Problem, dem sich die Sitzungsteilnehmer gegenübersahen, war nun, auf welche Weise ein Fortschritt erreicht werden konnte, der auf der einen Seite den Israelis genügte, um weiter zu verhandeln, auf der anderen Seite aber noch keine Belastung für die Schuldenregelung in London bedeutete. Es erschien mir unvermeidlich, der israelischen Delegation früher oder später klarzumachen, daß allenfalls mit deutschen Jahresleistungen von zehn bis fünfzehn Millionen Dollar zu rechnen sei, nicht mit zweihundert Millionen, wie sie es erwarteten. Böhm stimmte mir in diesem Punkte zu, doch war er dafür, diese Ansicht der israelischen Delegation unverzüglich mitzuteilen. Daraus entwickelte sich eine Auseinandersetzung darüber, ob man den Betrag von drei Mrd. D-Mark, der als Summe der Kosten genannt wurde, die Israel durch die Eingliederung der jüdischen Flüchtlinge aus Deutschland entstanden waren, sofort anerkennen und damit zur Grundlage der weiteren Verhandlungen machen durfte. Böhm sah darin keine Schwierigkeit, während ich die Meinung vertrat, daß dann eine spätere Regelung nicht mehr unter dem genannten Betrag liegen könne. Dies würde mir die Lösung meiner Aufgabe in London außerordentlich erschweren, wenn nicht sogar unmöglich machen.[66]

Der Verlauf der Sitzung spiegelte die Fraktionsbildung wider, wie sie auch in der deutschen Israel-Delegation zu beobachten war. Küster sah sich bereits in die Ecke gedrängt: »Hallstein und Blankenhorn sind fest an unserer Seite, Erhard hilft so gut er kann. Der Rest ist gegen uns, für uns vielleicht noch ein Stück der Abs'schen Intelligenz«, notierte er.[67] In einer Pause der Besprechung wurde eine Erklärung formuliert, die die deutsche Delegation am 8. April vortragen sollte. In ihr war von drei Mrd. D-Mark die Rede, doch in sehr vorsichtigen Worten. Zugleich beauftragte der Kanzler Böhm, Küster und mich, dieses Ergebnis McCloy mitzuteilen und zu sondieren, ob nicht eine Möglichkeit bestünde, amerikanische Unterstützung für die von der Bundesrepublik zu erbringenden Leistungen zu erhalten.

Dieses Gespräch fand noch am Nachmittag desselben Tages statt. Ich unterbreitete McCloy drei Vorschläge, auf welche Weise die Vereinigten Staaten zu einem Fortschritt der Verhandlungen beitragen könnten:

1. Israel sollte die Auflegung einer internationalen Anleihe ermöglicht werden.
2. Für die Wiedergutmachung könnte der Erlös aus dem beschlagnahmten deutschen Auslandsvermögen in den Vereinigten Staaten verwendet werden.
3. Die ersten Zahlungen für die Tilgung der Verbindlichkeiten aus der amerikanischen Nachkriegswirtschaftshilfe sollten um fünf Jahre hinausgeschoben werden, um die deutsche Transferkapazität in den ersten Jahren zu entlasten.

Natürlich konnte McCloy während des Gesprächs nicht mehr tun, als zuzusichern, diese Vorschläge in Washington prüfen zu lassen.[68] Er teilte aber meine Ansicht, daß von dem Betrag von drei Mrd. D-Mark, wenn er einmal genannt sei, nicht mehr abgegangen werden könnte. Adenauers Brief an Goldmann vom 6. Dezember 1951, den er bei dieser Gelegenheit im Wortlaut kennenlernte, beeindruckte ihn.[69]

Die Strategie der deutschen Delegation, durch ein gleichsam »unverbindliches« Angebot den Fortschritt der Verhandlungen zu sichern, hatte keinen Erfolg. Die Israelis brachen, nachdem sie in ultimativer Form ein verbindliches Angebot verlangt und nicht erhalten hatten, die Gespräche ab. Nunmehr konzentrierten sich sämtliche Bemühungen, für die beiden eng miteinander verknüpften Komplexe London und Den Haag Lösungen zu finden, auf Bonn. Nachdem McCloy mit seiner Warnung vor einem Scheitern der Wiedergutmachungsverhandlungen vorangegangen war, widerrief die britische Regierung eine frühere Weisung und ermächtigte Kirkpatrick, ebenfalls gelegentlich seiner Sorge Ausdruck zu geben.[70] Dem schloß sich später – »the Quai d'Orsay, fearing to be alone in their silence«[71] – auch François-Poncet an. Dennoch war der internationale Druck auf die Bundes-

regierung nicht übermäßig stark.[72] Das Interesse, zunächst die eigenen Ansprüche in London befriedigt zu sehen und von der Bundesrepublik einen angemessenen Verteidigungsbeitrag zu erhalten, über-
wog offensichtlich.

Am 19. April traf ich in Bonn mit Nahum Goldmann zusammen,
der von Noah Barou und Felix E. Shinnar, beide Mitglieder der israelischen Delegation, begleitet wurde.[73] Goldmann kam auf meine Erklärung vor dem Arbeits- und Organisationsausschuß der Londoner
Schuldenkonferenz zurück, in der ich die jüdischen Forderungen auf
zwölf Mrd. D-Mark beziffert hatte. Er hielt diesen Betrag für wesentlich überhöht. Von den Forderungen des Staates Israel abgesehen,
könne er sich unter Einbeziehung aller angemeldeten Ansprüche, einschließlich der individuellen Restitutionsforderungen, vorstellen, daß
ein Gesamtbetrag von drei bis vier Milliarden Mark ausreichen werde.

Shinnar berichtete, wie die israelische Delegation sich eine Regelung vorstelle. Es sollten drei bis vier Jahre lang monatlich umgerechnet drei bis fünf Millionen Dollar in Devisen gezahlt werden. Zahlungen in Währungen der Europäischen Zahlungsunion, vor allem in
englischen Pfund, seien akzeptabel. Damit ließe sich etwa ein Drittel
der angemeldeten Forderungen erfüllen. Die restlichen zwei Drittel
müßten in Form von Warenlieferungen geleistet werden. Sie sollten
jährlich einem Betrag von hundert Millionen Dollar entsprechen und
könnten zu fünfzehn bis zwanzig Prozent aus solchen Konsumgütern
bestehen, die vom Standpunkt der deutschen Beschäftigung aus von
Bedeutung seien, von Deutschland jedoch nicht exportiert würden und
deren Lieferung an Israel daher das Transferproblem nicht berühre.
Der überwiegende Teil sollte wertvollere Konsumgüter, wie Deutschland sie normalerweise ins Ausland liefere, und industrielle Aus-
rüstungen umfassen, die nur zu einem geringen Teil als devisenwertig
anzusehen seien.

Goldmann – dem im Gegensatz zu vielen anderen die Interdepen-
denz der beiden Komplexe bewußt war – befürchtete, daß der Termin
des 19. Juni für eine Erklärung der Bundesregierung so zu verstehen

sei, daß die jüdischen Forderungen hinter den in London angemeldeten Ansprüchen zurückstehen sollten. Ich beruhigte ihn, daß ich dem Bundeskanzler vorgeschlagen hätte, durch ein Gremium von Sachverständigen möglichst rasch prüfen zu lassen, was Deutschland im Rahmen seiner Leistungsfähigkeit bezahlen beziehungsweise liefern könne. Damit werde auch dokumentiert, daß auf deutscher Seite größtes Verständnis für die jüdischen Wünsche vorhanden sei. Die Vorschläge Shinnars verringerten das Transferproblem kaum: Auch die Inanspruchnahme von Währungen der Europäischen Zahlungsunion schien problematisch. Dabei mußte berücksichtigt werden, daß die Bank deutscher Länder so gut wie keine Währungsreserven besaß. Die verfügbaren Dollar- beziehungsweise Goldbestände reichten lediglich aus, um die nötigen Zahlungen im Falle einer Ausnutzung der deutschen Quote in der Zahlungsunion zu leisten. Zwar erwirtschaftete die Bundesrepublik Überschüsse im Verkehr mit den EZU-Ländern, doch war zu bedenken, daß die Importkürzungen Englands und Frankreichs sehr bald wieder zu einer Verschlechterung der Lage führen konnten.

Auch verschiedene Besprechungen auf Referentenebene, bei der mögliche Warenlisten, zum Teil im Beisein israelischer Vertreter, erörtert wurden, brachten keine entscheidenden Fortschritte.[74] Die Schwierigkeiten betrafen gleichermaßen die Verhandlungen in London und im Haag. Daß es nicht möglich war, zu einem raschen Übereinkommen über ein deutsches Angebot zu gelangen, lag an der schieren Höhe der Beträge, um die es ging. Das Angebot und seine Annahme hingen voneinander ab. Das Angebot mußte für die Gläubiger akzeptabel sein, aber erst seine Annahme würde die Voraussetzung dafür schaffen, es überhaupt realisieren zu können. »Bestünde die Hoffnung nicht, mit der Londoner Schuldenkonferenz den deutschen Kredit wiederherzustellen und damit die Leistungsfähigkeit der Bundesrepublik zu erhöhen, so würde es nach Lage der Dinge als tollkühn anzusehen sein, selbst ein geringes Zahlungsversprechen abzugeben«, schrieb ich an Adenauer.[75] Zwar bestanden, wie Untersuchungen des

Wirtschaftsministeriums und der Bank deutscher Länder gezeigt hatten, gewisse Transfermöglichkeiten gegenüber den der EZU ange-
schlossenen Ländern, doch fehlte jede Vorstellung darüber, wie ein
Schuldendienst in US-Dollar ohne ausländische Unterstützung möglich wäre. Ein erneuter Besuch Goldmanns mußte unter diesen Umständen verschoben werden, denn er hätte nichts Neues erfahren können. Adenauers Vorschlag, Mitte Mai nach Bonn zu kommen, nahm
er an, doch die Hoffnung,» daß Sie dann in der Lage sein werden, mir
einen konkreten Vorschlag bezüglich der Gesamtregelung oder für
die ersten drei Jahre [...] zu machen«, fand der Kanzler etwas zu hoch
gespannt.» Wie wird das möglich sein?«, notierte er auf dem Rand
des Briefes[76], und in der Tat waren die deutschen Vorbereitungen
noch längst nicht so weit gediehen. Die Ausarbeitung eines deutschen Angebots für die Schuldenkonferenz kam nur langsam voran.
Zum Teil trugen dazu die gegensätzlichen Auffassungen einzelner
Ressorts bei. Die Arbeiten wurden dadurch erschwert, daß für Schuldenregelung und Wiedergutmachung eine gemeinsame Kabinettsvorlage vorgesehen war.[77]

3. Bestimmungsgründe der deutschen Leistungsfähigkeit

a) Der Umfang der Auslandsverschuldung

Seit der Aufnahme der Debatte um eine Regelung der deutschen
Schulden waren ständige Bemühungen zu verzeichnen, den Umfang
der Verbindlichkeiten festzustellen. Die Verluste von Unterlagen im
Krieg machten es in vielen Fällen sehr schwierig, genaue Angaben zu
erhalten. Es waren für die meisten Schuldenkategorien nur Schätzun-
gen möglich. 1947 kam ein Gutachten auf einen Gesamtbetrag von
14 Mrd. Reichsmark[78], und eine ähnliche Zahl, nun allerdings in

D-Mark ausgedrückt, nannte ich in meinem Hamburger Vortrag 1949.[79] Um die gleiche Zeit schätzte ein Memorandum der Bank deutscher Länder die gesamten Schulden auf 43,4 Mrd. Reichsmark. Darin enthalten waren allerdings 20,4 Mrd. Reichsmark Clearingschulden und 12,6 Mrd. Reichsmark Verpflichtungen der Reichsbank gegenüber Holland, Polen und der Tschechoslowakei. Für die restlichen Kategorien, nämlich die Verpflichtungen der Konversionskasse, die Anlagen der Bank für Internationalen Zahlungsausgleich und als größter Posten die öffentlichen und privaten Auslandsverpflichtungen, ergab sich somit ein Betrag von 10,4 Mrd. Reichsmark ohne Berücksichtigung der aufgelaufenen Zinsen.[80]

Im Zusammenhang mit den Diskussionen um Auslandsvermögen und Auslandsschulden, die in Ansätzen im Frühjahr 1950 stattfanden, bat die Hohe Kommission das Bundesfinanzministerium um eine Aufstellung der deutschen Verschuldung. Sie wurde am 17. März 1950 übersandt, wobei zahlreiche Zweifelsfragen offenbleiben mußten, die den Umfang der Verschuldung beeinflußten.[81] Die Alliierten nahmen dazu vorerst keine Stellung, betonten aber, daß in diesem Falle Schweigen nicht als Zustimmung gewertet werden dürfe.[82] Eine Arbeitsgruppe der Alliierten Bankkommission machte sich an die Überprüfung der vorliegenden Unterlagen, sah sich aber verständlicherweise außerstande, mehr als eine überschlägige Berechnung vorzunehmen.[83]

Für die öffentlichen Schulden waren die Größenordnungen vergleichsweise leicht zu ermitteln. Hier lag das Unsicherheitsmoment weniger im Umfang der einzubeziehenden Schulden als in der Frage, welche Umrechnungskurse anzuwenden seien, ob man von der Gültigkeit einer Goldklausel auszugehen habe und ähnlichen Faktoren. Untersuchungen, die das Finanzministerium im Herbst 1950 anstellte, kamen auf einen Betrag von 3,85 Mrd. D-Mark für die öffentlichen Vorkriegsschulden, der sich auf 5,90 Mrd. erhöhen würde, wenn die Goldklausel anzuwenden sei.[84] Dabei waren Zinsen nicht berücksichtigt.

Die private Auslandsverschuldung war nur ungefähr bekannt. Die letzte Aufstellung der »Anmeldestelle für Auslandsschulden« hatte sie zum Stichtag 30. September 1940 erfaßt[85], und zehn Jahre später gab es noch keine bessere Grundlage. Der Ausschuß für internationale finanzielle Beziehungen, der durch Louis Wolf zeitweise Zugang zu den Unterlagen der Deutschen Verrechnungskasse in Berlin hatte, konnte zumindest für den Bereich der Stillhalteschulden weiterhelfen. Diese machten aber nur einen Bruchteil der gesamten privaten Auslandsverschuldung aus. Ich regte daher im Dezember 1949 im Zentralbankrat der Bank deutscher Länder an, durch eine Umfrage unter den Schuldnern genauere Angaben über diese Schuldenkategorie zu erhalten.[86] Die Vorbereitungen dafür nahmen geraume Zeit in Anspruch. Außerdem gab es im Zentralbankrat Bedenken, und erst, nachdem das Bundeskabinett am 25. August 1950 zugestimmt hatte, konnte die Erhebung zum Stichtag 1. September 1950 gestartet werden.[87] Erfaßt werden sollten Verpflichtungen gegenüber Gläubigern in bestimmten Ländern im Nenn- oder Gegenwert von über tausend Reichsmark bzw. D-Mark.[88]

Bei den Verhandlungen um die Schuldenanerkennung lagen noch keine verwertbaren Ergebnisse aus dieser Erhebung vor, obwohl sie bis zum 15. Oktober eigentlich hätte abgeschlossen sein sollen. Offenbar herrschte, wie die Bank deutscher Länder konstatierte, eine »Fragebogenmüdigkeit«, die, verbunden mit der Furcht vor der möglichen Enthüllung steuer- oder devisenrechtlich relevanter Tatbestände, dafür sorgte, daß der Rücklauf der Fragebogen nur zögernd in Fluß kam.[89] Zum Teil fürchteten die Schuldner aber auch, mit der Anmeldung ihrer Schulden ein Anerkenntnis auszusprechen. Natürlich war es in vielen Fällen auch aufgrund von Kriegseinwirkungen nicht möglich, zuverlässige Zahlen zu erhalten. Nach einer vorläufigen Bestandsaufnahme Mitte März 1951 waren insgesamt 8075 Fragebogen eingegangen, die zusammen private Verbindlichkeiten in Höhe von 1885 Mio. Reichsmark, 82 Mio. Goldmark und 2647 Mio. D-Mark auswiesen. Aktualisierte Ergebnisse der Umfrage konnten im Oktober 1951 veröffentlicht werden[90]; aber auch sie waren noch nicht als endgültig anzusehen.[91]

Die geschilderten Schwierigkeiten bei dem Versuch, zuverlässige Zahlenangaben zu erhalten, ließen den Statistischen Ausschuß auf der Londoner Schuldenkonferenz daher einige Arbeit leisten. Er war von der allgemeinen Konferenzpause im April und Mai 1952 ausgenommen. Auf Wunsch der Gläubigervertreter wurde eine Aufstellung über die deutschen Jahresleistungen angefertigt, die zu erbringen wären, falls dem Regelungsplan die ursprünglichen Konditionen zugrundegelegt würden – unter Anwendung der Goldklausel und mit voller Berücksichtigung der rückständigen Zinsen.[92] Als Laufzeit wurden fünfzehn Jahre für jene Schulden angenommen, bei denen nichts vereinbart worden war. Am 1. April 1952 legte die deutsche Delegation eine »Zusammenstellung der ausländischen Ansprüche gegen Deutschland« vor, ohne damit zur Berechtigung und zur Höhe dieser Forderungen Stellung zu nehmen.[93] Es ergab sich – ohne dabei die Nachkriegsschulden zu berücksichtigen – eine Summe von 1,5 Mrd. D-Mark pro Jahr, was hinreichend deutlich machte, daß die Maximalforderungen der Gläubiger unmöglich zu erfüllen waren.

b) Aufbringungs- und Transferfähigkeit

Ludwig Erhard nannte in einem Vortrag Anfang 1952 das Jahr 1951 »das schwerste Jahr, das ich wirtschaftspolitisch zu überstehen hatte; viel schwerer [. . .] als der entscheidende Kurswechsel [. . .] 1948«[94]. Diese Beurteilung dürfte für seine gesamte Amtszeit als Wirtschaftsminister gültig geblieben sein. Die Alliierte Hohe Kommission äußerte mehrmals ihr Unbehagen über eine nicht energisch genug betriebene Wirtschaftspolitik, die Fehlentwicklungen begünstige. Bei ihr genoß Erhard kein besonders hohes Ansehen. Als er im September 1950 durch eine Reihe von öffentlichen Appellen versuchte, dem zunehmenden Preisauftrieb Einhalt zu gebieten, wurde von britischer

Seite erklärt, dies sei typisch für sein übliches Versagen, rechtzeitig angemessene Maßnahmen zu treffen und für seine Gewohnheit, Krisensituationen allein durch Worte begegnen zu wollen.[95]

McCloy forderte – in seiner Funktion als Sonderbeauftragter der Economic Cooperation Administration – am 6. März 1951 in einem Brief an Adenauer »eine bedeutsame Modifizierung der freien Marktwirtschaft«[96]. Schon Anfang 1950 war – teilweise zu Recht – ein übertriebener Hang zum Konsum von aufwendigen Gütern festzustellen, durch den die Finanzierung notwendiger Investitionen nicht unbedingt gefördert wurde.[97] Ich hielt es hingegen für »besser, unseren Kreditoren Zinsen zu zahlen und es dann ihnen zu überlassen, gewisse Dinge zu verzehren, die wir in den letzten Jahren unter dem liberalisierten Handel für uns importierten«[98]. Die Frage lag nahe, ob der von allen Seiten immer wieder angeführte Kapitalmangel tatsächlich in dem Maße existierte oder ob nicht vielmehr weitgehend ein volkswirtschaftlicher Fehleinsatz des verfügbaren Kapitals stattfand, der verhinderte, jene Wirtschaftszweige ausreichend mit Investitionsmitteln zu versorgen, die für die Steigerung der Produktion von entscheidender Bedeutung waren. Durch das Investitionshilfegesetz von 1952 konnte hier – wenn auch nur mit Verspätung – Abhilfe geschaffen werden, und auch den Alliierten gegenüber konnte sich Erhard im wesentlichen durchsetzen.

Im Herbst 1950 hatte die gerade gegründete Europäische Zahlungsunion ihre erste Bewährungsprobe zu bestehen. Die Bundesrepublik wies aufgrund des durch den Koreakrieg hervorgerufenen Verbrauchsanstiegs ein Defizit aus, das Ende September 172 Mio. US-Dollar betrug.[99] Nachdem »Hysteriker [...] es zunächst mit moralischen Erklärungen versucht hatten, in denen Deutschland mehr oder weniger offen eines betrügerischen Bankerotts beschuldigt wurde«[100], beauftragte das Direktorium der Zahlungsunion zwei Experten, Alec Cairncross und Per Jacobsson, mit der Erstattung eines Gutachtens über die westdeutsche Wirtschaftslage und gewährte auf dessen Basis im Dezember 1950 einen Sonderkredit in Höhe von 120 Mio. US-Dollar, der bis Ende Oktober 1951 getilgt sein mußte.[101] Dies alles lief erfreulich rasch und unspektakulär ab – ganz im Unterschied zu der auf die politische Ebene verlagerten finanziellen Krisendiplomatie des Jahres 1931.[102]

Im Jahre 1951 war die Entwicklung des deutschen Außenhandels »von dramatischen Ereignissen begleitet«[103]. Im Februar führten erneute Zahlungsschwierigkeiten dazu, daß die Liberalisierung der Einfuhren wieder eingeschränkt werden mußte. Während vor Gründung der Bundesrepublik die JEIA eine äußerst restriktive Importpolitik betrieben hatte, trat nach der Übertragung ihrer Kompetenzen auf deutsche Stellen ein gewisser Umschwung ins andere Extrem ein. Die Selbstdisziplin, die die Liberalisierung von der Wirtschaft verlangte, konnte nicht überall aufgebracht werden.[104] Zudem zeigte sich, daß eine ausgedehnte Aus- und Einfuhrwirtschaft kaum zu führen war, solange die Notenbank keine nennenswerten Währungsreserven besaß.[105] Wie ernst die Lage beurteilt wurde, zeigt ein Brief Vockes an Adenauer mit aller Deutlichkeit. »Sehr verehrter Herr Bundeskanzler,« schrieb er am 26. Februar 1951, »es zeigt sich jetzt die Möglichkeit, vielleicht sogar Wahrscheinlichkeit, daß wir Ende März vor dem Nichts stehen«, um, nachdem er seine Vorschläge zur Bewältigung der Krise unterbreitet hatte, mit der Frage zu schließen: »Sollte man nicht, sei es auch mit ungewöhnlichen Mitteln, versuchen, in letzter Stunde alles daranzusetzen, um am Leben zu bleiben?«[106] Durch Maßnahmen der Bundesregierung, die von einer Restriktionspolitik der Bank deutscher Länder unterstützt wurden, konnte die akute Krise überwunden werden. Im Handel mit den Ländern der Europäischen Zahlungsunion wechselte die Bundesrepublik im Laufe des Jahres von einer Schuldner- zur Gläubigerposition.

Die Frage, wie es um die deutsche Aufbringungs- und Transferfähigkeit bestellt war, beherrschte seit Mitte 1951 die Besprechungen in der deutschen Delegation und mit Fachleuten aus der Notenbank und den Ministerien. Obwohl innere Aufbringung und Transfer in der Realität nicht so leicht voneinander zu trennen sind, wie es die theoretische Unterscheidung nahelegt[107], arbeiteten das Wirtschafts- und das Finanzministerium im Herbst 1951 separate Gutachten aus. Da diese aber auch für die alliierten Regierungen bestimmt waren, lag die Annahme nahe, daß sie eine gewisse Verzerrung aufwiesen – ähnlich wie in den frühen zwanziger Jahren amtliche Darstellungen der deutschen Wirtschaftslage immer auch unter dem Gesichtspunkt der Wirkung auf die Reparationsgläubiger geschrieben worden waren.[108] Aus diesem Grunde wurde von amerikanischer Seite im Dreimächteausschuß erwogen, den Internationalen Währungsfonds eine Studie über die deutsche Wirtschaftslage anfertigen zu lassen.[109] Dieser Gedanke einer Untersuchung durch eine gleichsam neutrale Instanz hatte auch auf deutscher Seite einige Befürworter, hingegen warnte ich »sowohl vor einem neuen Parker Gilbert als auch vor einem nationalen Gremium zur Beurteilung der Transferfähigkeit«[110].

Zu wenig ermutigenden Aussagen gelangte das im Bundesfinanzministerium ausgearbeitete Gutachten zur Frage der deutschen Aufbringungsfähigkeit. Es sollte auf meinen Wunsch hin keine Tendenz ausdrücken, stellte aber fest, daß die Zahlungsfähigkeit der Bundesrepublik in D-Mark sehr beschränkt war.[111] Die Gründe dafür waren offensichtlich: die Zerstörungen des Krieges, die Demontagen, die unausgewogene Struktur der deutschen Wirtschaft nach der Abtrennung des Ostens und die Folgen des Zustroms von Flüchtlingen. Auf amerikanischer Seite wurde es als »well written document« anerkannt. Sein Mangel wäre eine statische Darstellung, die offenbar unterstelle, daß die deutsche Wirtschaft die gleiche Entwicklung nehmen würde, unabhängig davon, ob Leistungen für den Schuldendienst erbracht werden müßten oder nicht.[112]

Angesichts der Umstände war es wenig verwunderlich, daß auch das Gutachten zur Transfersituation, das vom Bundeswirtschaftsministerium unter maßgeblicher Beteiligung des Marshallplan-Ministeriums erarbeitet worden war, die zu erwartende Entwicklung skeptisch beurteilte.[113] Schließlich bot das Jahr 1951, wirtschaftlich betrachtet, wenig Anlaß zum Optimismus. Immerhin hatte, obwohl dies selbst dem Finanzminister zunächst »zweifelhaft erschienen« war[114], der Kredit an die Europäische Zahlungsunion programmgemäß zurückgezahlt werden können. Da es nutzlos war, aus den Währungsreserven der Notenbank Annuitäten für den Schuldendienst abzuzweigen, mußte eine Verbesserung des deutschen Außenhandels Ausgangspunkt für die weiteren Überlegungen sein. Die Aussichten dafür waren ungünstig; noch im Frühjahr 1952 betrachtete die Bank deutscher Länder die Zahlungsbilanzschwierigkeiten der Bundesrepublik als strukturell bedingt.[115]

Im Mai 1952 kam ein Gutachten des Kieler Instituts für Weltwirtschaft zu dem Ergebnis, daß auch die ausgeglichene Leistungsbilanz des Jahres 1951 »keine Rechtfertigung für eine Wiederaufnahme des Schuldendienstes« darstelle.[116] Es beurteilte das Niveau der wirtschaftlichen Aktivität als im ganzen unzureichend. Solange das westdeutsche Wirtschaftspotential, vor allem wegen der Engpässe im Bereich der Grundstoffversorgung, nicht ausgenutzt werden konnte, erschien es als wenig sinnvoll, einen umfassenden Schuldendienst zu befürworten. Der zu erwartende Verteidigungsbeitrag würde voraussichtlich die Schwierigkeiten noch vergrößern, so daß eine finanzielle Instabilität im Innern zu befürchten war. Die Aufnahme neuer Anleihen zur Ablösung der alten Schulden hielt das Institut nach den Erfahrungen der zwanziger Jahre für wenig empfehlenswert. Das Wachstum des Exports, das für einen ins Gewicht fallenden Schuldendienst nötig war, wurde auf mindestens dreißig Prozent veranschlagt. Dies hielt das Gutachten für nicht erreichbar, da die Bundesrepublik ihren aufgrund der Kosten- und Preissituation gegebenen optimalen Weltmarktanteil bereits erreicht habe. Eine weitere Exportsteigerung müsse im wesentlichen von einer allgemeinen weltwirtschaftlichen Expansion getragen werden, für die allerdings kaum Anzeichen festzustellen seien.

Die Überlegungen, die auf deutscher Seite angestellt wurden, kamen zu dem Ergebnis, daß ein Transfer in der Größenordnung von 100 Mio. Dollar pro Jahr möglich wäre. Auf der anderen Seite glaubte der *Economist,* aufgrund einer überschlägigen Schätzung mit 200 Mio. Dollar von genau der doppelten Jahresleistung für den deutschen Schuldendienst ausgehen zu können.[117] Auch in den Vereinigten Staaten war diese Angabe im Gespräch.[118] Solche globalen Zahlen hatten allerdings nur geringe Aussagekraft. Bei fehlender Konvertibilität der Währungen war es notwendig, die Transfermöglichkeiten für die einzelnen Währungsräume gesondert zu untersuchen. Der kritische Bereich des Transferproblems war der Dollarsektor der deutschen Zahlungsbilanz. Die Gründe hierfür lagen auf der einen Seite in der besonders starken Einfuhrabhängigkeit der Bundesrepublik gegenüber dem Dollarraum, auf der anderen Seite in der Schwierigkeit, die Dollareinnahmen durch direkte Exporte dorthin rasch zu steigern. Bereits vor dem Krieg hatte Deutschland fast ständig einen erheblichen Passivsaldo in seiner Waren- und Dienstleistungsbilanz gegenüber Nordamerika aufgewiesen, der aber entweder durch Kapitalzuflüsse aus Amerika oder durch konvertierbare Überschüsse im Verkehr mit anderen, insbesondere europäischen Ländern ausgeglichen werden konnte. Die Teilung Deutschlands verstärkte diese Abhängigkeit. Durch die fehlende Konvertierbarkeit der meisten Währungen sah sich die Bundesrepublik gezwungen, die Überschüsse für den Dollarschuldendienst in dem sehr engen Dollarsektor selbst zu erwirtschaften, in den Anfang 1952 nur gut ein Zehntel der deutschen Ausfuhr ging.[119] Unter diesen Umständen konnte die deutsche Dollarlücke nur durch die GARIOA- und ERP-Hilfe der Vereinigten Staaten überbrückt werden. Zur Zeit der Schuldenkonferenz schien eine Lösung des Problems noch nicht in Sicht.

Ein etwas anderes Bild zeigte die Transfersituation gegenüber den Ländern der Europäischen Zahlungsunion. Hier verzeichnete die Bundesrepublik seit dem Frühjahr 1951 laufende Überschüsse in ihrer Leistungsbilanz. Allerdings hatte diese Entwicklung zum Teil ihre Ursache in außergewöhnlichen wirtschaftspolitischen Maßnahmen. Infolge der deutschen Zahlungskrise war im März 1951 die Einfuhr aus den EZU-Ländern durch Aufhebung der Liberalisierung auf ein

Maß gedrosselt worden, das sich auf Dauer gesehen unter Reziprozitätsgesichtspunkten nicht aufrechterhalten ließ. Handelpolitisches Entgegenkommen der OEEC-Länder hatte die deutsche Ausfuhr gefördert, doch lag die Vermutung nahe, daß es nicht deren Vorstellung als Handelspartner entsprach, durch Minder-Lieferungen nach Deutschland oder Mehr-Bezug aus Deutschland es in die Lage zu versetzen, seine Gläubiger zu bezahlen.[120] Auch ohne Berücksichtigung dieser Sonderfaktoren war allerdings die Relation zwischen Handelsvolumen und eventuellem Schuldendienst um einiges günstiger als gegenüber dem Dollarraum.

Glücklicherweise mußte die deutsche Delegation auf diesem Gebiet wenig Überzeugungsarbeit leisten. Bereits während der Konferenz vom Juli 1951 hatten die Gläubiger anerkannt, daß reale Leistungen nur aus einem dauerhaften Überschuß der Handels- und Dienstleistungsbilanz möglich wären.[121] Auch das Memorandum des Dreimächteausschusses vom Dezember 1951, das zur Vorbereitung der Hauptkonferenz dienen sollte, erkannte an, daß eine Regelung aller fälligen Schulden von Deutschland nicht unverzüglich erwartet werden könne und daher in der Regel die Rückzahlung sich über eine Reihe von Jahren erstrecken müsse. »Wenn jedoch die Gläubiger Opfer bringen müssen«, so hieß es dort weiter, »dann müssen auch die Schuldner sich bemühen, um so zu einer vernünftigen Regelung sämtlicher deutscher Schulden zu gelangen. Es wird das Ziel der Verhandlungen auf der bevorstehenden Konferenz sein, ein Einvernehmen darüber zu erzielen, welche Bemühungen und Opfer von jeder Seite für erforderlich erachtet werden und welches ihr Ausmaß sein soll.«[122]

Die deutsche Verhandlungstaktik mußte daher darauf gerichtet sein, eine allmähliche Aufnahme des Schuldendienstes und damit eine Anpassung der Zahlungen an die deutsche Leistungsfähigkeit zu erreichen. Nur so war auf Zugeständnisse zu hoffen, während ein Akzeptieren von DM-Zahlungen leicht dazu führen konnte, die Ansprüche in voller Höhe bestehen zu lassen. Dies hätte einen ständigen

Transferdruck mit allen unerwünschten währungspolitischen Begleiterscheinungen hervorgerufen. Die Ansicht, Zahlungen in Sperrmark nach Möglichkeit zu vermeiden, hatte sich erst im Laufe der letzten Monate vor der Hauptkonferenz entwickelt. Insbesondere die schwierige Devisenlage im Jahre 1951 hatte zunächst noch Überlegungen Auftrieb gegeben, Schulden in Sperrmark zu begleichen. Was bei den Gläubigern aus der Stillhaltung noch ohne Probleme möglich gewesen wäre, schien allerdings im Falle der Anleihegläubiger kaum durchführbar. Man konnte annehmen, daß für diese nur schlechte Möglichkeiten bestanden, erhaltene Sperrmark zu verwerten; der Angebotsdruck auf den internationalen Devisenmärkten wäre somit sehr groß gewesen.[123]

»Bemerkungen zur Sperrmarkfrage« war ein Memorandum überschrieben, das die deutsche Delegation der Konferenz zugänglich machte.[124] Nach einem Überblick über das voraussichtliche Sperrmarkvolumen wurden die voraussichtlichen Nachteile der Sperrmark dargelegt. Das Ziel der Schuldenkonferenz, die deutschen Schulden endgültig zu bereinigen und damit eine wesentliche Voraussetzung für die Aufhebung der Devisenzwangswirtschaft zu schaffen, sei nur schwierig zu erfüllen, solange die Sperrmark bestehe. Das Memorandum wies auch darauf hin, daß durch Rückzahlung von Währungsverbindlichkeiten in D-Mark auf Sperrkonto nicht der Mangel an langfristigem Kapital behoben werden könne. Über die Sperrmark werde der deutschen Wirtschaft kein neues Kapital zugeführt, sondern es finde lediglich eine Umlagerung von Geldern statt. Die Erfahrung hatte gezeigt, daß die Sperrmark in der Regel nicht zu langfristigen und volkswirtschaftlich erwünschten Investitionen verwendet wurde, sondern überwiegend nichtproduktiven Zwecken zufloß und daher kreditpolitisch nachteilig wirkte. Aufgrund dieser schlechten Erfahrungen schlug die Delegation vor, die bestehenden Verwendungsmöglichkeiten für Sperrmark, die zu illegalen Praktiken geführt hatten, zu modifizieren. Dies sollte auch deshalb geschehen, um die einen echten Transfer beanspruchenden Gläubiger zu schützen.

150

Bei den Verhandlungen in London wurde die Transferfrage zunächst zurückgestellt, gewann aber gegen Ende des ersten Verhandlungsabschnittes an Bedeutung. Auch hier gab es einen gewissen Gegensatz zwischen den Gläubigern. Da das deutsche Transferproblem in erster Linie ein Dollarproblem war, verlangte der Grundsatz der Gleichbehandlung Opfer von den anderen, etwa den Pfund-Gläubigern, die sich nicht mit deutschen Transferschwierigkeiten begründen ließen.[125] Niemeyer spielte Rendel gegenüber die Interessengegensätze zwischen den Gläubigern herunter. Er sah nur in der Frage der Behandlung von Goldklauseln und in einer Auseinandersetzung über die schwedischen Ansprüche aus der Zündholzanleihe Grund zur Uneinigkeit. Hingegen galt für ihn: »The danger of the Germans throwing us a transfer bone to scramble for is real, and we should all try to discourage this. They could only do so if they completely neglected the interest of their own credit. What they should do is to talk about Marks first; the transfer point is only reached after you know in respect of how many Marks per annum it arises.«[126]

Daneben erhielt die Auseinandersetzung um die deutschen Transfermöglichkeiten dadurch einen neuen Akzent, daß Warenlieferungen nach Israel hinzukamen.[127] Hier entstanden die Konflikte eher innerhalb der deutschen Delegation und den beteiligten Ressorts, denn über die Auswirkungen solcher Lieferungen bestanden unterschiedliche Ansichten. Für die Behandlung der Transferfragen war weiterhin das Bundeswirtschaftsministerium zuständig, das entsprechende Entwürfe für eine Vorbehaltsklausel im Schuldenabkommen ausarbeitete. Doch hatte auch die Bank deutscher Länder an diesen Arbeiten starken Anteil. Die Auffassung zum Problem des Transfers war allerdings auch im Wirtschaftsministerium nicht einheitlich. Im Februar war eine vorläufige Stellungnahme zu dem Ergebnis gekommen: »Soweit es sich bei den von israelischer Seite vorgeschlagenen Waren um für den Export interessante Mangelgüter handelt, muß der Sachtransfer einem Bartransfer in vollem Umfange gleichgestellt werden. Auch soweit es sich nicht um ausgesprochene Mangelexportgüter handelt, wird die deutsche Export- und Transferfähigkeit durch Lieferungen dieser Waren beeinträchtigt. [. . .] Es hängt letzten Endes von der Auswahl der Güter ab, inwieweit der geforderte Sachtransfer in den Auswirkungen einem Bartransfer gleichkommt.«[128]

Daneben gab es eine Fraktion, die offenbar Warenlieferungen als für die deutsche Transferfähigkeit irrelevant ansah. Nach Erhards Auffassung, die er am 16. April in einem Brief an Adenauer ausdrückte, würden Warenlieferungen ohne großen Einfluß auf die deutsche Transferfähigkeit sein.[129] Seiner Ansicht nach waren diese Leistungen anders zu bewerten als der Zinsen- und Amortisationsdienst für öffentliche und private Auslandsschulden, der in Valuta und teilweise sogar in Dollar zu entrichten sei und für den echte Exportüberschüsse erzielt werden müßten. Die Zahlungen an Israel böten keine vergleichbaren Schwierigkeiten, da sie mit den Warenlieferungen ihre endgültige Verrechnung fänden. Die Gefahr, daß Israel einen Teil der gelieferten Waren exportieren und damit die deutschen Absatzmärkte stören würde, schätzte Erhard als gering ein. Er baute ganz auf den wirtschaftlichen Aufschwung der Bundesrepublik. Wenn er der Meinung sei, daß wir die moralische Verpflichtung gegenüber Israel nicht nur zu einer platonischen Erklärung werden lassen sollten und er unabhängig davon auch zum Zweck der Rückgewinnung der Kreditwürdigkeit für eine ehrliche Bedienung der Vor- und Nachkriegsschulden eintrete, so gründe sich diese Haltung auf den Optimismus, daß der in den letzten Jahren erreichte wirtschaftliche Fortschritt anhalten werde.

Bei der Bank deutscher Länder riefen solche Gedankengänge Unbehagen hervor; Vocke zeigte sich geradezu »entsetzt über diese Dinge«[130]. In einem kurzen Memorandum, auf dessen Formulierung er aber erhebliche Mühe verwandte, erinnerte er an die Erfahrungen, die in den dreißiger Jahren in Deutschland mit einer Außenwirtschaftspolitik gemacht worden waren, die auf ähnlichen Überlegungen beruht hatte.[131] Er sah in den Vorschlägen, die israelischen For-

derungen mit Waren, »deren gegenwertlose Leistung unser Devisenaufkommen nicht schmälern soll«, zu erfüllen, eine »gefährliche
Selbsttäuschung und Illusion«. Auch ich hielt es für wichtig, solchen
Ansichten entgegenzutreten.[132] In mehreren Besprechungen der beteiligten Ressorts wurde auf Referentenebene versucht, zu einer Liste
von Waren zu gelangen, die zwar den israelischen Wünschen ent-
gegenkam, aber möglichst geringe Rückwirkungen auf die deutsche
Transferfähigkeit haben sollte.

In der Besprechung der deutschen Delegation am 21. April 1952
konnte Stedtfeld als Vertreter des Wirtschaftsministeriums einen dort
entworfenen Vorschlag für ein deutsches Transferangebot vorlegen.[133]
Er sah vor, daß die deutsche Seite einen bestimmten Transferbetrag
nennen würde, zusammen mit seiner Aufteilung auf die einzelnen
Schuldenkategorien. Nach den neuesten Berechnungen des Wirtschaftsministeriums erschien ein Jahresbetrag von 110-120 Mio. Dollar als möglich; einen etwas geringeren Betrag hatte ich – in sehr
vorsichtigen Formulierungen und ohne mich hinsichtlich der Auf-
bringungs- und Transferfähigkeit festzulegen – am 5. September
1951 auf einer Pressekonferenz genannt.[134] Für die Vorkriegsschulden konnten demnach etwa 40-50 Mio. Dollar bereitgestellt werden.
Da die Transferfähigkeit nicht als feste Größe angesehen werden
konnte und zudem nach Währungsräumen differierte, schlug Eduard
Wolf vom Direktorium der Bank deutscher Länder vor, den Betrag
in D-Mark auszudrücken, um klarzustellen, daß es sich nur um eine
Rechengröße handelte. Dieser Vorschlag wurde angenommen.[135]
Auch die Problematik des Warentransfers im Zusammenhang mit
den Israel-Verhandlungen wurde in dieser Sitzung erörtert. Mueller-
Graaf, ein weiterer Vertreter des Wirtschaftsministeriums, argumentierte eher auf Erhards Linie. Grundsätzlich bestehe kein Unterschied
zwischen Devisen- und Warentransfer, doch könne je nach dem Charakter der zu liefernden Waren das Transferproblem weniger gravierend sein. Stedtfeld ergänzte, daß die Transferfähigkeit nur kurzfristig und nicht für ein einzelnes Gläubigerland festgestellt werden

könnte. In London würde jedenfalls eine langfristige Beurteilung der deutschen Transferfähigkeit benötigt.

Die Delegation war sich darüber einig, daß der an Israel zu leistende Betrag unbedingt in den auf der Schuldenkonferenz zu nennenden Betrag eingeschlossen werden müßte und sich in keinem unangemessenen Verhältnis zu den Ansprüchen der Vorkriegsgläubiger befinden dürfe. Da in dieser Hinsicht nur wenig Spielraum bestand, mußte es der politischen Entscheidung des Kabinetts überlassen bleiben, ob die nach dem Urteil der Sachverständigen mögliche Transferleistung zugunsten Israels aufgestockt werden sollte oder nicht.

4. Das deutsche Angebot in London

Die Kabinettsvorlage für die weiteren Verhandlungen in London und Den Haag war Thema einer von mir angeregten Sitzung am 14. Mai 1952, auf der ein vergleichsweise großer Kreis von Fachleuten und Politikern unter Leitung des Bundeskanzlers sich mit den verschiedenen Aspekten der deutschen Leistungen noch einmal befaßte.[136] Wegen der noch immer stark divergierenden Ansichten hielt ich es für sinnvoll, einige Fragen zu klären, bevor sich das Kabinett formell mit der Angelegenheit beschäftigte. Obwohl die Kabinettssitzung schon zwei Tage später stattfinden sollte, zeigte sich eine bemerkenswerte Vielfalt der Meinungen. Schäffer, von Adenauer gebeten, einen Überblick über die finanzielle Lage des Bundes zu geben, glaubte, daß die öffentliche Hand höchstens 400 Mio. D-Mark bereitstellen könnte. » Wenn durch Zusagen im Haag nun Belastungen hinzuträten, erschiene es ihm fast unmöglich, die Ordnung der Finanzen aufrechtzuerhalten.« Dies entsprach etwa dem, was bereits zuvor aus dem Finanzministerium zu hören gewesen war. Adenauer ergänzte, daß man in einem Wahljahr keine neuen Steuerquellen erschließen könne.

Es tauchte der Gedanke auf, die Rückflüsse aus den Gegenwertmitteln der Marshallplan-Gelder für die Tilgung der Nachkriegsschulden einzusetzen, doch stieß er auf den Widerstand Blüchers.

Vocke betonte die Schwierigkeiten des Transfers. Er, der schon immer für eine Vertagung der Schuldenkonferenz eingetreten war, sah sich darin plötzlich vom Kanzler unterstützt, der auf die entscheidende Bedeutung von Eisenhowers Nominierung als amerikanischer Präsidentschaftskandidat hinwies. Adenauer fragte daher zunächst, ob man die Verhandlungen in London bis zum Parteikonvent, der über die Nominierung entscheide, hinausschieben könne. Dies war nun schlecht möglich, da der 19. Mai als Termin für das deutsche Angebot feststand, wäre allerdings den englischen Neigungen entgegengekommen.

Das in Aussicht genommene deutsche Angebot wurde allgemein als das Minimum dessen angesehen, was den Gläubigern zugemutet werden könnte. Es wurde durch die in noch stärkerem Maße auseinandergehenden Meinungen kompliziert, welche Leistungen zugunsten Israels erbracht werden könnten. Hier konnte Böhm mit seiner Ansicht nicht durchdringen, und so wurde als Ergebnis festgehalten, daß aus öffentlichen Mitteln 400 Mio. D-Mark zur Finanzierung der in London präsentierten Forderungen bereitgestellt werden könnten. Um die israelischen Ansprüche abzudecken, sollten Waren im Wert von 100 Mio. D-Mark pro Jahr geliefert werden, wobei die Aufbringung noch nicht feststand.

Dieses Ergebnis lag nicht auf der Linie des Auswärtigen Amts. Staatssekretär Hallstein überließ es dem Bundesfinanzministerium, die Vorlage für die Kabinettssitzung am 16. Mai 1952 auszuarbeiten, die allein der Erörterung der Auslandsschuldenfrage unter Einbeziehung der Ansprüche Israels vorbehalten war.[137] Es galt, mit dem deutschen Vorschlag eine für beide Seiten tragbare Synthese zwischen den Erwartungen der Gläubiger und der beschränkten deutschen Leistungsfähigkeit zu finden. Die Vorlage unterstellte dabei, daß der deutsche Kredit nur wiederherzustellen wäre, wenn die Gläubiger die

Überzeugung gewönnen, das deutsche Angebot stelle das Äußerste dessen dar, was unter Berücksichtigung aller sonstigen Verpflichtungen und Belastungen werde geleistet werden können.[138]

In der Sitzung tauchten keine neuen Argumente auf, doch wurde das weitere Vorgehen deutlich. Am 19. Mai sollte ich in einer Besprechung mit Vertretern Israels in London feststellen, ob ein Angebot von 100 Mio. D-Mark Jahresleistung in Waren pro Jahr – mit zunächst unbefristeter Laufzeit – Aussicht habe, angenommen zu werden.[139] Böhm, dessen Teilnahme daran wünschenswert war, hielt indessen diese Sondierung für verhängnisvoll und erklärte zwei Tage später seinen Rücktritt als Leiter der deutschen Israel-Delegation.[140] Eine ereignisreiche Woche begann.

Nachdem die Konferenz am 19. Mai 1952 wiederaufgenommen worden war, mußte ich zunächst die Erwartungen der Gläubiger enttäuschen. Das deutsche Angebot sollte erst einige Tage später präsentiert werden, denn für den Abend war jenes Treffen mit Vertretern Israels vorgesehen, das ich in der Kabinettssitzung vorgeschlagen hatte. Obwohl der Dreimächteausschuß nach außen hin noch immer die Meinung vertrat, daß die Israel-Verhandlungen mit der Londoner Schuldenkonferenz nichts zu tun hätten, zeigte er doch Verständnis dafür, daß ich unter diesen Umständen erst das Ergebnis meiner Sondierung abwarten wollte, ehe ich die Gläubiger unterrichtete.[141]

Das Gespräch mit Shinnar und Keren, in dem ich in den Vorschlag von jährlichen Warenlieferungen im Gegenwert von 100 Mio. D-Mark – vorerst ohne zeitliche Festlegung – machte, blieb erfolglos in dem Sinne, daß die israelischen Vertreter erklärten, lieber nichts zu nehmen als eine derart dürftige Regelung zu akzeptieren.[142] Goldmann schrieb noch am Abend einen Brief an Adenauer. Er sei überzeugt, daß die jüdische Öffentlichkeit in meinen Vorschlägen »nichts anderes als eine Beleidigung« sehen werde und bat den Bundeskanzler, mit seiner ganzen Autorität dafür zu sorgen, daß durch ein deutsches Angebot die Verhandlungen wieder aufgenommen werden

156

könnten.[143] Goldmann ließ Kopien des Briefes sogleich den westlichen Regierungen zukommen.[144] Die Situation wurde dadurch verschärft, daß nun auch der Rücktritt Böhms und Küsters von der Leitung der deutschen Israel-Delegation bekannt wurde, den beide in einer » konzertierten Aktion« als letzten Versuch ansahen, eine Entwicklung zu verhindern, die sie nicht für richtig hielten und die sie nicht mitverantworten wollten.[145]

Die Lage in London begann gespannt zu werden. Am Vormittag des 20. Mai fand ein informelles Treffen zwischen der deutschen Delegation und dem Dreimächteausschuß statt, bei dem ich das deutsche Angebot in seinen Grundzügen zusammenfaßte: Die Verschuldung, die auch oder im Zusammenhang mit der Konferenz geregelt werden sollte, summierte sich auf 23,6 Mrd. D-Mark, wobei 15,7 Mrd. auf die Vorkriegsschulden, 6,9 Mrd. auf die Nachkriegsschulden und eine Mrd. auf den Schweizer Clearing-Anspruch entfielen. Allerdings müßten auch solche Forderungen berücksichtigt werden, die zwar nicht in den Rahmen der Schuldenregelung gehörten, aber dennoch Einfluß auf Deutschlands Leistungsfähigkeit hatten. Die größte Forderung in dieser Kategorie war Israels Anspruch auf eine kollektive Wiedergutmachungszahlung in Höhe von 4,2 Mrd. D-Mark, der dadurch noch ein besonderes Gewicht erhielt, weil Israel nur mit einer vergleichsweise kurzfristigen Regelung gedient sein konnte. Zu berücksichtigen war außerdem eine Reihe von Restitutionsforderungen und anderer Ansprüche, etwa die aus dem Ersten Weltkrieg stammende belgische Forderung zur Entschädigung für in wertloser Mark bezahlte Lieferungen.

Diese Überlegungen hatten die deutsche Delegation zu dem Ergebnis gebracht, für die auf der Konferenz behandelten Forderungen einen jährlichen Transfer von 500 Mio. D-Mark anbieten zu können, wovon 400 Mio. auf staatliche und 100 Mio. auf private Verschuldung entfielen. Nach einer Anlaufperiode von vier bis sechs Jahren war eine Erhöhung des Schuldendienstes um 80 Mio. D-Mark in Aussicht genommen. Die Kapitalwerte wurden, ohne Goldklauseln zu berücksichtigen, nach dem aktuellen Dollarkurs in D-Mark umgerechnet. Die neuen Anleihen sollten im Durchschnitt mit drei Prozent verzinst werden, die Tilgung würde nach den ersten fünf oder sechs Jahren mit einem Prozent einsetzen. Der Kapitalbetrag der Reichsschulden sollte um die Hälfte reduziert werden, wobei vierzig Prozent als Kompensation für die Gebietsverluste und zehn Prozent als Berücksichtigung der aktuellen wirtschaftlichen Schwierigkeiten der Bundesrepublik gedacht waren. Zinsrückstände sollten generell gestrichen werden.

Die deutsche Delegation mußte zugeben, daß sie kein Mittel sah, wie der herrschenden Dollarknappheit zu begegnen sei, um Zahlungen außerhalb des EZU-Raumes in ausreichendem Maße zu gewährleisten. Außerdem hingen ihre Vorschläge von einer befriedigenden Lösung des Reparationsproblems ab; es wäre nicht zu verantworten, auf diesem Gebiet neue Ansprüche aufkommen zu lassen, welche die Schuldenregelung *ad absurdum* führen müßten. Abschließend betonte ich, daß alle Verpflichtungen nur aufgrund einer aktiven Zahlungsbilanz würden erfüllt werden können, zumal Deutschland sein Auslandsvermögen und einen großen Teil seiner früheren wirtschaftlichen Kraft eingebüßt habe. Der Erfolg der Schuldenregelung hinge also davon ab, ob es im Welthandel zu einem genügenden Maß an Kooperation kommen würde, um die Regelungsvorschläge verwirklichen zu können.[146]

Die Reaktion des Dreimächteausschusses auf das deutsche Angebot war – nicht unerwartet – alles andere als enthusiastisch. Am selben Morgen hatte die *Financial Times* wohl die Stimmung der maßgeblichen Londoner Finanzkreise wiedergegeben, als sie schrieb, das deutsche Angebot werde auf keinen Fall annehmbar sein.[147] Rendel meinte, die Gläubiger würden es sicher als äußerst enttäuschend ansehen und sagte »einige stürmische Tage« voraus.[148] Am Nachmittag fand ein zweites Treffen mit dem Dreimächteausschuß statt, an dem ich allein teilnahm. Inzwischen war aus Bonn die Aufforderung gekommen, möglichst umgehend zurückzukehren, da sich die Angelegenheit der israelischen Wiedergutmachung dramatisch entwickelt hatte.[149] Ich reiste noch am Abend ab. Am nächsten Morgen erreichte mich ein Brief des Bundeskanzlers. Ein Treffen sei erst am Nachmittag möglich, da er vorher einen Termin mit McCloy habe. Er war über das »unbedachte Vorgehen der Herren Böhm und Küster« wenig erbaut.[150] In der Sondersitzung der Bundesregierung am Vorabend hatte er bereits von den »ernstesten Folgen für die politische und wirtschaftliche Lage der Bundesrepublik in der Welt« gesprochen, die dieser Schritt befürchten ließe; in der Sitzung trafen die unterschiedlichen Meinungen, die in der Regierung zu dem Thema herrschten, hart aufeinander.[151]

An dem Treffen am 21. Mai nahmen Adenauer, Blankenhorn, Böhm, Schäffer und ich teil. Adenauer stand unter großem Druck, etwas zu tun, um die Verhandlungen im Haag nicht scheitern zu lassen. Die Besprechung endete mit dem Auftrag an Böhm, nach Paris zu reisen und dort bei Goldmann zu sondieren, ob ein Angebot von drei Mrd. D-Mark auf zwölf Jahre, wenn er es der Bundesregierung vorschlüge, von Israel akzeptiert werden könne.[152]

Zurück in London, stand für den 23. Mai eine Sitzung des Arbeits- und Organisationsausschusses an, auf der das deutsche Angebot formell der Konferenz unterbreitet werden sollte. In der Zwischenzeit hatten die Gläubiger Gelegenheit gehabt, sich mit den deutschen Vorschlägen zu befassen. Die vergleichsweise freundlichste Reaktion war in der amerikanischen Delegation zu verzeichnen, allerdings auch dort nur bei den Vertretern im Dreimächteausschuß. Obwohl es hieß, das deutsche Angebot beruhe auf einer Entscheidung des Kabinetts, glaubte man dort, daß die deutsche Delegation nach weiteren Verhandlungen zu einer Verbesserung sich bereit finden würde. Ob das allerdings genügen werde, um die Gläubiger zufriedenzustellen und eine definitive Regelung zu ermöglichen, war eine offene Frage. Es schien vor allem wichtig, die vorgesehenen Konditionen für die Dawes- und Young-Anleihe erheblich zu verbessern.[153]

Am 21. Mai beriet der Dreimächteausschuß das deutsche Angebot

mit den Gläubigervertretern. Alle drei betrachteten es als völlig un-
genügend, und die erste Reaktion war, die Verhandlungen abzu-
brechen. Pierson und Gregh hatten jedoch bereits ihre Gläubigervertreter gebeten, die offizielle Präsentation des deutschen Angebots
nicht zum Anlaß für heftige Entgegnungen (»violent actions«) zu
nehmen, sondern in Ruhe mit ihren Ausschüssen zu beraten, ehe über
den Fortgang der Konferenz entschieden werde. Auf britischer Seite
waren die Reaktionen unterschiedlich. Sir Edward Reid, der glaubte,
daß die Gläubiger aus der Stillhaltung ganz gut bedient werden würden, schien mit dem Angebot – obwohl es diese Schuldenkategorie
nicht explizit erwähnt hatte – zufrieden zu sein, während Niemeyer
für die Anleihegläubiger und Cavendish-Bentinck für die kommerziellen Gläubiger eine Suspendierung der Verhandlungen befürwor-
teten. Hier herrschte der Eindruck vor, daß man die Konferenz bis
zum Herbst vertagen solle, dann wäre die Atmosphäre vielleicht günstiger und ein besseres deutsches Angebot zu erwarten.[154] Diese Haltung der englischen Gläubiger entsprach den Erwartungen der deutschen Seite.

Dagegen war sich der Dreimächteausschuß einig, daß ein Abbruch
der Konferenz nach Möglichkeit vermieden werden sollte und zumindest bis nach Pfingsten die Verhandlungen weitergeführt werden
müßten. Der Grund dafür war offensichtlich, denn für Ende Mai war
die Unterzeichnung des Deutschlandvertrages und der damit verbundenen Abkommen angesetzt, die auf keinen Fall durch ein vorheriges
Scheitern der Londoner Konferenz gestört werden sollte. Rendel
glaubte nicht, daß es schwierig sein werde, die Gläubigervertreter solange im Zaum zu halten. Das einzige, was seiner Ansicht nach zu
einem sofortigen Abbruch führen könnte, war ein Rücktritt des deutschen Delegationsleiters.[155] Bereits während der informellen Präsentation am 20. Mai war vermerkt worden, ich hätte mich sichtlich un-
wohl gefühlt, und da mindestens die Briten seit April wußten, daß
meine Vorstellungen über die Schuldenregelung sich im Bereich von
über 600 Mio. D-Mark Jahresleistung bewegten, konnten Vermutun-

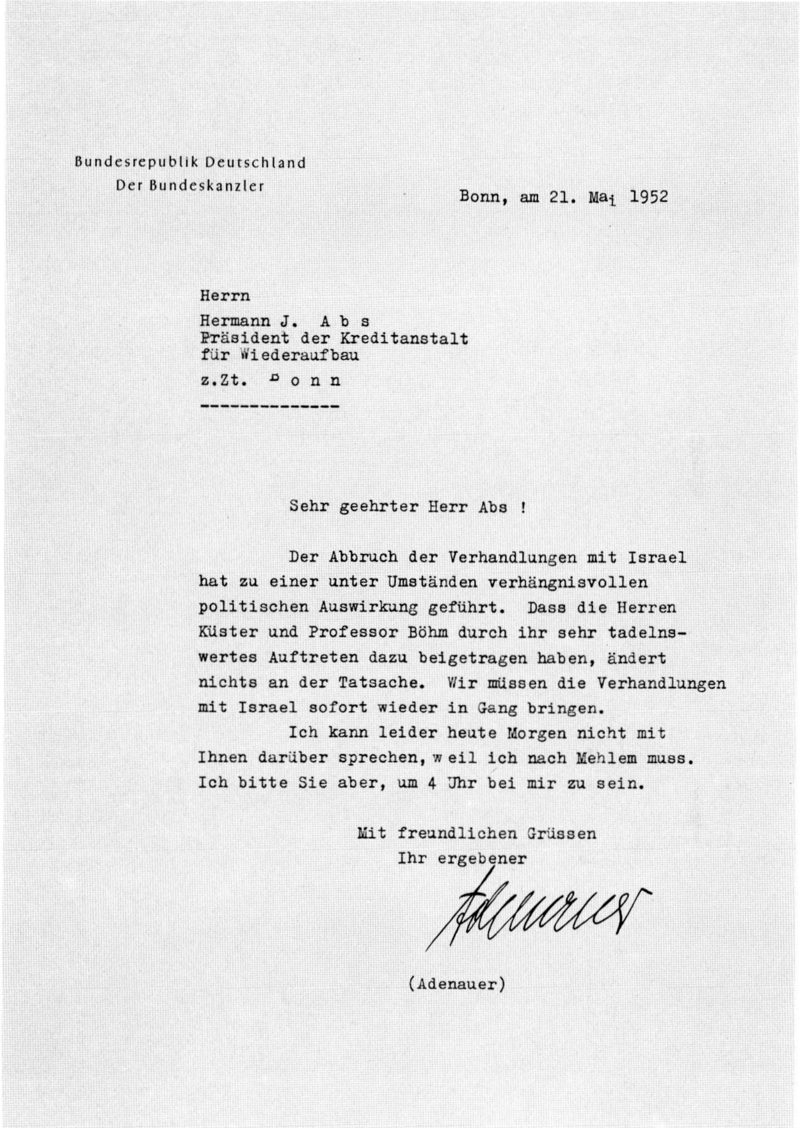

Bundesrepublik Deutschland
Der Bundeskanzler

Bonn, am 21. Mai 1952

Herrn
Hermann J. A b s
Präsident der Kreditanstalt
für Wiederaufbau
z.Zt. ᴰ o n n

Sehr geehrter Herr Abs !

Der Abbruch der Verhandlungen mit Israel
hat zu einer unter Umständen verhängnisvollen
politischen Auswirkung geführt. Dass die Herren
Küster und Professor Böhm durch ihr sehr tadelns-
wertes Auftreten dazu beigetragen haben, ändert
nichts an der Tatsache. Wir müssen die Verhandlungen
mit Israel sofort wieder in Gang bringen.
Ich kann leider heute Morgen nicht mit
Ihnen darüber sprechen, weil ich nach Mehlem muss.
Ich bitte Sie aber, um 4 Uhr bei mir zu sein.

Mit freundlichen Grüssen
Ihr ergebener

(Adenauer)

Abb. 14: Ein Dokument aus kritischen Tagen.

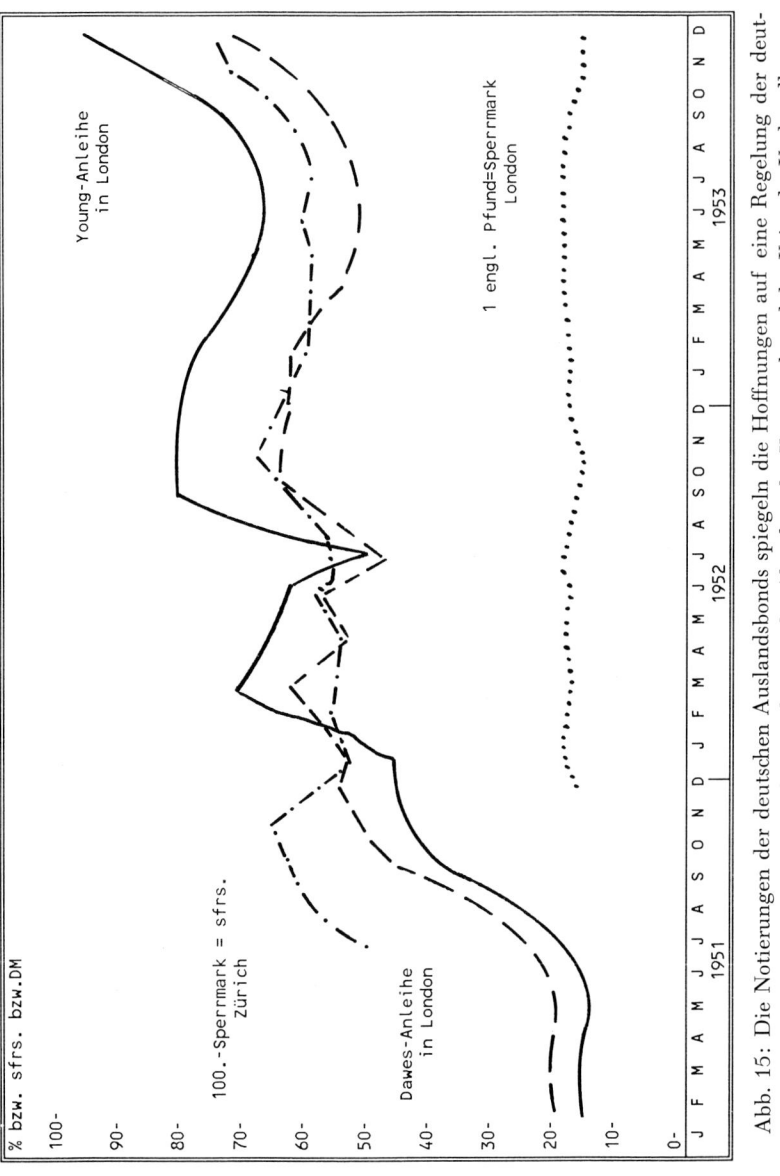

Abb. 15: Die Notierungen der deutschen Auslandsbonds spiegeln die Hoffnungen auf eine Regelung der deutschen Auslandsschulden wider. Besonders markant ist das Absacken der Kurse während der Krise der Verhandlungen im Mai 1952.

Sir W. Strang

Herr Abs, the leader of the German Delegation to the Debt Conference, lunched with me to-day immediately after his return from Germany, where he had long talks with the Chancellor and other German officials about future German policy.

Herr Abs began by telling me that the question of German reparations to Israel was as good as settled. There were one or two minor points to tie up but the Germans had found a basis which satisfied the Israel Delegation. This would involve almost entirely payments in kind spread over a period of years. Herr Abs had himself insisted that the settlement should be of such a nature that it would not prejudice the settlement of Germany's obligations towards individual victims of Nazi persecution under the restitution procedure, which in his view came first, nor Germany's payments to foreign creditors, now under discussion in London. He had had a difficult time as parliamentary opinion in Germany was unanimously in favour of giving priority to the Israel claims, for obvious political reasons. During the negotiations the Israelis had tried to persuade him to pass on to Israel dollar oil as part of the payment, since they had not been able to obtain a British loan for this purpose. He had refused as this was quite impossible for technical reasons.

I told Herr Abs that I was very glad to hear that a settlement with Israel was in sight. But, as he knew, we had always attached importance to the principle that such a settlement should not be at the expense of our own creditors.

We then discussed the Debt Conference in London. I already knew from Sir George Rendel that Herr Abs and the U.K. creditors were taking a more reasonable attitude and that agreement now seemed much nearer than a fortnight ago. Herr Abs told me that his original offer had indeed been inadequate. His difficulty had been that he was determined that some offer should be made from the German side. For a long time he had been alone in this view and, when he had obtained the authority from Bonn to make an offer, he had been very rigidly tied down. Even then, however, he argued that the original offer had been unduly harshly criticised as it had in fact left a good many openings for improvement. The recent talks between himself and Sir Otto Niemeyer had been concerned with the Dawes and Young Loans, which were in a sense the key to agreement. He had had a long talk with Sir Otto Niemeyer this morning and progress had been made. There was however one point on which they were still in disagreement and there would be a further meeting tomorrow. The point at issue mainly concerns the allowance to be made for the

/fact

Abb. 16: Aus der Phase der informellen Besprechungen stammt diese Notiz aus den Akten des britischen Außenministeriums.

fact that/Germany, which had accepted the Dawes and Young
Loans, was now a very much diminished territorial and
economic entity. Some allowance should be made for this,
as had been made in the case of the Israel settlement.
Herr Abs was now proposing that interest should be resumed
at once on the full amount of the Loans but that payment
of arrears should be postponed until the reunification of
Germany. Sir Otto Niemeyer was arguing that there should
be some half-way arrangement as regards payment of arrears.
Herr Abs left me with the impression that he thought this
last remaining difference should be capable of solution.

Herr Abs confirmed to me that, except for a very few
details, agreement had been reached with the standstill
creditors. There are of course other bodies of creditors
with whom he is also negotiating, including the important
neutrals, above all the Swiss and the Swedes.

We also discussed the vexed question of the dollar
clause. Herr Abs told me that the representative of the
U.S. creditors, Mr. Rogers, had threatened that the American
creditors would withdraw from the Conference if the British
case, i.e. that the dollar clause must apply, were accepted.
Herr Abs had himself refused to accept the position that he
should decide as between the British and the American case.
This was clearly a matter for the other countries concerned,
more especially as he understood that the American official
delegation supported our view. He told me that he himself
agreed with us and thought that Mr. Rogers had made no real
case. He was quite prepared to say this if and when the
matter had to be thrashed out.

When I mentioned to Herr Abs that there had been some
talk of postponing the whole debt settlement for another
six months or a year, he at once said that in that case he
would himself have resigned and left it to some other German
delegation to resume the discussions. He also said that he
did not think it would be in the creditors' interest to
postpone matters in this way. Germany would certainly not
be able to make a better offer in a year's time than she
could now.

Herr Abs seemed in a very cheerful mood and left me
with the definite impression that he had returned from
Bonn with wider authority and definitely hopeful of
reaching agreement on the debt question fairly soon. He
told me that it was in his view most important that a
settlement should be reached to complete the improvement
in Germany's international situation arising out of the
recent Contractual and E.D.C. Agreements. While there are
no doubt many hurdles still ahead, the general prospects
for a debt settlement now seem much brighter.

11th June, 1952 /Copies to:

gen in dieser Richtung aufkommen.[156] Über die voraussichtliche Reaktion der Gläubiger hatte die deutsche Delegation sich jedoch keinen Illusionen hingegeben. Als ich am 8. Mai vor dem Auswärtigen Ausschuß des Bundestages über den Stand der Verhandlungen berichtete und dabei auch das deutsche Angebot in London präzisierte, bat ich ausdrücklich darum, daß »das tatsächlich vertraulich behandelt wird. Denn wenn bekannt wird, wie wenig wir in London bieten, erschwere ich mir die Überfahrt Ende nächster Woche«.[157]

Die Überlegungen der englischen Seite gingen dahin, daß Niemeyers Hoffnung, nach einer Vertagung bessere Umstände für die Konferenz vorzufinden, nicht unbedingt in Erfüllung gehen mußte. Man könne nicht damit rechnen, daß Adenauer auf ewig Kanzler bleibe. Er galt als wertvoller Verbündeter, da er Abkommen mit den westlichen Alliierten stark befürwortete und man auf seine Fähigkeit vertrauen konnte, Schäffer zu Konzessionen anzuhalten. Zudem war angesichts der voraussichtlichen Laufzeit des Abkommens nicht zu erwarten, daß sich die langfristigen Aussichten für die westdeutsche Wirtschaftsentwicklung innerhalb eines halben Jahres fundamental änderten; wenn überhaupt, würde die Situation eher ungewisser werden, wenn die Deutschen realisierten, welche Last ihnen der Verteidigungsbeitrag auferlegte.[158]

Die Frage, ob die bevorrechtigte Position der drei alliierten Mächte als Gläubiger der Nachkriegsschulden ausgenutzt werden könnte, war heikel, denn es bestand die Möglichkeit, daß sich daraus ein Druck in Richtung auf weitere Zugeständnisse entwickelte. Gregh, der bereits am 22. Mai bei Pierson und Rendel vorfühlte, um auf diese Weise das Zustandekommen einer Regelung für die Vorkriegsschulden zu erleichtern, wurde daher zunächst abschlägig beschieden.[159] Pierson sagte ihm, daß es schwierig genug gewesen sei, im Kongreß den Widerstand gegen die bereits zugesagten Konzessionen zu beseitigen; ein Vorschlag, die amerikanische Regierung solle noch weiter gehen, müsse die ganze Schuldenregelung zusammenbrechen lassen. Auch Rendel sah keinen Anlaß, Greghs Hoffnungen zu stärken.

Einwände gegen das weitere Vorgehen erhob das britische Schatzministerium. Dort hatte man das Ergebnis der Besprechung am 22. Mai so aufgefaßt, daß nun von seiten des Dreimächteausschusses Druck auf die Gläubigervertreter ausgeübt werde, um ihre Reaktionen auf das deutsche Angebot zu mäßigen. Daß ein Scheitern der Konferenz nicht mit den Vertragsunterzeichnungen zusammenfallen sollte, wurde auch hier anerkannt, aber jeder Druck würde äußerst nachteilige Auswirkungen auf das Vertrauen haben, daß die Gläubiger in die Unterstützung durch die Regierung Seiner Majestät setzten.[160] Das Foreign Office stellte demgegenüber klar, daß es erstens darum gehe, die Konferenz bis Pfingsten am Laufen zu halten und zweitens ein Scheitern erst dann unabwendbar wäre, wenn die Konferenzteilnehmer der Ansicht seien, daß ein sie nicht befriedigendes Angebot definitiv das letzte deutsche Wort sei. Man könne annehmen, daß Adenauer und Schäffer aufgrund der Belastung durch andere außenpolitische Geschehnisse der Frage der Auslandsschulden in letzter Zeit nicht viel Aufmerksamkeit hätten zuwenden können. Zwar gäbe es keinen Grund, warum die Gläubiger nicht mit aller Macht auf eine Verbesserung des deutschen Angebots dringen sollten, aber wenn sich der Staub gelegt habe, den die anderen Verhandlungen verursachten, kämen sie möglicherweise leichter zum Ziele. Wenn nicht, wäre eine Verschiebung der Konferenz wohl nicht mehr zu umgehen. Wichtig sei jetzt vor allem, nicht allein aufgrund der unmittelbaren heftigen Reaktion auf die Dürftigkeit des deutschen Angebots alles in Trümmer gehen zu lassen.[161]

Die amerikanische Delegation im Dreimächteausschuß zeigte sich mit dem deutschen Angebot nicht unzufrieden. Die Zahlungen in der Anfangsperiode seien akzeptabel, und für die späteren Jahre sei es im Hinblick auf die deutsche Bereitschaft zu langen Laufzeiten sicherlich möglich, Verbesserungen zu erreichen. Den amerikanischen Gläubigervertretern wurde jedoch davon abgeraten, sich auf Verhandlungen darüber einzulassen, statt dessen sollten sie eher versuchen, die Bedingungen für einzelne Anleihen, wie etwa Dawes- und Young-Anleihe, auszuhandeln.[162] Auch hier war die erste Reaktion gewesen, daß das Angebot so deutlich unakzeptabel sei, daß weitere Verhandlungen aussichtslos seien. Sie war allerdings zum Teil darauf zurückzuführen, daß irreführende Presseberichte erschienen waren und das Angebot selbst in einer nicht ganz leicht zu verstehenden Art und Weise präsentiert worden war. Boynton, einer der amerikanischen Gläubigervertreter, war vergleichsweise rasch für eine Weiterführung der Verhandlungen zu gewinnen; Rogers zögerte mit seiner Entscheidung noch. Größere Schwierigkeiten erwartete man bei dem Versuch, auch die Vertreter Großbritanniens und Frankreichs zu einer konzilianteren Haltung zu bewegen. Dort herrschte starker Widerstand gegen die Aufnahme von Verhandlungen, ehe nicht das deutsche Angebot signifikant verbessert worden war. Die Situation stellte sich am 22. Mai so dar, daß auf der Sitzung am nächsten Tag die im Arbeits- und Organisationsausschuß vertretenen Gläubigervertreter ihrem Unmut Ausdruck geben und danach in einer Sitzung des Gläubigerausschusses das deutsche Angebot formell zurückweisen würden. Es bestand Hoffnung, daß Boynton und Rogers ihre Kollegen von einem solchen Vorgehen abbringen könnten.[163]

Die französische Haltung im Dreimächteausschuß ähnelte der amerikanischen. Gregh und Pierson hielten das deutsche Angebot als Verhandlungsgrundlage für geeignet. Sie brachten auch Rendel auf diese Linie, der zunächst stark von der Haltung der britischen Gläubigervertreter beeinflußt gewesen war.

Um der Stimmung in den Kreisen der Gläubiger Rechnung zu tragen, wurde das formelle deutsche Angebot geringfügig modifiziert. Vor der Sitzung am 23. Mai traf ich mit Rogers zusammen, der verlangte, daß die deutsche Haltung hinsichtlich der Goldklausel und ihrer Ersetzung durch eine Dollarklausel flexibel sein müsse. Gegenüber der informellen Unterrichtung drei Tage zuvor änderten sich nur zwei Punkte: der Betrag nach den Anlaufjahren wurde von 580 auf 600 Mio. DM erhöht, und die Dollarklausel wurde nicht mehr als gleichsam selbstverständliche Berechnungsgrundlage angesehen.[164]

An der unfreundlichen Reaktion der Gläubiger änderte diese Modifikation nichts.

Auch nach der formellen Präsentation war die Stimmung unter den Gläubigern noch immer sehr auf Abbruch der Verhandlungen eingestellt, doch schien sich allmählich der Durchbruch zu einer vernünftigeren Betrachtungsweise abzuzeichnen. Rogers' Haltung war noch immer unklar, aber er trug dazu bei, daß die deutschen Vorschläge nicht rundheraus zurückgewiesen wurden.[165] Nach der Sitzung wurde nur ein karges Pressekommuniqué veröffentlicht. Es dauerte daher einige Tage, ehe die britischen Zeitungen, offenbar von englischen Gläubigervertretern mit Informationen versorgt, genauer über das deutsche Angebot berichten konnten. Sie taten es überwiegend kritisch. Die *Financial Times* sprach von einer Beleidigung durch das deutsche Angebot, das so elend sei, wie man es allenfalls habe vorausahnen können.[166] Auch aus der Schweiz kam harte Kritik an dem »höchst absonderlichen« Angebot und seinen mutmaßlichen Auswirkungen: »Daß [...] von der Delegation (man kann nicht annehmen, daß die Banken oder die industriellen Unternehmungen solche absurden Vorschläge ausgearbeitet haben) eine Reduktion bis zu völliger Streichung vorgeschlagen wurde, hat das ganze Klima für die Behandlung neuer deutscher Kreditgesuche an allen wichtigen Finanzplätzen in außerordentlichem Maß verschlechtert.«[167]

Pierson stellte in den ersten englischen Presseberichten eine unfaire Verzerrung der Sachverhalte fest, die offenbar auf die Quelle der Meldungen zurückzuführen war.[168] Insbesondere die Behauptung der *Financial Times*, die Vereinigten Staaten hätten eine allzu inkonziliante Haltung der deutschen Delegation nicht nur im Hinblick auf den Verteidigungsbeitrag gefördert, sondern auch die Einbeziehung des israelischen Anspruchs unterstützt, schien stark übertrieben.[169] Die amerikanische Delegation drang daher auf eine Publikation aller deutschen Vorschläge, was dann im Zusammenhang mit der Berichterstattung über die Reaktion der Gläubiger auch geschah.[170]

Im Gegenzug stellten die Gläubiger am 30. Mai vier Forderungen auf, denen ein deutsches Angebot genügen müsse:

1. Die Fähigkeit der deutschen Schuldner, in D-Mark zu zahlen, dürfe mit der temporären Unfähigkeit der deutschen Regierung, diese Beträge in ausländische Währung zu transferieren, nicht verwechselt werden.
2. Die jährliche Summe von 170 Mio. D-Mark für die Bedienung der Vorkriegsschulden, die nach den Anlaufjahren auf 270 Mio. D-Mark steigen sollte, beruhe auf einer völlig ungerechtfertigten Schätzung der deutschen Transferkapazität und müsse wesentlich erhöht werden.
3. Ein neues Angebot müsse spezifische Regelungsvorschläge für jede einzelne Schuldenkategorie enthalten.
4. Eine Schuldenregelung dürfe nicht davon abhängen, daß sich die Gläubigerländer dazu verpflichten, eine genügende Menge deutscher Güter zu importieren. Zwar werde der Sachzusammenhang nicht negiert, aber seine Umsetzung im Rahmen eines Abkommens würde einen nicht wünschenswerten »Notausstieg« in eine vertragliche Abmachung einbauen.[171]

Zwei Tage zuvor hatte der britische Außenminister Eden Adenauer in Paris auf das deutsche Angebot in London angesprochen. Der Bundeskanzler bezeichnete es daraufhin als einen ersten Vorschlag, der Raum für weitere Verhandlungen lasse.[172] Diese begannen nun. Die Arbeitsweise der Konferenz wurde verändert, und die Stimmung besserte sich. Anstelle von formellen Ausschußsitzungen hielten die einzelnen Verhandlungsausschüsse informelle Zusammenkünfte ab. Für allgemeine Probleme wurden gemeinsame Lösungen gesucht oder ein Ausschuß übernahm federführend deren Behandlung. Daneben führten einzelne Gläubigervertreter informelle Gespräche mit Mitgliedern der deutschen Delegation; eine Praxis, die in der ersten Phase der Konferenz noch mit großem Mißtrauen beobachtet worden war.[173]

Einen ersten Überblick über den Erfolg des neuen Verhandlungsstils brachte die Sitzung des Arbeits- und Organisationsausschusses am 12. Juni 1952. Rendel, der noch keine Kenntnis von endgültigen oder präzisen Vorschlägen erhalten hatte, da diese vor ihrer Weiterleitung vom Gläubigerausschuß zu prüfen waren, wollte wissen,»wie die informellen Besprechungen fortschritten«. Rogers berichtete, daß während der vergangenen zehn Tage eine Reihe von Besprechungen stattgefunden hätte. In der Frage der Dawes- und Young-Anleihe habe man Fortschritte erzielt, und auch über die anderen Schuldenkategorien sei zum Teil eingehend beraten worden. Er lobte den Nutzen des jetzigen Verfahrens, durch das später Zeit gespart werden könne und war zuversichtlich, daß auch die übrigen, teilweise beträchtlichen Schwierigkeiten überwunden werden könnten, wenn dieses Verfahren noch etwas länger beibehalten würde. Es dürfte dann möglich sein, den ganzen Apparat der Konferenz wieder in Bewegung zu setzen.[174] Ich konnte Rogers' Ansicht über den Fortschritt der Verhandlungen nur bestätigen. Allerdings war es gerade Rogers, der in den nächsten Tagen eine erneute Krise der Konferenz verursachte.

5. Konflikte und Lösungen

a) Goldklauseln

Nachdem die Gefahr, daß die Konferenz wegen eines unzureichenden deutschen Angebots abgebrochen würde, abgewandt war, entstand das nächste Problem aufgrund einer Uneinigkeit zwischen den Gläubigern. Die Ursache war die Behandlung der Goldklausel, mit der verschiedene deutsche Anleihen ausgestattet waren. Nach Rendels Ansicht war dies das gravierendste Problem, mit dem sich die

Konferenz konfrontiert sah. Es führte beinahe zu ihrem Scheitern und verzögerte ihre Beendigung um mindestens sechs Wochen.[175] Das Verhalten der Gläubiger schien damit eine alte Erfahrung zu bestätigen. Bereits bei den Reparationsverhandlungen der zwanziger Jahre hatte man feststellen können, daß die Auseinandersetzungen zwischen den Gläubigern mehr Zeit und Energie in Anspruch nahmen als der Streit mit dem Schuldner Deutschland.[176]

1933 hatte eine Resolution des amerikanischen Kongresses die Anwendung von Goldklauseln für inneramerikanische Verträge untersagt. Daraus folgte, daß auch in internationalen Abkommen die Vereinigten Staaten keine Zustimmung zu Bedingungen geben würden, die eine Goldklausel enthielten oder dieselbe Wirkung hatten. Der Dreimächteausschuß hatte in London nach langen Debatten im November 1951 dieser Haltung Rechnung getragen und beschlossen, daß im Londoner Schuldenabkommen keine Goldklausel mehr angewandt werden sollte.[177] Nachdem die Amerikaner durch ihre großzügigen Kürzungen bei den Forderungen aus der Nachkriegswirtschaftshilfe die Aussichten für das Zustandekommen einer Schuldenregelung erheblich verbessert hatten, war dieses Zugeständnis im Dreimächteausschuß schon nahezu eine Verpflichtung.[178] Statt dessen sollte eine Klausel angewandt werden, die dafür sorgte, daß die verschiedenen Tranchen der Young-Anleihe – sie war die wichtigste der goldklauselgesicherten deutschen Auslandsanleihen – gleichbehandelt wurden. Dafür wurde eine Dollarklausel in Aussicht genommen. Der Dollar war 1934 um rund vierzig Prozent abgewertet worden, aber nach dem Schweizer Franken die Währung mit dem geringsten Wertverlust.

Diese Entwicklung rief bei Rogers, dem Vertreter der amerikanischen Anleihegläubiger, Unzufriedenheit hervor. Er hatte bei den Vorbesprechungen im Jahre 1951 vergeblich versucht, die amerikanischen Mitglieder des Dreimächteausschusses davon zu überzeugen, daß es kein amerikanisches Gesetz gebe, das die Anwendung von Goldklauseln in internationalen Verträgen verbiete. Die Delegierten fühlten sich bei ihrer Ablehnung von Goldklauseln jedoch im Einklang mit der *public policy* der Vereinigten Staaten in dieser Frage.[179] Aus britischer Sicht konnte man sich dieser Haltung nur fügen. Nun teilte Rogers – der etwas übertrieben als der »eigentliche Diktator der Konferenz« bezeichnet wurde[180] – dem Dreimächteausschuß mit, daß er den Übergang zur Dollarklausel nicht akzeptieren könne, da die amerikanischen Gläubiger dadurch diskriminiert würden. In der Argumentation, die Rogers mit dem ganzen Gewicht der hinter ihm stehenden Organisation vertrat, stellte sich dies folgendermaßen dar: Die Anwendung des Dollars als Berechnungsgrundlage für den Wert der deutschen Auslandsbonds bedeutete, daß den amerikanischen Besitzern genau der Betrag zustehe, der auf ihren Anleihestücken aufgedruckt war. Im Unterschied dazu würden die Besitzer anderer Tranchen um so mehr erhalten, je weiter die Entwertung ihrer Währung im Verhältnis zum Dollar fortgeschritten war; der Rückzahlungsbetrag läge also über dem auf den Anleihestücken aufgedruckten Wert.

Darin sahen die amerikanischen Gläubigervertreter eine große Benachteiligung. Die Schwierigkeiten, die der Konferenz dadurch entstanden, begannen sich bereits im März 1952 abzuzeichnen.[181] Als am 31. März das Thema im Gläubigerausschuß diskutiert wurde, rief die amerikanische Stellungnahme starken Widerspruch hervor. Die Amerikaner mußten einwilligen, gegenüber der deutschen Delegation ihre Auffassung nicht erkennen zu geben.[182] Im Dreimächteausschuß fand Rogers auch bei Pierson keine Unterstützung seiner Position. Rendel nannte seine Argumentation »so unreasonable that it is difficult to take seriously«[183], und Niemeyer sprach von »Rogers' ridiculous ideas«[184]. Bis 1939 sei von Deutschland niemals die Gültigkeit von Goldklauseln bestritten worden; erst »the peculiar and irrelevant views of the Americans« hätten es dazu veranlaßt.[185] Der Konflikt verschärfte sich, nachdem die Konferenz im Mai wieder zusammengetreten war.

Die Ergebnisse, die ab Anfang Juni 1952 in den informellen Besprechungen über die Verhandlungen der Dawes- und der Young-Anleihe erreicht werden konnten, fanden nicht Rogers' Einverständnis. Da die deutsche Delegation den Beschluß vom November 1951 nicht kannte, ging es ihr vor allem darum, mit dem Argument der internationalen Ungültigkeit von Goldklauseln ihre Position zu verbessern. Aus deutscher Sicht war eine Dollarklausel zu begrüßen, denn sie machte die Schuldenregelung um einen erheblichen Betrag billiger. Da durch die informellen Besprechungen, die zwischen Rogers, Niemeyer und mir stattfanden, der Eindruck entstand, als wollten beide mich zum Schiedsrichter zwischen den divergierenden Positionen machen[186], warnte Rendel mich deutlich, in dem Streit der Gläubiger Partei zu ergreifen. Er befürchtete, Rogers habe mir gegenüber bereits etwas von dem Beschluß des Dreimächteausschusses, der sogar gegenüber den meisten Gläubigervertretern geheimgehalten worden war, verlauten lassen und betonte daher mit aller Deutlichkeit, daß entsprechend den ursprünglichen Anleihebedingungen in den Verhandlungen von der Gültigkeit der Goldklausel auszugehen sei. Die Dollarklausel sei als Kompromiß vorgeschlagen worden, und der Dreimächteausschuß würde sich jeder Abweichung davon entschieden widersetzen.[187]

Rogers fühlte sich durch die Haltung der amerikanischen Vertretung im Dreimächteausschuß desavouiert. Er machte seine Drohung wahr und verließ am 17. Juni die Konferenz. Für die Öffentlichkeit war sein Rückflug zunächst nicht erklärlich[188], obwohl zuvor Meldungen über lautstarke Auseinandersetzungen kolportiert worden waren.[189] In New York führte Rogers mehrere Gespräche mit Vertretern des State Department. Seine Stellung war zum Erstaunen seiner Gesprächspartner um einiges gefestigter, als sie zuvor vermutet hatten. Zunächst hatte der Eindruck vorgeherrscht, Rogers würde als Einzelgänger ohne Unterstützung durch seine Organisation, den »Foreign Bondholders Protective Council«, handeln. Die auf falschen Annahmen basierende Taktik, ihn zum Rückzug zu bewegen, ging nicht auf. Die Schutzvereinigung hatte eine starke Position, da es praktisch nicht möglich war, gegen ihren Widerstand die Anleihen eines anderen Staates in den amerikanischen Wertpapierhandel einzuführen. Diese Erfahrung mußte auch die amerikanische Regierung machen. Eine Sitzung, an der Vertreter des State Department und des »Foreign Bondholders Protective Council« teilnahmen, endete am 20. Juni 1952 »in complete disagreement«[190]. Rogers hatte den Eindruck, daß die Regierung ihn nicht so unterstützt habe, wie sie es hätte tun sollen. Falls sie ein Abkommen schließen werde, dem der Council nicht zustimmen könne, werde er dem Kongreß klarmachen, daß die amerikanischen Gläubigervertreter von der Regierung im Stich gelassen worden seien.[191] Der Council war überzeugt, daß die in Aussicht genommene Regelung auf der Basis der Dollarklausel bei amerikanischen Investoren und der *financial community* auf Ablehnung stoßen würde. Die Regierung wiederum wollte die Konferenz nicht an dieser einen Frage scheitern lassen und teilte nicht die Ansicht, daß eine im übrigen befriedigende Lösung wegen der Behandlung der europäischen Tranchen zurückgewiesen werden müsse. Sie konnte der Haltung des Council allerdings kaum eigene Druckmittel entgegensetzen. Selbst wenn die Schutzvereinigung den amerikanischen Besitzern deutscher Auslandsbonds mangels einer geeigneten Alternative die Annahme des Abkommens zu den ausgehandelten Bedingungen empfehlen würde, bliebe auf dem deutschen Kredit ein Schatten zurück. Auf lange Sicht gesehen müßten die Deutschen zur Wiederherstellung ihrer Kreditwürdigkeit in den Vereinigten Staaten den Vorschlägen des Council folgen. Es war bereit, die Dollarklausel zu akzeptieren, wenn die amerikanische Tranche hinsichtlich der Konditionen, etwa durch kürzere Laufzeit oder höhere Verzinsung, besser ausgestattet würde.[192]

Zusätzliche Verstimmung entstand dadurch, daß Rogers – entgegen einer Vereinbarung – eine Presseerklärung veröffentlichte und damit den ganzen Konflikt publik machte.[193] Diese Erklärung ging allerdings in einem Punkt von falschen Voraussetzungen aus. Sie unterstellte, die deutsche Delegation hätte sich mit den europäischen

Gläubigern über die Dawes- und Young-Anleihe in einer für die Amerikaner unbilligen Weise geeinigt.[194] In der Tat hatte Niemeyer darauf gedrängt, die Verhandlungen auch ohne die Amerikaner fortzusetzen. Er wollte zu einer vorläufigen Einigung gelangen und ein Ergebnis mit dem Vorbehalt versehen, nur Rogers und seine Organisation seien mit dem Erreichten nicht zufrieden.[195] Die deutsche Delegation hielt dies für unklug, denn eine Regelung ohne amerikanische Beteiligung wäre wertlos gewesen. Die Verhandlungen waren somit noch immer offen. Als ich dies in einer Unterhaltung mit Spang und Bonsal, den beiden amerikanischen Gläubigervertretern, die in London geblieben waren, nochmals bestätigte, schien das in ihren Augen das ganze Bild zu ändern.[196]

Zur Auseinandersetzung zwischen den Gläubigern der Vereinigten Staaten und Großbritanniens stellte das State Department grimmig fest, die beiden Gruppierungen gemeinsame Halsstarrigkeit drohe die Aussicht, zu einem Abkommen zu gelangen, zunichte zu machen.[197] Die vom Council betonte Notwendigkeit, zu einer auch von den Amerikanern akzeptierten Übereinkunft zu gelangen, mußte von der deutschen Delegation anerkannt werden. Eine Anwendung der Goldklausel auf die nicht-amerikanischen Tranchen der Young-Anleihe war für die Amerikaner aus Gründen der Gleichbehandlung nicht akzeptabel. Sie hatten schon im November 1951 – vor allem mit Blick auf die Schweiz – erklärt, daß sie nicht bereit seien, irgendeinem Land bessere Bedingungen als den Vereinigten Staaten selbst zuzugestehen.[198] Da aus deutscher Sicht eine Regelung auf Dollarbasis angemessen schien, gingen erste Überlegungen dahin, die Laufzeit der Dollartranche der Young-Anleihe zu verkürzen, wenn auch nicht recht einsichtig war, mit welcher logischen Begründung eine solche Bevorzugung zu vertreten wäre.[199]

Mitte Juli 1952 war eine Lösung erreicht. Dazu war es notwendig gewesen, am 27. Juni bei einem Treffen der drei Außenminister über die Goldklausel zu sprechen. Acheson empfahl, das Problem durch etwas bessere Konditionen für die Besitzer von Dollar-Bonds aus der

Welt zu schaffen.[200] Nachdem sich die Gläubiger untereinander geeinigt hatten, wurde am 14. Juli der deutschen Delegation der Vorschlag unterbreitet.[201] Da er für die Bundesrepublik noch einmal eine größere Belastung bedeuten würde, konnte die Entscheidung darüber nicht sofort getroffen werden. Ich mußte ohnehin für einige Tage nach Bonn zurückfahren, und so konnte dort noch beraten werden. Die amerikanischen Gläubigervertreter kehrten, allerdings ohne Rogers, wieder in die Konferenz zurück.[202] Ihre starke Stellung zeigte sich darin, daß es ihnen gelang, die vorgeschlagenen Vorzugskonditionen durchzusetzen. Die amerikanischen Tranchen von Young- und Dawes-Anleihe wurden besser verzinst, die Dawes-Anleihe außerdem schneller getilgt – eine vollkommen paradoxe Regelung, die die deutsche Delegation nur bewilligte, um die Einigung unter den Gläubigern nicht zu gefährden.[203]

Fragen, die im weiteren Sinne mit Goldklauseln zusammenhingen, beschäftigten auch in den folgenden Wochen die Konferenz in starkem Maße. Zunächst verlagerte sich das Problem vom Ausschuß A in den Ausschuß B. Die Gläubigervertreter wollten sich nicht damit abfinden, daß durch Goldmark gesicherte Schuldverhältnisse entsprechend den Bestimmungen des deutschen Währungsgesetzes im Verhältnis 10:1 umgestellt werden sollten. Sie waren der Auffassung, daß diese Schulden gesondert behandelt werden müßten, weil der Gläubiger darauf vertraut hätte, eine in ihrem Wert gesicherte Forderung zu besitzen. Dagegen hatte die deutsche Seite erhebliche Bedenken, weil sie Rückwirkungen auf die Behandlung der durch die Währungsreform betroffenen deutschen Gläubiger befürchtete.[204] Damals war die Goldmarkklausel in jeglicher Form aufgehoben worden.

Die amerikanische Delegation vertrat die Auffassung, daß eine Umstellung der Goldmark-Verbindlichkeiten im Verhältnis 10:1 eine angemessene Lösung wäre.[205] Dies lag vermutlich daran, daß die Regelung zu einem großen Teil Schweizer Gläubiger betraf. Sie erklärte sich dennoch bereit, gegen eine Umstellung im Verhältnis 1:1

keine Einwände zu erheben. Dies führte auch im Dreimächteausschuß zu Konflikten, weshalb Gunter erst nach einiger Verzögerung der deutschen Delegation die Auffassung der Vereinigten Staaten mitteilen konnte. Der war sie allerdings bereits seit 1949 bekannt[206], und da unter dem Druck der im Ausschuß D vereinigten Gläubiger bereits eine Vereinbarung zur Umstellung im Verhältnis 1:1 für diese Schuldenkategorie vereinbart worden war, war es allenfalls zu begrüßen, daß die Amerikaner dieser Regelung nicht widersprachen.

Es war schwierig, geeignete Kriterien zu finden. Bei den Verhandlungen wurden die Kategorien, auf die die den Gläubigern zugestandene Umstellung 1:1 anzuwenden war, auf Goldmarkschulden und Reichsmarkschulden mit Goldklausel, die »spezifisch ausländischen Charakter« trugen, beschränkt. Der spezifisch ausländische Charakter war etwa daran zu erkennen, daß ein Wertpapier ausschließlich im Ausland begeben worden, ausländisches Recht vereinbart oder der Erfüllungsort im Ausland war. Dies traf für eine Reihe von Goldmark-Pfandbriefen zu, mit dem unbefriedigenden Resultat, daß der deutsche Inhaber einer Tranche einer Goldmark-Pfandbrief-Emission eine Umstellung im Verhältnis 10:1 erfuhr und ein vom selben Institut im Ausland herausgebrachter Goldmark-Pfandbrief zum Nennwert umgestellt wurde. De facto bedeutete dies, daß auch hier die Dollarklausel angewandt wurde, denn im Umstellungsverhältnis spiegelte sich die Abwertung des Dollars wider. Über den Goldgehalt umgerechnet, hätte eine Reichsmark mit Goldklausel 1,70 D-Mark entsprechen müssen.

Auch als es darum ging, für die Zukunft eine Wertsicherungsklausel zu formulieren, geriet die Konferenz noch einmal in Schwierigkeiten. Die europäischen Gläubiger wollten den Verzicht auf die Goldklausel nur als Zugeständnis an die deutsche Zahlungsfähigkeit verstanden wissen, nicht als allgemeine Regel. Sie wollten weiterhin in der Goldklausel einen Schutz gegenüber den Folgen von Währungsabwertungen besitzen. Bonsal wandte sich als Vertreter der amerikanischen Bonds-Gläubiger dagegen. Ein gemeinsames Treffen der Verhand-

lungsausschüsse A und B mit dem Dreimächteausschuß förderte starke
Gegensätze der Meinungen zutage, und auch im Dreimächteausschuß
selbst kam es zu »rather heated discussions«[207]. Insbesondere Gregh
hatte es schwer, weiterhin bei der vereinbarten Linie zu bleiben, zumal seine Regierung am französischen Kapitalmarkt gerade eine
später als Pinay-Anleihe berühmt gewordene Emission plaziert hatte,
die mit einer Art Goldklausel ausgestattet war.[208]

Die Dollarbasis, die sie für die Umrechnung der Kapitalwerte akzeptiert hatten, wollte die Mehrheit der nichtamerikanischen Gläubiger nicht auch für die zukünftigen Zahlungen gelten lassen, da sie
nicht an das Schicksal des Dollars gebunden sein wollten. Das war das
»offizielle« Argument. Niemeyer war jedoch generell dagegen, das
englische Pfund dem Dollar unterzuordnen.[209] Er plädierte dafür, die
Goldklausel bestehen zu lassen, aber entsprechend der Dollar-Abwer-
tung von 1934 um 41 Prozent herabzusetzen. Der Schweizer Delegierte Vieli schlug vor, im Falle einer erneuten Abwertung des Dollars
Verhandlungen zwischen den Gläubigern und der deutschen Regierung stattfinden zu lassen. Beide Vorschläge scheiterten am amerikanischen Widerstand.[210]

Auf seiten der europäischen Gläubiger entstand geradezu Verbitte-
rung, als sie feststellten, daß sie geraume Zeit verhandelt hatten, ohne
den Beschluß vom November 1951 zu kennen. Er war ihnen vom
Dreimächteausschuß bewußt vorenthalten worden.[211] Ein Mitglied
der niederländischen Delegation erklärte seinen Rücktritt von der
Konferenz, als ein Beschluß dazu gefaßt wurde, dem er nicht zustimmen konnte.[212] In der Beurteilung mancher Teilnehmer stand kurz
vor dem geplanten Abschluß die Konferenz noch einmal vor dem
Scheitern.[213] Gunter, der für Pierson die Verhandlungen führte,
neigte angesichts der Gefahr zum Einlenken. Auch das State Department beharrte nicht auf seiner Position. Der Widerstand kam vor
allem von seiten des amerikanischen Treasury, und ausschlaggebend
war vermutlich das Votum Piersons, der die Drohung der Europäer
für Bluff hielt.[214] In der Verhandlung am 5. August gelang Gunter

der Durchbruch. Als Kompromiß zwischen Gold- und Dollarklausel wurde für die einzelnen Tranchen der Young-Anleihe eine Währungsklausel vereinbart, die die Währung mit der geringsten Abwertung zum Bezugspunkt für die Berechnung der Einlösungswerte machte. Die deutsche Delegation war an diesen Verhandlungen nicht beteiligt. Informationen über deren Fortschritte erhielt ich durch Niemeyer, der aber sehr zurückhaltend war, und durch Hans Schäffer, den früheren Staatssekretär im Reichsfinanzministerium, der der schwedischen Delegation angehörte. Er hatte seine Gewohnheit beibehalten, über Besprechungen stenographische Niederschriften anzufertigen, und gab über den Stand der Verhandlungen bereitwillig Auskunft.[215] Von der Wertsicherungsklausel, die für die Young-Anleihe zwischen den Gläubigern vereinbart worden war, erfuhr ich erst sehr spät. Niemeyer begleitete mich im Fahrstuhl zu den Büros der deutschen Delegation, die in Mansardenzimmern des Lancaster House untergebracht waren, und zeigte mir dabei auf einem handgeschriebenen Zettel die im Gläubigerausschuß gefundene Formulierung.[216] Zeit, etwas daran zu ändern, gab es bis zu einer unmittelbar darauf folgenden Sitzung nicht mehr, und so wurde diese Klausel später Anlaß eines sich über Jahre hinziehenden Schiedsverfahrens.[217]

b) Die Regelung der Stillhaltekredite

Die Voraussetzungen, um im Bereich der Stillhalteschulden rasch zu einer Einigung zu gelangen, waren günstiger als bei den anderen Schuldenkategorien. Im Unterschied zu den übrigen Verhandlungsausschüssen begann der Ausschuß C, der sich mit den von britischen, amerikanischen und Schweizer Banken gewährten Stillhaltekrediten befaßte, bereits in der ersten Phase der Konferenz mit der Formulierung eines Abkommens. Als Vorlage diente das Deutsche Kreditabkommen von 1939, das letztmalig in einem umfangreichen Vertragswerk die Stillhaltekredite geregelt hatte. Aber auch hier mußte natürlich Rücksicht auf die Arbeit der anderen Ausschüsse genommen werden, und so konnten Fragen wie die Behandlung rückständiger Zinsen, der Transfer laufender Zinsen und der Anteil von Devisenrückzahlungen nicht erörtert werden.[218] Entwürfe einzelner Klauseln zirkulierten nach der Wiederaufnahme der Konferenz bei den beteiligten Delegationen. Die Arbeit, die dabei geleistet worden war, führte dazu, daß einige informelle Sitzungen Anfang Juni genügten, um am 11. Juni 1952 völliges Einvernehmen über den Text des Abkommens herzustellen. Es wurde am Nachmittag des folgenden Tages paraphiert.[219]

Der Entwurf lehnte sich weitgehend an das Abkommen von 1939 an, doch wurde der Text nach Möglichkeit vereinfacht und gekürzt.[220] Nach dem Abkommen waren grundsätzlich keine Rückzahlungen in Devisen zu leisten. Lediglich eine »Courageous Bankers Credit Clause« ermöglichte es, bei Einräumung neuer Währungskredite die allmähliche Rückzahlung der alten Kredite fordern zu können.[221] In D-Mark konnten Beträge im Rahmen der geltenden Bestimmungen – das bezog sich vor allem auf die Direktive 50/6 der Alliierten Bankkommission – zurückgezahlt werden. Nach Möglichkeit sollte das Instrument der Rekommerzialisierung genutzt werden: die Umwandlung der eingefrorenen Kredite in normale Handelskredite zur Finanzierung von Im- und Exporten. Zinsrückstände wurden mit einem Satz von vier Prozent (ohne Zinseszins) zum Kapital geschlagen. Dies entsprach Vereinbarungen, die in ähnlicher Form bereits seit 1950 bestanden. Es konnte vermutet werden, daß die Verhandlungen gescheitert wären, wenn dieser Satz nicht bewilligt worden wäre.[222] Die Laufzeit wurde auf ein Jahr festgelegt, da nur unter dieser Voraussetzung die Gläubiger bereit waren, auf die Forderung nach Amortisation und obligatorischer Rückzahlung in D-Mark zu verzichten.

Die Bemühungen aller Beteiligten richteten sich darauf, das Abkommen vorzeitig in Kraft setzen zu können. Wie bereits bei dem Versuch, in der deutschen Schuldenanerkennung vom März 1951 eine gesonderte Behandlung der kurzfristigen privaten Verschuldung

zu erreichen, so war auch nun der Gedanke dabei, daß eine Unterzeichnung des Abkommens den deutschen Außenhandel fördern
würde und damit auch den Interessen der übrigen Gläubiger ent-
gegenkäme. Der Amerikaner Gomory argumentierte, daß auch für
die Nachkriegsforderungen der drei Alliierten wenig Hoffnung auf
geregelte Bedienung bestünde, solange nicht die deutschen Banken
den Außenhandel in der üblichen Weise finanzieren könnten. Das
Stillhalteabkommen galt als Voraussetzung für die Wiederherstellung normaler Kreditbeziehungen zwischen deutschen und ausländischen Banken.[223]

Die Versuche, eine Sonderregelung zu erreichen, wurden auf ver-
schiedenen Ebenen fortgesetzt. In den Verhandlungen des Dreimäch-
teausschusses, die der Schuldenkonferenz vorangingen, versuchten die
Briten – nicht zum ersten Male – eine bevorzugte Befriedigung der
Stillhaltegläubiger durchzusetzen, scheiterten aber an dem von den
Amerikanern vertretenen Grundsatz der gleichen Behandlung aller
Gläubiger. In den Vereinigten Staaten hatte eine Besprechung der
Gläubigerbanken am 29. April 1952 zu dem Vorschlag an das State
Department geführt, die Stillhaltekredite aus der allgemeinen Schul-
denregelung herauszunehmen.[224] Aus verschiedenen Äußerungen,
unter anderem von Unterstaatssekretär McFall in seiner Antwort an
Senator Gillette, war zu entnehmen, daß noch mindestens ein Jahr bis
zur Ratifizierung eines Schuldenabkommens vergehen würde. Diese
Verzögerung sollte nach Möglichkeit vermieden werden. Eine Zeit-
lang schien es nicht ausgeschlossen, daß der Dreimächteausschuß
einem vorzeitigen Inkrafttreten des Abkommens zustimmen würde,
zumal der Achte Teil des im Mai 1952 unterzeichneten Überleitungs-
vertrags vorsah, die deutschen Auslandsschulden entweder in einem
umfassenden internationalen Abkommen oder im Einvernehmen mit
den Drei Mächten zu regeln.

Die Sitzung des Arbeits- und Organisationsausschusses am 20. Juni
1952 war der Prüfung des Abkommensentwurfs vorbehalten.[225] Infolge von Rogers' Abwesenheit teilte der stellvertretende Vorsitzende

des Gläubigerausschusses, der Niederländer Baron van Lynden, mit, daß der Ausschuß beschlossen habe, das Abkommen »mit dem Ausdruck einstimmiger Billigung aller Gläubigervertreter an den Arbeits- und Organisationsausschuß weiterzuleiten«[226]. Nur die belgische Delegation gab dazu eine gesonderte Erklärung ab.

Edward Reid, Andrew L. Gomory und der Schweizer Ernst Gamper plädierten als Gläubigervertreter mit verschiedenen Nuancen dafür, das Abkommen möglichst bald in Kraft zu setzen. Reid betrachtete es weniger als Schuldenregelung, sondern vielmehr als eine Vereinbarung über die Regulierung und Reaktivierung althergebrachter kommerzieller Bankbeziehungen. Es handele sich um ein Dachabkommen über tägliche Handelsgeschäfte zwischen Schuldnern und Gläubigern, die sich gegenseitig bekannt seien, sich vertrauten und über Jahre hinweg Geschäfte dieser Art miteinander abgewickelt hätten. Das Abkommen würde eine Ausweitung des deutschen Handelsvolumens erleichtern und damit sowohl für den deutschen Wiederaufbau als auch für die Abwicklung der allgemeinen Schuldenregelung bessere Voraussetzungen schaffen. Die Reaktion des Dreimächteausschusses war reserviert. Obwohl auch Niemeyer für die Anleihegläubiger betonte, daß das Stillhalteabkommen keineswegs deren Interessen schaden würde, erschien es dem Ausschuß nicht angebracht, schon jetzt dem Abkommen sein Plazet zu erteilen. Auch die anderen Gläubigergruppen sollten berücksichtigt werden. Rendel sah sich in dieser Auffassung dadurch bestärkt, daß der Gläubigerausschuß nicht empfohlen habe, das Abkommen unverzüglich in Kraft zu setzen, sondern lediglich darauf hingewiesen habe, es müsse so bald wie möglich in Kraft gesetzt werden. Nach dieser Sitzung waren die Aussichten dafür schlechter als noch eine Woche zuvor angenommen werden konnte.

Obwohl Gomory in den Vereinigten Staaten sich dafür einsetzte, gelang es ihm nicht, das vorzeitige Inkrafttreten des Abkommens zu erreichen.[227] Schon im State Department hatte man ihm zu verstehen gegeben, daß wenig Aussicht dafür bestünde, solange nicht alle Kategorien von Forderungen geregelt und den legislativen Körperschaften vorgelegt worden seien. Sondierungen bei dem Senat bestätigten dies. Das »Foreign Relations Committee« des Senats hatte sich von der Regierung die Zusicherung geben lassen, daß die Abkommen, insbesondere die zur Nachkriegswirtschaftshilfe, vorgelegt würden, bevor sie in Kraft gesetzt würden. Das State Department sah somit keine Möglichkeit, den Londoner Regelungsplan stückweise in Kraft treten zu lassen, bevor er nicht mit dem Committee besprochen worden sei.[228]

Als während der Regierungsverhandlungen im Herbst 1952 deutlich wurde, daß das Schuldenabkommen erst im Laufe des Jahres 1953 würde in Kraft treten können, kam das Thema noch einmal auf. Es bestanden jedoch auch in der französischen Delegation starke Widerstände gegen eine Sonderregelung. Ihr Vorschlag war, das Stillhalteabkommen in Kraft treten zu lassen, wenn die Bundesrepublik das Schuldenabkommen ratifiziert habe. Das sollte zu einem ·Druck der deutschen Banken zugunsten einer raschen parlamentarischen Behandlung führen.[229] Obwohl auch die amerikanische Delegation diesem Vorschlag nicht abgeneigt war, ließ er sich nicht verwirklichen: Die Widerstände in den Vereinigten Staaten selbst waren zu stark.

c) Die Schattenquote

Darüber, auf welche Weise die beschränkte territoriale Jurisdiktion bei der Bemessung der Schuldverpflichtung zu berücksichtigen sei, gab es unterschiedliche Auffassungen, auch innerhalb der deutschen Delegation. Ursprünglich war angenommen worden, dies würde sich in einer Minderung der Kapitalschuld niederschlagen. Daher konzentrierten sich in der Anfangsphase der Verhandlungen die Bemühungen darauf, möglichst exakt den Prozentsatz zu ermitteln, um den sich infolge der Teilung die wirtschaftliche Leistungsfähigkeit Deutschlands vermindert hatte. Das führte unter anderem dazu, daß für Reichsanleihen und für Schulden des Landes Preußen unterschiedliche Faktoren in Ansatz zu bringen waren. Auf Wunsch der Gläubiger sollte vom Verwendungszweck der Anleihe ausgegangen werden. Im Falle Preußens ließ sich dieser nur für etwa die Hälfte der Gesamtverschuldung herausfinden; diese Methode führte demnach nicht weiter. Die Möglichkeiten danach waren, entweder den gleichen Abschlag wie bei den Reichsschulden vorzunehmen, oder nach geographischen Kriterien die ehemaligen preußischen Provinzen auf die Bundesrepublik und die DDR aufzuteilen.[230]

Dieses Verfahren befriedigte die Gläubiger nicht, weder im Falle der preußischen noch der Reichsanleihen. Während der informellen Verhandlungen im Juni 1952 wurde deutlich, daß sie eher daran dachten, einen Teil der rückständigen Zinsen als »Schattenquote« zu behandeln, die erst nach einer Wiedervereinigung Deutschlands bedient werden würde, um auf diese Weise einen Ausgleich für die bis dahin nicht zugestandene unmittelbare Verminderung ihrer Forderungen zu schaffen.

Die Zusage, daß auf die beschränkte Herrschaftsgewalt der Bundesrepublik Rücksicht genommen werde, war bereits im Brief der Alliierten Hohen Kommission vom 23. Oktober 1950 enthalten und wurde durch den Notenwechsel vom 6. März 1951 bestätigt. Nun hatte Vogel, der das Marshallplan-Ministerium in der Delegation vertrat, politische Bedenken gegen eine Lösung, die möglicherweise die Haltung eines künftigen wiedervereinigten Deutschlands zu präjudizieren geeignet war. Er sah »in der Verquickung der Frage der rückständigen Zinsen mit der Berücksichtigung der beschränkten territorialen Jurisdiktion etwas Künstliches«[231] und versicherte sich dabei der Unterstützung durch Blücher, der ebenfalls die Auffassung vertrat, daß »alles vermieden werden müsse, was von der östlichen Propaganda auch nur in etwa als eine vorweggenommene einseitige Bindung des künftigen Gesamtdeutschlands an die bisher zwischen der Bundesrepublik und den drei Westmächten erreichten vertraglichen Regelungen angesprochen werden könnte«[232]. Er hielt zudem die rückständigen Zinsen für die Zeit seit 1945 für das ungeeignetste Objekt, das man für die Konstruktion einer »Schattenquote« wählen

könne. Es sei zweifelhaft, ob der Bundestag einer solchen Lösung zustimmen würde.

In einer Besprechung mit Blücher konnte ich ihm die Situation, der
sich die deutsche Delegation angesichts der Unnachgiebigkeit be-
stimmter Gläubigervertreter gegenüberstand, deutlich machen. Er
plädierte aber »aus politischen Gründen« noch Mitte Juli dafür, die
rückständigen Zinsen der deutschen Vorkriegsanleihen für die acht
Jahre von 1945 bis 1952 streichen zu lassen. Nur dies könnte die Londoner Kompromißlösung »für die deutsche Öffentlichkeit einigermaßen annehmbar [...] machen«[233]. Teile der deutschen Presse unter-
stützten ihn darin. Der *Industriekurier* kritisierte, daß die umstrittenen Zinsrückstände, die ursprünglich völlig gestrichen werden sollten,
nun als Schattenquote weiterlebten und hielt es »politisch für höchst
bedenklich, wenn die Bundesrepublik die volle Kapitalsumme der
alten Reichsanleihen übernimmt. [...] Die Spaltung Deutschlands
ist ein Faktum, das wir nie und nirgendwo verschleiern sollten, mag
die Lösung noch so bequem erscheinen«.[234] Mein Stellvertreter Kriege
hoffte, als Gegenleistung für die deutsche Bereitschaft, das Problem
der Dollarklausel durch bessere Konditionen für die amerikanischen
Tranchen der Dawes- und Young-Anleihe aus der Welt zu schaffen,
die Frage der rückständigen Zinsen nochmals aufzubringen[235].

Meiner Auffassung nach war es nicht entscheidend, auf welche
Weise der beschränkten Herrschaftsgewalt der Bundesrepublik Rechnung getragen würde. Auch seien die deutschen Vorkriegsschulden
Verpflichtungen, die auch von einem wiedervereinigten Deutschland
erfüllt werden müßten. Insbesondere hielt ich es für gefährlich, in das
Schuldenabkommen eine allgemeine Revisionsklausel für den Fall
der Wiedervereinigung einzubauen. Die deutsche Schuldenerklärung
vom 6. März 1951 hatte noch betont, daß die vorgesehene Regelung
der Schulden keine endgültige sein sollte. Es hieß dort: »Es besteht
Einverständnis darüber, daß der Plan nur vorläufigen Charakter hat
und der Revision unterliegt, sobald Deutschland wiedervereinigt und
eine endgültige Friedensregelung möglich ist.«[236]

In den Verhandlungen schwand allmählich die Bedeutung dieses Vorbehalts. Anfangs waren die Gläubiger verständlicherweise daran interessiert, einen Besserungsschein zu erhalten, während die deutsche Delegation einer eventuellen Verschlechterung der Lage durch eine Konsultativklausel Rechnung tragen wollte. Doch vertrugen sich die Unsicherheit über die wirtschaftliche Zukunft und die Ungewißheit über den Zeitpunkt und die Folgen einer möglichen Wiedervereinigung nur schlecht mit dem Ziel, eine dauerhafte Regelung der deutschen Schulden zu finden. In dem Maße aber, wie klar wurde, daß das Londoner Abkommen ein endgültiges sein würde, verlor der Gedanke, der in der Schuldenanerkennung mit der Revisionsklausel korrespondierte, an Kraft. Es verschlechterten sich die Aussichten, wegen der beschränkten Herrschaftsgewalt der Bundesrepublik einen Kapitalschnitt durchsetzen zu können. Vogel sah in der Revisionsklausel eine Möglichkeit, um der von ihm abgelehnten Schattenquoten-Lösung zu entgehen. Die Alternative dazu war für ihn der völlige Verzicht auf die Berücksichtigung der beschränkten Jurisdiktion. In diesem Falle müßte die Regelung der rückständigen Zinsen als sachliches Zugeständnis in der Öffentlichkeit präsentiert werden.[237]

Ein Verzicht der Gläubiger auf die gesamten rückständigen Zinsen für den Zeitraum von Anfang 1945 bis Ende 1952 ließ sich allerdings nicht erreichen. Sie konnten jedoch bewogen werden, kein Datum zu nennen, an dem diese Zinsen fällig würden. Zunächst war vorgeschlagen worden, diese Forderung bis zur Wiedervereinigung zurückzustellen, jedoch spätestens bis zum Jahre 1966.[238] Eine Einigung darüber, wann die Schuldverschreibungen über diese rückständigen Zinsen auszugeben seien, konnte erst im letzten Abschnitt der Konferenz erzielt werden. Niemeyer schlug noch in der Sitzung des Ausschusses A am 29. Juli vor, die Bonds darüber gleich auszugeben. Im Gegensatz dazu meinte ich, die Gläubiger müßten es vorziehen, wenn auf den ursprünglichen Anleihestücken der Anspruch auf die Schattenquote verbrieft würde. Damit erführen diese Bonds eine Werterhöhung, die von dem jeweiligen Inhaber realisiert werden könnte, während Fundierungsbonds über die Schattenquote von Anfang an dazu verurteilt seien, als Non-Valeurs zu gelten. Es erschien als nicht wünschenswert, ein Wertpapier zu schaffen, dessen Börsennotierung ein Gradmesser für die Aussichten der deutschen Wiedervereinigung wäre.[239] Das Schuldenabkommen bestimmte schließlich, daß diese Bonds, mit drei Prozent verzinslich und einer Laufzeit von zwanzig Jahren, frühestens am Tage der deutschen Wiedervereinigung auszugeben seien.

Der Anspruch darauf wurde durch einen Überdruck auf den – neugedruckten – Anleihestücken verbrieft. Da er unabhängig von den Anleihen auch durch Kupons geltend gemacht werden konnte, die der Wertpapierbereinigung unterlegen hatten, war es nötig, bei den Anleihen einen Typ mit und ohne Schattenquote zu unterscheiden. Soweit später Anleihen durch Rückkauf im Markt getilgt wurden, ging die Schattenquote unter. Für Stücke, die bei Fälligkeit eingelöst wurden, stellte die Bundesschuldenverwaltung Berechtigungsscheine aus, die den Anspruch weiterhin verbrieften.[240]

Von der Schattenquote abgesehen, ist durch das Schuldenabkommen ausgeschlossen, daß nach der deutschen Wiedervereinigung Ansprüche aus deutschen Reichsanleihen wiederaufleben können. Hingegen bestand die, wenn auch wenig wahrscheinliche, Möglichkeit, daß über preußische Auslandsanleihen erneut verhandelt werden mußte, da über die Frage, wer die Nachfolge Preußens angetreten habe, eine Einigung nicht möglich war. Die Zinsverpflichtungen aus den preußischen Anleihen standen daher für die Zeit von 1937 bis 1952 noch offen.[241] Der Betrag der Schattenquote wurde ursprünglich auf etwa eine Milliarde D-Mark veranschlagt[242]; er verringerte sich jedoch in der Folge durch Tilgungskäufe am freien Markt.

d) Die Konversionskasse

Die Konversionskasse stand bei den Gläubigern verständlicherweise nicht in besonders hohem Ansehen. Ihre eigentliche Aufgabe hat sie kaum je erfüllt, sondern Schuldtitel ausgegeben, die auf ausländische Währung oder auch auf Reichsmark lauteten. Diese Schuldtitel mußten in London zusammen mit den anderen Verbindlichkeiten des Reiches geregelt werden, weil es für sie eine Reichsbürgschaft gab. Die Konversionskasse selbst stand nicht unter der Haftung des Reiches. Die Frage, wie ihre Verbindlichkeiten geregelt werden könnten, gehörte zu den schwierigeren Problemen der Londoner Konferenz. Das lag zum einen daran, daß im Jahre 1950 die Unterlagen der Konversionskasse im Ostsektor von Berlin beschlagnahmt worden waren.[243] Sie mußte daraufhin versuchen, sie durch Anfragen bei Dienststellen und Banken, auch bei ausländischen Regierungen, wieder zu vervollständigen. Das größere Problem war jedoch, wie die Einzahlungen deutscher Schuldner in die Konversionskasse zu behandeln waren.

Auf der Londoner Vorkonfernz 1951 vertraten die Gläubiger den Standpunkt, daß die Einrichtung der Konversionskasse ein Schlag gegen die Grundlage des internationalen Kreditsystems gewesen sei. Die Gesetzgebung müsse daher von der Bundesregierung rückwirkend wieder aufgehoben werden.[244] Diese Forderung ging zu weit.[245] Eine Reihe von Regierungen hatte die Gesetzgebung über die Konversionskasse in internationalen Abkommen akzeptiert, manche Staaten hatten auch ähnliche Verrechnungsstellen eingerichtet. »Der Charakter der Konversionskassengesetzgebung war also nicht so tadelnswert, daß aus ihm die Notwendigkeit ihrer rückwirkenden Aufhebung hergeleitet werden« mußte. Auf der anderen Seite hatten auch deutsche Hoffnungen, daß »sich das Konversionskassenproblem [...] durch drastische Ermäßigung oder Streichung der Zinsrückstände im wesentlichen von selbst erledigt«, nur eine schlechte Grundlage.[246] Das Thema war aber auch aus einem weiteren Grund brisant. Im

184

Protokoll der Sondersitzung der Bundesregierung vom 20. März 1951 findet sich folgender Passus:»Der Vorschlag, die ›Konversionskasse‹ wieder zu errichten, an die mit schuldbefreiender Wirkung die Zinsen für private Auslandsschulden abgeführt werden können, findet die Zustimmung des Kabinetts. Man erwartet einen Betrag von mindestens 200 Millionen, wahrscheinlich aber 300 Millionen und mehr. Dieser Betrag könne zunächst den Investitionen nutzbar gemacht werden.«[247] Der Plan stammte aus dem Finanzministerium[248] und sollte dazu beitragen, Investitionsmittel zugunsten der Grundstoffindustrie zu beschaffen. Es gab jedoch Widerstand dagegen. Nicht nur die Amerikaner, die das neue Institut zu einem ähnlichen Problemfall wie die Original-Konversionskasse werden sahen, sondern auch die Bank deutscher Länder sprachen sich gegen das Projekt aus. Es wurde schließlich fallengelassen, zumal es auch zu einem gefährlichen *fait accompli* für die kommenden Schuldenverhandlungen hätte führen können.[249]

Die»Liquidierung der unseligen Erbschaft an Schulden und Zweifelsfragen«[250] nahm daher einige Zeit in Anspruch. Für die Schuldverschreibungen und Schuldscheine – eine andere Facette des Problems – wurde eine Lösung vergleichsweise rasch gefunden. Für die nicht verbrieften Verbindlichkeiten, bei denen es sich um die von der Konversionskasse zugunsten ausländischer Gläubiger geführten Guthaben handelte, die durch Einzahlungen der deutschen Schuldner bis zum Kriegsende entstanden waren, konnte jedoch zunächst noch keine Vereinbarung getroffen werden. Um die zeitraubende Untersuchung der Einzelfälle, bei denen man im Hinblick auf die schuldbefreiende Wirkung der Zahlungen durchaus zu verschiedenen Ergebnissen hätte gelangen können, zu vermeiden, boten sich zwei Möglichkeiten an:

1. Die Bundesrepublik übernimmt gegenüber den Gläubigern eine direkte Verpflichtung aus Guthaben bei der Konversionskasse, soweit sie aus Einzahlungen westdeutscher Schuldner stammen.

2. Die deutschen Schuldner zahlen ohne Rücksicht auf ihre früheren Einzahlungen unmittelbar an ihre Gläubiger.

Ursprünglich hatte die deutsche Delegation die erste Lösung befürwortet, da sie die Ansicht vertrat, daß an die Konversionskasse mit schuldbefreiender Wirkung gezahlt worden sei. Soweit auf die Schuldverhältnisse deutsches Recht anzuwenden war, konnte ein deutsches Gesetz bestimmen, daß eine Einzahlung in diese Kasse, der sich kein Schuldner entziehen konnte, schuldbefreiende Wirkung hatte. Soweit aber die Schuldverhältnisse ausländischem Recht unterlagen, war es strittig und ist auch mit Erfolg bestritten worden, daß ein deutsches Gesetz die schuldbefreiende Wirkung von Einzahlungen in die Konversionskasse verfügen konnte.

Unter dem starken Druck der Gläubiger – Rogers vertrat bereits im Juli 1951 die Ansicht, daß die deutschen Schuldner in voller Höhe weiterhafteten und dafür einen Anspruch gegen die Bundesrepublik hätten[251] – und aus praktischen Erwägungen gewann die zweite Version im Laufe der Konferenz an Bedeutung. Sie machte es entbehrlich, bei der Konversionskasse einen Apparat zur Prüfung der Forderungen erneut aufzubauen. Dabei ergab sich ein Anspruch der Schuldner auf Rückerstattung der geleisteten Beträge gegenüber der Bundesrepublik.

Die Schwierigkeit war, die deutschen Schuldner zu einer erneuten Zahlung zu veranlassen, wenn sie nicht die Sicherheit hatten, dafür aus Bundesmitteln voll entschädigt zu werden. Nur in diesem Fall war die Lösung vertretbar. Offen war nun die Frage, in welchem Maße eine Rückerstattung möglich sein solle. Die Schuldner forderten eine volle Erstattung der an die Gläubiger zu zahlenden Beträge.[252] Auf der anderen Seite war die schuldbefreiende Wirkung von Zahlungen an die Konversionskasse von ausländischen Gerichten nur selten anerkannt worden, so daß es eher darum ging, den Schaden, der durch das untaugliche Instrument entstanden war, wieder gutzumachen. Damit geriet die Angelegenheit aber in den Bereich des Entschädigungsrechts, und im Vergleich zu anderen Forderungen dieser Kategorie war eine volle Erstattung nicht mehr angemessen. Darüber gab es in der deutschen Delegation lebhafte Auseinandersetzungen. Die Schuldnervertreter stießen mit ihrer Forderung erwartungsgemäß auf den Widerstand der Delegationsmitglieder aus dem Finanzministerium. Aber auch dort war die Meinungsbildung nicht einheitlich. Wegen der möglichen Belastung des Bundeshaushalts schien es notwendig, das Kabinett mit der Angelegenheit zu befassen.[253] In dessen Sitzung am 29. Juli neigte Schäffers Staatssekretär Hartmann dazu, die Zahlung auf den Bund zu übernehmen, konnte aber keine endgültige Stellungnahme abgeben. Auch Erhard plädierte für diese Lösung. Hingegen machte ich am Telefon, von Hartmann noch während der Kabinettssitzung angerufen, auf die technischen Schwierigkeiten aufmerksam, die sich bei einer Übernahme der Verbindlichkeiten auf den Bund ergeben mußten. Das Kabinett brach daher seine Debatte zu diesem Punkt ohne Entscheidung ab.[254]

Es kam zu einer pragmatischen Lösung. Die Rechtsfrage, ob die Zahlungen an die Konversionskasse schuldbefreiende Wirkung gehabt hatten – sie war zuvor Gegenstand zahlreicher Untersuchungen und Gutachten gewesen – blieb dabei offen. Die Gläubiger begrüßten diese Regelung, brachten aber den Fall von Ansprüchen gegen Schuldner außerhalb des Bundesgebiets ins Spiel. Es schien aussichtslos, von Schuldnern in Österreich oder der DDR zum zweiten Mal die Bezahlung von Forderungen zu verlangen, auf die bereits an die Konversionskasse gezahlt worden sei. Dafür habe nun der Bund im Sinne der Schuldenerklärung aufzukommen. Dem war zu entgegnen, daß die Gläubiger nicht beide Vorteile in Anspruch nehmen könnten. Wenn sie bei den westlichen Schuldnern Zahlung zum zweiten Mal wünschten, so könnten sie nicht für den Rest der Fälle die Bundesregierung verpflichten. Dann müßte man auf deutscher Seite wieder auf die Lösung, den Bund generell für die Zahlungen an die Konversionskasse verantwortlich zu machen, zurückkommen und natürlich den Territorialfaktor ins Spiel bringen.[255]

Die Schuldner setzten sich mit ihrer Forderung, gegenüber dem Bund einen Anspruch auf die volle Erstattung zu haben, im wesentlichen durch. Grundlage dafür waren jedoch nicht die Beträge, die früher an die Konversionskasse gezahlt worden waren, sondern die Verpflichtung aus der geregelten Schuld. Dabei war zu prüfen, inwieweit diese Verpflichtung darauf beruhte, daß die Zahlung an die Konversionskasse nicht berücksichtigt wurde. Es mußte daher festgestellt werden, wie hoch die Schuld bei Anerkennung der schuldbefreienden Wirkung von Zahlungen an die Konversionskasse wäre; lediglich der Differenzbetrag zwischen diesem Betrag und der tatsächlichen Schuld kam für die Erstattung in Betracht.[256]

6. Der Schlußbericht

Wenn sich auch die Schuldenkonferenz nach der Abgabe des deutschen Angebots in einer anderen Lage befand als zuvor, so war es dennoch bemerkenswert, daß die informellen Gespräche rascher zu Einigungen führten als die formellen Verhandlungen. Das von den Gläubigervertretern ursprünglich favorisierte Konzept, aus einer Vielzahl von Einzelvereinbarungen eine Gesamtschuldenregelung entstehen zu lassen, zeigte sich flexibler als der komplizierte Mechanismus der Konferenz mit ihren diffizilen Abhängigkeiten und Kompetenzen.[257] Dieser Wandel war auch deshalb bemerkenswert, weil den amerikanischen Gläubigervertretern anfangs von ihren Kollegen im Dreimächteausschuß nahegelegt worden war, keine Einzelgespräche mit Mitgliedern der deutschen Delegation zu führen.[258]

Zu den Schwierigkeiten der Verhandlungsführung in London gehörte, daß das Vertrauen, das in zwölf Jahren der Diktatur und des Krieges verlorengegangen war, noch nicht wiederhergestellt war.[259] Insbesondere im ersten Konferenzabschnitt war selbst bei Deutschland wohlgesonnenen Gläubigervertretern der Eindruck entstanden, als sei die deutsche Seite nur in sehr eingeschränktem Maße bereit, sich zu ihren Schulden zu bekennen und ernsthaft zu einer Regelung beizutragen.[260] Nun lag es sicherlich auch an der beiderseitigen abwartenden Haltung, daß deutsche Erklärungen mit einer gewissen Zurückhaltung aufgenommen wurden. Aber oft genug weigerten sich auch die Gläubigervertreter – sei es nun aus Unkenntnis oder wider besseres Wissen –, einfache ökonomische Tatsachen zur Kenntnis zu nehmen.[261] Es war für die deutsche Delegation nicht einfach, immer wieder auf die labile wirtschaftliche Situation der Bundesrepublik zurückkommen zu müssen. Auf der anderen Seite war ein Teil dieser Schwierigkeiten nicht als Hypothek der Vergangenheit, sondern ganz aktuell als »hausgemacht« anzusehen. Offizielle und offiziöse Verlautbarungen über den andauernden wirtschaftlichen Aufstieg und über die sich ständig bessernde Wirtschafts- und Finanzlage der Bundesrepublik waren mit den Ausarbeitungen der deutschen Delegation zur Leistungs- und Transferfähigkeit nicht unbedingt kongruent. Bereits im März 1952 wurde daran gedacht, die Liberalisierung der Importe wieder zu erhöhen.[262] Im Mai konnte die erste Goldüberweisung durch die Verrechnungskasse der Europäischen Zahlungsunion an die Bank deutscher Länder gemeldet werden.[263] Im Juni feierte ein Artikel im regierungsamtlichen *Bulletin* zum vierten Jahrestag der Währungsreform den Wiederaufbau und die Steigerung der deutschen Exporte.[264] Er wurde von den Gläubigern aufmerksam registriert. Ich mußte darauf hinweisen, daß im kommenden Jahr gewählt werden würde und man Erklärungen einer Regierung im Jahr davor nicht zu pari bewerten dürfe.[265] Deutsche Stellen erklärten wiederholt, man werde in absehbarer Zeit darangehen können, die Devisenbewirtschaftung abzubauen oder gar aufzuheben. Dies hatte ähnliche Wirkung, ebenso die Ankündigung, Erträgnisse der in Deutschland angelegten Vermögen würden demnächst transferiert werden können.[266] Auch die Geldpolitik der Bank deutscher Länder – vor allem die Diskontsatzsenkung am 29. Mai 1952 – konnte der Vermutung Auftrieb geben, die deutsche Seite habe keinen Anlaß mehr, sich Sorgen um die Entwicklung der Zahlungsbilanz zu machen.[267]

Insbesondere die vergleichsweise »teure« Einigung bei der Dawes- und Young-Anleihe hatte dazu geführt, daß Anfang Juli aus den 170 Mio. D-Mark, die ursprünglich pro Jahr für die Vorkriegsschulden bereitgestellt werden sollten, bereits nahezu 300 Mio. geworden waren, so daß die Gesamtverpflichtungen über 600 Mio. betragen hätten.[268] Um diese Belastung zu mildern, kam ich gegenüber der amerikanischen Delegation auf einen Vorschlag zurück, den ich – im Zusammenhang mit der Aufbringungsfrage beim Israel-Abkommen – McCloy bereits am 5. April unterbreitet hatte: Die Vereinigten Staaten sollten den Beginn der Tilgungszahlungen auf ihre Nachkriegsforderungen um fünf Jahre hinausschieben.[269] In einem Treffen mit dem Dreimächteausschuß schlug ich am 2. Juli diese Modifikation der Übereinkunft vom Dezember 1951 vor[270] und erläuterte sie Pierson kurz darauf in einem ausführlichen Brief.[271] Daß die Nachkriegsschulden noch einmal in die Verhandlungen einbezogen worden waren, meldete die *Financial Times* bereits am nächsten Tag, und somit wurde – vom Dreimächteausschuß mit Unwillen beobachtet – auch eine öffentliche Debatte darüber geführt, ob die deutsche Regierung bereit sei, die zusätzliche Belastung, die sich aus den laufenden Verhandlungen ergeben hatte, zu tragen oder ob nicht ein Versuch gemacht würde, sie durch verringerte Zahlungen, zumindest in den ersten Jahren, auf die Nachkriegsschulden auszugleichen.[272] Dieser Vorschlag wurde dadurch erleichtert, daß sich auf der Konferenz ein Grundsatz für die Regelung herausgebildet hatte, den die Vereinbarung über die amerikanische Nachkriegswirtschaftshilfe durchbrach: In den ersten fünf Jahren zahlte kein deutscher Schuldner Zinsen und Tilgung zugleich. Wer – entsprechend den unterschiedlichen Abmachungen für die einzelnen Schuldenkategorien – in dieser Zeit Tilgungszahlungen erhielt, bekam keine Zinsen, umgekehrt wurden keine Tilgungen geleistet, wenn Forderungen zu verzinsen waren. Beides zugleich wurde erst ab 1958 gezahlt.

190

Die amerikanische Reaktion auf diesen Vorschlag war zunächst zurückhaltend, doch deuteten gewisse Anzeichen darauf hin, daß er zumindest ernsthaft in Erwägung gezogen wurde. Jedenfalls hatte Pierson übertrieben, als er im Mai Greghs Vorstoß rundheraus mit der Begründung abgewiesen hatte, weitere Zugeständnisse der Vereinigten Staaten würden die gesamte Schuldenregelung in Frage stellen. Im Juni hatte er gegenüber dem State Department weitere Konzessionen bei den Nachkriegsschulden befürwortet.[273] Ihre Zusage verzögerte die amerikanische Delegation jedoch bis zum letztmöglichen Moment. Selbst Rendel und Gregh wußten nichts von der amerikanischen Entscheidung, ehe Gunter in der letzten Sitzung des Arbeits- und Organisationsausschusses, unmittelbar vor der die Konferenz abschließenden Plenarsitzung, am 8. August das amerikanische Einverständnis mit meinem Vorschlag bekannt gab.[274] Dies verringerte die von der Bundesrepublik zu erbringenden Leistungen während der fünf Anlaufjahre um jährlich 92 Mio. D-Mark.[275]

Als am 17. Juli zum ersten Mal seit der Einigung über das Stillhalteabkommen wieder eine Sitzung des Arbeits- und Organisationsausschusses stattfand, war zwar eine ganze Reihe von strittigen Fragen geklärt aber immer noch nicht abzusehen, wie lange die Verhandlungen noch dauern würden.[276] Gregh, der die Sitzung leitete, schlug vor, einen Schlußtermin festzusetzen, in der Hoffnung, daß der Zeitdruck die Verhandlungen beschleunigen würde. Er wollte die Konferenz am 29. oder 30. Juli beenden. Es war bereits höchste Zeit, mit der Ausarbeitung des Schlußberichts der Konferenz zu beginnen, der die Grundlage für das Regierungsabkommen bilden sollte. Davon, daß noch während der Konferenz ein Abkommen entworfen werden könnte, war keine Rede mehr; es ging nur noch darum, in einer »Punktation« die Ergebnisse der einzelnen Verhandlungen festzuhalten.[277] Der Dreimächteausschuß hatte zwar schon Vorarbeiten dazu geleistet, doch schien es notwendig, für die Redaktion dieses Dokuments ein besonderes Gremium zu bilden.

Die noch bestehenden Schwierigkeiten, vor allem im Zusammenhang mit der künftigen Währungssicherungsklausel, verzögerten die Plenarsitzung, in der der Schlußbericht der Konferenz verabschiedet werden sollte, bis zum 8. August. Die Atmosphäre war etwa so wie in der Schule zu Beginn der Sommerferien, dies vor allem dank einer polyglotten Schlußrede, die Baron van Lynden, der Leiter der niederländischen Delegation, hielt. Er verband seinen Dank an die an der Konferenz Beteiligten mit einer milden Rüge der drei Alliierten wegen der »politischen Entscheidungen« – damit meinte er den Wegfall der Goldklausel –, die sie über die Köpfe der Gläubiger hinweg gefällt hätten.[278] Der Schlußbericht hielt das materielle Ergebnis der Konferenz fest; um die Regelung in die Form eines internationalen Abkommens zu bringen, waren weitere Verhandlungen – nun allerdings in kleinerem Rahmen – nötig.

Der Bericht bestand aus vier Teilen und einem Anhang.[279] Die ersten drei Teile waren rein historisch und behandelten nach einem Rückblick auf den Notenwechsel zwischen der Bundesregierung und der Alliierten Hohen Kommission die Organisation und den inhaltlichen Rahmen der Konferenz. Entscheidend war der vierte Teil des Berichts, die Empfehlungen. Für die Regelung der einzelnen Schuldengruppen verwies er auf den Anhang, in dem die vier Konferenzausschüsse ihre detaillierten Vorschläge für die Regelung unterbreiteten.

Da die rückständigen Zinsen in den meisten Fällen der in London geregelten Schulden höher waren als das ausstehende Kapital, waren möglichst niedrige Zinssätze dafür entscheidend, ob die erzielte Regelung für die Bundesrepublik tragbar sein konnte. Die ursprünglichen skeptischen Überlegungen zur Höhe der Verzinsung waren von dem Satz von vier Prozent ausgegangen, der 1950 mit den Stillhaltegläubigern vereinbart worden war. Es schien schwer durchsetzbar, diesen oder einen geringeren Zinssatz für die langfristigen Anleihen zu erreichen, da diese im allgemeinen nicht unerheblich höher verzinst worden waren als die Stillhalteschulden.[280] Dennoch konnte in London das Ziel einer möglichst niedrigen Verzinsung erreicht wer-

den: Betrachtet man die Regelung der Vor- und der Nachkriegsschulden zusammen, so waren etwa 2,5 Mrd. D-Mark zinsfrei, 5,5
Mrd. mit Zinsen bis zu zweieinhalb Prozent und 6,3 Mrd. mit Zinsen
von im Durchschnitt etwa viereinhalb bis fünf Prozent belastet.[281]
Zinseszinsen wurden nicht berechnet.

Das zweite wichtige Ziel war, die Tilgung niedrig zu bemessen.
Dies hatte zur Folge, daß Schulden fällig wurden, ohne daß sie zu
diesem Zeitpunkt bereits völlig amortisiert waren. Eine Ausnahme
war die Zündholzanleihe: hier ergaben Tilgung plus ersparte Zinsen
eine Laufzeit bis zum Jahre 1994, in dem die Anleihe ohnehin zurückgezahlt werden sollte. Der Normalfall sah anders aus: Im Unterschied
zu den ursprünglichen Tilgungsbeträgen der Dawes- und Young-
Anleihe, die als Beispiele betrachtet werden sollen, bei denen Zinsen,
Tilgung und Laufzeit so aufeinander abgestimmt waren, daß die
Anleihe am Ende der Laufzeit in gleichen Beträgen getilgt war, sahen
die Londoner Vereinbarungen ein anderes Verfahren vor. Die Tilgung, die 1958 einsetzen sollte, betrug maximal drei Prozent (für die
amerikanische Tranche der Dawes-Anleihe). Da die Laufzeiten nicht
nach diesen geringen Leistungen bemessen sein durften, kam es dazu,
daß rechnerisch bei Fälligkeit dieser Anleihen noch erhebliche Beträge
offenstanden. Im Falle der Dawes-Anleihe waren es für die amerikanische Tranche 56 Prozent, für die europäischen Tranchen 72 Prozent.
Bei der Young-Anleihe lauteten die entsprechenden Zahlen 61 Prozent und 64 Prozent.[282] Da die Fälligkeiten der verschiedenen Anleihen, bei denen sich ein solcher *balloon* ansammelte, auf mehrere
Jahre verteilt waren, wiesen jedoch die von der Bundesrepublik zu
erbringenden Jahresleistungen nur geringe Schwankungen auf.

Hinzu kam, daß die Anleihebedingungen eine Rückkaufmöglich-
keit im Markt vorsahen.[283] Für den Fall, daß die Titel zu pari notiert
wurden, wäre es dann ohne weiteres möglich gewesen, bei Fälligkeit
eine Ersatzanleihe zu marktgerechten Bedingungen anzubieten und
unterzubringen. Bei einer Notierung unter pari war eine verstärkte
Tilgung möglich, die nicht nur die am Ende der Laufzeit fällig wer-

dende Summe verringerte, sondern auch den Anspruch auf die bei einer deutschen Wiedervereinigung zu fundierenden Zinsen für die Jahre von 1945 bis 1952 untergehen ließ.

Mißt man das im Schlußbericht Festgehaltene an dem, was die Gläubiger gut zwei Monate zuvor bei der Ablehnung des deutschen Angebots gefordert hatten, so läßt sich feststellen, daß sich beide Seiten jeweils teilweise durchgesetzt haben. Den Gläubigern gelang es nicht, die Leistungsfähigkeit des Schuldners in D-Mark zum Maßstab der Regelung zu machen, sondern allein die Transferierbarkeit war das ausschlaggebende Moment. Über die zugesagten oder in Aussicht genommenen zu transferierenden Zahlungen hinaus gab es in keinem Fall zusätzliche D-Mark-Zahlungen auf Sperrkonten. Dem Wunsch auf wesentliche Erhöhung des deutschen Angebots wurde stattgegeben. Nach den zunächst kursierenden Berechnungen waren als deutsche Leistung für die ersten fünf Jahre 567 Mio. D-Mark, danach 765 Mio. vorgesehen. Davon entfielen für die Jahre ab 1953 309 Mio. D-Mark auf den EZU-Raum und 237 Mio. D-Mark auf den Dollarraum. Für die Zeit nach Aufnahme des vollen Schuldendienstes 1958 lauteten die entsprechenden Zahlen 359 Mio. und 380 Mio. D-Mark.[284]

Sodann hatten die Gläubiger gefordert, daß für jede einzelne Schuldenkategorie ein Angebot gemacht werden müßte. Dies ist in den Verhandlungen, die im Juni und Juli 1952 geführt wurden, geschehen. Schließlich wurde der Forderung, das deutsche Angebot dürfe nicht von irgendwelchen wirtschaftspolitischen, handelspolitischen oder überhaupt politischen Voraussetzungen abhängig gemacht werden, nur zum Teil Rechnung getragen. Zwar gelang es nicht, im Schlußbericht einen Verzicht auf Reparationen durchzusetzen, aber zumindest konnte der deutsche Standpunkt in der Plenarsitzung zu Protokoll gegeben werden.[285] Bedeutsam war in diesem Zusammenhang vor allem die Feststellung der Konferenz, daß Deutschland den Transfer nur aus echten Außenhandelsüberschüssen abdecken könne und es nicht angehe, den Schuldendienst aus der laufenden Inanspruchnahme von Währungsreserven zu bestreiten. Dabei sollte auf die noch nicht erreichte Konvertibilität der verschiedenen Währungen Rücksicht genommen werden und man erkannte an, daß zu einer positiven Entwicklung der deutschen Zahlungsbilanzlage nur eine weitere internationale Zusammenarbeit im Sinne einer liberaleren Handelspolitik beitragen könnte. Das war die Absage an eine Austerity-Politik nach englischem Muster.

Zu Beginn der Konferenz hatte ein Bericht des deutschen Generalkonsulats in London die britische Finanzzeitschrift *Investors' Chronicle* zitiert. Darin hieß es, die »als Bedingung für das bei der Regelung der Nachkriegsschulden gezeigte Entgegenkommen aufgestellte Forderung, daß eine befriedigende Regelung der Vorkriegsschulden erzielt werde, könne nur dann als ›befriedigend‹ erfüllt angesehen werden, wenn Herr Abs sich Sorge um seinen Empfang bei der Rückkehr nach der Konferenz machen müsse«[286]. Das war nicht nötig, aber dennoch war in Deutschland die Reaktion auf den Abschluß der Verhandlungen sehr reserviert. Vom »Sieg der Auslandsgläubiger« war die Rede[287], und der allgemeine Eindruck, auch in manchem wirtschaftlichen Fachorgan, war, daß sich die Bundesrepublik mit dieser Regelung finanziell übernommen habe. »Lohnt sich die Kreditwürdigkeit?« fragte der *Industriekurier* und geriet mit seiner Beschwerde über die englischen Geldanleger an die Grenze des Skurrilen: »Sicherlich muß es auch verbittern, wenn man an den Wertpapierkursen in London abliest, wie gering von dem Börsenpublikum die Bemühungen der Bundesrepublik um Rückgewinnung der deutschen Kreditwürdigkeit gewertet werden.«[288]

Noch im Februar 1953, nach der Unterzeichnung des Abkommens, wurde kritisiert, daß nicht das Bundesfinanzministerium, sondern das Auswärtige Amt die Federführung der Verhandlungen gehabt hatte. Nur aus politischen Gründen habe die deutsche Delegation es vermieden, einen Abbruch der Verhandlungen zu riskieren. Kein Gläubiger »hätte es so leicht gewagt, [...] mit leeren Händen nach Hause zu kommen«, daher seien die deutschen Konzessionen überflüssig gewesen.[289] Mit Hilfe der Akten lassen sich solche Aussagen heute *ad absurdum* führen, und der Zweck, den sie verfolgten, tritt deutlicher hervor.

Auch bei den deutschen Industrieschuldnern fand das Ergebnis allenfalls verhaltene Zustimmung. Sie sahen »sowohl den Einzelheiten der getroffenen Vereinbarungen als auch dem Volumen der auf die Bundesrepublik zukommenden Transferverpflichtungen mit großer Besorgnis entgegen«[290] und forderten daher, auch bei den kommenden Regierungsverhandlungen beteiligt zu werden.[291] »Die Erwartungen, die die deutsche Privatwirtschaft an das Ergebnis [...] der Londoner Schuldenkonferenz geknüpft hatte, sind nicht in vollem Umfange erfüllt worden«, hieß es zunächst zurückhaltend.[292] Später sahen die der Delegation angehörenden Vertreter der Industrie in den Empfehlungen der Konferenz für die Regelung der mittel- und langfristigen Schulden aus privaten Kapitalgeschäften »eine schwere Enttäuschung«[293], da weder die Kapitalforderungen herabgesetzt, die rückständigen Zinsen gestrichen noch die zukünftigen Zinsen auf vier Prozent begrenzt worden waren. Sie hielten den Zeitpunkt, zu dem die Verhandlungen stattfanden, für ungünstig, da die Gläubiger auf die überraschend schnelle Erholung der deutschen Wirtschaft hinweisen konnten und daraus folgerten, daß sie sich auch weiterhin günstig entwickeln werde. Die Umstellung von Aktien im Verhältnis 1:1 und die Höhe der Dividenden hätten ebenfalls als Beleg für die positive Entwicklung gedient. Die zu Beginn der Verhandlungen von der deutschen Delegation gehegten Erwartungen seien nicht erfüllt worden.

In der Tat hatte sich im ersten Halbjahr 1952 ein Umschwung in der deutschen Wirtschaft ereignet, der – untermalt von den zu Beginn dieses Abschnittes genannten öffentlichen Äußerungen – die Verhandlungsgrundlage verschob. Der Preis für den Erfolg der Konferenz stieg. Dies immerhin erkannten auch die Industrieschuldner an: »Die deutsche Delegation hat in London [...] erreicht, daß die internationalen finanziellen Beziehungen wieder hergestellt wurden und

[...] die Grundlage für die deutsche Kreditwürdigkeit gelegt wurde.«[294] Dies zumindest wäre nicht möglich gewesen, hätte man nach der Konferenz vom »Sieg der Schuldner« sprechen müssen.[295]

Anders fielen die Reaktionen der Gläubiger aus. Die amerikanische Delegation sah den Konferenzbericht als angemessene Grundlage für das Regierungsabkommen an, obwohl sie eine Reihe von Zugeständnissen, wie etwa in der Frage der Goldmark oder die verhälnismäßig geringe Berücksichtigung der territorialen Beschränkung, für unklug hielt. Aber diese Punkte, die die deutsche Delegation zugestanden hatte, fielen für die Vereinigten Staaten kaum ins Gewicht. Ihnen kam es darauf an, daß Probleme wie die Belastung während der Anlaufjahre und die Goldklausel in ihrem Sinne geregelt worden waren. Die amerikanische Delegation war auch der Ansicht, daß die Belastung von der Bundesrepublik getragen werden könne und daß die verschiedenen Schuldenkategorien eine angemessene Behandlung erfahren hätten.[296]

Auch Rendel zog in seinem Bericht über die Verhandlungen ein positives Resümee. Er sah in der Besserung der deutschen Wirtschaftslage den Grund dafür, daß die vereinbarten Regelungsbedingungen bei weitem besser waren, als man vor einem Jahr – oder selbst vor einigen Monaten – hätte erwarten können.[297] Mit dieser Einschätzung teilte er die Ansicht der deutschen Industriellen.

7. Das Abkommen mit Israel

Mit Böhms Sondierung in Paris und der Unterbreitung des deutschen Angebots in London begann sich Ende Mai 1952 der enge Zusammenhang zwischen Schuldenregelung und Wiedergutmachung zu lösen. Dies war notwendig geworden und auch von Kurt Schumacher in einem Brief an Adenauer gefordert worden[298], da sich die beiden

Verhandlungen gegenseitig zu blockieren drohten. So führte die Trennung der beiden Bereiche zwar zum Erfolg, machte aber insgesamt die Abkommen teuerer, als wenn über alle Forderungen an Deutschland gesamt verhandelt worden wäre.[299]

Als Adenauer Ende Mai zur Unterzeichnung des Vertrages über die Europäische Verteidigungsgemeinschaft in Paris war, traf er mit Goldmann noch einmal zusammen. Zuvor hatte der amerikanische Außenminister Acheson erneut betont, daß die israelische Forderung keine normale kommerzielle Schuld sei und sie auch nicht als eine solche behandelt werden dürfe.[300] Zu diesem Zeitpunkt war die Krise bereits überwunden. Die verhärteten Fronten lockerten sich. Auf zwei Sitzungen, an denen zunächst nur Adenauer, Hallstein, Böhm und ich teilnahmen, zu denen später Goldmann und Shinnar stießen, konnte am 10. Juni 1952 eine grundsätzliche Einigung erreicht werden, die den Weg zur Wiederaufnahme der Verhandlungen in Wassenaar freimachte.[301] Die Globalansprüche Israels und der »Conference on Jewish Claims against Germany« sollten gemeinsam behandelt werden, was zu einer Gesamtsumme von 3,4 bis 3,5 Mrd. D-Mark führen würde. Als Laufzeit wurden zwölf – nicht wie zuvor verlangt: acht – Jahre vereinbart. Zwei Jahre lang sollten jährlich 200 Mio. D-Mark, dann zehn Jahre lang 250 Mio. gezahlt werden. Für den nicht gedeckten Restbetrag war vorgesehen, eine Anleihe aufzunehmen[302]; sollte dieses Vorhaben scheitern, so verlängerte sich die Laufzeit des Abkommens um zwei Jahre.

Offen blieb vorerst die Frage, welche Waren an Israel zu liefern waren. Eine Beschränkung auf Warenleistungen allein kam nicht in Frage; jedenfalls wurde von der Bundesrepublik gefordert, die Ölrechnung Israels in Großbritannien zu bezahlen.[303] Auch die Entscheidung über verschiedene Sicherungsklauseln blieb den Verhandlungen überlassen, die sobald wie möglich wieder beginnen sollten.

Es war bemerkenswert, daß bei der Sitzung vom 10. Juni kein Vertreter des Bundesfinanzministeriums zugegen war. Schäffer, von Wolff unterrichtet[304], zeigte sich »unangenehm davon berührt«[305]

und konnte offenbar nicht ganz glauben, was sich da zugetragen hatte. Er telegraphierte – auf der Suche nach einem Verbündeten – nach London, daß ihn das Ergebnis der Besprechung »völlig überrascht« habe und wollte wissen, ob der vereinbarte Vorschlag von mir übernommen worden sei.[306] Daraufhin konnte ich ihn nur auf die Besprechung in Mehlem am 21. Mai hinweisen, mit der Böhms Sondierung in Paris genehmigt worden war und an der Schäffer teilgenommen hatte.[307] Zudem hatte ich am 7. Juni in einem ausführlichen Memorandum für den Bundeskanzler beschrieben, was für den Fortgang der Israel-Verhandlungen getan werden müsse.[308]

Schäffer blieb der Hauptexponent des Widerstandes gegen das Abkommen. Als am 17. Juni im Kabinett das Ergebnis der Besprechung vom 10. Juni erörtert wurde, meinte er, ihm nicht zustimmen zu können, wurde aber überstimmt.[309] »Die Vertreter des Staates Israel stellen immer wieder neue Forderungen, je mehr sie Nachgiebigkeit auf der deutschen Seite spüren«[310], war die Erkenntnis, die er aus den Vorgängen gewann, und über Nachgiebigkeit verfügte in Schäffers Sicht »Böhm, der doch nie den Entschluß finde, nein zu sagen«[311], in mehr als genügendem Maße. Von seinen Zweifeln daran, ob die gegenüber Israel in Aussicht genommenen Verpflichtungen zu erfüllen seien, konnte ihn nichts abbringen, auch nicht Adenauers Aufforderung, die Angelegenheit »als Bergsteiger« zu würdigen: »Ihre Befürchtung, daß meine Herren im Auswärtigen Amt kein Augenmaß für Erfüllbarkeit hätten, ist wohl unbegründet. Alles, was mit Israel verhandelt wird, geschieht im Einvernehmen mit Herrn Abs. Von Herrn Abs kann man ja nun wohl annehmen, daß er wirtschaftlichen Blick hat. Natürlich wandeln wir alle einen schmalen Pfad, aber es bleibt uns nichts anderes übrig. Besser einen schmalen Pfad zu wandeln, als auf ihm stehenzubleiben und auf ihm herunterzupurzeln.«[312]

Als die Verhandlungen in Wassenaar am 24. Juni wieder aufgenommen wurden, war mit einem baldigen Abschluß zu rechnen. Aber die Formulierungen des Abkommens führten immer wieder zu

Spannungen und sorgten dafür, daß das Thema Israel den Sommer hindurch noch mehrmals auf der Tagesordnung von Kabinettssitzungen stand. Die Spaltung der Delegation, die bereits in der ersten Phase der Verhandlungen zu beobachten gewesen war, setzte sich fort. Kristallisationspunkt unterschiedlicher Auffassungen war zunächst der Globalanspruch der Claims Conference in Höhe von ursprünglich 500 Mio. D-Mark. Böhm war bereit, ihn mit 400 Mio. zu befriedigen.[313] Die Vertreter des Bundesfinanzministeriums in der Delegation konnten sich diesem Vorschlag nicht anschließen. Sie hielten die Forderung für rechtlich nicht begründet und sahen ohnehin in einer Ablehnung keine Nachteile, da sich die Bundesrepublik durch die Anerkennung der israelischen Forderung bereits ein positives Image in der Weltöffentlichkeit gesichert habe. Erst in der Kabinettssitzung vom 15. Juli 1952 wurde der Anspruch in Höhe von 450 Mio. D-Mark anerkannt.[314] Damit ergab sich ein Gesamtbetrag von 3,45 Mrd. D-Mark. Wie am 10. Juni vereinbart, sollten in den ersten beiden Haushaltsjahren je 200 Mio. D-Mark, danach entsprechend der Leistungsfähigkeit der Bundesrepublik zwischen 250 und 310 Mio. D-Mark gezahlt werden. Der Normalsatz war der höhere Betrag, doch konnte ihn die Bundesregierung durch einseitige Erklärung herabsetzen.[315]

Durch diese Zahlungsweise und durch die Unverzinslichkeit der Forderung wurde den Bedenken im Hinblick auf die Belastung durch die Regelung der Auslandsschulden weitgehend Rechnung getragen. Dennoch berührten einige der nun noch auftretenden Schwierigkeiten auch die Verhandlungen in London. Dies betraf zum einen die vorgesehenen Warenlisten, bei denen insbesondere darauf geachtet werden sollte, daß sie sich aus Gütern zusammensetzten, die die deutsche Transferfähigkeit möglichst wenig belasteten.[316] Zum anderen machten die Entwürfe einer Reihe von Sicherungsklauseln Schwierigkeiten, die den Interessenten beider Vertragsparteien dienen sollten. Die für das Israel-Abkommen vorgesehene Wertsicherungsklausel war in ihrer ursprünglichen Fassung mit dem, was die deutsche Dele-

gation in London erreichen wollte, nicht zu vereinbaren. Sie sollte
auch bei einer inflationären Preisentwicklung in der Bundesrepublik
die Warenlieferung auf einem konstanten Niveau halten. Es gelang
mir, die Israelis zu einem Verzicht darauf zu bewegen, aber beinahe
größere Schwierigkeiten bereitete es, Böhm dazu zu bringen, dies zu
akzeptieren. Er verstand sich weniger als der Leiter einer deutschen
Delegation mit dem Auftrag, einen vernünftigen Interessenausgleich
zu vereinbaren, sondern in erster Linie als der Anwalt der israelischen
Interessen. Goldmann meinte in seinen Erinnerungen, in der Geschichte der Diplomatie gebe es nicht viele Beispiele, wo sich ein Ver-
handlungsführer derart von den Intentionen seiner Auftraggeber
distanziert hätte.[317] Im Gegenzug konzedierten die Israelis der Bundesrepublik eine Katastrophenklausel, die für den Fall wirtschaftlicher Schwierigkeiten eine Herabsetzung der Leistungen vorsah.
Beide Klauseln wurden erst endgültig formuliert, nachdem die Verhandlungen in Wassenaar bereits beendet waren.[318]

Als das Abkommen vom Kabinett verabschiedet werden sollte, war
Schäffer in Mexiko. Dort fand Anfang September die Jahresver-
sammlung von Weltwährungsfonds und Weltbank statt. Die Bundesrepublik nahm, nachdem sie im August Mitglied beider Organisationen geworden war, zum erstenmal teil und sollte entsprechend
hochrangig vertreten sein. Als für die Kabinettssitzung, in der das
Israel-Abkommen beraten werden sollte, der 3. September in Aussicht genommen wurde, stellte Schäffer klar, daß er dann nicht nach
Mexiko fliegen könne.[319] Das Abkommen wurde dann am 8. September behandelt. Da aber der Beginn der Sitzung kurzfristig von zwölf
Uhr auf halb zehn verlegt wurde, gelang es Schäffer nur unter
Schwierigkeiten, mit einer Dreiviertelstunde Verspätung eintreffen
zu können.[320] In der Sitzung spielte Adenauer ihn in typischer Ma-
nier aus.

Am 10. September 1952 wurde das Abkommen in Luxemburg
unterzeichnet. Für Deutschland unterschrieb Adenauer, für Israel
Außenminister Sharett und für die Claims Conference Goldmann.

Auf das Datum hatte der Bundeskanzler besonderen Wert gelegt. An diesem Tage sollte, einige Stunden später, die neugegründete Europäische Gemeinschaft für Kohle und Stahl zum ersten Male in Luxemburg zusammentreten.»Adenauer wollte von deutscher Seite nicht in die Gemeinschaft der freien europäischen Völker eintreten, ohne einen klaren Beweis der Aussöhnung und der Hilfe für die Opfer der Judenpolitik Hitlers zum Ausdruck gebracht zu haben.«[321]

Nach der Unterzeichnung dauerte es ein halbes Jahr, bis ein entsprechendes Gesetz dem Bundestag zugeleitet werden konnte. Die Verzögerung war unter anderem durch Proteste einiger arabischer Länder verursacht. Angeblich störte das Abkommen das Gleichgewicht im Nahen Osten. Daraufhin reiste im Januar 1953 eine deutsche Wirtschaftsdelegation unter Leitung von Staatssekretär Westrick nach Kairo. Meine ursprünglich vorgesehene Teilnahme mußte ich wegen der Schlußverhandlungen in London absagen.[322] Der ägyptische Staatschef Nagib»erklärte, es sei den arabischen Staaten durch mehrjährige kriegsmäßige Wirtschaftspolitik gelungen, Israel in eine finanziell mehr oder weniger verzweifelte Lage zu bringen. In diesem seit langem von den Arabern herbeigewünschten kritischen Moment sei es ausgerechnet Deutschland, der ›natürliche Verbündete‹ der Araber, der Israel finanziell rette und die arabischen Hoffnungen zerstöre«.[323] Ägypten forderte im Gegenzug eine deutsche Beteiligung am Bau des Assuan-Staudammes. Aus Sicht der Bundesregierung würden die entsprechenden Verhandlungen aber nur dann zu einem günstigen Abschluß gebracht werden können, wenn sie nicht von Boykott-Drohungen begleitet waren.

Adenauer wandte sich dagegen,»die Ratifizierung des Wiedergutmachungsabkommens von einem günstigen Ausgang der Verhandlungen mit den arabischen Staaten abhängig zu machen. Das war schon aus moralischen Gründen völlig indiskutabel«[324]. Am 18. März 1953 nahm der Bundestag das Gesetz an. Die Regierung Israels stimmte dem Abkommen am 22. März zu. Mit dem Austausch der Ratifikationsurkunden am 27. März in New York trat es in Kraft.[325]

VIII. DIE ABSCHLIESSENDEN VERHANDLUNGEN

1. Die Abkommen über die Nachkriegsschulden

Nach dem Abschluß der Schuldenkonferenz war für Mitte September 1952 der Beginn von Regierungsverhandlungen vorgesehen, um sämtliche Vereinbarungen über die deutschen Auslandsschulden in die Form eines internationalen Abkommens zu bringen. Als Verhandlungspartner stand der deutschen Delegation nur noch der Dreimächteausschuß gegenüber. Da bereits seit einigen Monaten an Entwürfen gearbeitet worden war, rechnete er damit, daß die Verhandlungen nicht mehr lange dauern würden.[1]

Auch über die deutschen Nachkriegsschulden mußte weiter verhandelt werden. Deren allgemeine Reduzierung hatte nur den ersten Verhandlungsabschnitt beendet. Noch waren die einzelnen Verträge nicht abgeschlossen, aber man nahm nicht an, daß sie zu Komplikationen führen würden. Diese Hoffnungen erhielten einen ersten Dämpfer, als am 5. September Baur vom Marshallplan-Ministerium in London anrief und fragte, ob bei den kommenden Verhandlungen amerikanische Fachleute zugegen sein würden, um über die Überschußgüter aus der Verwertung der amerikanischen Armeebestände zu sprechen. Scott, einer der Finanzberater der amerikanischen Delegation, erwiderte, daß keine Experten benötigt würden, da alle Fragen im Dezember 1951 bereits geregelt worden seien; vielmehr würden auch Vertreter der STEG ihre Zeit verschwenden, wenn sie nach London kämen. Auf die Frage, wie lange nach amerikanischer Ansicht die Verhandlungen über die Abkommen zur Regelung der Nachkriegsschulden voraussichtlich dauern würden, lautete die Antwort: nicht länger als zwei bis drei Tage, da die bereits existierenden Abkommen über die amerikanische Wirtschaftshilfe und die Verwertung der Überschußgüter als Muster dienen könnten. Die deutsche Seite beharrte jedoch auf der Entsendung von STEG-Experten nach London, auch wenn die Amerikaner deutlich zu verstehen gaben, daß sie nicht bereit seien, die Diskussion über Fragen, die bereits ein Jahr zuvor geklärt worden waren, erneut zu eröffnen.[2]

An den Verhandlungen nahmen deutsche Experten, die von der STEG entsandt wurden, teil, und es gelang, den Amerikanern klarzumachen, daß es nicht darum gehe, die Angelegenheit noch einmal grundsätzlich aufzurollen.[3] Da die Geschäfte mit den Überschußgütern seinerzeit zu erheblichen Verlusten geführt hatten und auch mit mancherlei Unregelmäßigkeiten behaftet waren, bestand jedoch die Gefahr, daß bei der parlamentarischen Behandlung der Abkommen Probleme entstehen könnten.

Allerdings waren die Schwierigkeiten, die der STEG-Komplex bis ins Jahr 1953 hinein bei den Verhandlungen bereitete, im Vergleich zur Bedeutung der Frage übertrieben. Im Dezember 1951 war eine Summe von 203 Mio. US-Dollar vereinbart worden. Sie war ein vertraglich geregelter und daher nur schwierig zu korrigierender Sonderfall, weil die Aufwendungen, die über STEG liefen, in den Vereinigten Staaten einer genauen Kontrolle durch die zuständigen parlamentarischen Gremien unterlegen hatten, während bei den Ansprüchen aus der Wirtschaftshilfe ein politischer Spielraum bestand, der mit der Verlängerung der tilgungsfreien Zeit zum zweiten Mal genutzt worden war.

Grundlage für die Verhandlungen waren die Abkommensentwürfe der Gläubigermächte, die alle nach dem gleichen Schema aufgebaut waren. Sie entsprachen im wesentlichen den Abkommen, die die Vereinigten Staaten mit anderen Nationen abgeschlossen hatten; dies begründete auch den Optimismus der Amerikaner im Hinblick auf den baldigen Abschluß der Verhandlungen. Vier Abkommen waren es deshalb, weil die amerikanischen Forderungen aus GARIOA- und Marshallplanlieferungen nicht mit Forderungen aus der Lieferung von Überschußgütern zusammen geregelt werden sollten. Da die Vereinigten Staaten mit Abstand der größte Nachkriegsgläubiger der Bundesrepublik waren, übernahm ihre Delegation die Führung. Bei den im Grundsatz bilateralen Verhandlungen waren stets Vertreter aller Delegationen anwesend.[4]

Die Besprechungen, an denen auf deutscher Seite eine verkleinerte Delegation teilnahm, die Vogel in meinem Auftrag leitete, kamen entgegen den Erwartungen und entsprechend den amerikanischen Befürchtungen nur schleppend voran. Zum Teil lagen die Ursachen für diese Verzögerung auf deutscher Seite, und die Alliierten beobachteten mit wachsendem Mißfallen die Aufsplitterung der deutschen Delegation in immer neue Gruppen von »Experten«, die ein rasches Vorankommen der Verhandlungen hinderten.[5] Dies traf zum Teil auch auf die Regelung der Vorkriegsschulden zu. Die Hoffnung, daß in diesem Stadium der Konferenz, in dem die allgemeinen Klauseln der Abkommen formuliert werden sollten, mit den Regierungsvertretern leichter zu verhandeln wäre als zuvor mit den Gläubigervertretern[6], erwies sich als Trugschluß. Die umstrittenen Fragen betrafen die Verzichts- und die Prioritätsklausel, im STEG-Abkommen zusätzlich den Eintritt der Bundesrepublik in die vom Wirtschaftsrat der Bi-Zone geschlossenen Verträge und im Zusammenhang damit Zahlungen in deutscher Währung.

Die Verzichtsklausel war eine der beiden Bedingungen, die im Dezember 1951 als Voraussetzung für die Reduzierung der alliierten Ansprüche genannt worden waren. Sie führte deshalb zu Schwierigkeiten, weil die amerikanische Delegation Ende Oktober – offenbar auf französisches Drängen hin – eine gegenüber dem ursprünglichen Entwurf erheblich verschärfte Fassung dieser Klausel präsentierte. Hatte sich der erste Vorschlag nur auf Forderungen in unmittelbarem Zusammenhang mit der geleisteten Wirtschaftshilfe bezogen, so sollte nun die Bundesrepublik endgültig auf Gegenansprüche wegen aller Handlungen und Unterlassungen der amerikanischen Besatzungsmacht verzichten. Diesem Vorgehen schlossen sich die englische und die französische Delegation an.[7] Obwohl die Forderung der Franzosen ohnehin nur dürftig begründet war, ging deren Vorschlag für die Verzichtsklausel am weitesten.

Die geforderte Regelung stieß insbesondere deshalb auf Bedenken, weil sie über die entsprechenden Bestimmungen im Neunten Teil des Überleitungsvertrages hinausging. Dort war nur die Rede davon, daß deutsche Gegenforderungen bis zu einem Friedensvertrag aufgeschoben wurden. Damit sollte für den Fall, daß die westlichen Alliierten jemals Reparationsforderungen geltend machten, der deutschen Seite Verhandlungsspielraum verschafft werden. Da bereits diese Fassung von den Drei Mächten gebilligt worden war, lag die Frage nahe, was das Motiv der Änderung dieser Verzichtsklausel sei, woraufhin die Antwort erteilt wurde, diese Fassung sei irrtümlich aufgenommen worden. Auf den Einwand der deutschen Delegation, wie ein solcher Irrtum denn gleichzeitig im Foreign Office, im Quai d'Orsay und im State Department entstehen könnte, wurde erwidert, inzwischen hätten die drei Regierungen ihre Ansicht über das Ausmaß des deutschen Verzichts geändert.[8]

Die komplexen rechtlichen Beziehungen zwischen den einzelnen Abkommen zur Regelung der Nachkriegsschulden und den Bonner Verträgen waren der Grund dafür, daß die deutsche Delegation den Rat von Erich Kaufmann suchte.[9] Als die Verhandlungen nicht weiterkamen, brachten die Alliierten auch die zweite Bedingung vom Dezember 1951 ins Spiel. Ursprünglich hieß es, daß eine angemessene Regelung der Vorkriegsschulden Voraussetzung dafür sei, um die Ermäßigungen der Nachkriegsschulden wirksam werden zu lassen. Nun wurde dieses Junktim umgekehrt, so daß es dem Sinne nach lautete: »Keine Regelung der Vorkriegsschulden ohne Regelung der Nachkriegsschulden«.[10] Die Präambel des Londoner Schuldenabkommens verschärfte später dieses Junktim dahingehend, daß die Abkommen über Vor- und Nachkriegsschulden nicht nur zugleich in Kraft treten, sondern auch gleichzeitig unterzeichnet werden sollten.

Die vorgelegten Fassungen einer Prioritätsklausel schienen die Gefahr heraufzubeschwören, daß die Devisenhoheit, die die Bundesrepublik nach Regelung der Auslandsschulden zurückerhalten sollte, gefährdet würde. Auch drohte ein Konflikt mit den Dawes- und

Young-Anleihegläubigern, die der Ansicht waren, daß diesen beiden Anleihen vom Deutschen Reich eine unbedingte Priorität eingeräumt worden sei. Von Bedeutung konnte die Frage werden, wenn es – wie bereits in Aussicht genommen war – zu Verhandlungen über die Gewährung einer Anleihe durch die Weltbank kommen sollte. Die Weltbank akzeptierte grundsätzlich keine nachrangige Haftung.

Das Amerika-Geschäft der STEG war der dritte große Problemkreis dieser Verhandlungen. Außer der bereits genannten fragwürdigen Berechnungsgrundlage der Forderungen kamen nun die Schwierigkeiten auf der Aufbringungsseite ins Spiel. Die Amerikaner beanspruchten, entsprechend den Verträgen von 1948, das Recht, ihre Forderungen durch DM-Zahlungen begleichen zu lassen und erwarteten, innerhalb weniger Jahre den Bundeshaushalt mit dem Gegenwert von 200 Mio. US-Dollar belasten zu können. Auch hier diente die Verknüpfung von Vor- und Nachkriegsschulden als Druckmittel, denn als sich keine Einigung abzeichnete, wurde mit Billigung des Dreimächteausschusses die Versendung des bereits fertiggestellten Abkommensentwurfs zurückgestellt.

In einem Memorandum der STEG wurden nicht nur 73 Mio. Dollar der Forderung aufgrund von überhöhten Preisen, Minderlieferungen und falschen Berechnungen beanstandet, sondern auch die schuldbefreiende Wirkung früherer Reichsmark-Zahlungen auf amerikanische Konten gefordert, so daß sich ein deutscher Wunsch auf Streichung von insgesamt 175 der 203 Mio. Dollar betragenden Forderung der Amerikaner ergab.[11] Versuche des Vorstandsvorsitzenden der STEG, diesen Betrag in die Verhandlungen einzuführen, gingen allerdings an der Realität vorbei.[12] Selbst für Vogel, der sich in der Angelegenheit des STEG-Abkommens sehr exponierte, war es unvorstellbar, daß die deutsche Delegation den Amerikanern einen Vorschlag unterbreiten könnte, der die Zahlungsverpflichtung auf 25 Mio. Dollar reduziert hätte.[13]

Die amerikanische Seite hatte demgegenüber schon frühzeitig deutlich gemacht, daß nach der Kürzung ihrer Gesamtforderung aus der Nachkriegswirtschaftshilfe um 2 Mrd. Dollar keine Berichtigungen von deutscher Seite mehr akzeptiert werden könnten. Welchen Anteil das Amerika-Geschäft der STEG an dem globalen Nachlaß hatte, konnte nicht festgestellt werden, da infolge der rechtlichen Sonderstellung der Verträge eine Verringerung der nominellen Schuld vom amerikanischen Kongreß hätte genehmigt werden müssen. Mit der Festsetzung einer globalen Zahl für die Kürzungen konnte es den deutschen Stellen überlassen werden, ob und inwieweit sie die Herabsetzung auf die einzelnen Kategorien von Forderungen aufteilten.[14] Es wäre dann eine interne deutsche Angelegenheit gewesen, die STEG-Verluste mit der Ermäßigung der ERP- und GARIOA-Verpflichtungen zwischen dem Finanzministerium und dem Marshallplan-Ministerium zu verrechnen.[15]

Vogel hielt es Anfang November für unwahrscheinlich, daß die amerikanische Delegation weiter nachgeben würde, hatte aber die Hoffnung, daß die neue Regierung entgegenkommender sein könnte.[16] Da jedoch klar war, daß die Vereinigten Staaten weiterhin alle Abkommen über Vor- und Nachkriegsschulden als Einheit betrachten würden, hätte ein Hinausschieben des STEG-Abkommens den Abschluß der gesamten Schuldenregelung verzögert. Die von den Amerikanern offerierte Möglichkeit, eventuellen parlamentarischen Schwierigkeiten sowohl in der Bundesrepublik wie auch in den Vereinigten Staaten dadurch zu entgehen, daß die beiden Abkommen zu einem einzigen vereinigt würden, sah die deutsche Delegation als wenig aussichtsreich an. Im Bericht über die Verhandlungen wurde dieses Angebot als »rhetorisch« qualifiziert.[17] Damit tat sie den amerikanischen Intentionen allerdings unrecht, denn das State Department hatte diese Möglichkeit ernsthaft erwogen, dann aber wegen allzuvieler Bedenken zurückgestellt. Aus amerikanischer Sicht war es auch für die Bundesrepublik günstiger, zwei separate Abkommen zu treffen.[18]

Eine Klausel der beiden Verträge von 1948 eröffnete den Vereinigten Staaten die Möglichkeit, Zahlungen in deutscher Währung abzurufen. Der amerikanische Wunsch nach DM-Zahlungen wurde erst Mitte November 1952 präzisiert und zwang die Bundesregierung, sich am 25. November erneut mit den Nachkriegsschulden zu befassen. Sie sah sich außerstande, den amerikanischen Wünschen, bis zum 30. Juni 1954 63 Mio. Dollar, also rund 250 Mio. D-Mark, bereitzustellen, zu entsprechen, da Mittel in dieser Höhe weder im laufenden Haushalt vorhanden, noch im kommenden Haushalt ohne größere Schwierigkeiten einzusetzen waren.[19] Adenauer war ärgerlich über die amerikanischen Pressionen, wie sie sich in der Zurückhaltung des Regierungsabkommens zeigten, und hielt es für angebracht, da man auf der Ebene der Verhandlungsführung in London offenbar nicht weiter komme, direkt dem State Department die deutschen Schwierigkeiten darzulegen.[20]

Hohe DM-Abzüge machten die bereits zugesagten Konzessionen – Verschiebung des Tilgungsbeginns um fünf Jahre – wieder rückgängig.[21] Obwohl das STEG-Abkommen eine Laufzeit von dreißig Jahren haben sollte, hätte die geforderte Abrufmöglichkeit von jährlich 40 Mio. Dollar bedeutet, daß die Verbindlichkeit bereits in fünf Jahren getilgt wäre.[22] Die DM-Abrufe sollten auf die Jahresleistungen nach dem Abkommen angerechnet werden. Auch wenn man davon ausging, daß die Begleichung der Schuld in eigener Währung eine Erleichterung für die Bundesrepublik darstellte, so wurde der Inhalt des Abkommens durch die vorgeschlagene Zahlungsweise entscheidend verändert. Die Abrufmöglichkeit von 40 Mio. Dollar im Jahr wurde am 5. Dezember 1952 vereinbart. Dieser Betrag sollte ab Juli 1954 gezahlt werden, während über die bis dahin zu zahlenden Gelder noch Sonderverhandlungen mit dem Bundesfinanzministerium geführt werden sollten. Dieses Vorgehen wurde zwischen Vogel und Gunter am 6. Dezember schriftlich festgelegt.[23] Dabei bestand bereits Übereinstimmung darüber, das weitere Prozedere in einem Briefwechsel zu regeln, der dem STEG-Abkommen beigefügt werden sollte.

Eine Sitzung im Finanzministerium am 20. Dezember 1952, an

der auch zwei amerikanische Vertreter teilnahmen, blieb ohne Ergebnis. Gefordert wurde ein Betrag von zunächst 63 Mio. Dollar, der später auf 48 Mio. Dollar ermäßigt wurde. Schäffer hielt es für zweckmäßig, die Frage der Besatzungskosten mit den DM-Zahlungen zu verbinden und wollte den Bundeskanzler bitten, in den ersten Januartagen entsprechende Verhandlungen mit der Hohen Kommission aufzunehmen.[24] Dazu kam es allerdings nicht. Erst im Laufe des Monats Januar 1953 konnte eine Einigung erreicht werden. Die Zahlungsmodalitäten wurden in einem Briefwechsel zwischen den beiden Delegationsleitern niedergelegt, der dem Abkommen beigefügt wurde. Für die Zeit bis zum 30. Juni 1954 blieb es bei der Summe von 48 Mio. Dollar, doch war durch die zeitliche Verteilung der Abrufmöglichkeiten den Bedenken des Finanzministeriums entgegengekommen worden.

Verglichen mit den Schwierigkeiten, die das STEG-Abkommen bereitete, waren die beiden anderen Problemkreise von geringerer Bedeutung für den Verlauf der Verhandlungen. Nachdem sich das Bundeskabinett in den Sitzungen am 11. und 25. November 1952 mit der Regelung der Nachkriegsschulden befaßt hatte[25], gelang es der deutschen Delegation in der Frage der Verzichtsklausel ihren Standpunkt durchzusetzen. Als erste kehrten die Amerikaner zu ihrer ursprünglichen eingeschränkten Forderung zurück. Ihrem Beispiel folgten die britische und, wenn auch nur zögernd, schließlich die französische Delegation.[26] In der Frage der Prioritäten kam eine pragmatische Lösung zustande. Nach deutscher Auffassung wurde durch die Abkommen über Nachkriegswirtschaftshilfe die Gleichstellung zukünftiger deutscher Auslandsanleihen mit den in London geregelten Forderungen sichergestellt. Die »absolute Priorität« der Dawes- und Young-Anleihen hat die deutsche Seite »nie anerkannt und [. . .] diesen Punkt bewußt im Unklaren gelassen«[27].

Vom STEG-Komplex abgesehen, konnten die Verhandlungen über die Nachkriegsschulden am 9. Dezember abgeschlossen werden. Sämtliche Abkommen glichen sich in ihren Grundzügen.[28] Am Anfang standen die Bestimmungen über die Schuldverpflichtungen. Darin wurde erläutert, daß sich die von der Bundesrepublik aufgrund der Wirtschaftshilfe in der Nachkriegszeit geschuldeten Beträge auf die reduzierten Summen beschränkten. In der Formulierung dieser Eingangssätze gab es kleine Unterschiede. Im deutsch-amerikanischen Abkommen hieß es, die Bundesregierung schulde den Vereinigten Staaten den Betrag von einer Milliarde Dollar. Im deutsch-französischen Abkommen lautete die Formulierung, in vorsichtiger Berücksichtigung der deutschen grundsätzlichen Einwendungen: die Bundesrepublik verpflichtet sich zu zahlen. Im deutsch-britischen Abkommen wurde ein ähnlicher Ausdruck gewählt, um Frankreich nicht zu sehr zu isolieren. Einen praktischen Unterschied bedeutete das alles nicht, doch bereitete es der deutschen Delegation einige Mühe, diese Bewertung von Verpflichtungen ähnlichen Charakters gegenüber Gläubigern, die sich zu gemeinsamem Vorgehen vereinigt hatten, durchzusetzen. Die Laufzeit erstreckte sich im Falle des Abkommens über GARIOA und ECA auf 35 Jahre, im Falle des Abkommens über das Amerika-Geschäft auf 30 Jahre und bei den übrigen Abkommen auf 20 Jahre. Der Beginn der Tilgung der englischen und französischen Forderungen wurde mit Rücksicht auf deren Unverzinslichkeit bereits auf den 1. August 1953 festgesetzt. Die amerikanischen Forderungen aus GARIOA und ECA waren ab 1. Januar 1953 mit 2 $^{1}/_{2}$ Prozent zu verzinsen; ihre Tilgung sollte am 1. Juli 1958 beginnen. Weiterhin wurde bestimmt, daß vorzeitige Zahlungen nur an alle drei Regierungen im gleichen Verhältnis zu den geschuldeten Kapitalbeträgen geleistet werden dürften, es sei denn, die Regierungen stimmten im Einzelfall einer anderen Regelung zu. Schließlich wurde verfügt, daß bei Zahlungsverzug der ausstehende Teil des (reduzierten) Kapitalbetrages sofort fällig werde.

Hierauf folgten die sogenannten Allgemein-Klauseln. Durch die Verzichtsklausel befreite die Bundesrepublik die drei Regierungen und deren Staatsangehörige von allen deutschen Gegenansprüchen aus der Durchführung der Wirtschaftshilfe in der Nachkriegszeit oder aus der Verwendung von Gegenwertmitteln. In den deutsch-amerikanischen Abkommen hieß es zusätzlich, daß die Vereinigten Staaten auf alle weitergehenden finanziellen Ansprüche aus der Wirtschaftshilfe in der Nachkriegszeit verzichten, daß aber im übrigen die bestehenden Abkommen in Kraft blieben. Der angesprochene Verzicht war zwar gegenständlich beschränkt, aber insoweit endgültig.

Mit der Prioritätsklausel räumte die Bundesregierung den Schulden aus der Wirtschaftshilfe in der Nachkriegszeit, insbesondere hinsichtlich des Transfers, eine Art Meistbegünstigung gegenüber den sonstigen Schulden ein und verpflichtete sich, beim zukünftigen Eingehen von Verbindlichkeiten keine Schritte zu unternehmen, die die Erfüllung der Verbindlichkeiten aus der Nachkriegszeit gefährden würden. Die Haftung der Exporterlöse für die Bedienung der Nachkriegsschulden, die im ECA-Abkommen von 1949 vereinbart worden war, wurde aufgehoben.

Die Konsultationsklausel sah vor, daß die Vertragsparteien Bestimmungen des Abkommens, insbesondere über die Zahlung, neu vereinbaren könnten, wenn dies infolge ungünstiger wirtschaftlicher Umstände oder aus anderen Gründen in ihrem gemeinsamen Interesse läge. Im Unterschied zu dem entsprechenden Artikel des Schuldenabkommens, der erst nach langwierigen Verhandlungen formuliert werden konnte, warf die Konsultationsklausel hier keine Probleme auf. Dank ihrer umfassenden Ausgestaltung konnte auf eine Schiedsklausel, wie sie die deutsche Schuldenanerkennung von 1951 noch vorsah, verzichtet werden.

Das deutsch-amerikanische Abkommen über die Schulden aus dem Amerika-Geschäft enthielt die bedeutsame zusätzliche Klausel, daß die Vereinigten Staaten zur Bestreitung ihrer Ausgaben in Deutschland mit sofortiger Wirkung den Kapitalbetrag in erheblichen, über die Dollar-Annuitäten hinausgehenden Jahresbeträgen wahlweise auch in deutscher Währung abrufen konnten. Auf eine Konsultationsklausel konnte daher verzichtet werden. Die deutsche Delegation hatte erreicht, daß der Zinssatz von ursprünglich 2 1/2 Prozent auf 2 3/8 Prozent gesenkt wurde.

2. Die Ausarbeitung des Schuldenabkommens

Die Beratungen über den Entwurf des Regierungsabkommens begannen am 16. September 1952. Es schien der deutschen Delegation ratsam, das Abkommen nicht in Sitzungen mit dem Dreimächteausschuß zu behandeln, sondern Arbeitsgruppen zu bilden, die sich mit Einzelfragen zu beschäftigen hatten. Dies geschah: insgesamt befaßten sich sieben Ausschüsse mit verschiedenen Aspekten der Schuldenregelung.

Ebenso, wie sie zunächst einen raschen Abschluß der Verhandlungen über die Nachkriegsschulden erhofft hatte, glaubte die amerikanische Delegation, daß das Regierungsabkommen über die Vorkriegsschulden bereits Ende Oktober würde unterzeichnet werden können. Als einziges Hindernis wurde jener Satz des Konferenzberichts angesehen, der der deutschen Seite die Möglichkeit eines »Notausstiegs« aus dem Abkommen eröffnet hätte.[29] Dies bezog sich darauf, daß sich die Bundesrepublik möglicherweise nur zu Leistungen unter Vorbehalt bereitfinden könnte.

Nach zwei Wochen war die anfängliche Aufbruchstimmung, die Hoffnung, die Verhandlungen bald beenden zu können, verflogen. Ein Telegramm der amerikanischen Delegation nach Washington machte dies am 2. Oktober deutlich.[30] In freier Übersetzung lautete es etwa so:

1. [...] Kompetente Mitglieder der deutschen Delegation sind noch nicht angekommen.
2. Wir sind dabei, die deutsche Delegation zu erziehen und zuzuhören, wie ihre »Experten« aus vielen Ministerien darüber reden, was sie besonders interessiert. Wenn das auch notwendig sein mag, so

213

braucht es viel Zeit und zeigt den Mangel an Koordination innerhalb der deutschen Delegation. Zur Zeit ist die deutsche Delegation
nahe daran, jeden Artikel des Abkommensentwurfs als eigenstän-
diges Problem anzusehen.

3. Ein Teil der deutschen Schwierigkeiten liegt in der fortgesetzten
   Abwesenheit von Abs. Seit dem Ende der Konferenz ist er nur
   eine Woche in London gewesen. Er hätte am 29. September zurückkommen sollen, wird aber jetzt erst für den 6. Oktober erwartet und es ist noch nicht sicher, ob er bleiben wird, um die
   Sache durchzuziehen. Die Konferenzerfahrung zeigt, daß es sehr
   schwierig ist, Angelegenheiten mit der deutschen Delegation zu
   regeln, es sei denn durch direkte Verhandlungen mit Abs.

4. Die Engländer und Franzosen scheinen es auch nicht eilig zu haben. Dies ist besonders deutlich, seit wir angedeutet haben, daß
   eine amerikanische »approval« der Regelung vor März oder April
   1953 nicht wahrscheinlich ist. Die französische Delegation ist besonders schwach und entscheidungslos gewesen, doch wird Gregh
   für die nächste Woche zurückerwartet. [...]

Soweit der etwas ironisch gefärbte Ausschnitt aus dem Konferenz-
alltag. Das Gegenstück zu diesen Beobachtungen lieferte ein von der
Rechtsabteilung des Auswärtigen Amts entsandter deutscher Delegierter, der das hohe Niveau der Besprechungen lobte.[31] Aber es war
zwangsläufig, daß nun die Juristen das Sagen hatten, zumal die
anglo-amerikanische Rechtstradition eine gewisse Kompliziertheit
des Ausdruckes förderte. Manche Debatten erscheinen allerdings im
Rückblick auch als überflüssig. Als es darum ging, Formulierungen
aus dem Briefwechsel vom 6. März 1951 in der Präambel des Abkommens zu zitieren, wiederholten sich die Auseinandersetzungen,
die knapp zwei Jahre zuvor in der Londoner Studiengruppe geführt
worden waren. Die französische Delegation war nicht bereit, in einem
Regierungsabkommen die deutsche Position, die Bundesrepublik sei
mit dem Deutschen Reich rechtsidentisch, anzuerkennen, zumal Hall-

stein in einer Verhandlung mit Schuman diesen Briefwechsel als Beleg herangezogen hatte.[32] Er wurde schließlich nicht zitiert, sondern findet sich komplett in einem der beiden Anhänge des Abkommens.

Obwohl die materiellen Regelungen bereits im Schlußbericht der Konferenz weitgehend festgelegt worden waren, hatte die deutsche Wirtschaftspolitik noch immer Einfluß auf das, was im Abkommen schließlich festgehalten wurde. Die deutsche Absicht, möglichst bald mit dem Transfer von Vermögenserträgnissen zu beginnen, war bekannt und konnte vom Dreimächteausschuß als Druckmittel eingesetzt werden.[33] Finanzminister Schäffer kritisierte nicht nur Erhard, dessen Reden bei den Alliierten den Eindruck erweckten, die Bundesrepublik sei außerordentlich zahlungsfähig, sondern auch die seiner Ansicht nach gelegentlich »überoptimistischen« Monatsberichte der Bank deutscher Länder.[34]

Im Laufe des Oktobers wurde deutlich, daß der Zeitplan für das Inkrafttreten des Abkommens nicht mehr einzuhalten war. Von einer Unterzeichnung Ende des Monats konnte keine Rede mehr sein, und so wurde nun ein Termin ins Auge gefaßt, der es ermöglicht hätte, das Schuldenabkommen noch vor Weihnachten dem Bundestag vorzulegen. Dies war aber noch sehr unsicher, zumal vorher der Deutschlandvertrag ratifiziert werden sollte. In diesem Punkt war ich nicht so optimistisch wie Adenauer, daß dies noch im Oktober geschehen könnte, und unter diesem Aspekt begann die Zeit knapp zu werden.[35] Gunter teilte ergänzend mit, daß es in den Vereinigten Staaten wahrscheinlich zu Verzögerungen kommen werde; dies war für die deutsche Delegation jedoch keine Überraschung. Bereits die Antwort des amerikanischen Unterstaatssekretärs McFall auf die Frage von Senator Gillette hatte deutlich gemacht, daß in den Vereinigten Staaten das Abkommen dem Senat zur Billigung vorgelegt werden müßte. Schon im Frühjahr 1952 war somit klar gewesen, daß noch einige Zeit – mindestens ein Jahr – bis zum Inkrafttreten des Abkommens vergehen würde, da die Erfahrung gezeigt hatte, »daß in einem Wahljahr der Kongreß regelmäßig von der Sommerpause ab zu keiner normalen Parlamentsarbeit zu bewegen ist«[36]. Dadurch ergab sich für die Verhandlungen in London ein recht großer zeitlicher Spielraum, der zwar der Ausarbeitung des Abkommens zugute kam, andererseits aber auch dazu führte, daß über manche Fragen länger verhandelt wurde, als eigentlich notwendig gewesen wäre. Aus deutscher Sicht war dies im Hinblick auf das Stillhalteabkommen nachteilig.[37]

Wenn auch der Schlußbericht eine gute Grundlage für die Regierungsverhandlungen abgab, so konnte sein Plädoyer für einen freien Außenhandel keinen Gegenstand des Schuldenabkommens selbst bilden, denn es lag nahe, daß in einer Schuldenregelung sich die Gläubigerländer nicht für alle Zeiten auf eine verbindliche Handelspolitik festlegen wollten. Das deutsche Bemühen, diesen Grundsatz dennoch im Abkommen zu verankern, führte zu zwei Ergebnissen. Zum einen bezieht sich die Präambel auf den Schlußbericht der Konferenz und stellt fest, daß das Abkommen von den Grundsätzen und Zielsetzungen dieses Berichts getragen sei. Zum anderen besagt auch die Konsultationsklausel des Abkommens, daß im Falle von deutschen Zahlungsschwierigkeiten die Grundsätze, von denen die Konferenz sich leiten ließ, zu berücksichtigen sind. Diese Klausel war das Endprodukt jener Überlegungen über einen allgemeinen Zahlungsvorbehalt, der in der Bundesrepublik immer wieder gefordert worden war[38] und der auch zu den oben erwähnten amerikanischen Bedenken geführt hatte. Doch war eine Schuldenregelung mit einer Klausel, nach der Deutschland im Falle sich verschlechternder Verhältnisse das Recht hätte, die Zahlungen einzustellen, mit dem Ziel der Wiederherstellung der deutschen Kreditwürdigkeit nicht zu vereinbaren.

Nach der Einigung über die Zweifelsfragen der Nachkriegsschuldenabkommen konnte am 9. Dezember 1952 der Entwurf des Regierungsabkommens den an der Schuldenregelung zu beteiligenden Regierungen zugeleitet werden. Sie hatten die Möglichkeit, schriftlich oder in für Ende Januar 1953 vorgesehenen Besprechungen mündlich dazu Stellung zu nehmen. Man hoffte, daß dann keine langwierigen Verhandlungen mehr nötig wären, so daß nach drei oder vier Wochen das Abkommen wenigstens von den Hauptbeteiligten unterzeichnet werden könnte.[39]

Vom 29. Januar bis 6. Februar 1953 fanden, unter Beteiligung von Vertretern einiger dieser Länder, die informellen Schlußbesprechungen statt.[40] Dabei wurde eine Reihe von Vorschlägen noch in den Entwurf des Abkommens eingearbeitet. Die letzte Fassung des Entwurfs stammte vom 11. Februar. Er lag am 24. Februar dem Bundeskabinett vor und wurde einstimmig gebilligt.[41] Daraufhin konnte ich zur Unterzeichnung des Abkommens bevollmächtigt werden.

Sein formaler Aufbau macht das Schuldenabkommen etwas unübersichtlich: es enthält die Artikel des eigentlichen Vertrages, zehn Anlagen und zwei Anhänge.[42] Die Anhänge bestehen aus dem Briefwechsel zwischen Adenauer und der Hohen Kommission vom 6. März 1951 und dem Schlußbericht der Konferenz vom 8. August 1952. Die Anlagen I bis VII geben die Vereinbarungen wieder, die zwischen den Vertretern von Schuldnern und Gläubigern ausgehandelt worden waren. Sie konnten nahezu unverändert aus dem Schlußbericht der Konferenz übernommen werden. Die restlichen drei Anlagen und das Abkommen selbst sind Ergebnis der Regierungsverhandlungen.

Anlage I umfaßte die Regelung von Reichsschulden und Schulden anderer öffentlich-rechtlicher Körperschaften. Soweit Absprachen über die Ergebnisse der Beratungen des Verhandlungsausschusses A hinausgingen, wurden sie als Unteranlagen A bis E beigefügt. Bei den Staatsschulden nahmen die Dawes-Anleihe, die Young-Anleihe und die Zündholz-Anleihe die wichtigste Stelle ein. Außerdem hatte sich die Bundesregierung verpflichtet, für Rechnung der Nachfolgeländer Preußens für die beiden preußischen Dollar-Anleihen und die von Preußen übernommene kleine Anleihe der Stadt Lübeck einzustehen.

Geregelt wurden durch Anlage I aber unter anderem auch die Bedingungen für die Schuldverschreibungen der Konversionskasse, die Behandlung von öffentlichen Reichsmarkschulden und die Rückzahlung des Lee-Higginson-Kredits.

Anlage II behandelte die mittel- und langfristigen Schulden aus privaten Kapitalgeschäften. Die allgemeinen Regelungsbedingungen sahen vor, daß das Kapital, dem zwei Drittel der rückständigen Zinsen zugeschlagen wurden, voll zurückgezahlt werde. Der künftige Zinssatz sollte drei Viertel des bisherigen Vertragszinssatzes betragen. Die Laufzeit der Kredite wurde ab 1953 um 10 bis 25 Jahre verlängert. Die Amortisation sollte mit dem 1. Januar 1958 beginnen und in den ersten fünf Jahren jährlich ein Prozent, später zwei Prozent betragen. In Härtefällen konnten Schuldner und Gläubiger auch günstigere Regelungsbedingungen vereinbaren. Zinsen, Tilgungen und Endfälligkeiten waren in ausländischer Währung zu bezahlen; es konnten jedoch auch Rückzahlungen in D-Mark vereinbart werden. Zahlungen des Schuldners an die Konversionskasse wurden wie ungetilgte Schulden behandelt, wenn der Gläubiger sie nicht erhalten oder von der Konversionskasse nicht akzeptiert hatte. In solchen Fällen war dem Schuldner die zweite Zahlung aus deutschen öffentlichen Mitteln zu erstatten. Das heißt, die Konversionskasse wurde – mit Ausnahme der Obligationen, die sie ausgegeben hatte – so behandelt, als hätte sie nie bestanden.

Anlage III umfaßte den Komplex der Stillhalteschulden. Wie bei den früheren Stillhalteabkommen, betrug auch die Laufzeit des Deutschen Kreditabkommens von 1952 ein Jahr. Während dieses Jahres brauchte kein Kapital durch Leistungen in Fremdwährung getilgt zu werden. Statt dessen war an eine Rekommerzialisierung gedacht: Soweit es von deutscher Seite für tragbar gehalten wurde, konnten die Kredite zur Finanzierung des laufenden Außenhandels der Bundesrepublik reaktiviert werden. Die Zinsrückstände, die ohne Zinseszinsen auf jährlich vier Prozent berechnet wurden, sollten entweder dem Kapitalbetrag hinzugefügt oder gestundet werden. Sie konnten allerdings auch auf dem Wege freier Vereinbarungen in deutscher Währung gezahlt werden.

Anlage IV enthielt den Rahmen für die Regelung von über 300 000 einzelnen Schuldverhältnissen mit einem Gesamtbetrag von etwa 1,2 Mrd. D-Mark, die in den ersten drei Anlagen nicht untergebracht werden konnten. Sie stammten aus Handelsgeschäften, alten Pensionsverträgen, Sozialversicherungen, Vorauszahlungen ausländischer Besteller an die deutsche Industrie, dem kleinen und privaten Kapitalverkehr, finanziellen Beziehungen zwischen ausländischen Muttergesellschaften und ihren inländischen Töchtern sowie Honorarverträgen. Auch ausstehende Patent- und Lizenzgebühren sowie Anwaltskosten wurden in dieser Anlage behandelt.

Das Schuldenabkommen war ein Rahmenabkommen, und die einzelnen Regelungen erlangten erst durch Angebot des Schuldners und Annahme des Gläubigers Gültigkeit. Nun war es möglich, daß ein Schuldner kein Angebot machte, dann aber vom Gläubiger etwa durch ein Gerichtsurteil dazu gezwungen wurde, eins abzugeben. Umgekehrt war es möglich, daß ein Angebot des Schuldners vom Gläubiger nicht angenommen wurde. Er konnte nicht gezwungen werden, es anzunehmen. Aber das Abkommen legte fest, daß die Forderung eines Gläubigers, der das nicht tat, nicht befriedigt wurde, ehe nicht alle anderen geregelten Schulden bezahlt waren. Bei Anleihen galt das Regelungsangebot als angenommen, wenn die alten bereinigten Schuldverschreibungen und Zinsscheine beim Emittenten eingereicht wurden, um entweder in neue Stücke umgetauscht oder durch einen Aufdruck entsprechend gekennzeichnet zu werden.[43]

Um zu erreichen, daß gegenüber Gläubigern in Staaten, die dem Abkommen nicht beitraten, keinerlei Möglichkeit bestand, die Schuldenregelung in irgendeiner Weise auszunutzen, wurde auch die Direktive 50/6 der Alliierten Bankkommission, nach der Gläubiger und Schuldner eine Rückzahlung von Devisenschulden in D-Mark vereinbaren konnten, mit Inkrafttreten des Schuldenabkommens hinfällig.[44] Für die Gläubiger, die unter das Abkommen fielen, war die

Direktive deshalb nicht mehr notwendig, weil – die in Anlage I geregelten Schulden ausgenommen – D-Mark-Zahlungen möglich waren.[45]

3. Einzelfragen und Sonderfälle

a) Reparationen

Zu den Forderungen, die nach dem Plan des Dreimächteausschusses vom Dezember 1951 nicht auf der Schuldenkonferenz geregelt werden sollten, gehörten Ansprüche, die mit dem Ersten oder Zweiten Weltkrieg zusammenhingen. Verpflichtungen aus dem Krieg bestanden zum einen deshalb, weil das Deutsche Reich von der Möglichkeit, in besetzten Gebieten Schulden zu machen, ausgiebig Gebrauch gemacht hatte.[46] Diese Clearingschulden überstiegen den Betrag von zwanzig Mrd. Reichsmark, und das ihnen Eigentümliche war, daß Gläubiger und Schuldner die Konten jeweils in ihrer eigenen Währung führten.[47] Zum anderen fielen unter diese Kategorie Reparationsansprüche.

Obwohl der Dreimächteausschuß glaubte, seine Haltung hinreichend deutlich gemacht zu haben, war es wohl unvermeidlich, daß dennoch Forderungen dieser Art geltend gemacht wurden – so geschehen durch die brasilianische und die niederländische Delegation. Eine Schwierigkeit entstand, als auch die Vereinigten Staaten einen Anspruch geltend machten, der nach Rendels und Greghs Ansicht ebenfalls kein Thema für die Schuldenkonferenz hätte sein dürfen.[48] Sie konnten sich jedoch nicht durchsetzen, und daher mußten im Schuldenabkommen auch Ansprüche aufgrund von Entscheidungen der »Mixed Claims Commission« geregelt werden. Der Rechtsgrund dafür lag in Schäden durch Sabotageakte, die während des Ersten

Weltkrieges von Deutschen in Amerika verübt worden waren. Soweit
es sich dabei um Forderungen von Privaten handelte, mußten sie
anerkannt werden. Nachdem dies geschehen war, wurde es natürlich
schwierig, ähnliche Ansprüche abzuweisen. Dies traf auf eine Forderung der belgischen Regierung zu, die daraus entstanden war,
daß Deutschland im Ersten Weltkrieg Marknoten im Betrag von
sechs Mrd. in Belgien in Umlauf gebracht hatte. 1929 war diese
Schuld in Höhe von 680 Mio. Reichsmark verbrieft worden. Die Zah-
lungsrückstände aus diesem Abkommen mußten ebenfalls in London
geregelt werden.[49]

Mindestens ebenso bedeutungsvoll wie der Ausschluß von Reparationsforderungen von der Behandlung durch die Schuldenkonferenz
war die Regelung, daß sie auch während der Laufzeit des Abkommens gegenüber der Bundesrepublik nicht geltend gemacht werden
konnten. Sie waren zum Teil bereits aus dem deutschen Auslandsvermögen befriedigt worden. Eine Einigung über einen deutschen
Friedensvertrag, der das Reparationsproblem abschließend hätte regeln sollen, war unter anderem deshalb gescheitert, weil sich die
Westmächte und die Sowjetunion nicht über die Entnahme von Reparationen aus der laufenden Produktion hatten einigen können.[50]
Das Bonner Vertragswerk vom Mai 1952 schob die Regelung der
Reparationsfrage auf. Der Deutschlandvertrag trug zwar viele Züge
eines Ersatzfriedensvertrages mit den drei Westmächten, ging aber
davon aus, daß ein endgültiger Friedensvertrag erst noch geschlossen
werden würde.[51] Einige grundlegende Fragen, wie die künftigen
Grenzen Deutschlands oder die Reparationsregelung, wurden solange zurückgestellt.

Absprachen über Reparationen gehören grundsätzlich in einen
Friedensvertrag, und es war nicht Aufgabe der deutschen Delegation
in London, einen Friedensvertrag zu schließen. Dennoch mußte auch
in das Schuldenabkommen ein entsprechender Passus aufgenommen
werden, denn die Frage, ob, wann und in welcher Höhe die Bundesrepublik Reparationsforderungen zu erfüllen hätte, war bedeutsam

für die deutsche Leistungsfähigkeit. Die deutsche Delegation stellte fest, daß von der Bundesrepublik über die Bedienung der Vor- und Nachkriegsschulden hinaus keine weiteren laufenden Zahlungen verlangt werden konnten, ohne deren Leistungs- und Transferfähigkeit zu überfordern. Sie wollte diese Aussage bereits in den Schlußbericht der Konferenz aufnehmen lassen, doch gelang es nicht, diese Forderung gegen den einmütigen Widerstand des Dreimächteausschusses durchzusetzen.[52] Es blieb somit bei einer einseitigen Erklärung auf der abschließenden Plenarsitzung. Doch konnte ein gutes halbes Jahr später die deutsche Seite mit Genugtuung den Inhalt ihrer Stellungnahme – ohne Quellenangabe – in dem amerikanischen Weißbuch wiederfinden, mit dem das Abkommen zur Ratifizierung an den Kongreß weitergeleitet wurde.[53]

Als der Ausschluß der Reparationsforderungen aus der Schuldenregelung im Hinblick auf das Regierungsabkommen behandelt wurde, ergab sich eine besondere und fast unerwartete Schwierigkeit, weil die Alliierten eine Formulierung wünschten, die Sicherheit bot, daß alle ausländischen Gläubiger, die etwa Forderungen aus dem Kriege erheben konnten, gleichmäßig behandelt wurden.[54] In diesem Zusammenhang mußte die deutsche Delegation auf den Sechsten Teil des Überleitungsvertrages hinweisen. Dort hieß es: »Die Frage der Reparationen wird durch den Friedensvertrag zwischen Deutschland und seinen ehemaligen Gegnern oder vorher durch diese Frage betreffende Abkommen geregelt werden. Die Drei Mächte verpflichten sich, zu keiner Zeit Forderungen auf Reparationen aus der laufenden Produktion der Bundesrepublik geltend zu machen.«[55] Der Bundesrepublik schwebte somit vor, daß sie berechtigt sei, über die Frage der Reparationen mit einzelnen berechtigten Mächten Einzelabkommen abzuschließen. Diese Ansicht wurde von den Alliierten nicht geteilt. Sie waren bestrebt, eine Konkurrenz zwischen Schuldenregelung und Reparationszahlungen zu vermeiden und legten den Artikel so aus, daß nur eine allgemeine Regelung der Reparationsfrage gemeint sei.[56] Auf solche Einwände mußte die Formulierung, die in London gewählt wurde, Rücksicht nehmen; es heißt also: Forderungen aus dem Zweiten Weltkrieg werden bis zur »endgültigen Regelung der Reparationsfrage« zurückgestellt.

Der deutsche Entwurf dieses Artikels 5, 2 hatte sich stärker an der Fassung des Überleitungsvertrages orientiert, doch war insbesondere für die amerikanische Seite die Vorstellung nicht akzeptabel, daß die Bundesregierung Reparationsansprüche in bilateralen Verhandlungen aufgreifen würde und entsprechende Zahlungen leistete, während die drei Alliierten sich mit den schmalen Quoten des Pariser Reparationsabkommens begnügen müßten.[57] Denn um dies zu verhindern, war den Forderungen aus der Nachkriegswirtschaftshilfe Priorität zuerkannt worden, und ihre Reduzierung war nur unter der Bedingung möglich, daß Reparationsansprüche weiterhin aufgeschoben blieben.[58] Das Londoner Abkommen stellte daher klar, daß alle Reparationsgläubiger gleichmäßig zu behandeln waren und keiner vorweg Befriedigung suchen konnte.

Während der abschließenden Verhandlungen im Februar 1953, in denen das Abkommen noch einmal von allen interessierten Staaten darauf untersucht wurde, ob es ihren Interessen entsprach, kam dieser Punkt noch mehrmals zur Sprache. Die Vertreter Norwegens und der Niederlande argumentierten gegen die Zurückstellung von Reparationsforderungen. Sie begründeten ihre Auffassung damit, daß die Regelung solcher Fragen nicht zu den Aufgaben der Schuldenkonferenz gehörten. Insbesondere der niederländische Delegierte wandte sich dagegen, daß das Schuldenabkommen Bestimmungen über Forderungen treffe, die außerhalb des vom Dreimächteausschuß definierten Umfangs der Regelung lägen. Als Beispiel nannte er Lohnforderungen ehemaliger niederländischer Konzentrationslagerhäftlinge gegen deutsche Arbeitgeber wie zum Beispiel die I. G. Farbenindustrie.[59] Der Dreimächteausschuß und die deutsche Delegation waren zunächst der Ansicht, daß derartige Forderungen nach Anlage IV des Abkommens geregelt werden könnten. Gunter stellte dazu abschließend fest: »Alle an der Sitzung Beteiligten seien sich darüber einig, daß es sehr wünschenswert sei, in dem Entwurf des Abkommens deutlich herauszustellen, daß Wiedergutmachungsforderungen und Verpflichtungen ähnlicher Art, über die in den bestehenden Rechtsvorschriften der Bundesrepublik Bestimmungen enthalten seien und auf die in den Bonner Verträgen Bezug genommen werde, nicht durch die Fassung des Artikels 5 Absatz 2 ausgeschlossen werden sollen.«[60] Um diese Auslegung festzuhalten, wurde eine entsprechende Anlage VIII in das Schuldenabkommen eingefügt.

Ein endgültiger Verzicht auf Reparationen ließ sich nicht erreichen. Das lag zum einen, wie schon gesagt, daran, daß nur ein Schuldenabkommen, nicht ein Friedensvertrag zu schließen war, zum anderen hätte ein endgültiger Verzicht der Westmächte bedeutet, der Sowjetunion eine *carte blanche* zu geben, um später eigene Reparationsforderungen gegenüber Deutschland durchzusetzen.[61] Darin, daß eine solche Forderung – wenn überhaupt – nur von allen vier Siegermächten gemeinsam erhoben werden konnte, lag eine gewisse Sicherung.

Der Artikel 5, 2 des Schuldenabkommens, der die Forderungen aus dem Zweiten Weltkrieg behandelt, spielte eine Rolle, als die Bundesrepublik Ende der fünfziger und Anfang der sechziger Jahre mit einigen Ländern Abkommen schloß, um Wiedergutmachungsfragen zu regeln. Bis in die Gegenwart aktuell geblieben ist die Frage, ob das Londoner Schuldenabkommen ein Hinderungsgrund ist, um beispielsweise Entschädigungszahlungen an frühere polnische Zwangsarbeiter zu leisten.[62]

b) Die Schweizer Clearing-Milliarde

Der Fall der deutschen Schulden gegenüber der Schweiz unterschied sich in mehrfacher Hinsicht von den sonstigen auf der Londoner Konferenz behandelten Verbindlichkeiten. Hier waren auch Forderungen aus der Kriegszeit mit einbegriffen, und bereits in einer frühen Phase der Gespräche wurde der Gedanke, auf irgendeine Weise eine Verrechnung der Schulden mit dem im Februar 1945 beschlagnahmten deutschen Vermögen zu erreichen, energisch verfolgt.

Im sogenannten Washingtoner Abkommen hatte sich die Schweiz 1946 verpflichten müssen, Goldbestände, die sie während des Krieges von der Deutschen Reichsbank erhalten hatte, an die ursprünglichen Eigentümer, darunter die Belgische Nationalbank, zurückzugeben.[63] Die »provozierende Frage, ob die militärischen Verteidigungsvorbereitungen der Schweiz oder mehr die Rolle der vorzüglich arbeitenden Schweizer Banken bei der ›Fakturierung‹ der Gold- und Devisengeschäfte der Reichsbank die äußere Sicherheit der Schweiz im Zweiten Weltkrieg verbürgt hatten«[64], läßt sich auch heute noch nicht beantworten. Sie bildet aber den Hintergrund für das Mißtrauen, das der Schweiz von seiten der Alliierten entgegengebracht wurde und das bei den Verhandlungen 1946 für alle Teilnehmer spürbar war. Die Schweizer wurden mit scharfen Worten darauf hingewiesen, daß sie nicht eingeladen worden seien, um über das Eintreiben ihrer Forderungen gegenüber Deutschland zu diskutieren.[65] Diese scharfe Abfuhr bezog sich auf den Gedanken eines Kapitalclearings, also einer Verrechnung von Schweizer Verpflichtungen gegenüber den Alliierten mit den Schweizer Forderungen gegenüber dem Deutschen Reich.

Erst mit dem Abschluß des Washingtoner Abkommens begannen sich die wirtschaftlichen Beziehungen zu normalisieren, aber in der Schweiz selbst wurde das Abkommen als diplomatische Niederlage angesehen. Es sah vor, das deutsche Eigentum zu liquidieren und aus dem Erlös 250 Mio. Schweizer Franken an die westlichen Alliierten zu zahlen. Obwohl dieses Abkommen mit den Grundsätzen eines neutralen Landes nicht im Einklang stehen konnte, mußte die Schweizer Delegation in Washington, die von Minister Walter Stucki geleitet wurde, nachgeben. Die Vereinigten Staaten besaßen vier Druckmittel, um die Schweiz gefügig machen zu können:

- die Drosselung der Zufuhren an Kohle und Getreide;
- die blockierten schweizerischen Guthaben in den Vereinigten Staaten;
- die »Schwarzen Listen«, die jene Firmen in neutralen Ländern aufführten, mit denen jeder geschäftliche Kontakt verboten war. Aufgrund der regen wirtschaftlichen Beziehungen zum Deutschen Reich während des Krieges waren Schweizer Firmen auf diese Listen gesetzt worden, und dieser Boykott wurde auch 1946 noch aufrechterhalten;
- das »praktisch vollständige Meinungsmonopol in der Welt«[66].

Mit einer Verzögerungstaktik, die in unterschiedlichen Auslegungen des Abkommens begründet war, erreichte die Schweiz, daß erst etwa 1949 mit der Liquidierung der deutschen Werte begonnen wurde.[67] Mit einer Note vom 26. November 1949 versuchte die Alliierte Hohe Kommission, die Bundesregierung zu einer Mitwirkung bei der Liquidation zu veranlassen.[68] Möglicherweise sollte dadurch die Position der Alliierten bei ihren Verhandlungen mit der Schweiz gestärkt werden, denn deutsche Regelungen über Entschädigungen an die Eigentümer hätten die Schweizer Bedenken zumindest verringert. Auf deutscher Seite war jedoch unumstritten, daß eine Mitwirkung keine implizite Zustimmung zu den Schweizer Maßnahmen bedeuten durfte, sondern allein von dem Gesichtspunkt bestimmt sein mußte, die deutschen Interessen zur Geltung zu bringen. Die Verantwortung für die dem Völkerrecht nicht entsprechende Wegnahme der deutschen Werte sollte der Schweiz nicht abgenommen werden.[69]

Das Schweizer Interesse an einer Regelung der Stillhalteschulden ist bereits angesprochen worden.[70] Es war aber nicht allein auf diesen Schuldenkomplex beschränkt. Zur Zeit der Debatte um die Anerkennung der deutschen Auslandsschulden verknüpfte die Schweiz die Aufnahme voller diplomatischer Beziehungen mit finanziellen Verpflichtungen der Bundesrepublik. Der Schweizer Gesandte Albert Huber vereinbarte am 11. Dezember 1950 in einem Gespräch mit Adenauer, zu gegebener Zeit bilaterale Verhandlungen über die Regelung der deutschen Clearing-Schuld gegenüber der Schweiz aufzunehmen.[71] Diese Vereinbarung war nötig, da die allgemeine Schuldenerklärung der Bundesregierung vom 6. März 1951 Kriegsschulden nicht umfaßte. Für die Schweizer Ansprüche mußte eine besondere Regelung gefunden werden.

Nun handelte es sich bei der Clearing-Schuld um eine Verbindlichkeit der Deutschen Verrechnungskasse. Da diese zahlungsunfähig war, entstand zwar eine Verpflichtung des Reiches, diese war aber durch die deutsche Schuldenanerkennung nicht gedeckt. Die rechtliche Grundlage für die Schweizer Forderung an die Bundesrepublik war daher schwach.[72] Die Verrechnungskasse lag im Osten Berlins und gehörte somit nicht in den Verantwortungsbereich der Bundesrepublik. Auch war in der Währungsreform die Forderung nicht umgestellt worden. Es war klar, daß eine Lösung eher mit politischen als mit juristischen Argumenten zu begründen war. Die Aufnahme der diplomatischen Beziehungen und die Anerkennung der Bundesrepublik erschienen nicht als ausreichende Gegenleistung.[73] Vielmehr drängte sich dem zuständigen Referenten des Bundesfinanzministeriums der Gedanke auf, das Schweizer Guthaben bei der Verrechnungskasse in engem Zusammenhang mit dem deutschen Vermögen in der Schweiz zu sehen, zumal die Schweizer Regierung im Washingtoner Abkommen versprochen hatte, die von den Enteignungsmaßnahmen betroffenen Deutschen zur Hälfte »aus den ihr in Deutschland zur Verfügung stehenden Guthaben« zu entschädigen.[74]

Damit ergab sich für die Bundesregierung die Gelegenheit, in der Frage des beschlagnahmten Vermögens aktiv werden zu können. Zu den Überlegungen, die im Zusammenhang damit angestellt wurden, gehörte ein Vorschlag der Bremer Studiengesellschaft vom Mai 1951, das Washingtoner Abkommen durch eine deutsche Zahlung abzulösen, nach der das beschlagnahmte Vermögen in der Schweiz freigegeben werden könnte.[75] Die Schuldenregelung war eng damit verbunden, da diese Ablösungszahlung mit Schweizer Ansprüchen aus der Clearing-Milliarde verrechnet werden sollte.

Auf der anderen Seite hatten Verhandlungen, die im April 1951 zwischen der Schweiz und den Alliierten in Bern stattfanden, einen Entschädigungsplan zur Folge, der eine Liquidierung des deutschen Vermögens vorsah. Ihm zufolge sollten die früheren Eigentümer zur Hälfte bar und zur Hälfte in langfristigen verzinslichen Titeln entschädigt werden. Dieser Plan wurde von der Bundesregierung am 28. Juni 1951 abgelehnt.[76] Gegenüber den Vorstellungen der Alliierten Hohen Kommission, die ein Entschädigungsgesetz erlassen wollte, versuchte sie, durch den von der Studiengesellschaft entwickelten Ablösungsvorschlag eine Gegenposition aufzubauen. Nachdem Sondierungen ergeben hatten, daß Stucki bereit war, mit einem leitenden deutschen Beamten über das deutsche Vermögen in der Schweiz zu sprechen, traf Wolff Anfang August zu mehreren Gesprächen mit ihm in Pontresina zusammen.[77] Dabei sollte zunächst der deutsche Vorschlag einer Ablösungszahlung besser bekanntgemacht werden. Diese Gespräche durften allerdings nur informellen Charakter tragen, da aufgrund des Kontrollratsgesetzes Nr. 5 deutsche Amtsstellen nicht ohne Genehmigung der Besatzungsmächte offiziell im Ausland verhandeln durften.

Grundgedanke des deutschen Vorschlags zur Ablösung des Washingtoner Abkommens war, die Liquidation des Vermögens zu vermeiden und durch eine Abgabe der Eigentümer die nötigen Beträge aufzubringen, um die Forderungen der Alliierten befriedigen zu können. Die Mitwirkung der Alliierten Hohen Kommission war für diesen Plan unabdingbar. Sie hatte, nachdem er in den Grundzügen bereits anläßlich der Besprechungen über das Gesetz Nr. 63 behandelt worden war und Schäffer ihn Mitte Oktober offiziell übermittelt hatte[78], gegen den deutschen Vorschlag keine grundsätzlichen Bedenken. Allerdings sollte, bevor die Zustimmung zu formellen Verhandlungen erteilt würde, die Meinung der Schweizer Regierung festgestellt werden. Dies geschah in Besprechungen, die Wolff und Granow im Dezember 1951 in Bern führten.[79] Die Schweiz sondierte ihrerseits bei den drei Alliierten, und im Ergebnis war klar, daß das Washingtoner Abkommen überall als Anachronismus angesehen wurde. Die Schweiz selbst stand dem Vorschlag der Ablösung des Abkommens ebenfalls grundsätzlich positiv gegenüber. Auf Unterstützung durch andere Regierungen konnten die Schweizer kaum rechnen. Während der Washingtoner Verhandlungen 1946 war die Clearing-Milliarde als Kollaborations-Milliarde bezeichnet worden[80], und so war es auch kein Wunder, daß Ende 1951 der Rahmenplan für die Schuldenregelung diese Forderung ignorierte. Andererseits war die Erwähnung der Schweizer Guthaben in Deutschland im Washingtoner Abkommen ein Indiz dafür, daß diese auch von alliierter Seite als nicht völlig wertlos angesehen wurden. Dort war der Betrag von 250 Mio. Schweizer Franken genannt, und nach Schweizer Ansicht war somit diese Forderung bis zu dieser Höhe auch im Sinne der Alliierten als gut anzusehen.

Im Entwurf des Definitionsdokuments, der im Dezember 1951 mit deutschen Vertretern in London besprochen wurde, fand sich die Formulierung, daß Ansprüche neutraler Staaten aus der Kriegszeit gegen Deutschland bis zu einer endgültigen Friedensregelung auszusetzen seien. Dazu meine »der amerikanische Vertreter [. . .] lachend, man könne sich sicher auf deutscher Seite sehr gut denken, aus welchen besonderen Gründen der Dreimächteausschuß zu der Formulierung [. . .] gekommen sei«[81]. Doch entsprach dies nicht dem deutschen Wunsch, mit der Schweiz zu einer Übereinkunft zu gelangen, die auch das Vermögensproblem einschloß. Das nützlichste Argument war der Widerspruch, in den sich der Dreimächteausschuß damit zur Alliierten Hohen Kommission setzte, die die Bundesregierung bei ihren Bemühungen um eine angemessene Regelung unterstützte. In der Tat gelang es, einen Beschluß des Dreimächteausschusses herbeizuführen, der bestimmte Ansprüche von der Zurückstellung bis zum Friedensvertrag ausnahm. Pierson betonte dazu, daß diese Konzession dem Ausschuß nicht leichtgefallen sei, einmal, weil die Schweiz mit ihrer hartnäckigen Weigerung, das Washingtoner Abkommen auszuführen, ein Entgegenkommen nicht verdient hätte, und zweitens, weil durch die Zulassung einer Sonderregelung für diese Forderung die Interessen zahlreicher anderer Gläubiger beeinträchtigt würden.[82]

Anfang Februar 1952 machten Besprechungen mit Vertretern der Hohen Kommission und des Londoner Dreimächteausschusses endgültig den Weg zu unmittelbaren Verhandlungen mit der Schweiz frei. Am 13. Februar reiste eine deutsche Delegation nach Bern. Erst am Vorabend war ein entsprechender Kabinettsbeschluß gefaßt worden[83], und die Hohe Kommission hatte das vom selben Tag datierte Ersuchen der Bundesregierung, die Verhandlungen zu genehmigen, am folgenden Morgen positiv beantwortet.[84] In der Eröffnungssitzung am 14. Februar vermied Wolff es im Hinblick auf die unübersichtliche deutsche Haushalts- und Devisenlage, einen genauen Betrag für die Ablösungssumme zu nennen.[85] Am 18. Februar schlug er der deutschen Delegation vor, den Schweizern zur Abfindung ihrer Ansprüche aus der Clearing-Milliarde den gleichen Betrag zu bieten, den die Alliierten erhalten sollten – dieser war inzwischen nach einem zehnprozentigen Diskont auf 121,5 Mio. Schweizer Franken festgesetzt worden. Es gelang ihm nicht, die Delegation für diesen Vorschlag zu gewinnen. Es war ohnehin nicht anzunehmen, daß man bereits bei diesen Verhandlungen zu einer Vereinbarung über die Regelung der Clearing-Milliarde gelangen würde, so daß es der Mehrzahl der Delegationsmitglieder günstiger schien, für zukünftige Verhandlungen mehr Spielraum zu lassen.

Auf Vorschlag von Stedtfeld, dem Vertreter des Wirtschaftsministeriums, sollten 60 Mio. angeboten und die Schweiz aufgefordert werden, nach Zahlung dieses Betrages auf die Clearing-Milliarde endgültig zu verzichten. Wolff trug am nächsten Morgen »offenkundig unlustig« diese Vorschläge vor und begründete sie mit der schlechten Finanzlage der Bundesrepublik und der Notwendigkeit, das deutsche Vermögen in der Schweiz in seiner Substanz zu erhalten. Stucki erweckte daraufhin »in seiner Erwiderung nicht ohne Erfolg den Eindruck, daß er hart an der Grenze eines seelischen Zusammenbruchs stehe und erklärte, dies sei die tiefste Enttäuschung seines an internationalen Verhandlungen reichen Lebens«[86]. Damit waren die Gespräche zu diesem Punkt beendet, zumal in der Wirtschaftskommission des Schweizerischen Nationalrats wenige Tage später die deutschen Vorschläge abgelehnt wurden. Hingegen konnte das Abkommen über die Vermögenswerte am 22. Februar paraphiert werden.

In der ersten Phase der Londoner Schuldenverhandlungen drängte Stucki darauf, den Vertrag über die Ablösung des Washingtoner Abkommens einem Abschluß näher zu bringen. Auf seiten der deutschen Delegation in London wurde zunächst hinhaltend taktiert, da die Angelegenheit der Clearing-Milliarde davon nicht zu trennen war. In der zweiten Plenarsitzung am 29. Februar wies Stucki, nicht unbedingt überraschend, darauf hin, daß die Schweizer Regierung diese geregelt zu sehen wünsche.[87] Das brachte den Dreimächteausschuß in eine schwierige Lage. Der von ihm formulierte Rahmen der Schuldenregelung war so gefaßt, daß die Schweizer Ansprüche aus der Kriegszeit kein Thema für die Schuldenkonferenz waren. Doch war eine allgemeine Schuldenregelung, bei der die Schweiz als einer der Hauptgläubiger nicht beteiligt war, keine allgemeine Schuldenregelung mehr.

Die Schweizer Drohung, die Konferenz zu verlassen, mußte ernstgenommen werden.[88] Obwohl er seinerzeit bei den Verhandlungen über das Washingtoner Abkommen eine diplomatische Niederlage hatte hinnehmen müssen, genoß Stucki einigen Respekt als zäher Unterhändler. Im Lancaster House soll er der »schweizerische Schacht«[89] genannt worden sein, und eine Charakteristik, die die britische Botschaft in Bern nach London schickte, als Stuckis Berufung zum Leiter der schweizerischen Delegation bekannt wurde, gab ein geradezu beängstigendes Bild.[90] Auf deutscher Seite sprachen manche Gründe dafür, den Gegensatz zwischen der Schweiz und den anderen Gläubigerländern offen zu halten, solange das Gelingen der Konferenz in Frage stand. »Sollte die Konferenz tatsächlich scheitern, wäre der Schweizer Fall nicht einmal der für uns ungelegenste Anlaß hierzu«, hieß es in Kreisen der deutschen Delegation.[91] Aus dem Verhalten des Dreimächteausschusses gewann man den Eindruck, daß er selbst keinen rechten Ausweg aus der Lage wußte, die durch die Anmeldung der Schweizer Clearing-Milliarde geschaffen worden war, und es weitgehend den deutschen Unterhändlern überlassen wollte, einen annehmbaren Kompromiß mit der Schweiz zu finden.[92]

Die Verhandlungen darüber begannen am 17. April in Bern und verliefen nach dem Urteil des deutschen Delegationsleiters Wolff zum Teil geradezu dramatisch.[93] Ich hatte zuvor in Gesprächen mit Stucki bereits Einigung darüber erzielen können, die Clearing-Milliarde nach Grundsätzen zu regeln, die für das vorgesehene Londoner Vertragswerk vorbildlich sein müßten und die deutsche Position gegenüber den anderen Gläubigern erleichterten. Bei diesen Verhandlungen glaubte die Schweizer Delegation den Betrag von 750 Mio. Schweizer Franken nicht unterschreiten zu können. Auf dieser Basis war eine Verständigung noch nicht möglich. Nach Beendigung der Verhandlungen teilten auch die Hohe Kommission und der Londoner Dreimächteausschuß der Bundesregierung mit, daß sie dem Schweizer Vorschlag nicht zustimmen könnten. Eine Lösung bahnte sich erst Anfang Mai an, nachdem beide Delegationen ihre verantwortlichen Gremien konsultiert hatten.

Konnte zunächst noch kein deutsches Angebot unterbreitet werden, weil sich die deutsche Delegation für die Schuldenverhandlungen über ihr Angebot in London schlüssig werden mußte, so gelang es dennoch, bevor dies geschehen war, im Mai 1952 zu einer Regelung zu kommen, die nun im Unterschied zu den vorher erörterten Forderungen allein die Clearing-Milliarde, die auf 1012536000 sfr. festgesetzt wurde, auf 500 Mio. sfr. herabsetzte.[94] Insgesamt hatte die Bundesrepublik 650 Mio. sfr. an die Schweiz zu zahlen. Rück-

ständige Zinsen wurden nicht berechnet – dies war ein Entgegenkommen vor allem im Hinblick auf die Londoner Verhandlungen,
wo von den Gläubigern ein ähnliches Zugeständnis erwartet wurde.
Gegen diese Regelung hatte der Dreimächteausschuß zunächst keine
Bedenken, machte seine Zustimmung jedoch davon abhängig, daß
zwischen der Schweiz und den Alliierten eine Einigung über die noch
kontroversen Punkte in der Vermögensfrage erzielt werde.

An diesem Punkt blieb das Abkommen vorerst stecken. Zwischen Schweizern und Amerikanern gab es Differenzen über die im
Zuge der Vermögensregelung notwendige Bereinigung des Washingtoner Abkommens. Ein Argument, das für die deutsche Seite
völlig überraschend kam, war aber nun, daß auch im Falle einer
Einigung zwischen der Schweiz und den Alliierten diese nicht er-
lauben könnten, daß der Bundestag ein deutsch-schweizerisches Abkommen ratifiziere, ehe er dasselbe mit der Schuldenerklärung vom
6. März 1951 getan hätte.[95] Auch wenn diese Begründung nach
einem Ablenkungsmanöver aussah, war an einen formellen Abschluß der deutsch-schweizerischen Verhandlungen unter diesen
Umständen noch nicht zu denken. Da außerdem die Schuldenerklärung inzwischen Bestandteil des Überleitungsvertrages geworden war, schien eine gesonderte Ratifizierung nicht mehr möglich
zu sein. Im Juni 1952, dem Zeitpunkt, als dieses Thema wieder einmal akut wurde, erschien eine Parlamentsdebatte dazu aber für die
Londoner Schuldenregelung als nicht unbedingt förderlich, da vor-
auszusehen war, daß die Fragen des israelischen Wiedergutmachungsabkommens und des deutschen Auslandsvermögens dabei im
Vordergrund stehen würden.[96] Erst im August konnte das Abkommen mit der Schweiz unterzeichnet werden.

Am 9. Oktober sprach ich mit der amerikanischen Delegation über
das weitere Vorgehen. Das Bundesfinanzministerium befürwortete
eine möglichst rasche Ratifizierung, während es meines Erachtens
günstiger war, Schuldenabkommen und Schweizer Finanzabkommen
gemeinsam vor den Bundestag zu bringen. Ich hoffte, dadurch even-

tuellen Schwierigkeiten bei der Behandlung des Londoner Vertragswerkes eher entgehen zu können; zudem erschien es auch mir unangebracht, das Schweizer Abkommen vor der deutschen Schuldenerklärung zu ratifizieren.[97] Meinem Vorschlag, die amerikanische Delegation möge Wolff oder Granow eine langsamere Gangart nahelegen, wurde stattgegeben, doch rief die Angelegenheit in der Folge einige diplomatische Turbulenzen hervor. Da die Schweiz das Abkommen bereits im September ratifiziert hatte, fand dort die Verzögerung wenig Verständnis. Der Schweizer Vertreter in Bonn, dem mitgeteilt wurde, daß man auf amerikanische Wünsche Rücksicht nehmen müsse und daher die parlamentarische Behandlung noch auf sich warten lassen werde, war darüber wenig erfreut. In der Tat hatte Gunter in einem Gespräch mit Granow einen solchen Wunsch vorgebracht.[98]

Die Schweiz wies daraufhin ihre Gesandtschaft in Washington an zu untersuchen, was es mit diesem amerikanischen Wunsch auf sich habe. Im State Department war zu erfahren, daß zwar die amerikanischen und deutschen Interessen im Hinblick auf den Zeitplan für die Ratifizierung identisch seien, der angeblich amerikanische Wunsch aber einer deutschen Initiative zu verdanken sei.[99] Damit war klar, daß der Vorschlag zur hinhaltenden Behandlung des Abkommens von der deutschen Delegation in London ausgegangen sein mußte, woraufhin sich die Schweizer brüskiert fühlten. In der deutschen Delegation hingegen wußte außer dem Delegationsleiter niemand von einem solchen Wunsch, und so war ein längerer Briefwechsel zwischen Bonn und London die Folge.[100] Die Verzögerungstaktik ließ sich daraufhin nicht mehr weiterverfolgen. Das Abkommen wurde am 21. November 1952 vom Kabinett genehmigt[101] und im März 1953 vom Bundestag ratifiziert.

Dies war aber nur eine der Schwierigkeiten, die dieses Abkommen nach seiner Unterzeichnung bereitete. Am 18. August hatte ich mit Stucki den Inhalt des Abkommens durchgesprochen und die wesentlichen Punkte festgelegt. Danach ging ich in Urlaub. Während dieser Zeit fanden abschließende Verhandlungen zwischen einer Schweizer Delegation und Vertretern des Bundesfinanzministeriums statt, wobei eine Bestimmung in das Abkommen geriet, daß ein Betrag von rund 300 Mio. Schweizer Franken bereits ab 1953 zu verzinsen sei. In dieser Form wurde das Abkommen am 26. August unterzeichnet. Ich erfuhr erst am 5. September von der Änderung. Sie kam vor allem deshalb nicht gelegen, weil damit einer der Grundsätze der Londoner Konferenz durchbrochen wurde. Kein Gläubiger sollte während der Anfangsjahre Zins- und Tilgungszahlungen zugleich erhalten, und genau dies war nun in dem Abkommen mit der Schweiz vereinbart. Stucki erkannte an, daß dies nicht unserer Abmachung entsprach, lehnte aber jede Änderung des bereits unterschriebenen Abkommens ab. Er wollte der deutschen Seite allenfalls ein »moralisches Guthaben« zugestehen, ohne dies genauer zu spezifizieren.[102] Gelegenheit, dieses Guthaben zu verrechnen, ergab sich, als aufgrund eines im Jahr darauf vereinbarten Abkommens ein Teil der Schweizer Forderung in Form von Investitionskrediten in die Bundesrepublik zurückfloß.[103]

c) Die Forderung der Bank für Internationalen Zahlungsausgleich

Eine Forderung, die in London zurückgestellt wurde, die aber ihrer Eigenheiten wegen Beachtung verdient, betraf Anlagen der Bank für Internationalen Zahlungsausgleich (BIZ) in Deutschland. Die BIZ hatte als Treuhänder der Gläubigerregierungen die Beträge, die aufgrund des Young-Plans von 1930 von der deutschen Regierung zu leisten waren, gutzuschreiben. Um die Transferschwierigkeiten zu mindern, legte sie einen Teil der Einnahmen in Schatzanweisungen und Wechseln in Deutschland an.[104]

Die Forderung aus den Anlagen in Deutschland belief sich auf 233,9 Mio. Reichsmark. Außerdem spielten Goldlieferungen der Reichsbank eine Rolle. Über dreitausend Kilogramm Feingold wurden nach dem Krieg als Beutegold identifiziert und mußten aufgrund einer Vereinbarung vom Mai 1948 an die Vereinigten Staaten, Frankreich und Großbritannien abgeliefert werden.[105] Dieses Gold wurde mit 9,6 Mio. Reichsmark bewertet, so daß sich ein Gesamtbetrag von 243,5 Mio. Reichsmark ergab. In Schweizer Goldfranken, in denen die BIZ noch heute bilanziert, waren dies 297,2 Mio., die jahrzehntelang »unter dem Strich« ausgewiesen wurden. Dazu kamen aufgelaufene Zinsen. In London präsentierte die BIZ eine Maximalforderung von umgerechnet rund 496 Mio. D-Mark, doch konnte ein solcher Anspruch kaum ernsthaft geltend gemacht werden.[106]

1950 hatte die BIZ bereits versucht, mit der Bank deutscher Länder zu einer Teilregelung ihrer Kapitalanlagen in Deutschland zu kommen. Dies stand im Zusammenhang mit der Wahl von deutschen Vertretern in den Verwaltungsrat der Bank, denn, so drückte sich dessen Vorsitzender aus, »we very much desire that at the table of the Board of Directors in Basle, Vocke does not appear as representative of a defaulting central bank«[107]. Aufgrund eines Einspruchs der Alliierten Bankkommission kam diese Regelung jedoch nicht zustande.[108] Es gab drei Gründe, die dazu beitrugen, daß in London zunächst nur eine Verzinsung der gesamten Forderung geregelt wurde. Erstens schien die BIZ mehr an jährlichen Einnahmen, die sie selbst betrafen, interessiert zu sein, als an der Regelung der Hauptschuld, die Dritte, nämlich die seinerzeitigen Reparationsgläubiger, betraf. Zweitens war Kriege, der diese Verhandlungen führte, in diesem Fall besonders vorsichtig und wollte alles vermeiden, was zu einer überhöhten Verpflichtung der Bundesrepublik hätte führen können. Drittens bestand bei der deutschen Delegation die Sorge, es könnten sich Reparationsverpflichtungen in die zu regelnden Schulden einschleichen.[109]

Es kam zu einer vergleichsweise großzügigen Regelung, weil man auf die Mitwirkung der BIZ bei der Neuregelung der Dawes- und Young-Anleihe angewiesen war.[110] Die vereinbarte jährliche Zahlungsverpflichtung der Bundesrepublik betrug 5,6 Mio. D-Mark, durch die die laufenden Zinsen abgedeckt wurden. Dabei erkannte die deutsche Delegation in gewissem Maße den Standpunkt der BIZ an, daß es sich um Goldmarkforderungen spezifisch ausländischen Charakters handele.[111] Zwar hieß es, die Vereinbarung über die Zinszahlung sollte den Kapitalbetrag nicht präjudizieren[112] – dies war in einer Vereinbarung vom 9. Januar 1953, die Bestandteil des Londoner Schuldenabkommens wurde, ausdrücklich festgehalten – de facto trat dies aber dennoch ein.[113]

Das Schuldenabkommen schob die Vereinbarung über die Kapitalschuld bis zum Jahre 1966 auf. Auf sie waren die allgemeinen Bestimmungen des Abkommens anzuwenden. Das hieß zum einen, daß Gläubiger nicht bevorzugt werden durften, soweit diese Bevorzugung sich nicht aus dem Abkommen selbst ergab. Zum anderen hatten die Gläubiger akzeptiert, daß Reichsmarkforderungen nach den deutschen Umstellungsgesetzen umgewandelt wurden. Dabei bestand weiterhin die Schwierigkeit, daß die BIZ ihre Anlagen als Goldmarkanlagen ansah. Zwar ging das aus den Dokumenten selbst nicht hervor, doch vertrat sie die Ansicht, daß für alle Anlagen im Rahmen des Young-Plans eine Goldklausel anzuwenden sei. Die deutsche Seite argumentierte demgegenüber, daß ohnehin für die »kommerzialisierten« Anlagen der BIZ die Goldbasis des Young-Plans nicht gelte.[114] Außerdem sei im Schuldenabkommen selbst für die Young-Anleihe die Goldklausel für nicht mehr anwendbar erklärt worden, und es war nicht angebracht, die Reichsmarkanlagen der BIZ besser zu stellen als die Gläubiger von Schuldverschreibungen der Young-Anleihe.

Die Verhandlungen begannen im Jahre 1964. Nach mehreren vorbereitenden Gesprächen konnte am 6. April 1965 bei einer Besprechung in Ettlingen eine Einigung erzielt werden. Ministerialrat Seidler vom Bundesfinanzministerium und mir standen dabei Maurice Frère und Gabriel Ferras als Vertreter der BIZ gegenüber. Der zu zahlende Betrag wurde auf 156,24 Mio. D-Mark festgesetzt. Er kam so zustande, daß von den 243,5 Mio. Reichsmark die deutsche

Pflichteinlage von 62,5 Mio. Reichsmark abgezogen, der Betrag unter Berücksichtigung der DM-Aufwertung von 1961 im Verhältnis 1 : 1 umgestellt und hiervon ein Zehntel abgezogen wurde.[115] Holtrop, der Vorsitzende des BIZ-Verwaltungsrats, und ich unterzeichneten den entsprechenden Vertrag am 29. November 1965 in Frankfurt. 1966 ging die Forderung von der BIZ auf die Deutsche Bundesbank über.[116] Der Bund hatte sie in fünf Jahresraten bis zum Jahre 1970 zu tilgen.

d) Die Aufwendungen Dänemarks in der Nachkriegszeit

Auf der Londoner Schuldenkonferenz machte auch Dänemark einen besonderen Anspruch gegenüber Deutschland geltend, der darauf beruhte, daß es jahrelang Aufwendungen für deutsche Flüchtlinge hatte leisten müssen. In einer Note vom 5. Januar 1952 bezeichnete Dänemark es als formalen Irrtum, daß sein Anspruch nicht im Memorandum des Dreimächteausschusses enthalten war, das den Rahmen für die Schuldenregelung bilden sollte. Die dänische Regierung habe weder bei der Abfassung dieses Memorandums noch bei der Vorkonferenz im Juni 1951 Gelegenheit gehabt, irgendwelchen Einfluß auszuüben, ihre Forderung allerdings schon 1946 und 1947 den deutschen Besatzungsmächten übermittelt.[117]

In den ersten Monaten des Jahres 1945 wurden auf Veranlassung der deutschen Regierung deutsche Flüchtlinge nach Dänemark evakuiert, wo die Besatzungsbehörden sie in beschlagnahmten öffentlichen Gebäuden, Barackenlagern und Privatwohnungen unterbrachten. Die meisten kamen als Flüchtlinge und Vertriebene aus Ost- und Westpreußen sowie aus Pommern. Nach der deutschen Kapitulation standen die dänischen Behörden, die bisher unter Hinweis auf die Völkerrechtswidrigkeit dieser Aktion jede Zusammenarbeit beim Beschaffen des notwendigen Unterhalts abgelehnt hatten, vor der Aufgabe, etwa eine Viertelmillion Fremde, was rund sechs Prozent der gesamten Bevölkerung ausmachte, zu versorgen. Bereits am 6. Mai 1945 ersuchte der dänische Außenminister die Alliierten, für eine umgehende Rückführung Sorge zu tragen. Dies war aufgrund der Verhältnisse in Deutschland vorerst nicht möglich. Erst Ende 1946 konnte die eigentliche Repatriierung beginnen, und am 15. Februar 1949 verließ der letzte Flüchtlingstransport Dänemark.

Die dänischen Behörden brachten die deutschen Flüchtlinge in neunzig Lagern, über das ganze Land verstreut, unter. Sie stellten Nahrungsmittel bereit, darunter auch solche, die der Rationierung unterlagen. Darüber hinaus mußten sie den Flüchtlingen aber auch Bekleidung und medizinische Versorgung zukommen lassen. Angesichts der schwierigen Verhältnisse der dänischen Wirtschaft nach dem Krieg verlangte der Aufenthalt der Flüchtlinge erhebliche Opfer von der einheimischen Bevölkerung. Diese humanitäre Hilfe Dänemarks, das von Deutschland fünf Jahre lang besetzt gewesen war, mußte dem Land hoch angerechnet werden.

Die dänische Regierung bezifferte die Auslagen für die deutschen Flüchtlinge mit 429,2 Mio. Dänenkronen. Zuzüglich 5 Prozent Zinsen ergab sich eine Summe von insgesamt 548,5 Mio. Dänenkronen, was rund 80 Mio. Dollar entsprach.[118] Dänemark vertrat die Ansicht, daß diese Aufwendungen eine an Deutschland geleistete Nachkriegswirtschaftshilfe darstellten, die in gleicher Weise wie die von den drei Westmächten erbrachte Unterstützung zu bewerten sei. Im Sinne der deutschen Schuldenerklärung vom 6. März 1951 stellten die dänischen Aufwendungen keine Nachkriegswirtschaftshilfe dar. Die Bundesregierung hielt es jedoch nicht für angebracht, den formellen Standpunkt einzunehmen, wonach die dänischen Aufwendungen eine unmittelbare Kriegsfolge darstellten und demgemäß bis zu einer allgemeinen Regelung derartiger Ansprüche zurückzustellen seien. Der Dreimächteausschuß erleichterte diese Stellungnahme durch die Feststellung, daß die dänische Forderung eine gewisse Verwandtschaft mit den Ansprüchen der Alliierten aus der Nachkriegswirtschaftshilfe besaß.[119]

Für die Regelung der Forderung waren Dänemark und die Bundesrepublik auf bilaterale Verhandlungen verwiesen, da der Anspruch nicht auf die Tagesordnung der Konferenz gesetzt werden konnte. Eine Einigung kam sehr schnell zustande. Nachdem die dänische Delegation unter anderem einen Film über das Leben der deutschen Flüchtlinge in Dänemark vorgeführt hatte, forderte sie die deutsche Delegation auf, einen Vorschlag für die Regelung des Anspruchs zu unterbreiten. Die Frage, ob sie ihre Forderung ähnlich wie die der drei Mächte aus der Nachkriegswirtschaftshilfe geregelt zu sehen wünschte, wurde bejaht. Den angebotenen Betrag von 160 Mio. Dänenkronen nahm sie an; damit erklärte Dänemark sich mit einer Herabsetzung von einer Forderung auf 37 Prozent und mit der völligen Streichung der rückständigen Zinsen einverstanden.[120] Auch für die Zukunft waren keine Zinsen zu berechnen, so daß der Zeitwert der 160 Mio. noch um einiges niedriger anzusetzen war. Die Einigung wurde in einem Briefwechsel vom 31. März 1952 niedergelegt. Der Dreimächteausschuß stimmte dieser »schnellen und angemessenen« Lösung zu.[121]

Der Briefwechsel diente im Februar 1953 als Grundlage für die Ausarbeitung des Abkommens, das eine Zahlung des vereinbarten Betrages in zwanzig Jahresraten, beginnend am 1. September 1953, vorsah. Der dänische Anspruch war damit endgültig abgegolten.

4. Unterzeichnung und Ratifizierung

Am 27. Februar 1953 wurde das Abkommen über Deutsche Auslandsschulden im Londonderry House unterzeichnet. Stucki, der neben Niemeyer einer der unbequemsten Unterhändler gewesen war, würdigte in einer kurzen Ansprache die geleistete Arbeit. Noch nie sei eine derart komplexe Schuldenregelung mit einem Land zustandegekommen.[122] Für Weiz stellte diese Rede »in gewissem Sinne eine internationale Krediteröffnung dar«[123]. Das Abkommen wurde

Abb. 17: Am 27. Februar 1953 wurde das Londoner Schuldenabkommen im Londonderry House unterzeichnet. Das Gebäude ist wenige Jahre später abgerissen worden.

Abb. 18: Bei der Unterzeichnung des Abkommens (v.l.n.r.): Werner Kroog, Georg Vogel, Gerhart Weiz, Hermann J. Abs, Bernhard Wolff, dahinter: Bruno Baur, Michael Palliser.

Abb. 19: Bei Hermann J. Abs in Kronberg.

Abb. 20: Vertragsunterzeichnung mit der Bank für Internationalen Zahlungsausgleich (BIZ), Basel am 29. 11. 1965 in Frankfurt.

Abb. 21: Hermann J. Abs.

von achtzehn Gläubigerstaaten unterzeichnet, und sein Artikel 38 eröffnete weiteren Interessenten die Möglichkeit des Beitritts. Einen Überblick über den Stand der deutschen Auslandsschulden zur Zeit der Unterzeichnung gibt Tabelle 1.

Tabelle 1: Deutsche Auslandsschulden nach dem Londoner Abkommen
(Schuldensumme und Annuitäten in Mio. D-Mark)

	Schuldsumme			Annuitäten 1953 bis 1957				Annuitäten ab 1958			
	Kapital	Zins-rück-stand¹	ins-ge-samt	Dol-lar-Raum	EZU-Raum	An-dere Länder	ins-ge-samt	Dol-lar-Raum	EZU-Raum	An-dere Länder	ins-ge-samt
A. Öffentliche Schulden aus der Zeit vor 1945											
1) Schulden der Bundesrepublik											
a) Dawes-Young-Kreuger Anleihen	1 644,1	361,3	2 005,4	26,2	61,6	—	87,8	36,2	79,0	—	115,2
b) Andere Schulden der Bundesrepublik	1 598,5	78,0	1 676,5	18,3	29,5	—	47,8	22,8	49,2	—	72,0
2) Schulden der Länder und Gemeinden einschl. Preußens	216,8	85,7	302,5	8,5	5,9	0,1	14,5	10,2	7,6	0,1	17,9
Summe A	3 459,4	525,0	3 984,4	53,0	97,0	0,1	150,1	69,2	135,8	0,1	205,1
B. Privatschulden aus der Zeit vor 1945											
1) Verbriefte Schulden	642,7	318,6	961,3	25,7	19,8	—	45,5	31,1	24,0	—	55,1
2) Stillhalteschulden	389,8	185,9	575,7	5,2	15,9	—	21,1	5,2	15,9	—	21,1
3) Nichtverbriefte aus Anleihen entstandene Schulden	764,4	314,0	1 078,4	14,2	37,4	1,3	52,9	22,1	56,5	2,1	80,7
4) Schulden für gelieferte Waren	227,7	—	227,7	1,7	10,8	2,7	15,2	1,7	10,8	2,7	15,2
5) Andere Handelsschulden	317,0	—	317,0	9,0	20,3	2,4	31,7	9,0	20,3	2,4	31,7
6) Sonstige Schulden	271,2	85,7	356,9	1,5	12,0	15,6	29,1	—	—	19,7	19,7
Summe B	2 612,8	904,2	3 517,0	57,3	116,2	22,0	195,5	69,1	127,5	26,9	223,5
C. Öffentliche Nachkriegsschulden	6 951,0	—	6 951,0	126,0	95,6	—	221,6	240,8	95,6	—	336,4
Insgesamt	13 023,2	1 429,2	14 452,4	236,3	308,8	22,1	567,2	379,1	358,9	27,0	765,0

¹ Nach der Schuldenregelung reduzierte Beträge.

*Quelle: Geschäftsbericht der Bank deutscher Länder für das Jahr 1952,
S. 82.*

Die Unterzeichnung des Abkommens bot noch einmal Anlaß zu einigen skeptischen Pressekommentaren: von einer Regelung die »nur auf dem Papier steht und niemals realisiert werden wird«, war die Rede, man fand das Abkommen »wirtschaftlich kaum erträglich, politisch unbefriedigend« und sah keinen »Anlaß [...] besonders zufrieden zu sein«[124]. Insgesamt gesehen war das Presseecho in Deutschland jedoch bereits abgewogener als bei der Präsentation des Schlußberichts im August 1952. Die Kritik, die nun kam, war eher grundsätzlicher Natur und ging vor allem vom politischen Charakter des Abkommens aus.[125] Zu den Kritikern gehörte auch Hjalmar Schacht. Er wurde in einem Interview mit der Aussage zitiert, er halte das Schuldenabkommen für den Gipfel der Dummheit.[126] Am Telefon befragt, wie er denn zu dieser Beurteilung gelange, dementierte er die Äußerung.[127]

Mit der Unterzeichnung begann allerdings eine neue Schwierigkeit, die den bereits arg strapazierten Zeitplan bedrohte. Am 1. April waren die ersten Zahlungen fällig, und bis dahin hätte das Abkommen in Kraft treten müssen. Wenn die *Financial Times* es auch für möglich hielt, daß auf deutscher Seite die Ratifizierung bis Mitte März geschehen sein könnte[128], so war dies eine etwas unreflektierte Übertragung englischer Parlamentsbräuche auf deutsche Verhältnisse. Die meisten Berichterstatter waren weniger optimistisch.

Daß die Bundesrepublik als Schuldnerstaat das Londoner Schuldenabkommen zu ratifizieren hatte, stand von vornherein außerhalb jeder Diskussion. Für die Gläubigerstaaten stellte sich allmählich die gleiche Notwendigkeit heraus, wenn auch mit unterschiedlichem Prozedere. Die Hoffnungen, die bis in den Sommer 1952 hinein bestanden hatten, das Verfahren vielleicht abkürzen zu können[129], ließen sich nicht realisieren. Vermutlich am einfachsten war die Ratifizierung in Großbritannien. Dort legt die Regierung ein Abkommen, das sie geschlossen hat, während 21 Sitzungstagen des Parlaments zur Einsicht der Abgeordneten offen, und es bleibt dann jedem Abgeordneten überlassen, an den Fragetagen Fragen dazu an die

Regierung zu stellen. Geschieht das nicht, gilt nach den 21 Tagen das Abkommen als durch das Parlament ratifiziert. Dank diesem einfachen Verfahren war Großbritannien das einzige Land, in dem das Abkommen zu dem ursprünglich in Aussicht genommenen Termin für sein Inkrafttreten, dem 1. April 1953, bereits ratifiziert war.

Auch in Frankreich gab es keine Komplikationen. Ein vereinfachtes Verfahren machte es möglich, das Abkommen durch ein Dekret des Präsidenten der Republik zu ratifizieren, ohne das Parlament einschalten zu müssen. Am 19. Juni konnte, wie im Abkommen vorgesehen, die Ratifikationsurkunde bei der britischen Regierung hinterlegt werden.[130]

Angesichts der sehr langen Beratungen mit den Abgeordneten in Bonn hätte ich die alte demokratische Verfahrensweise nach englischem Muster auch dort gern angewandt gesehen. Hier wurde das Abkommen in Form von Zustimmungsgesetzen dem Parlament präsentiert. Die erste Lesung, in der Adenauer eingehend über die Schuldenregelung sprach, fand am 29. April statt.[131] In der Folge konstituierte sich ein Sonderausschuß des Bundestages, in dem die verschiedenen Abkommen ausführlich beraten wurden. Für den Vorsitz dieses Ausschusses war zunächst Hermann Pünder vorgesehen. Dann stellte sich heraus, daß dieses Amt nicht der CDU-, sondern der FDP-Fraktion im Bundestag zustand, und für ihn wurde der Abgeordnete Hans Wellhausen Vorsitzender des Sonderausschusses »Londoner Schuldenabkommen«.[132]

Bei den Beratungen dieses Ausschusses trat noch einmal sehr stark die Frage des beschlagnahmten deutschen Auslandsvermögens in den Vordergrund. Pfleiderer, der schon in den beiden Jahren zuvor sich dafür sehr stark engagiert hatte, war der Meinung, mit der deutschen Schuldenerklärung sei ein »böses Spiel getrieben worden«: erst habe die Bundesregierung sie mit dem Deutschlandvertrag verbunden, dann wieder davon getrennt und dem Bundestag mit dem Schuldenabkommen zusammen vorgelegt. Dieses Verfahren habe es dem Parlament unmöglich gemacht, die Frage des deutschen Auslandsvermögens mit der Schuldenregelung zu verbinden, und die Bundesregierung habe sich in der Lage gesehen, auf die Millionenwerte des Auslandsvermögens leichthin zu verzichten.[133] Für die SPD war, wie Fritz Baade dem Ausschuß erläuterte, der aufgegebene Sachzusammenhang zwischen Schulden und Guthaben der Hauptgrund, um gegen das Abkommen über die Vorkriegsschulden zu stimmen.[134] Glücklicherweise war die Mehrheit in diesem Ausschuß der Ansicht, daß die Zeit, in der man die Schuldenregelung mit der Frage des Auslandsvermögens noch hätte verknüpfen können, schon lange vorbei war, und so wurde allein eine allgemeine Resolution entworfen, die der Bundestag am 2. Juli 1953 verabschiedete.[135]

Weitaus mehr Schwierigkeiten als die Frage des Auslandsvermögens bereitete das Abkommen über Nachkriegswirtschaftshilfe mit Frankreich. Hierzu machte ein Zentrumsabgeordneter den folgenden Vorschlag: Aus dem Text sollte generell der Hinweis darauf gestrichen werden, daß Frankreich Wirtschaftshilfe geleistet habe; es dürfe erst ratifiziert werden, wenn die Bundesregierung dem Bundestag mitgeteilt habe, daß durch Verhandlungen mit Frankreich die Streichung dieser Hinweise erreicht sei.[136] Der Vorschlag war nicht völlig konsequent, weil in der Präambel des Hauptabkommens ebenfalls die französische Wirtschaftshilfe erwähnt wurde.

Obwohl viel Zeit zur Verfügung gestanden hatte, um sich mit den Einzelheiten der Vereinbarungen vertraut zu machen, stellte der SPD-Abgeordnete Gülich in der letzten Sitzung des Sonderausschusses fest, daß der Ausschuß sich mit Teilen des Abkommens überhaupt noch nicht befaßt habe. Er wollte wissen, was wohl passierte, wenn das Abkommen nicht sofort, sondern erst in einigen Monaten angenommen werde. Ich hielt es für gefährlich, die Ratifizierung so lange aufzuschieben. Es war denkbar, daß daraufhin der amerikanische Senat seine Zustimmung verweigern würde und man überhaupt von der Regelung Abstand nähme. Die deutsche Devisensituation hatte sich in den letzten zwölf bis achtzehn Monaten derart entwickelt, daß sich die Vorteile, die in London erreicht worden waren, bei erneuten Verhandlungen nicht mehr würden durchsetzen lassen. Eine Vertagung hätte zudem bedeutet, dem neugewählten Bundestag das Gesetz vorlegen zu müssen, und es war nicht zu erwarten, daß dies sogleich zu Beginn der Legislaturperiode geschehen würde. Notwendigerweise müßte der Eindruck entstehen, daß die Bundesregierung nicht die Absicht hätte, die Schuldenregelung wirksam werden zu lassen.[137]

Ohnehin waren schon genug Verzögerungen eingetreten, die den ursprünglich in Aussicht genommenen Zeitplan durcheinander gebracht hatten. Der erste Zahlungstermin für die Dawes-Anleihe war der 15. April 1953 gewesen, und bis zum 30. Juni 1953 sollten die Anleiheschuldner der Wirtschaft ihren Gläubigern Regelungsangebote unterbreitet haben. Davon konnte aufgrund des langsamen Vorankommens der Ratifizierungsprozedur keine Rede mehr sein.[138] Bei den abschließenden Beratungen im Bundestag wurde am 2. Juli 1953 die zweite und dritte Lesung der einzelnen Gesetze zusammengefaßt. Hierbei passierte eine Panne. Die Abkommen wurden ratifiziert, mit einer Ausnahme: dem Abkommen über die französische Wirtschaftshilfe. Bei der Abstimmung darüber artikulierte sich das Unbehagen, das bereits seit langem über den wirtschaftlichen Charakter dieser Hilfe bestand. Es war sicherlich kein Geheimnis, daß das Etikett Wirtschaftshilfe dem französischen Anspruch nur deshalb aufgeklebt worden war, damit Frankreich in London als gleichberechtigter Partner der beiden anderen alliierten Mächte auftreten konnte. Die Grundlage des Anspruchs war, wie bereits erwähnt, der Saldo, den Frankreich bei der Verschmelzung der Oficomex mit der JEIA als Kapital eingebracht hatte. Nun weckte die Oficomex bei kaum jemandem angenehme Erinnerungen, war es doch nicht einmal der besten Treuhandgesellschaft der Welt in neun Monaten gelungen, einen Status dieses Instituts aufzustellen.[139] Auch sonst war der vorherrschende Eindruck bei den Abgeordneten des Bundestages, daß Frankreich bei der Führung des Außenhandels seiner Zone mehr an sich selbst als an die dortige Wirtschaft gedacht hatte.

Zwar waren juristisch gesehen die verschiedenen Abkommen Einzelabkommen, doch politisch hingen sie zusammen. Man mußte davon ausgehen, daß die Nichtannahme eines Einzelabkommens die gesamte Schuldenregelung zum Scheitern gebracht hätte. Da der Bundestag am 3. Juli in Urlaub gehen wollte, mußte diese Frage sofort geklärt werden. Das war schwieriger als zunächst gedacht. Die Lösung wurde darin gefunden, daß die Abstimmung auf Antrag einiger Abgeordneter wegen Irrtums angefochten und wiederholt wurde. Diese hatten geglaubt, es fände eine separate dritte Lesung statt. Zwar sah die Geschäftsordnung des Bundestages nicht vor, eine Abstimmung wegen Irrtums zu wiederholen, aber glücklicherweise gab es bereits einen Präzedenzfall aus dem Jahre 1951. Mit der zweiten Abstimmung wurde dann auch das deutsch-französische Abkommen über die Wirtschaftshilfe am 3. Juli angenommen – allerdings zu spät, um eine furiose Reaktion der französischen Presse zu vermeiden.[140]

Laut Auffassung des Bundestages waren durch das Schuldenabkommen die deutschen Auslandsschulden im Sinne des Überleitungsvertrages ordnungsgemäß geregelt worden. Damit hatte die Bundesregierung einen Teil der in den Bonner Verträgen übernommenen Verpflichtungen vorweg erfüllt. Adenauer nahm dies zum Anlaß, erneut die Besatzungsmächte zu ersuchen, zweiseitige Verhandlungen über das deutsche Auslandsvermögen zu genehmigen, nachdem erst zu Beginn des Jahres die Hohe Kommission ihre unveränderte Haltung zu dieser Frage bestätigt hatte. Er bezog sich dabei auf die Resolution, die der Bundestag am 2. Juli gefaßt hatte.[141]

Die Hohe Kommission erkannte Adenauers Argumentation nicht an. Weder habe die Bundesrepublik mit der Ratifizierung des Schuldenabkommens irgendwelche Verpflichtungen vorzeitig erfüllt, noch habe überhaupt das Schuldenabkommen etwas mit der Frage des deutschen Auslandsvermögens zu tun. Der Verzicht der Alliierten auf die Ausübung der Devisenhoheit und die Kontrolle des Außenhandels seien ausreichend, um der neuen Lage nach Ratifizierung des Abkommens gerecht zu werden.[142] Der unergiebige Notenwechsel in dieser Angelegenheit zog sich bis in das Jahr 1955. Mit der Souveränität der Bundesrepublik endete zwar theoretisch diese Einschränkung ihrer außenpolitischen Möglichkeiten, praktisch waren aber auch danach in der Frage des deutschen Auslandsvermögens nur vereinzelte Erfolge zu erzielen.

Etwa zur gleichen Zeit wie in der Bundesrepublik befaßten sich in den Vereinigten Staaten die zuständigen parlamentarischen Gremien mit dem Schuldenabkommen. Die Hauptarbeit wurde im Committee on Foreign Relations des Senats geleistet, das am 16. und 17. Juni 1953 eine zweitägige öffentliche Anhörung veranstaltete.[143] Die Lektüre der gedruckten Protokolle vermittelt ein anschauliches Bild amerikanischer Parlamentspraxis. Der Ausschuß lud eine Reihe von Konferenzteilnehmern und sonstigen Sachverständigen vor. Sie mußten vergleichsweise viele Auskünfte über Fragen geben, die nur am Rande von Bedeutung waren, wie etwa über Honorare von Rechtsanwälten im Zusammenhang mit der Anmeldung von Gläubigeransprüchen. Aber auch die Möglichkeit von Insidergeschäften kam zur Sprache, und Pierson mußte bestätigen, zur Zeit der Verhandlungen keine deutschen Auslandsbonds besessen zu haben.[144]

Hauptopponent war erwartungsgemäß Senator Guy Gillette aus Iowa, der bereits im Jahr zuvor die Regelung der Nachkriegsschulden kritisiert hatte. Auch jetzt brachte er sowohl in der Ausschußsitzung als auch in der nachfolgenden Senatsdebatte am 9. und 13. Juli seine Einwände gegen ein Abkommen vor, durch das die amerikanische Regierung zwar auf 2 Mrd. Dollar verzichtete, das aber zugleich den privaten Gläubigern deutscher Auslandsanleihen keinen nennenswerten Verzicht zumutete. Insbesondere störte ihn, daß nicht bekannt war, wer in den Vereinigten Staaten Besitzer von deutschen Bonds war. Er vermutete, daß Spekulanten zu einer Zeit, da »those securities had depreciated in value to the point they were not worth using for anything except wallpaper«[145], sich mit deutschen Bonds eingedeckt hätten und nun zu Lasten der amerikanischen Steuerzahler Nutznießer des Schuldenabkommens wären. Er regte daher an, die Ratifizierung des Abkommens so lange zurückzustellen, bis im Zuge der Wertpapierbereinigung bekannt sei, wer diese Bonds besitze. Im Senat fand sich keine Mehrheit, die seine Bedenken teilte. Hingegen wurden die Auswirkungen einer weiteren Verzögerung des Abkommens als sehr gravierend dargestellt, insbesondere im Hinblick auf die weitere Integration der Bundesrepublik in das westliche Bündnis. Am 13. Juli wurde es mit 46 zu 16 Stimmen angenommen.[146]

Nachdem auch die Regierung der Vereinigten Staaten die Urkunde über die Ratifizierung des Londoner Schuldenabkommens bei der britischen Regierung hinterlegt hatte, trat das Abkommen am 16. September 1953 völkerrechtlich in Kraft. In der Bundesrepublik war es durch das Ausführungsgesetz auch Bestandteil der innerstaatlichen Gesetzgebung geworden; Stichtag hierfür war der 30. September 1953.[147]

IX. DIE ABWICKLUNG
DES SCHULDENABKOMMENS

1. Die Wertpapierbereinigung

Zu den Voraussetzungen für eine Wiederaufnahme der Börsennotierung deutscher Auslandsbonds gehörte, sie einem Bereinigungsverfahren zu unterziehen. Das Schuldenabkommen sah vor, daß auf Schuldverschreibungen und Zinsscheine nur dann Zahlungen geleistet werden durften, wenn sie zuvor in einem solchen Verfahren anerkannt worden waren. Im Inland war dies bereits geschehen, doch waren die auf ausländische Währungen lautenden Obligationen deutscher Aussteller von der allgemeinen Wertpapierbereinigung ausgenommen worden. Ihre Behandlung wurde erst im Bereinigungsgesetz für deutsche Auslandsbonds vom 25. August 1952 geregelt.[1] Stücke, die sich am 1. Januar 1945 im Ausland befunden hatten, wurden anerkannt, während für Stücke, die sich zu diesem Zeitpunkt in Deutschland befunden hatten, der rechtmäßige Erwerb nachgewiesen werden mußte.

In den europäischen Ländern machte die Bereinigung der Auslandsbonds rasche Fortschritte. Der weitaus größte Teil ließ sich durch Sammelanerkennung bereinigen. Eine Ausnahme machten die Niederlande. Da sie dem Londoner Schuldenabkommen erst 1958 beitraten, konnte das Verfahren dort erst mit Verzögerung beginnen. Schwierigkeiten gab es auch in den Vereinigten Staaten. Dort war eine Sammelanerkennung nicht möglich, und es mußten Zehntausende von einzelnen Verfahren aufgenommen werden.[2] Während in den europäischen Ländern nur eine geringe Anzahl der vorgelegten Bonds nicht rechtmäßig umlief, wurden der Bereinigungsstelle in New York, einer deutsch-amerikanischen Gemeinschaftseinrichtung, vergleichsweise viele betrügerische Anmeldungen vorgelegt, denen zum Teil sogar gefälschte Depotbescheinigungen beigefügt wurden. Insgesamt wurde dort – vom Nennwert aus berechnet – etwa ein Prozent der vorgelegten Bonds nicht anerkannt.[3]

Der Grund dafür, daß überhaupt eine Bereinigung notwendig wurde, war, daß in den Wirren der unmittelbaren Nachkriegszeit viele Wertpapiere gestohlen oder auf andere Weise abhandengekommen waren. Dabei handelte es sich zum überwiegenden Teil um Dollarbonds, deren Nennwert auf insgesamt etwa 350 Mio. Dollar geschätzt wurde.[4] Nachdem die Bundesrepublik die Schulden anerkannt hatte, stieg das Interesse an diesen Papieren. Es wurden Wege gesucht, wie sich mit den auf illegale Weise erhaltenen Bonds Geschäfte machen ließen, und insbesondere in Zürich und Paris bildeten sich Schwarze Märkte.[5] In den Vereinigten Staaten existierte kein Markt für deutsche Wertpapiere mehr, seit der Handel mit ihnen nach der deutschen Kriegserklärung vom Dezember 1941 suspendiert worden war. Nach dem Krieg hatte man ihn gerade deshalb nicht wiederaufgenommen, weil man kein Interesse daran hatte, daß Bonds mit zweifelhafter Herkunft in den Handel gelangten und »eventually be sold for the profit of the Soviet Union«.[6] Das Problem dabei war, daß die Nummernverzeichnisse der abhandengekommenen Stücke nicht vollständig waren. Man konnte allenfalls vermuten, daß bei Angeboten, die eine gewisse Anzahl »fauler« Bonds enthielten, meist der ganze Posten nicht in Ordnung war.

Der Handel mit den gestohlenen deutschen Dollar-Bonds ging seltsame Wege und bestätigte bald, was sich bereits in der Anlaufphase der Wertpapierbereinigung unschwer voraussagen ließ: »Es ist selbstverständlich, daß in allen Ländern der Welt, die sich mit unseren Angelegenheiten befassen, jede nur denkbare eidesstattliche Erklärung abgegeben wird, wenn es sich darum handelt, sich rechtmäßig in einen ungerechtfertigten Besitz zu setzen.«[7] Auch in späteren Jahren und Jahrzehnten tauchten periodisch immer wieder Bestände alter deutscher Auslandsbonds auf, die nicht der Wertpapierbereinigung unterlegen hatten.[8] Offenbar versuchten die Inhaber, aus dem Schwund der Kenntnisse über die komplizierten Zusammenhänge Nutzen zu ziehen.

Der Beginn des Bereinigungsverfahrens war eine Voraussetzung dafür, daß ab 12. Januar 1954 deutsche Auslandsbonds wieder zum Handel in den Vereinigten Staaten zugelassen werden konnten.[9] Die New Yorker Börse stimmte dem Druck der neuen Bonds in Deutschland zu, nachdem zuvor bei der Bundesschuldenverwaltung wenig Neigung bestanden hatte, wegen möglicherweise fehlender Druckereikapazitäten den Druck »Seite an Seite mit den Wertpapieren [...] unterentwickelter Völker im Ausland«[10] vornehmen lassen zu müssen. Der Neudruck war einer Abstempelung insbesondere dann vorzuziehen, wenn sich viele Stücke zweifelhafter Herkunft im Umlauf befanden, um trotz der höheren Kosten die Gefahr zu verringern, daß »faule« Bonds in den Handel gerieten.[11]

2. Beginn der Zahlungen

Die ersten positiven Auswirkungen des Schuldenabkommens waren bald zu verzeichnen. Die Zahlungsbedingungen im Außenhandel änderten sich, es war eine wachsende Bereitschaft des Auslandes zur Gewährung von Handelskrediten für den Außenhandel zu bemerken.[12] »Infolge des ständig wachsenden Vertrauens in die D-Mark traten einmal an die Stelle der Vorauszahlung oder doch der Barzahlung seitens der deutschen Importeure bei Erhalt der Ware, wie in geringerem Umfang schon in den vorangegangenen Jahren, vielfach Handelskredite in den verschiedensten Formen, so daß manche Devisenzahlungen erst entsprechend später geleistet zu werden brauchten. Auf der anderen Seite gingen auch manche Devisenerlöse durch Vorauszahlungen bzw. Barzahlungen des Auslandes für Exporte der Bundesrepublik früher ein.«[13]

Der wirtschaftliche Aufschwung in der Bundesrepublik hatte zur Folge, daß nicht einmal ein Jahr, nachdem es in Kraft getreten war, das Londoner Schuldenabkommen sich in einem völlig veränderten Umfeld befand. Die Kritiker wechselten die Fronten. Jetzt waren es nicht mehr die deutschen Zeitungen, die das Abkommen für die Bundesrepublik als eine zu große Last ansahen, sondern die ausländische Presse entdeckte nun, daß Deutschland bei der Schuldenregelung zu gut weggekommen sei. Und einige Gläubiger wünschten die ausgehandelten Bedingungen zu verbessern.

In Schweden war die Zündholzanleihe, die ursprünglich auf Dollarbasis lief, auf Schwedenkronen umgestellt worden und daher über die Europäische Zahlungsunion zu bedienen. Nun sollte sie wieder auf Dollar zurück umgestellt werden, um einen fungiblen Titel zu erhalten, der sich auch außerhalb Schwedens verwerten ließ.[14] Dänemark wünschte eine vorzeitige Abzahlung auf die Summe von 160 Mio. Kronen zu erhalten, die als Kosten für die Aufnahme deutscher Flüchtlinge vereinbart worden waren.[15] Großbritannien hatte Schwierigkeiten mit der Abdeckung seines Saldos bei der EZU und wollte einen Teil seiner Verbindlichkeiten daraus mit den Forderungen aus der Nachkriegswirtschaftshilfe aufrechnen.[16] Und obwohl das Schuldenabkommen keinen Besserungsschein enthielt, war etwas später aus der Schweiz die Ansicht zu vernehmen, die deutsche Kreditwürdigkeit könne doch erst dann als wiederhergestellt angesehen werden, wenn man die Schulden wieder zu den ursprünglich vereinbarten Konditionen bediene.[17]

Dies war eine Seite des Bildes. Auf der anderen kritisierte man im Ausland die Tätigkeit der deutschen Schuldner bei der Abgabe der Regelungsangebote. Die Behauptung, diese seien grundsätzlich zahlungsunwillig, war schnell bei der Hand. Verzögerungen beim Regelungsangebot für die Pfund-Tranchen der Dawes-Anleihe führten dazu, daß deren Notiz an der Londoner Börse eingestellt wurde. Die *Financial Times* sprach sogleich von »Germany's determination to delay payments as long as possible«[18]. Niemeyer sandte den Ausschnitt an Vocke, strich die Stelle an und schrieb dazu: »This is of course nonsense. But is it not monumental stupidity to create a position in which the leading German Bonds are not quoted on the London Stock Exchange – the mark of a defaulter – because people cannot make up their minds about relatively trifling handling costs?«[19] Im Gegensatz zu den Schwierigkeiten mit Großbritannien gelang es Wilhelm Dieben, dem Präsidenten der Bundesschuldenverwaltung, in den Vereinigten Staaten die Dawes- und Younganleihen »auf das Beste und Schnellste zu regeln«[20].

Ein anderer Problemfall war die Münchener Stadtanleihe von 1928. Es handelte sich um eine Pfund-Anleihe mit einer Dollar-Optionsklausel. Sie war schon während der Verhandlungen »aufgefallen«, da die deutsche Delegation es vermeiden wollte, Dollars an nichtamerikanische Besitzer zu zahlen.[21] Während des Krieges hatte die Stadt München den noch ausstehenden Betrag an die Konversionskasse bezahlt. Der Bund war bereit, sie in Höhe dieses Betrages schadlos zu halten. Auseinandersetzungen gab es, wer die Kosten tragen sollte, die durch die Regelung entstanden, also etwa durch die Veröffentlichung des Regelungsangebotes und den Neu- oder Überdruck der Anleihestücke.[22] Das Finanzministerium lehnte es ab, dafür aufzukommen. Obwohl dies kein Grund war, die Regelung selbst zurückzustellen, dauerte es bis 1955, ehe die Angelegenheit geklärt war.

Im allgemeinen machte jedoch die Bereinigung der deutschen Schulden ab 1954 gute Fortschritte. Auch die zitierten Äußerungen lassen sich nicht ohne weiteres verallgemeinern. Aus der Schweiz kamen auch Worte der Anerkennung: »Der deutsche Vertragspartner bemüht sich offensichtlich, seinen Verpflichtungen in vollem Umfang und termingerecht nachzukommen. Die Bundesrepublik ging von sich aus sogar noch einen Schritt weiter, indem sie den Transfer von Erträgnissen aus direkten Vermögensanlagen in großem Ausmaß und überraschend schnell freigab. Damit lud sie sich zusammen mit den Wiedergutmachungs- und Entschädigungszahlungen erhebliche, die Belastung aus dem Londoner Schuldenabkommen übersteigende Transferverpflichtungen auf. Das gewählte Vorgehen läßt darauf schließen, daß die Bundesrepublik der baldigen Schaffung einer Atmosphäre des Vertrauens und der raschen Wiederherstellung der Kreditwürdigkeit größte Bedeutung beimißt.«[23]

Diese Anerkennung wurde durch die Schweiz auch auf andere Weise dokumentiert. Ebenso wie die Bundesrepublik war sie Gläubiger in der EZU, und sie bemühte sich nach Möglichkeit, nicht zur Erleichterung der übertriebenen deutschen Gläubigerposition den eigenen Saldo weiter ansteigen zu lassen. Schulden gegenüber Schweizer Gläubigern zurückzuzahlen war somit schwierig, was sich vor allem bei der Abwicklung der Stillhalteverpflichtungen nachteilig bemerkbar machte. Immerhin war es jedoch ein deutliches Zeichen für die Wiederherstellung der deutschen Kreditwürdigkeit, daß die Schweiz ein Engagement in Deutschland einer Erhöhung ihres Saldos in der EZU vorzuziehen begann.[24]

Nachdem das Schuldenabkommen in Kraft getreten war, erklärten weitere Staaten ihren Beitritt. Ende 1954 hätten bereits mehr als neunzig Prozent der deutschen Auslandsschulden geregelt sein können.[25] Als einzige bedeutsame Gläubigerländer standen die Niederlande und Italien noch aus. Da die niederländische Regierung nicht bereit war, das Schuldenabkommen zu unterzeichnen, wurde im Interesse der nicht-niederländischen Gläubiger das Regelungsangebot für die niederländischen Tranchen der Dawes- und Young-Anleihe vorzeitig erlassen. Dies hatte zur Folge, daß der niederländische Beitritt 1958 vollzogen wurde. Italien trat dem Schuldenabkommen hingegen erst 1966 bei.

Bis Ende 1954 wurden bereits 1,42 Mrd. D-Mark im Rahmen der verschiedenen Londoner Abmachungen einschließlich des Abkommens über die Schweizer Clearing-Milliarde gezahlt.[26] Die Transferbelastung war um einiges geringer, da etwa 450 Mio. auf DM-Konto einbezahlt wurden. Sie betrafen im wesentlichen Leistungen aufgrund des STEG-Abkommens und Rückzahlungen von Stillhaltekrediten. Auch der Lee-Higginson-Kredit konnte 1955 durch DM-Zahlungen vorzeitig getilgt werden.[27]

Mit dem Inkrafttreten des Schuldenabkommens konnte die deutsche Devisenhoheit wiederhergestellt werden. Aus den Ausweisen der Bank deutscher Länder verschwand bei den Gold- und Devisenreserven der Zusatz: »Unter Kontrolle der Hohen Kommission«. Zugleich schuf das Abkommen die Voraussetzung dafür, den Kapitalverkehr mit dem Ausland schrittweise zu liberalisieren.

Ab September 1954 konnten Sperrguthaben über Zahlungsabkommen im Verrechnungswege ins Ausland transferiert oder auf beschränkt konvertierbare DM-Konten bei inländischen Geldinstituten übertragen werden.[28] Gleichzeitig wurden für diese Guthaben die Investitions- und sonstigen Verwendungsmöglichkeiten im Bundesgebiet erweitert. Die Guthaben, nun als »liberalisierte Kapitalguthaben« bezeichnet, verloren damit nach dreiundzwanzig Jahren ihren Charakter als Sperrguthaben. Ausländer konnten Vermögenswerte in der Bundesrepublik nur durch Verwendung von »liberalisierter Kapitalmark« erwerben.

Zeitweise notierte sie sogar mehrere Prozent über der Parität, denn das im internationalen Vergleich sehr hohe Kapitalzins- und Renditeniveau in der Bundesrepublik und das immer kleiner werdende Transferrisiko reizten zur Anlage. Damit verkehrten sich die Verhältnisse: War die Sperrmark geschaffen worden, um Devisenabflüsse zu vermeiden, diente im Sommer 1957 die »Libkamark« infolge ihrer Kontingentierung als Schutzwall gegen spekulative Devisenzuflüsse.[29] Ein Jahr darauf waren ihre Tage gezählt. Seit 1. Juli 1958 konnten die berechtigten Ausländer diese Guthaben entweder in beliebiger Währung ins Ausland transferieren oder auf ein frei oder beschränkt konvertierbares DM-Konto übertragen. Und am 29. Dezember desselben Jahres wurde – gemeinsam mit anderen europäischen Währungen – die D-Mark für Ausländer frei konvertierbar. Das bedeutete zugleich das Ende der Europäischen Zahlungsunion, die durch das Europäische Währungsabkommen ersetzt wurde.

Am 1. Dezember 1954 lief das »Deutsche Kreditabkommen von 1952« ab. Zu diesem Zeitpunkt waren die Stillhalteschulden, die ursprünglich einschließlich der Zinsrückstände rund 507 Mio. D-Mark betragen hatten[30], zum größten Teil getilgt. Denn auch diese Verpflichtungen konnten wesentlich rascher abgewickelt werden als zunächst in Aussicht genommen war.[31] Es standen noch Kredite in Höhe von etwa 55 Mio. D-Mark offen, die als sogenannte ostbezogene Kredite nicht ohne weiteres zu bereinigen waren, bei denen es Meinungsverschiedenheiten zwischen Schuldnern und Gläubigern gab oder es sich um Härtefälle handelte. Der deutschen Wirtschaft waren nach dem Abschluß des Londoner Schuldenabkommens sowohl aus neu eröffneten, freien Linien ausländischer Banken als auch über den deutschen Geldmarkt ausreichende kurzfristige Kredite mit günstigen Bedingungen zur Verfügung gestellt worden. Von der Möglichkeit der Rekommerzialisierung brauchte dank der hohen deutschen Pfund-Guthaben kaum Gebrauch gemacht zu werden, und so war es möglich, nun Kreditlinien zu besseren Bedingungen zu eröffnen.[32] Zur Regelung der noch verbliebenen Schulden wurde ein »Protokoll von 1954« verfaßt, das seitdem als Anlage III des Londoner Schuldenabkommens galt.[33] Es wurde zum letzten Mal 1960 verlängert und lief am 1. Juni 1961 aus. Mit der Abwicklung der letzten Kredite konnten die ausländischen Bankenausschüsse ihre Tätigkeit einstellen, und zum Ende des Jahres 1962 löste sich auch der Deutsche Ausschuß für Stillhalteschulden auf.[34]

1959 ergab eine Statistik über die Rückzahlungen von Auslandsschulden das in Tabelle 2 festgehaltene Bild. Gegenüber den Angaben aus dem Jahre 1952 war der Ausgangsbetrag der Schulden geringer geworden. Dies lag daran, »daß sich einmal die Schätzung des Gesamtbetrags der Verpflichtungen als zu hoch erwies und zum anderen die Rückzahlungen aufgrund einer Allgemeinen Genehmigung von 1949, einer Direktive der Alliierten Bankkommission von 1950 sowie aufgrund von Warenlieferungen und Verrechnungen statistisch nicht zu erfassen waren«.[35]

Tabelle 2: Deutsche Auslandsschulden nach dem Londoner Abkommen von 1953 (Stand: 31. März 1959)

Schuldarten	Nominal-beträge in Mio. D-Mark
Öffentliche Vorkriegsverpflichtungen des Bundes[1]	
Young	1 211
Dawes	419
Sonstige[2]	1 294
gesamt	2 924
der Länder und Gemeinden[1]	268
Private Vorkriegsverpflichtungen	
Anleihen[1]	765
Sonstige	311
gesamt	1 076
Öffentliche Verpflichtungen aus der Nachkriegswirtschaftshilfe	
a) Großbritannien	1 235[3]
b) Frankreich	35
c) Vereinigte Staaten von Amerika	
Allgemeine Wirtschaftshilfe	3 474
STEG-Abkommen	241
gesamt	4 985
Insgesamt	9 253

Quelle: Monatsberichte der Deutschen Bundesbank, Mai 1959, S. 3.

[1] Die Auslandsanleihen sind – mit Ausnahme der in den Niederlanden ausgegebenen – in Höhe der bis Ende 1958 bereinigten und umgetauschten Bonds (In- und

(Forts. S. 258)

257

Bis Ende 1960 waren von den rund 13 Mrd. D-Mark Gesamtverpflichtungen bereits 4,9 Mrd. D-Mark zurückgezahlt worden, und zwar durch planmäßige und vorzeitige Tilgungen. Zusätzlich wurde die künftige Devisenbelastung dadurch gemildert, daß in den Jahren zuvor erhebliche Beträge an Auslandsbonds, vor allem des Bundes, repatriiert worden waren. Die Summe der im Inland umlaufenden deutschen Auslandsanleihen betrug per Ende März 1960 nominal 1,5 Mrd. D-Mark; der Inlandsumlauf war damit zu diesem Zeitpunkt größer als der Auslandsumlauf von 1,4 Mrd. D-Mark.[36]

Schon längst bestanden keine Zweifel mehr daran, daß das Londoner Schuldenabkommen planmäßig erfüllt werden konnte; insofern war, was ich 1952 gehofft hatte, in Erfüllung gegangen: man werde eines Tages die Schuldenregelung als eine Selbstverständlichkeit ansehen.[37] Sowohl die Tilgung der privaten wie auch der öffentlichen Auslandsschulden machte weiterhin Fortschritte. 1969 wurde die Dawes-Anleihe fällig, 1980 folgte die Young-Anleihe, und 1983 – also vorzeitig – endete mit der Rückzahlung der Kreuger-Anleihe auch das Zündholzmonopol in der Bundesrepublik.[38]

Damit schien vor nicht allzu langer Zeit das Thema »Londoner Schuldenabkommen« abgeschlossen zu sein. Zwar war es weiterhin in Kraft, was wegen des Ausschlusses von Reparationsforderungen bedeutsam war, aber kaum jemand rechnete damit, daß einzelne Regelungen bald wieder Bedeutung erlangen könnten. Im Gefolge

Auslandsumlauf) eingesetzt worden. Für die in den Niederlanden ausgegebenen Bonds, deren Bereinigung erst angelaufen ist, ist der mögliche Maximalbetrag eingesetzt worden.

[2] Kreuger-Anleihe, Preußen-Anleihe, Koka-Schuldverschreibungen, Mixed-Claims, Verpflichtungen gegenüber der BIZ, deutsch-schweizerisches Abkommen (Clearing-Mrd.) u. a.

[3] Dieser Betrag wird sich um die mit Großbritannien bereits vereinbarte Vorauszahlung der Jahresraten 1962 bis 1964 von 22,5 Mio. £ = 265 Mio. D-Mark vermindern. Darüber hinaus sind im Rahmen einer Devisenhilfe für Großbritannien zur Deckung der Fälligkeiten 1959 bis 1961 und 1965/66 37,5 Mio. £ = 441 Mio. D-Mark in einem Depot bei der Bank von England bereitgestellt.

der Umwälzung in Osteuropa änderte sich dies. Als absehbar wurde, daß die deutsche Wiedervereinigung nicht länger eine in weiter Ferne liegende theoretische Möglichkeit war, gewann das Schuldenabkommen unvorhergesehene Aktualität.

Die Schattenquoten, jene noch nicht abgegoltenen Zinsansprüche für die Jahre 1945 bis 1952, die bislang nur ein Schattendasein geführt hatten, gelegentlich im Freiverkehr einer Börse gehandelt worden waren, galten nun nicht mehr als Nonvaleur. Beim Abschluß des Abkommens waren diese Ansprüche auf Zinszahlungen aus der Dawes-, Young- und Kreuger-Anleihe auf eine Mrd. D-Mark beziffert worden, aber schon acht Jahre später, nach erheblichen Tilgungskäufen, wurde der Gesamtbetrag mit nurmehr 652 Mio. D-Mark veranschlagt.[39] Nach der Wiedervereinigung schätzte die Bundesschuldenverwaltung den noch umlaufenden Betrag auf etwa 250 Mio. D-Mark, für den die im Abkommen vorgesehenen dreiprozentigen Schuldverschreibungen mit einer Laufzeit von zwanzig Jahren auszugeben waren.[40] Falls diese nicht vorzeitig getilgt werden, kann sich die endgültige Abwicklung des Schuldenabkommens mindestens bis in das Jahr 2010 hinziehen – wobei alle Fragen, die mit der Regelung der bisher nicht vom Abkommen erfaßten Anleihen zusammenhängen, einmal außer acht gelassen werden. Denn darüber, auf welche Weise Vorkriegsverpflichtungen von Schuldnern auf dem Gebiet der früheren DDR geregelt werden können, lassen sich vorerst nur Spekulationen anstellen.[41]

3. Rückzahlung der Nachkriegsschulden

Nachdem ab 1952 die Überschüsse der deutschen Zahlungsbilanz die bei weitem wichtigste Quelle für neues Zentralbankgeld waren, entstanden der Geldpolitik der Bank deutscher Länder erhebliche Schwierigkeiten. Seit 1956 war von der »importierten Inflation« die Rede. Es stand bereits eine Aufwertung der D-Mark zur Debatte.

Sie wurde im Direktorium der Notenbank vor allem von Emminger befürwortet, stieß aber auf den Widerstand Vockes, der der Meinung war, man solle nicht die Parität von gesunden, sondern von kranken Währungen ändern.[42]

In diesem Zusammenhang plädierte ich dafür, das Problem der deutschen Überschüsse durch vorzeitige Rückzahlungen von Auslandsschulden zu lösen.[43] Dieser Gedanke war nicht neu, denn schon 1954 war angesichts der ständigen deutschen Gläubigerposition in der Europäischen Zahlungsunion von britischer Seite angeregt worden, einen Teil der Nachkriegsschulden vorzeitig zu tilgen. Die Schwierigkeit lag nun darin, daß die deutschen Überschüsse nur gegenüber dem EZU-Raum, nicht dem Dollarraum gegenüber bestanden. Bei den Auslandsschulden war es aber gerade umgekehrt: zum größten Teil handelte es sich um Dollarschulden. Es war nun nicht möglich, einzelne Verbindlichkeiten nach regionalen Kriterien zu tilgen, weil dies dem Diskriminierungsverbot des Schuldenabkommens widersprochen hätte. Nachdem die von Schäffer über einige Jahre hinweg angesammelten Kassenüberschüsse, der »Juliusturm«, für die Wiederaufrüstung und die Rentenreform 1957 verwandt worden waren, hätte die Tilgung ganzer Anleihen eine Umschuldung bedeutet: Aus einem Auslandsbond wäre eine D-Mark-Anleihe geworden. Dem standen allerdings die Verhältnisse am deutschen Kapitalmarkt entgegen. Sie ließen es nicht zu, die gleichen günstigen Konditionen wieder zu erreichen, wie sie in London hatten vereinbart werden können.[44]

Obwohl Emminger noch im Jahr zuvor die Verwendung der deutschen Devisenüberschüsse zur Rückzahlung von Auslandsschulden als »ideale Lösung« bezeichnet hatte[45], hielt die Bundesbank 1957 die vorzeitige Tilgung von Auslandsschulden nicht für ein geeignetes Mittel, um permanenten Überschüssen in der Zahlungsbilanz entgegenzuwirken. Nach ihrer Ansicht wurden der damit verbundene Zeitbedarf und die technischen Komplikationen unterschätzt. Zudem werde ein großer Teil der in Frage kommenden Schuldenrückzah-

lungen gar nicht den ausgesprochenen Defizitländern zugute kommen.[46] Es galt daher, die Erwartungen auf ihr rechtes Maß zu reduzieren. Von den grundsätzlich in Frage kommenden Teilen der
Auslandsschuld war ein großer Teil zu streichen, weil die technischen
Schwierigkeiten zu groß waren oder weil die Rückzahlung weder
zu einer Entspannung der internationalen Zahlungsschwierigkeiten
noch auch nur zu einer volkswirtschaftlichen Zinsersparnis beitragen
würde.[47]

In einer Unterredung mit Ludwig Erhard hatte der britische Schatz-
kanzler Macmillan im Juli 1956 einige Anregungen zur Lösung des
Problems der deutschen Überschüsse gegeben, darunter auch die
vorzeitige Rückzahlung der Nachkriegsschulden gegenüber den alliierten Regierungen.[48] Das britische Interesse wurde im Laufe des
Jahres noch mehrmals konkretisiert, doch blieben erste Verhandlungen im November ohne Ergebnis. Die deutschen Vorstellungen
– vier Jahresraten, Abzinsung zu fünf Prozent – waren mit denen
der englischen Seite nicht zu vereinbaren.[49] Als Ergebnis weiterer
Erörterungen legte die Bank deutscher Länder 1957 einen Betrag
von 75 Mio. Pfund bei der Bank of England an, aus dem die Tilgungszahlungen auf die englischen Nachkriegsforderungen für die
Jahre 1957 bis 1966 beglichen werden sollten.[50] 1959 zahlte die Bundesrepublik insgesamt 903 Mio. D-Mark im voraus an die drei Nachkriegsgläubiger und 1961 konnten diese Verpflichtungen gegenüber
Großbritannien und Frankreich endgültig beglichen werden.[51] Obwohl die Forderung der Vereinigten Staaten verzinslich war, wurde
bei dieser Vorauszahlung nicht der Barwert zugrunde gelegt, sondern
die summierten Tilgungsleistungen mehrerer Jahre. Es war nicht gelungen, den kameralistisch denkenden Amerikanern eine Abzin-
sungslösung – wie sie im Falle Dänemarks 1954 hatte erreicht werden können – nahezubringen.[52]

Gegenüber den Vereinigten Staaten blieb eine Verbindlichkeit von
200 Mio. Dollar bis 1966 stehen. Damit hatte es eine besondere Be-
wandtnis. Seit mehreren Jahren waren gegenüber den Vereinigten

Staaten Vorstöße zugunsten einer Rückgabe des enteigneten deutschen Vermögens unternommen worden. Eine umfassende Freigabe des deutschen Eigentums war durch eine Reihe rechtlicher Gründe wesentlich behindert. Die Besprechungen, die ich 1955 als Leiter einer deutschen Delegation in Washington führte, mußten sich infolgedessen auf einen Meinungsaustausch mit der amerikanischen Seite beschränken.[53] Das deutsche Eigentum war zu dieser Zeit bis auf geringe Reste bereits liquidiert; von den Liquidationserlösen war ein erheblicher Teil zur Deckung sogenannter *war claims* verwandt worden. Der Frage, wie die erforderlichen Mittel für eine Freigabe aufzubringen waren, kam somit entscheidende Bedeutung zu, und es wurde erwogen, Teilbeträge der deutschen Rückzahlungen auf die Nachkriegswirtschaftshilfe dafür zu verwenden.[54]

Die damals vereinbarte »kleine« Lösung hätte über neunzig Prozent der Einzelfälle geregelt, war aber in der Bundesrepublik nicht durchzusetzen. 1960, als sich die Vereinigten Staaten in Zahlungsbilanzschwierigkeiten befanden, verband die Bundesregierung das Angebot einer vorzeitigen Rückzahlung von Schulden aus der Nachkriegswirtschaftshilfe mit der Erwartung, einen Teilbetrag der noch ausstehenden Schuld zur Entschädigung der enteigneten Vermögensbesitzer zu verwenden. Es bestand die Chance, darüber zu einer Übereinkunft mit der Administration Eisenhower zu kommen, doch wurde sie vertan, »weil einige Politiker es 1961 für richtiger hielten, den Lorbeer einer Deutsch-Amerikanischen Freundschaft nicht einem alten abgehenden Präsidenten um die Stirn zu winden, sondern lieber einem jungen, der ein Garant für die Zukunft war«[55].

Kennedy gegenüber hielt die Bundesregierung an dem Junktim von Vorauszahlung und Entschädigung nicht weiter fest. Zwar wurden die 200 Mio. Dollar noch zurückgehalten, doch bestanden nach dem Erlaß des amerikanischen Kriegsschädengesetzes von 1962 keine Aussichten mehr, sie für einen anderen als den ursprünglichen Zweck zu verwenden.[56] Entsprechend dem Verfahren im Jahre 1961 zahlte die Bundesbank Ende 1966 den Betrag an die amerikanische Regierung und erwarb dafür eine Forderung gegenüber der Bundesrepublik.

Die weitverbreitete Unkenntnis der mit der Rückzahlung der Marshallplanhilfe verbundenen Zusammenhänge hatte noch einige kurios anmutende Nachspiele zur Folge. 1968 tauchte der Gedanke, diese Gelder zur Linderung der amerikanischen Zahlungsbilanzschwierigkeiten zu verwenden, nicht nur in Deutschland[57], sondern auch in den Vereinigten Staaten auf. Der amerikanische Finanzminister Fowler schlug vor, die Gelder zurückzuzahlen und mußte sich belehren lassen, daß es für diese Anregung bereits zu spät war.[58] Als Ende Juni 1971 die Bundesregierung die letzte Rate ihrer Verbindlichkeit gegenüber der Bundesbank beglich, berichteten einige Zeitungen, nun sei eine Schuld gegenüber den Vereinigten Staaten zurückgezahlt worden.[59] Und noch 1989 sah ein britisches Mitglied des europäischen Parlaments darin, daß die Bundesrepublik angeblich mit der amerikanischen Kapitalhilfe des Marshallplans über das ERP-Sondervermögen ihre Industrie subventioniere, eine Wettbewerbsverzerrung, die mit den Intentionen dieser Hilfe nichts mehr zu tun habe.[60] Entgegen der ursprünglichen Planung, für die Rückzahlung der Nachkriegsschulden Mittel aus den Gegenwertfonds flüssig zu machen[61], waren schließlich – und das war der Bundesregierung hoch anzurechnen – Steuergelder zu Lasten des Bundeshaushalts dafür verwandt worden, so daß die Gegenwertmittel der Marshallplanhilfe über die Kreditanstalt für Wiederaufbau weiterhin der deutschen Wirtschaft und später auch Entwicklungsländern zugute kommen konnten.

4. Der Prozeß um die Young-Anleihe

Nachdem das Londoner Schuldenabkommen schon bald den Beweis dafür erbracht hatte, daß es die Leistungsfähigkeit der Bundesrepublik nicht überforderte, verschwand es allmählich aus den Berichten der Wirtschaftspresse. Von dem gesamten Komplex der in London geregelten Auslandsschulden machte lediglich der langwierige Prozeß von sich reden, der im Zusammenhang mit der Young-Anleihe geführt wurde.

Er hatte seinen Grund darin, daß in der Spätphase der Hauptkonferenz, Anfang August 1952, in großer Eile versucht worden war, im Hinblick auf die Sicherung der zukünftigen Zahlungen einen Ersatz für die Goldklausel der Young-Anleihe zu finden. Unmittelbar vor Schluß der Verhandlungen war eine Währungssicherungsklausel formuliert worden, die den amerikanischen Bedenken Rechnung trug, es werde nun womöglich eine Goldklausel durch die Hintertür in das Londoner Abkommen eingeführt.[62] Sollte sich der Wechselkurs einer der Emissionswährungen der Young-Anleihe um mehr als fünf Prozent ändern, so waren die nach diesem Zeitpunkt fälligen Zahlungen auf die Anleihe auf der Grundlage der Währung mit der geringsten Abwertung seit dem 1. August 1952 neu zu berechnen. Diese Klausel ging auf einen Entwurf des Dreimächteausschusses zurück, zu dem Niemeyer einige Änderungen vorgeschlagen hatte.[63]

Die Frage, wie sich eine Aufwertung der D-Mark auf die Einlösungswerte auswirkte, wurde zwar schon in den fünfziger Jahren erörtert, doch hielt die Bank deutscher Länder sie noch 1957 für »weitgehend akademisch«[64]. Akut wurde sie 1961, nachdem am 6. März die D-Mark zum ersten Mal aufgewertet worden war. Die Bank für Internationalen Zahlungsausgleich als Treuhänder für die Gläubiger der Young-Anleihe verlangte, die Einlösungswerte der anderen Tranchen neu zu berechnen mit der Begründung, die Aufwertung der D-Mark sei einer Abwertung aller anderen Emissionswährungen gleichzusetzen. Sie forderte die am Abkommen beteiligten Regierungen auf, sich mit der Bundesregierung ins Benehmen zu setzen, um die Frage zu klären. Denn die Bundesschuldenverwaltung war anderer Ansicht und nahm daher keine Anpassung der Zahlungen vor. Dabei vermischten sich zwei Dinge, da sich nicht einmal die deutschen Stellen darüber einig waren, ob die D-Mark nun um 5 Prozent oder nur um 4,76 Prozent aufgewertet worden war.[65]

Obwohl deutlich wurde, daß die Angelegenheit nur von dem für die Auslegung des Londoner Schuldenabkommens zuständigen Schiedsgerichtshof in Koblenz geklärt werden könnte und sie 1969 durch die zweite Aufwertung der D-Mark an Bedeutung gewann, konnte sich die BIZ zu einer Klage nicht entschließen. Immerhin handelte es sich dabei um Beträge in der Größenordnung von über 200 Mio. D-Mark, doch schien in den ausländischen Gläubigerstaaten nur geringes Interesse an der Entscheidung dieser Frage zu bestehen. Dies ließ sich damit erklären, daß den ausländischen Besitzern der Anleihe auch nach der D-Mark-Aufwertung die gleichen Beträge in ihrer Währung ausgezahlt wurden wie vorher, so daß im Grunde nur die deutschen Gläubiger geschädigt waren, weil sie für die auf ihre Stücke gezahlten Fremdwährungsbeträge weniger D-Mark erhielten.[66] Seit 1955 die Bank deutscher Länder den Inlandshandel mit deutschen Auslandsbonds freigegeben hatte, war der inländischen Besitz stark angestiegen.[67] Beim Inkrafttreten des Schuldenabkommens handelte es sich um einen Betrag von etwa 150 Mio. D-Mark. Dieser stieg bis Ende 1963 auf 1370 Mio. Von den zu diesem Zeitpunkt noch vorhandenen 2170 Mio. D-Mark an deutschen Auslandsbonds befanden sich also rund zwei Drittel im Besitz von Inländern, und betrachtete man allein die Auslandsbonds des Bundes, die wegen ihrer Steuerfreiheit einen größeren Markt besaßen, so waren es drei Viertel.[68]

Es dauerte daher bis 1971, ehe fünf Gläubigerländer, nämlich Belgien, Frankreich, Großbritannien, die Schweiz und die Vereinigten Staaten, aktiv wurden und beim Schiedsgerichtshof das Klageverfahren einleiteten.[69] 1967 war angeregt worden, die Streitfrage durch ein Gutachten des Schiedsgerichtshofes klären zu lassen, das die Bundesregierung dann als verbindlich anerkennen müsse. Dies lehnte die deutsche Seite ab und schlug statt dessen den regulären Weg einer Klage vor.[70] Das Verfahren entwickelte sich außerordentlich langsam. Erst 1973 reichten die Gläubiger ihre Klageschrift ein. Klageerwiderung, Duplik und Replik nahmen ebenfalls viel Zeit in Anspruch, so daß erst 1980 das Urteil feststand. Das war am 16. Mai – sechs Wochen, bevor die Young-Anleihe endgültig fällig wurde. Mit knapper Mehrheit entschied der Gerichtshof, daß die D-Mark-Aufwertungen 1961 und 1969 keine Anwendungsfälle für die Wertsicherungsklausel darstellten.[71]

Die deutsche, englische und französische Fassung des Schuldenabkommens sollten als gleichermaßen authentische Texte gelten. Es gab aber Unterschiede im Sinngehalt einzelner Formulierungen. Während in der deutschen Fassung von »der Währung mit der geringsten Abwertung« die Rede war, hieß es im englischen Text: »least depreciated currency« und auf französisch: »la devise la moins dépréciée«. Die Nuancen sind offenkundig: der deutsche Text versteht unter einer Abwertung einen formellen Akt, während die beiden anderen Fassungen eher mit »Entwertung« zu übersetzen wären, zumal es in beiden Sprachen die präziseren Ausdrücke »devaluation« und »dévaluation« gibt.[72]

Während sich früher die Interpretation mehrsprachiger völkerrechtlicher Vereinbarungen meist auf den Urtext einer Formulierung gestützt hatte – im vorliegenden Fall wäre damit die englische Fassung bevorzugt worden –, so griff der Schiedsgerichtshof auf die Entstehungsgeschichte des Abkommens zurück und befragte als Zeugen eine Reihe von Personen, die 1952 an dessen Formulierung beteiligt gewesen waren. Diese Aussagen, verbunden mit dem aus dem sonstigen Inhalt ersichtlichen Zweck des Abkommens, führten zu dem Schluß, daß damals nicht daran gedacht worden sei, die Gläubiger vor den Auswirkungen von Währungsaufwertungen zu schützen.

266

Allerdings betraf dieser Schiedsspruch nur die amtlichen Aufwertungen der D-Mark. Die Abwertungen der Emissionswährungen aufgrund der nach dem Ende des Währungssystems von Bretton Woods schwankenden Wechselkurse blieben unberücksichtigt. Erst 1978, mit der Anpassung des Abkommens über den Internationalen Währungsfonds an die tatsächliche Entwicklung, modifizierte die Bundesschuldenverwaltung ihre bisherige Praxis und berechnete die Einlösungswerte neu auf der Basis des belgischen Franc als der Währung, die am wenigsten abgewertet worden war.[73] Die Frage, ob die Devisenkursschwankungen der Jahre 1971 bis 1978 noch nachträglich berücksichtigt werden sollten, ist bis heute nicht entschieden.

X. DAS ABKOMMEN IM RÜCKBLICK

Die Gefahr, die Bedeutung von Ereignissen zu überschätzen, mit denen man besonders vertraut ist, liegt natürlich nahe, wenn der deutsche Delegationsleiter auf der Schuldenkonferenz versucht, die Wirkungen des Abkommens im Rückblick zu beurteilen. Es ist allerdings bereits auf den ersten Blick ersichtlich, daß keine der bedeutsamen wirtschaftlichen Entwicklungen der fünfziger Jahre sich ausschließlich auf das Londoner Schuldenabkommen zurückführen läßt. Das muß seine Bedeutung nicht schmälern, denn in dem komplizierten Nebeneinander von politischen und wirtschaftlichen Entscheidungen der Nachkriegsjahre gibt es kaum eine, von der man sagen kann, sie allein habe den Gang der Geschichte verändert. Es ist daher Hans-Peter Schwarz zuzustimmen, wenn er feststellt, daß »komplexe Prozesse in einem komplexen System durch Kontingenz gekennzeichnet sind und entsprechend studiert werden müssen«[1]. Damit ist auch eine Aufgabe künftiger Forschung angedeutet, für die meine Darstellung nur ein erster Ansatz sein kann: den Standort des Londoner Schuldenabkommens im Zusammenhang der deutschen Westintegration zu bestimmen. Immerhin ist bemerkenswert, daß die bisherigen Forschungen zu diesem in den letzten Jahren ausgiebig untersuchten Thema gerade in dieser Hinsicht einen »blinden Fleck« aufweisen: von der Regelung der deutschen Auslandsschulden ist nämlich so gut wie keine Rede.

In der Wirtschaftsgeschichte der Bundesrepublik fällt das Inkrafttreten des Schuldenabkommens mit Adenauers Wahlsieg von 1953 zusammen, der die Wirtschaftsordnung im Sinne Erhards endgültig festigte. Die eigentliche Zeit der Entscheidungen, die den Übergang von Unsicherheit zur Konsolidierung markieren, mag man etwas weiter fassen und die Jahre 1952 bis 1954 hinzunehmen. War schon zwischen 1948 und 1953 eine erstaunliche Entwicklung der deutschen Wirtschaft zu verzeichnen gewesen, so wandelte sich innerhalb der nächsten fünf Jahre die wirtschaftliche Szenerie in der Bundesrepublik erneut von Grund auf. Den rapiden Wandel illustriert die Zufälligkeit eines Datums: Es war der 16. September 1958, an dem ein Vertrag mit der Anglo American Corporation of South Africa über die Begebung einer DM-Anleihe abgeschlossen wurde. Es handelte sich um das erste Geschäft dieser Art seit 1914; beinahe ein halbes Jahrhundert lang hatten die politischen und wirtschaftlichen Bedingungen in Deutschland Kapitalexport nicht zugelassen.[2]

Am Ende von zehn Aufbaujahren des »deutschen Wirtschaftswunders« konnte die Bundesbank feststellen, noch nie seien die wirtschafts- und währungspolitischen Ziele des »Magischen Dreiecks« – Vollbeschäftigung, Preisstabilität und außenwirtschaftliches Gleichgewicht – so gut erreicht worden wie im Jahre 1958.[3] Der wirtschaftliche Aufstieg war nicht nur begleitet, sondern zum Teil sogar verursacht von der wachsenden Integration der Bundesrepublik in die Weltwirtschaft, genauer: in deren Überreste. Sie mußte sich von neuem entwickeln, denn die außenwirtschaftlichen Bedingungen der Zwischen- und Nachkriegszeit mit ihrer Unzahl von bilateralen Handels- und Zahlungsabkommen berechtigten kaum, von Weltwirtschaft zu sprechen. Es brauchte Zeit, den Bilateralismus zu überwinden. In Europa hat die Europäische Zahlungsunion dazu einen nicht zu unterschätzenden Beitrag geleistet.[4]

In diesen Entwicklungsgang gilt es nun das Londoner Schuldenabkommen einzuordnen. Pointiert gefragt: Kann man sich die rasche Wiedereingliederung der Bundesrepublik in die Weltwirtschaft auch ohne Regelung und Abwicklung der Auslandsschulden vorstellen? In einem früheren Beitrag habe ich das Londoner Schuldenabkommen als für die wirtschaftliche Entwicklung der Bundesrepublik ebenso wichtig wie die Währungsreform bezeichnet.[5] Eine solche Aussage ist inzwischen zweischneidig geworden, denn der Versuch, die Auswirkungen des Schuldenabkommens zu beschreiben, insbesondere sie zu quantifizieren, ist in mehrfacher Hinsicht problematisch. Zudem hat im Verlauf der letzten Jahre die zeitgeschichtliche Forschung versucht, einige wirtschaftliche Ereignisse der unmittelbaren Nachkriegszeit neu zu bewerten. Nicht nur der Marshallplanhilfe, sondern auch der Währungsreform von 1948 wurde gelegentlich jene Schlüsselfunktion abgesprochen, die, wenn auch mit unterschiedlicher Gewichtung, beiden Ereignissen zuvor ohne jeden Zweifel zuerkannt worden war.[6] Nun dauern die Kontroversen noch an, und vor diesem Hintergrund mag es unmöglich erscheinen, ohne ausführliche Untersuchungen die Auswirkungen des Schuldenabkommens auf die deutsche Wirtschaft präzisieren zu wollen.

Worüber sich wohl am ehesten Einigkeit erzielen läßt, ist die Aussage, daß durch das Londoner Schuldenabkommen die deutsche Wirtschaft international kreditwürdig geworden ist. Zwar muß man auch hier differenzieren, denn Kredite hat die Bundesrepublik bereits vor 1953 erhalten, etwa den Überbrückungskredit der Europäischen Zahlungsunion im Herbst 1950. Aber es waren Notlösungen, und es waren keine privaten Kredite. Normale Zahlungsbedingungen im Außenhandel gab es erst, nachdem das Schuldenabkommen in Kraft getreten war.

Während bei den kurzfristigen Krediten die positive Wirkung des Abkommens außer Zweifel steht, war bemerkenswerterweise der Anstieg des Imports von mittel- und langfristigen Kapital eher gering. Es gehörte zur Politik der Bank deutscher Länder, ihn zu begrenzen.[7] Auch eine Anleihe bei der Weltbank, die 1953 erörtert wurde, erwies sich als entbehrlich.[8]

Ein weiteres Ereignis, das sich mit dem Schuldenabkommen in Verbindung bringen läßt, ist der Übergang zur Währungskonvertibilität im Jahre 1958. Der Zusammenhang ist nicht ohne weiteres nachzuweisen, denn immerhin liegen zwischen beiden Ereignissen gut fünf Jahre. Fragt man auch hier umgekehrt, ob die Konvertibilität ohne Schuldenregelung möglich gewesen wäre, so wird zwar die Antwort deutlicher, klar wird aber auch, daß von den verschiedenen Ereignissen, die die Konvertibilität ermöglicht und vielleicht sogar erzwungen haben, das Schuldenabkommen nur eines von mehreren ist. Ab 1953 herrschte in der Bundesrepublik kein Devisenmangel mehr, sondern die Devisenüberschüsse entwickelten sich vor allem im Verkehr mit den Ländern der Europäischen Zahlungsunion zu einem Problem. Schon daraus ergab sich ein starkes Interesse, zu einer Konvertibilität der europäischen Währungen zu gelangen. Es bestand die Gefahr, daß der Mechanismus der EZU der Belastung durch die kumulierten deutschen Überschüsse nicht mehr gewachsen war.

Auf lange Sicht gesehen halte ich auch den Beitrag des Londoner Schuldenabkommens zur Wiedererlangung der deutschen Souveränität von Bedeutung, wobei der Begriff der Souveränität nicht allein rechtlich zu sehen ist. Auch wenn ich nun nicht spekulieren möchte, ob die wirtschaftliche oder die politische Bedeutung des Abkommens größer gewesen sei, so sollte man doch folgendes bedenken: Für die Zeit der Verhandlungen um die Schuldenanerkennung 1950/51 ist unbestritten, daß die Frage der deutschen Auslandsverschuldung eine hochpolitische Angelegenheit war. Dies war durch die Verbindung mit der Lockerung des Besatzungsstatuts bedingt. Nun ist behauptet worden, danach seien die Verhandlungen auf die Expertenebene abgesunken.[9] Ein Blick auf die beteiligten Personen scheint diese Ansicht zu stützen, denn der Bundeskanzler mußte sich in der Schuldenfrage nie wieder so stark exponieren wie im Herbst 1950. Das ist eine allgemeine Beobachtung: sind Grundsatzentscheidungen getroffen, haben die Fachleute das Wort. Aber die politischen Bedingungen blieben, und ich glaube, die Zeitgenossen haben das schärfer gesehen: »Wer den Gang der fast zweijährigen internationalen Besprechungen genau verfolgt hat, der weiß, daß das Vertragswerk in seinen einzelnen Teilen mit unendlicher Mühe und Geduld ausbalanciert worden ist. [...] Das Londoner Schuldenabkommen ist [...] im Schatten der Bonner Verträge und das heißt, indirekt mit Rücksicht darauf zustande gekommen. Diese Zusammenhänge und Verknüpfungen wollen gesehen werden. Sie lassen sich nur schwer und vermutlich in naher Zukunft nicht wieder auflösen.«[10]

Die Querverbindungen zum Deutschland-Vertrag – unter anderem in der Frage der Reparationen – belegen den politischen Charakter des Schuldenabkommens, und denkt man daran, welche Bedeutung der wirtschaftliche Aufstieg der Bundesrepublik für ihre außenpolitische Anerkennung hatte, so wird ein weiterer Zusammenhang deutlich.

Nun kann es nicht darum gehen, im nachhinein dem Londoner Schuldenabkommen Schlüsselcharakter für die Entwicklung der Bundesrepublik zuschreiben zu wollen. Es hat seinen Platz im Zusammenhang mit anderen Ereignissen, aber dort sollte es vor dem Vergessen bewahrt bleiben. Daß es im öffentlichen Bewußtsein nie eine Rolle gespielt hat, hebt es von den Reparationsplänen der zwanziger Jahre ab. Seine unauffällige Abwicklung ist ein Zeichen seines Erfolges.

ANMERKUNGEN ZU KAPITEL I

[1] Franz Grüger: Wirkungen des Krieges und der Kriegsfolgen auf das deutsche Bankwesen mit einem Rückblick auf die Vorkriegszeit; in: Untersuchung des Bankwesens 1933, I. Teil, 1. Band, Berlin 1933, S. 23-55, hier S. 27 f.

[2] Marc Trachtenberg: Reparations in World Politics. New York 1980, S. 124 f.

[3] Volker Hentschel: Zahlen und Anmerkungen zum deutschen Außenhandel zwischen dem Ersten Weltkrieg und der Weltwirtschaftskrise; in: Zeitschrift für Unternehmensgeschichte, Jg. 31, 1986, S. 95-116, hier S. 96.

[4] Gerald D. Feldman: Die Sozial- und Wirtschaftspolitik der deutschen Unternehmer 1918-1929; in: Derselbe: Vom Weltkrieg zur Weltwirtschaftskrise. Studien zur deutschen Wirtschafts- und Sozialgeschichte 1914-1932. Göttingen 1984, S. 182-191, hier S. 186.

[5] Oskar Weigert: Die Entwicklung des Beschäftigungsgrades und der Arbeitslosigkeit; in: Friedrich Raab (Hrsg.): Das Wirtschaftsjahr. Tatsachen, Entwicklungsbedingungen und Aussichten der deutschen Volkswirtschaft 1932/33. Leipzig 1933, S. 137-154, hier S. 137.

[6] Carl-Ludwig Holtfrerich: Die deutsche Inflation 1914-1923. Berlin, New York 1980, S. 206 f.

[7] Heinz Haller: Die Rolle der Staatsfinanzen für den Inflationsprozeß; in: Währung und Wirtschaft in Deutschland 1876-1975, hrsg. von der Deutschen Bundesbank. Frankfurt am Main 1976, S. 115-155, hier S. 142.

[8] Haller, Staatsfinanzen, S. 138.

[9] Deutsches Geld- und Bankwesen in Zahlen 1876-1975, hrsg. von der Deutschen Bundesbank. Frankfurt am Main 1976, S. 14.

[10] Georg Drittler (Hrsg.): Der Goldwert der Papiermark für die Jahre 1918-1923 an Hand des amtlichen Dollarkurses. Elbing 1924.

[11] Gerald D. Feldman: Der Historiker und die deutsche Inflation; in: Derselbe: Vom Weltkrieg zur Weltwirtschaftskrise. Studien zur deutschen Wirtschafts- und Sozialgeschichte 1914-1932. Göttingen 1984, S. 55-66, hier S. 59.

[12] Statistisches Jahrbuch für das Deutsche Reich, hrsg. vom Statistischen Reichsamt. Jg. 43, Berlin 1923, S. 284 (Indexbasis: 1913 = 100).

[13] Drittler, Goldwert.

[14] Haller, Staatsfinanzen, S. 148.

[15] Constantino Bresciani-Turroni: The Economics of Inflation; zitiert nach Haller, S. 148.

[16] Zur Debatte um die Inflationsursachen vgl. Peter Czada: Ursachen und Folgen der großen Inflation; in: Finanz- und wirtschaftspolitische Fra-

gen der Zwischenkriegszeit, hrsg. von Harald Winkel. Berlin 1973, S. 9-43, hier S. 10 f.; außerdem Holtfrerich, Inflation, S. 154 ff.

Charakteristisch dafür, wie wenig die Vertreter der damals die deutsche Nationalökonomie dominierenden »Historischen Schule« erfaßten, was die Inflation bedeutete, erscheint eine von Edgar Salin überlieferte Episode: sein akademischer Lehrer, »der so ausgezeichnet Bescheid wußte über die Geld- und Kreditverhältnisse nach dem Dreißigjährigen Krieg, hat Ende des Jahres 1922 im Ernst gemeint, er habe noch in keinem Lebensjahr so viel erspart wie im grad vergangenen, dabei war es eine Ersparnis in entwerteter Mark, und sie lag auf seinem Postscheckkonto...«. (Edgar Salin: Eberhard Gothein; in: Kyklos, Bd. 7, 1954, S. 73-90, hier S. 86). Trotz aller seitdem erreichten Fortschritte ist auch heute noch »die Erklärung rasch fortschreitender Inflationen durch die Wirtschaftswissenschaft höchst unzulänglich« und »versagt die Theorie dort, wo sie der Wirtschaftspolitik Hilfe geben soll.« (Hans Jürgen Jaksch: Kleine ökonometrische Modelle für sich rasch entwertende Währungen: Deutschland 1920/23 und Argentinien 1977/81; in: Ifo-Studien, Jg. 32, 1986, S. 241-274, hier S. 243.)

[17] Verwaltungsbericht der Reichsbank für das Jahr 1923, S. 14.

[18] Otto Pfleiderer: Die Reichsbank in der Zeit der großen Inflation, die Stabilisierung der Mark und die Aufwertung von Kapitalforderungen; in: Währung und Wirtschaft in Deutschland 1876-1975, hrsg. von der Deutschen Bundesbank. Frankfurt am Main 1976, S. 157-201, hier S. 178 f.

[19] Karl Elster: Von der Mark zur Reichsmark. Jena 1928, S. 192.

[20] Eine zusammengefaßte Darstellung des Plans in: Karl Helfferich: Die deutsche Währung im Jahre 1923. Leipzig 1931, S. 14-19. Zur Chronologie: Paul Beusch: Währungszerfall und Währungsstabilisierung, hrsg. von Götz Briefs und Christian A. Fischer, Berlin 1928.

[21] Heinz Pentzlin: Hjalmar Schacht. Berlin, Frankfurt am Main, Wien 1980, S. 40.

[22] Pfleiderer, Reichsbank, S. 186.

[23] Gerd Hardach: Weltmarktorientierung und relative Stagnation. Währungspolitik in Deutschland 1924-1931. Berlin 1976, S. 21.

[24] Elster, Reichsmark, S. 254.

[25] Pfleiderer, Reichsbank, S. 190.

[26] Zur Haltung Schachts vgl. die bereits zitierte, recht wohlwollende Biographie von Pentzlin. Schachts Memoiren (76 Jahre meines Lebens. Bad Wörishofen 1953) sind mit Vorsicht zu genießen. Wie umstritten er unter seinen Zeitgenossen gewesen ist, spiegelt sich in den von gegensätzlichen Positionen ausgehenden Darstellungen von Franz Reuter (Schacht. Stuttgart 1937) und Norbert Mühlen (Der Zauberer. Zürich 1938) wider.

[27] Der Text des Versailler Vertrages findet sich unter anderem im Reichsgesetzblatt, Jahrgang 1919, Nr. 140.

[28] Carl Bergmann: Der Weg der Reparation. Frankfurt am Main 1926, S. 23 ff.

[29] Ebenda, S. 54.

[30] Ferdinand Friedensburg: Die Weimarer Republik. Berlin 1946, S. 83.

[31] David Lloyd George: Die Wahrheit über Reparationen und Kriegsschulden. Berlin 1932, S. 77.

[32] Clemens A. Wurm: Frankreich, die Reparationen und die interalliierten Schulden in den 20er Jahren; in: Die Nachwirkungen der Inflation auf die deutsche Geschichte 1924-1933, hrsg. von Gerald D. Feldman unter Mitarbeit von Elisabeth Müller-Luckner. München 1985, S. 315-334, hier S. 318 f.

[33] Bernd Dohrmann: Die englische Europapolitik in der Wirtschaftskrise 1921-1923. München, Wien 1980, S. 57.

[34] Bergmann, Reparation, S. 90.

[35] Dohrmann, Europapolitik, S. 69.

[36] Bergmann, Reparation, S. 99.

[37] Moritz Julius Bonn: Der Neue Plan als Grundlage der deutschen Wirtschaftspolitik. München, Leipzig 1930, S. 17.

[38] Zahlen zur Reparationsdebatte; in: Frankfurter Zeitung, 26. September 1928, I. Morgenblatt, S. 1.

[39] Haller, Staatsfinanzen, S. 153.

[40] Peter Krüger: Die Außenpolitik der Republik von Weimar. Darmstadt 1985, S. 138.

[41] Ebenda, S. 175.

[42] Ebenda, S. 178.

[43] Pfleiderer, Reichsbank, S. 160.

[44] Bergmann, Reparation, S. 173.

[45] Krüger, Außenpolitik, S. 186.

[46] Friedensburg, Weimarer Republik, S. 89.

[47] Krüger, Außenpolitik, S. 206.

[48] Claus-Dieter Krohn: Stabilisierung und ökonomische Interessen. Die Finanzpolitik des Deutschen Reiches 1923-1927. Düsseldorf 1974, S. 32.

[49] Michael-Olaf Maxelon: Stresemann und Frankreich 1914-1929. Deutsche Politik der Ost-West-Balance. Düsseldorf 1972, S. 148.

[50] Rolf E. Lüke: Von der Stabilisierung zur Krise. Zürich 1958, S. 55.

[51] Die Sachverständigen-Gutachten. Der Dawes- und McKenna-Bericht mit Anlagen. Frankfurt am Main 1924, S. 164.

[52] Rudolf Stucken: Schaffung der Reichsmark, Reparationsregelungen und Auslandsanleihen, Konjunkturen (1924-1930); in: Währung und Wirtschaft in Deutschland 1876-1975, hrsg. von der Deutschen Bundesbank. Frankfurt am Main 1976, S. 249-281, hier S. 258.

53 Ebenda, S. 259.
54 Hardach, Weltmarktorientierung, S. 45.
55 Die Sachverständigen-Gutachten, S. 54.
56 Lüke, Stabilisierung, S. 114.
57 Hardach, Weltmarktorientierung, S. 46.
58 Saling's Börsen-Jahrbuch für 1926/27. Berlin, Leipzig 1926, S. 51 f.
59 Charles P. Kindleberger: Die Weltwirtschaftskrise. München 1973, S. 37.
60 Heinrich Irmler: Bankenkrise und Vollbeschäftigungspolitik (1931-1936); in: Währung und Wirtschaft in Deutschland 1876-1975, hrsg. von der Deutschen Bundesbank. Frankfurt am Main 1976, S. 283-329, hier S. 311.
61 Deutsche Delegation für Auslandsschulden, Aufzeichnung über die äußeren Anleihen des Deutschen Reiches und Preußens, 31. Januar 1952 (Archiv Abs, DAS, Anlage I).
62 Stucken, Reichsmark, S. 271.
63 Lüke, Stabilisierung, S. 151 ff.
64 Stucken, Reichsmark, S. 273.
65 Der Young-Plan. Der Schlußbericht der Pariser Sachverständigen-Konferenz im Wortlaut. Frankfurt am Main 1929, S. 26 ff.
66 Salomon Wolff: Frankreich und sein Gold. Frankfurt am Main 1933, S. 104.
67 Der Young-Plan, S. 14.
68 Fritz Neumark: Vom Dawes-Gutachten zum Young-Plan; in: Bankwissenschaft, Jg. 6, 1929/30, S. 302-314, hier S. 307.
69 Haager Vereinbarungen vom Januar 1930 nebst allen Anlagen. Amtlicher Text. Berlin 1930, S. 115 ff.
70 Helmut Müller: Die Zentralbank – eine Nebenregierung. Reichsbankpräsident Hjalmar Schacht als Politiker der Weimarer Republik. Opladen 1973, S. 88 f. Vgl. auch die abwägende Studie von Johannes Houwink ten Cate: Hjalmar Schacht als Reparationspolitiker (1926-1930); in: Vierteljahrschrift für Sozial- und Wirtschaftsgeschichte, Bd. 74, 1987, S. 186-228.
71 Martin Vogt (Hrsg.): Die Entstehung des Young-Plans. Boppard 1970, S. 58 f.
72 Stucken, Reichsmark, S. 275.
73 Der deutsche Volkswirt, Jg. 5, 1930/31, S. 35.
74 Frankfurter Zeitung, 15. Juni 1930, I. Morgenblatt, S. 3, und 17. Juni 1930, I. Morgenblatt, S. 3.
75 Statistisches Jahrbuch für das Deutsche Reich, hrsg. vom Statistischen Reichsamt. Jg. 57, Berlin 1938, S. 263*.
76 Wirtschaft und Statistik, Jg. 10, 1930, S. 682.
77 Gerhard Kroll: Von der Weltwirtschaftskrise zur Staatskonjunktur. Berlin 1958, S. 488.
78 Deutsches Geld- und Bankwesen in Zahlen, S. 322.

[79] Karl Erich Born: Die deutsche Bankenkrise 1931. München 1967, S. 18.
[80] Wolfgang J. Helbich: Die Reparationen in der Ära Brüning. Berlin 1962, S. 60.
[81] Deutschland unter dem Dawes-Plan. Die Reparationsleistungen des fünften Planjahres. Teil I: Hauptbericht. Berlin 1930, S. 115.
[82] Deutsches Geld- und Bankwesen in Zahlen, S. 313.
[83] Erich Welter: Der Krach von 1931. Frankfurt am Main 1932, S. 8.
[84] Lüke, Stabilisierung, S. 216 f.
[85] Weigert, Entwicklung des Beschäftigungsgrades, S. 139.
[86] Gottfried Haberler: Die Weltwirtschaft und das internationale Währungssystem in der Zeit zwischen den beiden Weltkriegen; in: Währung und Wirtschaft in Deutschland 1876-1975, hrsg. von der Deutschen Bundesbank. Frankfurt am Main 1976, S. 205-248, hier S. 213.
[87] Irmler, Bankenkrise, S. 284 f.
[88] Harold James: Deutschland in der Weltwirtschaftskrise 1924-1936. Stuttgart 1988, S. 290 f.
[89] Deutsches Geld- und Bankwesen in Zahlen, S. 330.
[90] Verwaltungsbericht der Reichsbank für das Jahr 1931, S. 4.
[91] Irmler, Bankenkrise, S. 287.
[92] Ebenda, S. 301.
[93] Deutsche Bank und Disconto-Gesellschaft, Wirtschaftliche Mitteilungen, Jg. 1931, S. 154.
[94] Vgl. zur Vorgeschichte Edward W. Bennett: Germany and the Diplomacy of the Financial Crisis, 1931. Cambridge, Mass., 1962, S. 113-165.
[95] Gerd Hardach: Währungskrise 1931: Das Ende des Goldstandards 1931; in: Finanz- und wirtschaftspolitische Fragen der Zwischenkriegszeit, hrsg. von Harald Winkel. Berlin 1973, S. 121-133, hier S. 124 f.
[96] Ebenda, S. 126.
[97] Helbich, Reparationen, S. 55.
[98] Irmler, Bankenkrise, S. 288.
[99] Lüke, Stabilisierung, S. 321.
[100] Born, Bankenkrise, S. 140.
[101] Verwaltungsbericht der Reichsbank für das Jahr 1933, S. 5.
[102] Hans Luther: Vor dem Abgrund 1930-1933. Reichsbankpräsident in Krisenzeiten. Berlin 1964, S. 207.
[103] Born, Bankenkrise, S. 266.
[104] Lüke, Stabilisierung, S. 330 f.
[105] Susanne Wegerhoff: Die Stillhalteabkommen 1931-1933. Internationale Versuche zur Privatschuldenregelung unter den Bedingungen des Reparations- und Kriegsschuldensystems. Diss. München 1982, S. 121.
[106] Gustaf Schlieper: Die Entwicklung des Stillhalteabkommens; in: Bank-Archiv, Jg. 33, 1933/34, S. 234-238, hier S. 235. Vgl. die Aufstellung über die prozentualen Anteile der einzelnen Länder an den gesamten

Stillhaltekrediten bei Neil Forbes: London banks, the German standstill agreements, and ›economic appeasement‹ in the 1930s; in: Economic History Review, Bd. 40, 1987, S. 571-587, hier S. 585.

[107] H. A. Simon: Das neue Stillhalteabkommen; in: Bank-Archiv, Jg. 31, 1931/32, S. 180-185, 201-208, 229-234, hier S. 180.

[108] Lüke, Stabilisierung, S. 333.

[109] Simon, Das neue Stillhalteabkommen, S. 181. Text des Abkommens in: Deutscher Reichsanzeiger und Preußischer Staatsanzeiger, Nr. 41, 18. Februar 1932.

[110] Luther, Abgrund, S. 211.

[111] Simon, Das neue Stillhalteabkommen, S. 181. Vgl. auch die Ausführungen Simons zu den späteren Deutschen Kreditabkommen, die bis 1942 im *Bank-Archiv*, 1943 in der *Bankwirtschaft* erschienen sind, sowie: Fritz Bertuch/Wilhelm Jaehnicke: Das Deutsche Kreditabkommen von 1939. Berlin 1939.

[112] H. A. Simon: Das Baseler Stillhalteabkommen; in: Bank-Archiv, Jg. 30, 1930/31, S. 506-514, hier S. 511.

[113] H. A. Simon: Die Stillhaltung von 1941; in: Bank-Archiv, Jg. 1941, S. 245-248, hier S. 245.

[114] Mühlen, Zauberer, S. 82 f.

[115] H. A. Simon: Die Fortsetzung der Stillhaltung nach Kriegsausbruch; in: Bank-Archiv, Jg. 1940, S. 53-55, 74-77, hier S. 53 f.

[116] Text des Abkommens in BA R7/3647.

[117] Vertragstext im Anhang zu Alfred Marcus: Kreuger & Toll als Wirtschaftsstaat und Weltmarkt. Zürich, Leipzig 1932, S. 144 ff.

[118] Zündwarengesetze/Match Laws. Deutsche Zündwaren-Monopolgesellschaft. Jönköping 1946, S. 2 ff.

[119] Wirtschaft und Statistik, Jg. 11, 1931, S. 578.

[120] Deutsche Bank und Disconto-Gesellschaft, Wirtschaftliche Mitteilungen, Jg. 1930, S. 115; Wirtschaft und Statistik, Jg. 10, 1930, S. 643.

[121] Erich Welter: Dreifache Krise. Die deutsche Wirtschaft im Jahre 1930. Frankfurt am Main 1931, S. 44.

[122] Harold James: The Reichsbank and Public Finance in Germany 1924-1933. A Study of the Politics of Economics during the Great Depression. Frankfurt am Main, S. 120 ff.

[123] Deutsche Bank und Disconto-Gesellschaft, Wirtschaftliche Mitteilungen, Jg. 1930, S. 345.

[124] Bank deutscher Länder, Vermerk: Aufnahme und Abwicklung des Lee-Higginson-Kredits, 24. Juni 1955 (HABBk 3781).

[125] Joachim Heintze: Die Wertpapiere der Konversionskasse; in: Zeitschrift für das gesamte Kreditwesen, Jg. 8, 1955, S. 149 f.; Hans-Georg Glasemann: Die Konversionskasse für deutsche Auslandsschulden (1933-1975); in: Die Bank, H. 4, April 1990, S. 228-231.

[126] Josef Löffelholz: Die Geschichte der Banken; in: Karl Theisinger/Josef Löffelholz: Die Bank. Lehrbuch und Nachschlagewerk des Bank- und Sparkassenwesens. Erster Band: Geld- und Bankorganisation. Wiesbaden 1952, S. 1-32, hier S. 29. Vgl. auch Willi A. Boelcke: Zur internationalen Goldpolitik des NS-Staates – Ein Beitrag zur deutschen Währungs- und Außenwirtschaftspolitik 1933-1945; in: Manfred Funke (Hrsg.): Hitler, Deutschland und die Mächte, Düsseldorf 1976, S. 292-309, hier S. 304.

[127] Rudolf Stucken: Geldpolitik und Vollbeschäftigung; in: Deutsche Geldpolitik. Schriften der Akademie für Deutsches Recht, Gruppe Wirtschaftswissenschaft, Nr. 4. Berlin 1941, S. 251-269, hier S. 263.

[128] Karl Blessing: Gegenwartsaufgaben der Reichsbank; in: Die Staatsbank, Berlin, Jg. 4, 1937, S. 397-400, hier S. 400.

[129] Joachim Radkau: Entscheidungsprozesse und Entscheidungsdefizite in der deutschen Außenwirtschaftspolitik 1933-1940; in: Geschichte und Gesellschaft, Jg. 2, 1976, Heft 1, S. 33-65, hier S. 39.

[130] Gerhard Meinck: Hitler und die deutsche Aufrüstung 1933-1937. Wiesbaden 1959, S. 158.

[131] Walter Adolf Jöhr: Schweizerische Kreditanstalt 1856-1956. Hundert Jahre im Dienste der schweizerischen Volkswirtschaft. Zürich 1956, S. 401.

[132] Karl Blessing: Die deutsche Handelspolitik an der Jahreswende; in: Die Deutsche Volkswirtschaft, Jg. 5, 1936, S. 16-19, hier S. 17.

[133] Fritz Neumark: Neue Ideologien der Wirtschaftspolitik. Leipzig, Wien 1936, S. 66.

[134] Charles Bettelheim: Die deutsche Wirtschaft unter dem Nationalsozialismus. München 1974, S. 196.

[135] Deutsche Auslandsschulden. Dokumente zu den internationalen Verhandlungen Oktober 1950 bis Juli 1951. Herausgegeben vom Auswärtigen Amt, dem Bundesministerium der Finanzen, dem Bundesministerium für Wirtschaft und dem Bundesministerium für den Marshallplan. Hameln (1951), S. 80. Die Währungsverbindlichkeiten wurden nach den Kursen von Mitte 1950 umgerechnet.

[136] Report of the Validation Board for German Dollar Bonds, September 1, 1953 - August 31, 1954; in: Department of State Bulletin, Bd. 32, 1955, Nr. 813, S. 139-149.

ANMERKUNGEN ZU KAPITEL II

[1] Die Grundentscheidungen der alliierten Kriegskonferenzen bei Andreas Hillgruber: Europa in der Weltpolitik der Nachkriegszeit 1945-1963. München, Wien 1979, S. 16-23.

[2] Otto Nübel: Die amerikanische Reparationspolitik gegenüber Deutschland 1941-1945. Frankfurt am Main 1980, S. 200.

[3] John Gimbel: Amerikanische Besatzungspolitik in Deutschland 1945-1949. Frankfurt am Main 1971, S. 32 ff.

[4] Manfred Pohl: Wiederaufbau. Kunst und Technik der Finanzierung 1947-1953. Frankfurt am Main 1973, S. 10 f.

[5] Theo Horstmann: Um »das schlechteste Bankensystem der Welt«. Die interalliierten Auseinandersetzungen über amerikanische Pläne zur Reform des deutschen Bankwesens 1945/46; in: Bankhistorisches Archiv, Jg. 11, 1985, S. 3-27.

[6] Deutscher Wortlaut des Ersten Industrieplans in: G. W. Harmssen: Reparationen, Sozialprodukt, Lebensstandard. Versuch einer Wirtschaftsbilanz, Heft 1. Bremen 1948, S. 91-94.

[7] Ziffer I d) des Ersten Industrieplans (kein wörtliches, nur ein sinngemäßes Zitat).

[8] James F. Byrnes: Speaking Frankly. New York, London 1947, S. 187 ff.

[9] Vgl. den Text des Zweiten Industrieplans in: Harmssen, S. 95-98.

[10] Horst Lademacher: Zur Bedeutung des Petersberger Abkommens vom 22. November 1949; in: Josef Foschepoth (Hrsg.): Kalter Krieg und Deutsche Frage. Deutschland im Widerstreit der Mächte 1945-1952. Göttingen, Zürich 1985, S. 240-265.

[11] Wiederaufbau im Zeichen des Marshallplanes 1948-1952. Zwölfter, abschließender Bericht der Deutschen Bundesregierung über die Durchführung des Marshallplanes für die Zeit bis 30. Juni 1952 und Erster und Zweiter Bericht über die Fortführung amerikanischer Wirtschaftshilfe (MSA) für die Zeit vom 1. Juli 1952 bis 31. Dezember 1952. Erstattet vom Bundesminister für den Marshallplan. Bonn 1953, S. 19.

[12] Bundesminister für den Marshallplan. Nachtrag zum Memorandum über Nachkriegs-Auslandsschulden vom 20. September 1951, 15. November 1951 (PA/AA, Abt. II, Bd. 1538).

[13] Johannes Tüngeler: Die ersten Stunden; in: Beiträge zur Bankgeschichte. Sonderbeilage der Zeitschrift für das gesamte Kreditwesen (Beilage 1 zu Heft 17 vom 1. September 1979), S. 2. Richard Merton sprach bei Gelegenheit von JEIPA statt JEIA und entschlüsselte dies als Abkürzung für »Joint Export Import Prevention Agency«. (Richard Merton: Erinnernswertes aus meinem Leben, das über das Persönliche hinausgeht. Frankfurt am Main 1955, S. 160).

[14] Gerd Hardach: The Marshall Plan in Germany, 1948-1952; in: Journal of European Economic History, Jg. 16, 1987, S. 433-485, hier S. 457.

[15] Christoph Buchheim: Die Wiedereingliederung Westdeutschlands in die Weltwirtschaft. München 1990, S. 97.

[16] Europa-Archiv, Jg. 2, 1947, S. 821.

[17] Hillgruber, Weltpolitik, S. 44 ff.

[18] Erich Achterberg: General Marshall macht Epoche. Frankfurt am Main, Berlin 1964, S. 199.

[19] Seymour E. Harris: The Economic Recovery Program. Cambridge, Mass., 1948, S. 29.

[20] Harald Winkel: Die Wirtschaft im geteilten Deutschland 1945-1970. Wiesbaden 1974, S. 39.

[21] Ludwig Erhard: Deutsche Wirtschaftspolitik; in: Wirtschaftsverwaltung, Jg. 1, 1948, Heft 1, S. 4-15, S. 4.

[22] Zu der Entwicklung des Gesetzes und den ersten Geschäftsjahren der Kreditanstalt für Wiederaufbau vgl. Pohl, Wiederaufbau, S. 21 ff.

[23] Wiederaufbau im Zeichen des Marshallplanes, S. 23.

[24] Winkel, Wirtschaft, S. 40.

[25] Vgl. Kreditanstalt für Wiederaufbau, Jahresbericht 1953, S. 39.

[26] Die Kabinettsprotokolle der Bundesregierung, Band 4, 1951. Boppard 1988, S. 209 f.

[27] Winkel, Wirtschaft, S. 40 f.

[28] Der Ausdruck geht vermutlich auf den deutschen Nationalökonom Julius Hirsch zurück, der ein Buch über »Das amerikanische Wirtschaftswunder« (Berlin 1926) veröffentlichte.

[29] Die folgenden Angaben und Zahlen sind dem Memorandum des Bundesministers der Finanzen und des Bundesministers für Wirtschaft vom 19. November 1951 über die Verpflichtungen der Bundesrepublik Deutschland gegenüber den Vereinigten Staaten von Amerika aus Warenlieferungen an die Staatliche Erfassungsgesellschaft für öffentliches Gut (STEG) entnommen (PA/AA, Abt. II, Bd. 1531). Vgl. auch Kurt Magnus: Eine Million Tonnen Kriegsmaterial für den Frieden. Die Geschichte der StEG. München 1954; sowie: Liquidation der StEG; in: Bulletin des Presse- und Informationsamtes der Bundesregierung, Nr. 56, 23. März 1955, S. 462 f.

[30] Angaben und Zahlen zur STEG-Tätigkeit, herausgegeben von der Staatlichen Erfassungs-Gesellschaft für öffentliches Gut, 31. März 1953 (Archiv Abs, DAS, Nachkriegswirtschaftshilfe/STEG).

[31] Aus der Begründung des Gesetzes betreffend das Abkommen zwischen der Bundesrepublik Deutschland und dem Vereinigten Königreich von Großbritannien und Nordirland über die Regelung der Ansprüche aus der Nachkriegs-Wirtschaftshilfe vom 27. Februar 1953. Anlage 5c zur Bundestags-Drucksache 1/4260 vom 13. April 1953, S. 203 f.

[32] Friedrich Jerchow: Deutschland in der Weltwirtschaft 1944-1947. Alliierte Deutschland- und Reparationspolitik und die Anfänge der westdeutschen Außenwirtschaft. Düsseldorf 1978, S. 427.

[33] Erläuterung zu der Aufstellung der französischen Ansprüche aus der Nachkriegs-Wirtschaftshilfe, 3. Dezember 1951. (Archiv Abs, DAS, Nachkriegswirtschaftshilfe/Frankreich).

[34] Begründung des Gesetzes betreffend das Abkommen zwischen der Bundesrepublik und der Französischen Republik über die Regelung der Ansprüche der französischen Regierung aus der Deutschland geleisteten Nachkriegs-Wirtschaftshilfe vom 27. Februar 1953. Anlage 6c zur Bundestags-Drucksache 1/4260 vom 13. April 1953, S. 209 f.

[35] Erläuterung zu der Aufstellung der französischen Ansprüche, 3. Dezember 1951; und Zusammenstellung des JEIA-Kapitals, Anlage 3 zu GD/IV/Dok. 4, 6. Dezember 1951 (Archiv Abs, DAS, Nachkriegswirtschaftshilfe).

ANMERKUNGEN ZU KAPITEL III

[1] Benjamin J. Buttenwieser: Deutschland von heute – wirtschaftlich und finanziell gesehen. Vortrag vom 18. Mai 1950 (HADB, NL Tron, ERP).

[2] Cobbold an Smith, 22. April 1949 (PRO FO 371/76918).

[3] Hermann J. Abs: Probleme der deutschen Auslandsverschuldung und der Auslandskredite; abgedruckt in: Hans-Peter Schwarz (Hrsg.): Die Wiederherstellung des deutschen Kredits. Das Londoner Schuldenabkommen. Stuttgart, Zürich 1982, S. 80-96.

[4] Die Kabinettsprotokolle der Bundesregierung, hrsg. für das Bundesarchiv von Hans Booms, Band 1: 1949. Boppard 1982, S. 139 f. Vgl. auch Vocke an Erhard, 27. Oktober 1949 (HABBk 3376). Bereits als Präsident der Weltbank hatte McCloy Interesse an der Regelung der deutschen Schulden bekundet (Wirtschafts-Zeitung, Stuttgart, 22. Juni 1949).

[5] Vgl. Mangold an Erbstößer, 3. November 1949 (HABBk 4601). Ähnlich Mangold an Gurski vom selben Tag (BA B 126/48362).

[6] Abgedruckt in: Bundesminister der Finanzen, Denkschrift über die Lage des deutschen Vermögens im Ausland und die Schritte der Bundesregierung zu seiner Erhaltung, 8. Oktober 1951, S. 40 (BA B 126/48419, PA/AA, Abt. II, Bd. 1505).

[7] Antwort vom 16. Februar 1950 in der Denkschrift des Bundesfinanzministeriums vom 8. Oktober 1951, S. 41. Vgl. auch Die Neue Zeitung, 18. Februar 1950.

[8] Vgl. Akten zur Auswärtigen Politik der Bundesrepublik Deutschland, Bd. 1: Adenauer und die Hohen Kommissare 1949-1951, hrsg. von Hans-

Peter Schwarz in Verbindung mit Reiner Pommerin. München 1989, S. 151.

⁹ Sachs, Aufzeichnung über Unterredung zwischen McCloy und Adenauer am 15. Dezember 1949, 16. Dezember 1949 (BA, NL Blücher/78). Vgl. auch Theo Horstmann: Alliierte Bankpolitik nach dem Zweiten Weltkrieg in Westdeutschland – Neuordnung und Rekonzentration der deutschen Großbanken 1945-1956. Dissertation Bochum 1986, S. 557 f. (erscheint voraussichtlich Bonn 1991).

¹⁰ Kabinettsprotokolle, Bd. 2, 1950, S. 118 f.

¹¹ Niederschrift der Sitzung des Gesamtvorstands und des Vorstands der Bundestagsfraktion der FDP am 18. und 19. November 1949 in Bonn, S. 8 (BA, NL Blücher/231 1990; in: Udo Wengst (Bearb.): FDP-Bundesvorstand. Die Liberalen unter dem Vorsitz von Theodor Heuss und Franz Blücher. Sitzungsprotokolle 1949-1954. Düsseldorf 1991).

¹² Vocke an Adenauer, 31. Oktober 1949; Adenauer an Vocke, 9. November 1949 (HABBk 2011).

¹³ Blücher an Adenauer, 20. März 1950 (BA B 136/1123 und NL Blücher/78).

¹⁴ Die Darstellung von Werner Link (Deutsche und amerikanische Gewerkschaften und Geschäftsbanken 1945-1975, Düsseldorf 1978, S. 126) ist in diesem Punkt nicht richtig, da der Ausschuß sich niemals konstituiert hat. Vgl. auch Hermann J. Abs: Der Weg zum Londoner Schuldenabkommen; in: Wolfgang J. Mückl (Hrsg.): Föderalismus und Finanzpolitik. Paderborn 1990, S. 81-93, hier S. 82.

¹⁵ Bundesminister der Finanzen, Niederschrift über Ressortbesprechung betr. deutsches Auslandsvermögen am 9. Februar 1950 in Bonn (BA B 146/1431/1).

¹⁶ Vermerk Gurski, 1. März 1950, (PA/AA, Abt. II, Bd. 1496).

¹⁷ Edgar Salin: Die wirtschaftlich-politische Situation in Westdeutschland; in: Basler Nachrichten, Nr. 177 und 179 vom 27. und 28. April 1950; abgedruckt in: Bank deutscher Länder, Auszüge aus Presseartikeln, Nr. 51, 5. Mai 1950, S. 1 f.

¹⁸ Botschaft des Bundesrates an die Bundesversammlung zum Londoner Abkommen über Deutsche Auslandsschulden. Drucksache 6434 des Schweizer Bundesrates vom 5. Mai 1953, S. 1 f.

¹⁹ Vgl. Die Korea-Krise als ordnungspolitische Herausforderung der deutschen Wirtschaftspolitik. Texte und Dokumente. Ein Symposium der Ludwig-Erhard-Stiftung Bonn am 7. November 1984 in Bonn. Stuttgart, New York 1986.

²⁰ Louis Wolf: Bericht über meine Tätigkeit als Verwalter für britische und amerikanische Stillhalte-Interessen, Anlage zu Wolf an Abs, 14. Juli 1952 (Archiv Abs, DAS, Stillhaltung).

21 Deutsche Bank, Führungsstab Hamburg, Sonderrundschreiben 11/46, 22. Februar 1946 (HADB, Rundschreiben).

22 Abs an Haynes, 29. Juli 1948 (Archiv Abs, allgemeine Korrespondenz/ Großbritannien).

23 Abs an Gamper, 8. September 1950 (Archiv Abs, DAS, Stillhaltung). Vgl. Horstmann, Bankpolitik, S. 298-306.

24 Vocke an Abs, 27. September 1948; Notiz v. Schelling, 24. September 1948; Vocke an Abs, 1. Oktober 1948 (HABBk 2011).

25 Treue, Protokoll der Sitzung vom 4. November 1948, 16. November 1948 (HABBk 3809).

26 Abs an Ridderbusch, 8. Juni 1949 (Archiv Abs, DAS, Stillhaltung). Vgl. auch Protokoll der Sitzung der amerikanischen Stillhaltebanken am 2. Dezember 1949 (Archiv Abs, DAS, Stillhaltung).

27 Protokoll der Sitzung am 14. Januar 1949 (Archiv Abs, DAS, Stillhaltung).

28 Vocke an Abs, 24. Januar 1949 (Archiv Abs, DAS, Stillhaltung/BdL).

29 Abs an Vocke, 14. August 1950 (Archiv Abs, DAS, Stillhaltung).

30 Notiz vom 23. Juni 1951, Anlage zu Rohdewald an Abs, 25. Juni 1951 (Archiv Abs, DAS, allgemeine Korrespondenz).

31 Deutscher Ausschuß für internationale finanzielle Beziehungen, Protokoll der Sitzung am 7. April 1949 (Archiv Abs, DAS, Stillhaltung).

32 Vgl. Bank deutscher Länder, Auszüge aus Presseartikeln, Anlage zu Nr. 68, 16. Juni 1950.

33 Die Neue Zeitung, 17. Juni 1950, abgedruckt in: Bank deutscher Länder, Auszüge aus Presseartikeln, Nr. 69, 19. Juni 1950, S. 4 f.

34 Stuttgarter Zeitung, 11. Mai 1950; abgedruckt in: Bank deutscher Länder, Auszüge aus Presseartikeln, Nr. 55, 15. Mai 1950, S. 5.

35 Germany's Standstill Debts; in: The Banker, Nr. 302, März 1951; abgedruckt in: Bank deutscher Länder, Auszüge aus Presseartikeln, Nr. 31, 14. März 1951, S. 8 f.

36 Foreign Investment in Germany; in: The Economist, 1. Juli 1950, S. 37 f.

37 Veröffentlicht im Bundesanzeiger, Nr. 192, 5. Oktober 1950.

38 Geschäftsbericht der Bank deutscher Länder für das Jahr 1951, S. 74.

39 Anlage zu Baade an Blankenhorn, 26. Oktober 1950 (PA/AA, Abt. II, Bd. 1496).

40 Gomory an Abs, 23. August 1951 (Archiv Abs, DAS, Stillhaltung).

41 Renz an Wolf, 8. August 1951 (Archiv Abs, DAS, Stillhaltung).

42 Protokoll des Treffens am 16./17. November 1950 in PRO FO 371/93853. Vgl. auch Protokoll der Sitzung des Deutschen Ausschusses für internationale finanzielle Beziehungen vom 1. Dezember 1950 (Archiv Abs, DAS, Stillhaltung).

43 Memorandum, 4. Dezember 1950 (PRO FO 371/93853).

44 Memorandum, 30. April 1951 (PRO FO 371/93855).

ANMERKUNGEN ZU KAPITEL IV

[1] New York Times, 21. Mai 1950; abgedruckt in: Bank deutscher Länder, Auszüge aus Presseartikeln, Nr. 61, 31. Mai 1950, S. 5.

[2] FRUS 1950, Band III, S. 1050.

[3] FRUS 1950, Band III, S. 1255.

[4] FRUS 1950, Band III, S. 1241.

[5] Text des Kommuniqués in: Europa-Archiv, Jg. 5, 1950, S. 3406 f.

[6] Frankfurter Allgemeine Zeitung, 20. September 1950. Vgl. den Inlandspressebericht des Presse- und Informationsamtes der Bundesregierung, Nr. 202, 28. September 1950: Reaktion der deutschen Presse auf die Beschlüsse der New Yorker Außenministerkonferenz (PA/AA, Abt. II, Bd. 1396).

[7] Vgl. den Beitrag von Krekeler in: Die Korea-Krise als ordnungspolitische Herausforderung, S. 97 f.; außerdem: Akten zur Auswärtigen Politik der Bundesrepublik Deutschland, Band 1, S. 499-501.

[8] Akten zur Auswärtigen Politik der Bundesrepublik Deutschland, Bd. 1, S. 502-510.

[9] Kabinettsprotokolle, Bd. 3, 1950, S. 151.

[10] Ausführliche Unterlagen dazu in PRO FO 1036/959.

[11] Hartmann an Wolff, 20. Oktober 1950 (BA B 126/48362). Unterlagen über Treffen Schäffers mit Finanzexperten der Hohen Kommission am selben Tag in PRO FO 1023/327.

[12] Vgl. Protokoll in PRO FO 1023/19.

[13] Text unter anderem in: Deutsche Auslandsschulden, S. 7-10.

[14] Blankenhorn an Handley-Derry, 16. Oktober 1950 (BA B 146/1175 und HABBk 3765).

[15] Vermerk Vogel, 24. Oktober 1950 (BA B 146/1175); Bericht Erbstößer, 25. Oktober 1950 (HABBk 2466).

[16] Aufzeichnungen über die Besprechung am 30. Oktober 1950: 1. Gurski, Bundesministerium der Finanzen (BA B 146/1175, HABBk 2466 und 3765), 2. Vogel, Bundesministerium für den Marshallplan (BA B 146/1175), 3. Erbstößer, Bank deutscher Länder (HABBk 2466).

[17] Vermerk Granow/Wolff, 30. Oktober 1950 (BA B 146/1175).

[18] Kaufmann, Aufzeichnung zur Schuldenfrage, 31. Oktober 1950 (BA B 126/48362 und B 146/1175). Dazu Vermerk Vogel, 2. November 1950 (BA B 146/1175).

[19] Kabinettsprotokolle, Bd. 2, 1950, S. 792.

[20] Kabinettsprotokolle, Bd. 2, 1950, S. 810.

[21] Kabinettsprotokolle, Bd. 2, 1950, S. 811.

[22] Adenauer, Teegespräche 1950-1954, hrsg. von Rudolf Morsey und Hans-Peter Schwarz. Berlin 1984, S. 19.

[23] Bank deutscher Länder an Bundesminister der Finanzen, 30. Oktober 1950 (HABBk 3765, BA B 126/48362 und B 146/1175).

[24] Vermerk Erbstößer, 15. November 1950 (HABBk 2466).

[25] Kabinettsprotokolle, Bd. 2, 1950, S. 812.

[26] Kabinettsprotokolle, Bd. 2, 1950, S. 833-835.

[27] Granow, Aufstellung über die deutschen Vorkriegsschulden, 10. November 1950 (PA/AA, Abt. II, Bd. 275; BA B 126/48362; HABBk 2466).

[28] Vermerk Kaufmann, 15. November 1950 (BA B 126/48362).

[29] Vermerk Vogel, 27. November 1950 (BA B 146/1175).

[30] So Adenauer in der Sitzung mit den Hohen Kommissaren am 14. Dezember 1950; in: Akten zur Auswärtigen Politik der Bundesrepublik Deutschland, Band 1, S. 301. Auch Schäffer war ähnlicher Meinung. (Schäffer an Globke, 25. November 1950; PA/AA, Abt. II, Bd. 273, fol. 146 f.).

[31] Kaufmann an Cattier, 28. November 1950 (BA B 126/48362).

[32] Akten zur Auswärtigen Politik der Bundesrepublik Deutschland, Bd. 1, S. 259.

[33] Akten zur Auswärtigen Politik der Bundesrepublik Deutschland, Band 1, S. 286. Vgl. auch das Protokoll über die Besprechung Adenauers mit McCloy am 24. September 1950 in Rhöndorf; in: Kabinettsprotokolle, Bd. 3, 1950, S. 152-159, hier S. 154.

[34] Akten zur Auswärtigen Politik der Bundesrepublik Deutschland, Bd. 1, S. 287.

[35] Vermerk O'Neill, 1. Dezember 1950 (PRO FO 1036/959).

[36] Vgl. auch Melville an Crawford, 6. Dezember 1950 (PRO FO 1036/959).

[37] Vermerk v. Schelling, 6. Dezember 1950 (HABBk 2466 und 3765).

[38] Kabinettsprotokolle, Bd. 2, 1950, S. 864.

[39] Steel an Foreign Office, 14. September 1950 (PRO FO 371/85354).

[40] Bereits am 8. November 1949 hatte Adenauer im Kabinett auf die seiner Meinung nach bestehende Neigung der Bundestagsausschüsse hingewiesen, »unter einer Verkennung der Trennung von Exekutive und Legislative ihre Kompetenzen möglichst weit auszudehnen« (Kabinettsprotokolle, Band 1, S. 183). Und noch in seinen Erinnerungen klagte er darüber, daß sich viele Bundestagsabgeordnete bemühten, »überall in der Exekutive etwas zu tun, wo sie nichts verloren hatten«. (Konrad Adenauer: Erinnerungen 1945-1953, Stuttgart 1965, S. 284).

[41] Blücher an Adenauer, 7. Dezember 1950 (BA, NL Blücher/78). Vgl. Frankfurter Allgemeine Zeitung, 6. Dezember 1950; The Economist, 9. Dezember 1950, S. 989 f.

[42] Hans-Dieter Kreikamp: Deutsches Vermögen in den Vereinigten Staaten. Die Auseinandersetzung um seine Rückführung als Aspekt der deutsch-amerikanischen Beziehungen 1952-1962. Stuttgart 1979, S. 45.

[43] Studiengesellschaft für privatrechtliche Auslandsinteressen, Memoran-

dum zur Anerkennung der deutschen Vorkriegsschulden durch die Bundesregierung, 4. Dezember 1950 (BA B 126/48362 und B 146/1175; PA/AA, Abt. II, Bd. 273, fol. 328-334).

[44] Marion Gräfin Dönhoff: Deutsches Soll und Haben; in: Die Zeit, Hamburg, 28. Dezember 1950.

[45] Vermerk Dittmann, 19. Dezember 1950 (PA/AA, Abt. II, Bd. 273, fol. 200 f.).

[46] Vermerk Kaufmann, 19. Dezember 1950 (PA/AA, Abt. II, Bd. 273, fol. 165-167); Vermerk Pünder, 15. Dezember 1950 (PA/AA, Abt. II, Bd. 275, fol. 151 f.).

[47] Vermerk Dittmann, 19. Dezember 1950 (PA/AA, Abt. II, Bd. 273, fol. 200 f.).

[48] Kirkpatrick an Foreign Office, 14. Dezember 1950 (PRO FO 1036/959).

[49] Akten zur Auswärtigen Politik der Bundesrepublik Deutschland, Bd. 1, S. 300.

[50] Vermerk Dittmann, 19. Dezember 1950 (PA/AA, Abt. II, Bd. 273, fol. 373 f.).

[51] Adenauer, Teegespräche 1950-1954, S. 29; Allgemeine Wochenzeitung der Juden in Deutschland, Nr. 37, 22. Dezember 1950, S. 3.

[52] Adenauer an François-Poncet, 18. Dezember 1950 (PRO FO 371/93445 und FO 1036/959; PA/AA, Abt. II, Bd. 273, fol. 341 f.). Entwurf Kaufmann, 14. Dezember 1950, in BA B 146/1175.

[53] Akten zur Auswärtigen Politik der Bundesrepublik Deutschland, Bd. 1, S. 320 ff. Vgl. die britische Protokollüberlieferung in PRO FO 371/93445.

[54] Kirkpatrick an Gainer, 8. Januar 1951; vgl. auch Vermerk Stevens, 24. Januar 1951 (PRO FO 371/93905).

[55] Kirkpatrick an Foreign Office, 16. Dezember 1950 (PRO FO 1036/959).

[56] Bericht des Unterausschusses des Auswärtigen Ausschusses, 24. Januar 1951 (PA/AA, Abt. II, Bd. 276, fol. 94-97).

[57] Vermerk Erbstößer, 25. Januar 1951 (HABBk 2466).

[58] Schmid an Adenauer, 25. Januar 1951 (BA B 126/48362; PA/AA, Abt. II, Bd. 274, fol. 12-14).

[59] Kirkpatrick an Foreign Office, 26. Januar 1951 (PRO FO 371/93905); Blankenhorn an Ward, 1. Februar 1951 (PRO FO 1036/959).

[60] Kirkpatrick an Foreign Office, 3. Februar 1951 (PRO FO 371/93905); Blankenhorn an Melville, 5. Februar 1951 (PRO FO 1036/959); Melville an Crawford, 7. Februar 1951 (PRO FO 371/93905).

[61] Kaufmann an Weiz, 4. Juni 1951 (PA/AA, Abt. II, Bd. 1704).

[62] Vermerk Kaufmann, 22. Dezember 1950 (PA/AA, Abt. II, Bd. 273, fol. 169-172); Vermerk Dittmann, 8. Dezember 1950 (Ebenda, fol. 368).

[63] Adenauer an McCloy, 16. Februar 1951 (PA/AA, Abt. II, Bd. 274, fol. 74; BA B 126/48362; PRO FO 1036/959); Melville an Foreign Office, 16. Februar 1951 (PRO FO 371/93905).

[64] Kabinettsprotokolle, Bd. 4, 1951, S. 161 f.
[65] Germany's Standstill Debts; in: The Banker, Nr. 302, März 1951.
[66] Abs an Reid, 13. März 1951 (Archiv Abs, DAS, Stillhaltung).
[67] McCloy an Secretary of State, 27. Februar 1951; in: FRUS 1951, Bd. III, S. 1430.
[68] Vocke an McCloy, 27. Februar 1951 (HABBk 2034).
[69] Vocke an Dittmann, 28. Februar 1951 (HABBk 3765).
[70] McCloy an Vocke, 12. März 1951 (HABBk 2034).
[71] Vocke an Berger, 20. März 1951 (HABBk 2014).
[72] Kirkpatrick an Foreign Office, 1. März 1951 (PRO FO 371/93906).
[73] Text unter anderem in: Deutsche Auslandsschulden, S. 10-12.
[74] Deutsche Zeitung und Wirtschaftszeitung, Stuttgart, 7. März 1951.
[75] Vgl. unten S. 96 f.

ANMERKUNGEN ZU KAPITEL V

[1] Bundesminister der Finanzen, Kabinettsvorlage betr. internationale Konferenz über Auslandsschulden, 23. Mai 1951 (BA B 136/1116 und B 146/1175).
[2] Vermerk v. Schelling, 22. Mai 1951 (HABBk 2466).
[3] Abgedruckt in: Deutsche Auslandsschulden, S. 13-19.
[4] George Rendel: The Sword and the Olive. Recollections of Diplomacy and the Foreign Service 1913-1954. London 1957, S. 325.
[5] Stevens an Copleston, 9. Mai 1951 (PRO FO 371/93910).
[6] Copleston an Stevens, 19. Mai 1951 (PRO FO 371/93910).
[7] Rendel, Sword, S. 326.
[8] Notiz Prud'homme, 20. April 1951 (NA, RG 59, Box 1513, 398.10-GDC/4-2051).
[9] Vermerk Byroade, 15. Mai 1951 (NA, RG 59, Box 1513, 398.10-GDC/5-1551); Acheson an Pierson, 7. Juni 1951 (NA, RG 59, Box 1513, 398.10-GDC/6-751).
[10] Secretary of State an Embassy London, 11. Mai 1951 (NARA, RG 59, Box 1513, 398. 10-GDC 5-1151).
[11] Bundesminister der Finanzen, Kabinettsvorlage, 23. Mai 1951 (BA B 146/1175 und B 136/1116).
[12] Schäffer an Pferdmenges, 28. Oktober 1951 (Archiv Abs, Korrespondenz Bundesfinanzministerium).
[13] Bereits am 28. Mai hatte ein Vertreter des Bundeswirtschaftsministeriums in einer Besprechung erklärt, sein Ministerium lege Wert darauf, in der Delegation vertreten zu sein. Wolff antwortete, daß sie auf

Wunsch des Bundeskanzlers möglichst klein gehalten werden sollte, doch liegt der Schluß nahe, daß dies eher ein Wunsch Schäffers als Adenauers gewesen ist. (Vgl. Vermerk Granow, 29. Mai 1951, BA B 126/48363).

[14] Bundesminister für Wirtschaft, Stellungnahme zur Kabinettsvorlage des Finanzministers vom 23. Mai 1951, 28. Mai 1951 (BA B 136/1116, B 146/1175, B 126/48363).

[15] Kabinettsprotokolle, Bd. 4, 1951, S. 389 f.

[16] Adenauer an Schäffer, 4. Juni 1951; in: Adenauer, Briefe 1951-1953, S. 63. McCloy nahm dazu in einem Telegramm vom 6. Juni 1951 Stellung: »Believe Abs satisfactory since able to cut interministerial rivalry, has direct access to chancellor, thus increasing Ger[man] del[egation]'s ability to negotiate.« (NA, RG 59, Box 1513, 398.10-GDC/6-651). Kritischer war die britische Reaktion: »Leader of the German delegation will be Abs. As Chairman of the German Standstill Debtors Committee [. . .] it is fairly clear that he will not be unmindful of the needs of the banking creditors and the wishes of the banking debtors. His appointment must inevitably mean that the work of the long-term creditors and probably of the Tripartite Commission, in securing a settlement that is fair and equitable to all interests will be made harder than if a governmental representative had been chosen to lead the German delegation. It also seems likely that Abs would probably be more inclined to encourage direct debtor/creditor negotiations outside the ambit of governmental control than would a member of the Finance Ministry. We can, perhaps, comfort ourselves with the thought that he is probably the ablest man the Germans have available and that although he will probably prove a slippery customer he will be a brisk and businesslike negotiator.« (Vermerk Crawford, 12. Juni 1951; PRO FO 371/93948).

[17] Deutsche Auslandsschulden, S. 27 f.

[18] Deutsche Auslandsschulden, S. 28-30.

[19] Deutsche Auslandsschulden, S. 23 f.

[20] Vermerk Wolff, 28. Juni 1951 (BA B 126/48364).

[21] Kaufmann, Aufzeichnung zum Auslandsvermögen, 21. März 1951 (PA/HA, Abt. II, Bd. 1704).

[22] Bruce Kuklick: American Policy and the Division of Germany. The clash with Russia over Reparations. Ithaca, London 1972, S. 217-224.

[23] Hermann J. Abs: Probleme der europäischen Kreditwirtschaft; in: Wege zu einer europäischen Wirtschaft. Vorträge von Staatssekretär Prof. Hallstein und Vizepräsident Hermann J. Abs vor den Industrie- und Handelskammern zu Koblenz und Trier aus Anlaß von Tagungen des Deutschen Industrie- und Handelstages. Koblenz 1951, S. 18-29, hier S. 27.

[24] Bundesminister der Finanzen, Niederschrift über das Ergebnis der 4. Besprechung des interministeriellen Ausschusses für deutsches Auslands-

vermögen am 21. Dezember 1950, 5. Januar 1951 (BA B 146/1431/1 und B 126/12439).

[25] Kabinettsvorlage des Bundesministers der Finanzen, 22. Januar 1951 (BA B 146/1431/1; PA/AA, Abt. II, Bd. 274). Vgl. Kreikamp, Deutsches Vermögen, S. 50 f.

[26] Kabinettsprotokolle, Bd. 4, 1951, S. 132.

[27] Vermerk Dittmann, 4. April 1951; Kaufmann an Weiz, 4. Juni 1951 (PA/AA, Abt. II, Bd. 1704).

[28] Abgedruckt in: Deutscher Bundestag, Stenographische Berichte, I. Wahlperiode, 246. Sitzung, 22. Januar 1953, S. 11760.

[29] Abgedruckt in: Deutscher Bundestag, Stenographische Berichte, I. Wahlperiode, 246. Sitzung, 22. Januar 1953, S. 11761.

[30] Vermerk Turowski, 10. Mai 1951 (B 146/1431/1).

[31] Bundesminister der Finanzen, Niederschrift über die 10. Besprechung des interministeriellen Ausschusses für deutsches Auslandsvermögen am 18. Mai 1951, 31. Mai 1951 (BA B 146/1431/1).

[32] Vermerk Vogel, 18. Mai 1951 (BA B 146/1431/1).

[33] Kabinettsvorlage des Bundesministers der Finanzen, 30. April 1951 (BA B 146/1431/1 und B 126/12439).

[34] Hallstein an Schmid, 15. Januar 1952 (PA/AA, Abt. II, Bd. 1506; BA B 126/48378). Vgl. auch Niederschrift über das Ergebnis der Besprechung des interministeriellen Ausschusses für deutsches Auslandsvermögen am 23. Februar 1950 (BA B 146/1431/1).

[35] Blücher an Bundeskanzleramt, 6. Juni 1951 (BA B 146/1431/1 und B 126/12439).

[36] Kabinettsprotokolle, Band 4, 1951, S. 469 f.

[37] Auszugsweise Niederschrift und Auszug aus Kurzprotokoll der Sitzung vom 20. Juni 1951 (PA/AA, Abt. II, Bd. 1704).

[38] Vermerk Wolff, 28. Juni 1951 (BA B 126/48364).

[39] Süddeutsche Zeitung, 6. Juli 1951; Die Welt, 26. Mai 1951.

[40] Vermerk Blankenhorn, 29. Juni 1951; Vermerk Dittmann, 28. Juni 1951 (PA/HA, Abt. II, Bd. 1704).

[41] Abgedruckt in: Deutscher Bundestag, Stenographische Berichte, I. Wahlperiode, 246. Sitzung, 22. Januar 1953, S. 11761 f.

[42] Vermerk Rendel, 6. Juli 1951 (PRO FO 371/93964).

[43] Dittmann an Weiz, 7. Juli 1951 (PA/HA, Abt. II, Bd. 1504 und 1519).

[44] Financial Times, 5. Juli 1951.

[45] Vermerk Abs, 5. Juli 1951 (Archiv Abs, DAS, Juli-Konferenz 1951).

[46] Vermerk Rendel, 6. Juli 1951 (PRO FO 371/93964).

[47] Financial Times, 7. Juli 1951. Vgl. Vermerk Abs, 9. Juli 1951, und Protokoll der zweiten Sitzung des Arbeits- und Organisationsausschusses am 9. Juli 1951 (Archiv Abs, DAS, Juli-Konferenz 1951).

[48] Vermerk Vogel, 24. Juli 1951 (BA B 146/1177).

[49] Secretary of State an Embassy London, 9. Juli 1951 (NA, R 659, Box 1514, 398.10-GDC/7-751).

[50] Secretary of State an High Commissioner Frankfurt, 13. Juli 1951 (NA, RG 59, Box 1514, 398.10-GDC/7-951).

[51] McCloy an Secretary of State, 14. Juli 1951 (NA, RG 59, Box 1514, 398.10-GDC/7-1451).

[52] Ward an Adenauer, 3. Juli 1951 (BA B 126/48419).

[53] Vermerk Granow, 18. August 1951 (B 126/48419); Aufzeichnung Kaufmann, 23. Juli 1951 (PA/AA, Abt. II, Bd. 1704).

[54] Die Bundesregierung hatte in einer Note vom 11. August 1951 um Beteiligung gebeten (BA B 126/48419).

[55] Vermerk Wolff, 20. August 1951 (B 126/48419).

[56] McCloy an Byroade, 28. August 1951 (NA, RG 59, Box 1514, 398.10-GDC/8-2851).

[57] Vermerk Abs, 28. August 1951 (BA B 126/12439).

[58] Adenauer an McCloy, 29. August 1951 (Archiv Abs, DAV, Allgemeines).

[59] Vermerk Granow, 3. September 1951 (BA 126/12439).

[60] Janssen an Adenauer, 1. September 1951 (Archiv Abs, DAV, Allgemeines).

[61] Vermerk Granow, 25. September 1950 (BA B 126/48362); Neue Zürcher Zeitung, Fernausgabe, 19. Oktober 1950. Im gedruckten Text von François-Poncets Verbalnote findet sich diese Zusicherung nicht (Kabinettsprotokolle, Bd. 3, 1950, S. 133-152).

[62] McCloy an Secretary of State, 14. Juli 1951 (NA, RG 59, Box 1514, 398.GDC/7-1451).

[63] Vermerk Granow, 29. Mai 1951 (BA B 126/48363).

[64] Vermerk Blankenhorn, 7. Juni 1951 (BA B 126/48362); Blankenhorn an Schäffer, 29. Juni 1951 (BA B 126/48362; PA/AA, Abt. II, Bd. 1506). Vgl. auch Deutsche Zeitung und Wirtschaftszeitung, 28. Juli 1951.

[65] Die letzten Seiten des Berichts der deutschen Delegation über die Juli-Besprechungen in London mußten ausgetauscht werden, da sie auf die vorgesehene Ratifizierung der Erklärung vom 6. März 1951 Bezug nahmen. Vgl. Vermerk Weiz, 3. September 1951, und die Fassungen in PA/AA, Abt. II, Bd. 1504, außerdem Vermerk Schütte, 20. September 1951 (BA B 184/137).

[66] Pressedienst Wirtschafts- und Sozialpolitik, 21. Januar 1952.

[67] Hans Baumgarten nannte die Londoner Schuldenkonferenz »ein bedeutsames Stück Außenpolitik« (Frankfurter Allgemeine Zeitung, 24. April 1952). Hingegen sieht Christoph Buchheim die Frage der deutschen Auslandsverschuldung nur in Verbindung mit der Revision des Besatzungsstatuts im März 1951 als »für einen historischen Moment eine hochpolitische Sache [...] Danach aber sanken diese Angelegenheiten wieder auf die Expertenebene ab.« (Christoph Buchheim: Das Londoner

Schuldenabkommen; in: Ludolf Herbst (Hrsg.): Westdeutschland 1945-1955. Unterwerfung, Kontrolle, Integration. München 1985, S. 219-229, hier S. 222).

[68] Vermerk Bachmann, 22. Februar 1952 (BA B 136/1116).
[69] Blücher an Pfleiderer, 17. Januar 1952 (PA/AA, Abt. II, Bd. 1506).
[70] Kabinettsprotokolle, Bd. 4, 1951, S. 556.
[71] Financial Times, 23. Juli 1951.
[72] Paul West: Tauziehen um die Schuldenregelung; in: Frankfurter Allgemeine Zeitung, 4. März 1952.
[73] Deutsche Delegation für Auslandsschulden, Bericht über die Vorkonferenz, 20. August 1951 (PA/AA, Abt. II, Bd. 1504).
[74] Kabinettsprotokolle, Band 4, 1951, S. 557.

ANMERKUNGEN ZU KAPITEL VI

[1] Vermerk Vogel, 23. Juli 1951 (BA B 146/1177); vgl. auch Vermerk Rendel, 13. Juli 1951 (PRO FO 371/93916).
[2] Vermerk Vogel, 24. Juli 1951 (BA B 146/1177). Vgl. auch Rendel, Sword, S. 328 f.
[3] Byroade an Pierson, 30. August 1951 (NA, RG 59, Box 1514, 398.10-GDC/8-3051).
[4] Embassy London an Secretary of State, 12. September 1951 (NA, RG 59, Box 1514, 398.10-GDC/9-1251).
[5] Mc Cloy an Secretary of State, 24. September 1951 (NA, RG 59, Box 1514, 398.10-GDC/9-2451); Weiz an Abs, 4. Oktober 1951 (Archiv Abs, DAS, Nachkriegswirtschaftshilfe, Allgemeines). Vgl. auch Ginsburg an Abs, 2. Oktober 1951 (BA B 126/48367).
[6] Vermerk Rendel, 26. September 1951 (PRO FO 371/93917).
[7] Vermerk Crawford, 14. März 1951; Crawford an Abbott, 9. April 1951 (PRO FO 371/93914).
[8] US-Delegation ISG an Secretary of State, 22. März 1951; in: FRUS 1951, Bd. III, S. 1391-1393.
[9] Secretary of State an Embassy London, 27. April 1951 (NA, RG, Box 1513, 398.10-GDC/4-2751).
[10] Embassy London an Secretary of State, 8. Mai 1951 (NA, RG 59, Box 1513, 398.10-GDC/5-851).
[11] Stevens an Franks, 12. Juli 1951 (PRO FO 371/93916).
[12] Vermerk Copleston, 10. Mai 1951 (PRO FO 371/93914).
[13] Bericht Rendel, 28. August 1952 (PRO FO 371/100090).
[14] Vermerk Rendel, 30. Juni 1951 (PRO FO 371/93916).

[15] Vermerk Symons, 31. August 1951 (PRO FO 371/93916).
[16] Vermerk Margolies, 30. August 1951 (NA, RG 59, Box 1514, 398.10-GDC/8-3051).
[17] Slater an Blankenhorn, 31. August 1951 (Archiv Abs, DAS, Nachkriegswirtschaftshilfe Allgemeines).
[18] Foreign Office an Embassy Washington, 4. September 1951 (PRO FO 371/93916).
[19] Embassy London an Secretary of State, 26. September 1951 (NA, RG 59, Box 1514, 398.10-GDC/9-2651; Foreign Office an Embassy Washington, 2. Oktober 1951 (PRO FO 371/93917).
[20] Rendel an Franks, 6. Oktober 1951 (PRO FO 371/93917).
[21] Winfried W. Kretzschmar: Auslandshilfe als Mittel der Außenwirtschafts- und Außenpolitik. München 1964, S. 158-185.
[22] Rendel, Sword, S. 329.
[23] McCloy an Secretary of State, 11. Oktober 1951 (NA, RG 59, Box 1514, 398.10-GDC/10-1151).
[24] Secretary of State an High Commission Bonn, 12. Oktober 1951 (NA, RG 59, Box 1514, 398.10-GDC/10-1251); Secretary of State an Embassy London, 9. November 1951 (NA, RG 59, Box 1515, 398.10-GDC/11-651).
[25] Embassy Washington an Foreign Office, 19. Oktober 1951 (PRO FO 371/93917).
[26] Pierson an Lewis, 6. November 1951 (NA, RG 59, Box 1515, 398.10-GDC/11-651); Protokoll Rendel, 30. Oktober [irrtümlich: November] 1951 (PRO FO 371/93917).
[27] Slater an Blankenhorn, 17. November 1951 (PRO FO 371/93918).
[28] Wolff an Abs, 22. November 1951 (Archiv Abs, DAS, Nachkriegswirtschaftshilfe Allgemeines). Vgl. auch Vermerk Erbstößer, 4. Januar 1952 (HABBk 2467).
[29] Deutsche Delegation für Auslandsschulden, Bericht über die Besprechungen zur Regelung der Nachkriegsschulden in London vom 26. November bis 10. Dezember 1951 (Archiv Abs, DAS, Nachkriegswirtschaftshilfe/Dokumente).
[30] Archiv Abs, DAS, Nachkriegswirtschaftshilfe Allgemeines.
[31] Archiv Abs, DAS, Nachkriegswirtschaftshilfe Allgemeines.
[32] Buchheim, Wiedereingliederung, S. 73.
[33] Die als fragwürdig angesehene französische Forderung führte 1953 im Bundestag zu Schwierigkeiten bei der Ratifizierung des Londoner Schuldenabkommens, vgl. unten S. 245 f.
[34] Deutsche Delegation für Auslandsschulden, Bericht über die Besprechungen zur Regelung der Nachkriegsschulden in London vom 26. November 1951 (Archiv Abs, DAS, Nachkriegswirtschaftshilfe/Dokumente).
[35] Bulletin des Presse- und Informationsamtes der Bundesregierung, Nr. 19, 11. Dezember 1951, S. 143 f.

[36] Kabinettsprotokolle, Bd. 4, 1951, S. 810.

[37] Vocke an Schäffer, 13. November 1951 (HABBk 2043).

[38] Vocke an Schäffer, 23. Dezember 1951 (BA B 126/48371; HABBk 3773).

[39] Deutsche Zeitung und Wirtschaftszeitung, 16. Januar 1952.

[40] Memorandum der Studiengesellschaft für privatrechtliche Auslandsinteressen, 22. Dezember 1951 (PA/AA, Abt. II, Bd. 1535). In der Tat gibt es Hinweise darauf, daß ursprünglich eine stärkere Reduktion der Forderungen aus der Nachkriegswirtschaftshilfe erwartet wurde – nicht nur auf deutscher, sondern auch auf alliierter Seite. Schon 1948 hatten deutsche Politiker die Hoffnung, daß die Vereinigten Staaten nicht beabsichtigten, die Rückzahlungsbestimmungen wörtlich zu nehmen. (Werner Abelshauser: Hilfe und Selbsthilfe. Zur Funktion des Marshallplans beim westdeutschen Wiederaufbau; in: Vierteljahrshefte für Zeitgeschichte, Jg. 32, 1989, S. 85-113, hier S. 103). Alec Cairncross (The Price of War. British Policy on German Reparations 1941-1949. Oxford, New York 1986, S. 189) behauptet – allerdings ohne Beleg –, daß der britische Außenminister Bevin im September 1950 von einer Rückzahlung von nur 25 Prozent der deutschen Nachkriegsschulden gesprochen habe. Damit deckt sich eine Blücher zugeschriebene Aussage, der – laut dem *Spiegel* vom 5. März 1952 –»vor Jahren gesagt haben sollte, von den Marshallplan-Schulden bräuchten wohl 75 Prozent nicht bezahlt zu werden«. Vgl. zur Haltung Blüchers auch Vermerk Vogel, 14. Oktober 1952 (Archiv Abs, DAS, Nachkriegswirtschaftshilfe).

[41] Congressional Record, Senate, 3. März 1952, S. 1745 ff.

[42] Niemeyer an Rendel, 27. Dezember 1951 (PRO FO 371/100080).

[43] Janssen an Abs, 12. Januar 1952 (Archiv Abs, DAS, allgemeine Korrespondenz).

[44] Beyer an Adenauer, 2. Oktober 1951 (BA B 136/1116 und B 126/48367).

[45] Rust an Abs, 19. Oktober 1951 (BA B 136/1116).

[46] Abs an Adenauer, 2. November 1951 (BA B 136/1116).

[47] Wilhelm an Abs, 10. Oktober 1951 (Archiv Abs, DAS, Stillhaltung).

[48] tzl [= Heinz Pentzlin]: Hinter dem Rücken der Schuldner; in: Deutsche Zeitung und Wirtschaftszeitung, 22. Dezember 1951.

[49] Rundschreiben der Hauptgeschäftsführung des Bundesverbands der Deutschen Industrie, 19. Januar 1952 (BA B 136/1116).

[50] Fritz Berg, Otto A. H. Vogel, W. A. Menne, Otto Seeling, Otto A. Friedrich, Friedrich Spennrath.

[51] Rundschreiben der Hauptgeschäftsführung des Bundesverbands der Deutschen Industrie, 19. Januar 1952; Stein an Rust, 22. Januar 1952 (BA B 136/1116).

[52] Wellhausen an Lenz, 19. Januar 1952 (BA B 136/1116).

[53] Janssen an Abs, 12. Januar 1952 (Archiv Abs, DAS, allgemeine Korrespondenz).

[54] Memorandum der Studiengesellschaft für privatrechtliche Auslandsinteressen, 22. Dezember 1951 (PA/AA, Abt. II, Bd. 1535); ähnlich Beyer an Rust, 26. Januar 1952 (BA B 136/1116).

[55] News Chronicle, London, 9. August 1952 (Archiv Abs, DAS, Presse Ausland). Vgl. auch den Nachruf auf Niemeyer, The Times, 8. Februar 1971 sowie Welt am Sonntag, 17. August 1952.

[56] Abs an Rust, 26. Januar 1952 (BA B 136/1116).

[57] Vermerk Schütte, 7. Januar 1952 (BA B 184/449).

[58] Vermerk Burchard, 25. Januar 1952 (PA/AA, Abt. II, Bd. 1506).

[59] Vermerk Schütte (vermutlich), 1. April 1952 (BA B 184/449).

[60] Vermerk Schütte, 3. April 1952 (BA B 184/449).

[61] Kastl an Abs, 8. Mai 1952 (Archiv Abs, DAS, allgemeine Korrespondenz).

[62] Vermerk Schütte, 24. April 1952 (BA B 184/449).

[63] Blücher an Schäffer, 19. Januar 1952 (BA, NL Blücher/128).

[64] List of Delegates, 25. Juni 1952 (PA/AA, Abt. II, Bd. 1510 und 1557).

[65] Vocke an Schäffer, 23. Dezember 1951 (HABBk 3773, BA B 126/48371). Vgl. auch Blücher an Adenauer, 10. Januar 1952 (BA, NL Blücher/80).

[66] Vermerk Gurski, 11. Januar 1952 (BA B 126/48371); Vermerk Erbstößer, 11. Januar 1952 (HABBk 2467). Vgl. auch Vermerk Weiz, 1. Februar 1952 (PA/HA, Abt. II, Bd. 1506).

[67] Conference on German External Debts. Memorandum prepared by the Tripartite Commission on German Debts, December 1951 (Archiv Abs, DAS, Dokumente). Auszugsweise Übersetzung in PA/AA, Abt. II, Bd. 1506.

[68] Glain an Blankenhorn, 27. Dezember 1951 (PA/HA, II, Bd. 1505).

[69] Adenauer an Kirkpatrick, 9. Januar 1952 (Archiv Abs, DAS, Auswärtiges Amt).

[70] Kabinettsvorlage des Auswärtigen Amts, 2. Februar 1952 (PA/AA, Abt. II, Bd. 1506).

[71] Kabinettsprotokolle, Bd. 5, 1952, S. 97.

[72] Kabinettsprotokolle, Bd. 5, 1952, S. 101.

[73] Frankfurter Rundschau, 16. Februar 1952.

[74] Frankfurter Rundschau, 26. Februar 1952.

[75] Frankfurter Allgemeine Zeitung, 15. Februar 1952.

[76] Protokoll der Delegationssitzung am 19. Februar 1952 (Archiv Abs, DAS, Auswärtiges Amt).

[77] Deutsche Zeitung und Wirtschaftszeitung, 12. Januar 1952.

[78] Deutsche Delegation für Auslandsschulden, Bericht über den Verlauf des ersten Teils der Internationalen Konferenz für Auslandsschulden in der Zeit vom 28. Februar bis 4. April 1952, 2. Mai 1952 (PA/AA, Abt. II, Bd. 1574).

[79] Georg Erler: Die Rechtsprobleme der deutschen Auslandsschuldenregelung und ihre Behandlung auf der Londoner Schuldenkonferenz; ir.

Europa-Archiv, Jg. 7, 1952, S. 5165-5179. Vgl. dazu Vermerk Baur, 15. Oktober 1952 (PA/AA, Abt. II, Bd. 1579).
80 Vogel an Blücher, 8. April 1952 (Archiv Abs, DAS, allgemeine Korrespondenz/Marshallplan-Ministerium).
81 Vogel an Blücher, 8. April 1952 (Archiv Abs, DAS, allgemeine Korrespondenz/Marshallplan-Ministerium).
82 Financial Times, 26. Februar 1952; Frankfurter Allgemeine Zeitung, 4. März 1952; Frankfurter Rundschau, 5. März 1952.
83 Congressional Record, Senate, 26. Februar 1952, S. 1401 f.
84 Congressional Record, Senate, 3. März 1952, S. 1745 f. Rendel bezeichnete diesen Brief als »badly drafted and obscure«. (Rendel an Roberts, 9. April 1952; PRO FO 371/100083).
85 Protokoll der Delegationssitzung am 19. Februar 1952 (Archiv Abs, DAS, Auswärtiges Amt/Protokolle); Abs an Adenauer, 28. April 1952 (BA B 136/1116).
86 Krekeler an Auswärtiges Amt, 16. Januar 1952 (PA/AA, Abt. II, Bd. 1544); Department of State, Press Release Nr. 30, 14. Januar 1952 (PRO FO 371/100080); New York Times, 15. Januar 1952.
87 Feske an Bechtolf, 16. März 1952 (HADB, NL Bechtolf, Korrespondenz mit leitenden Herren der Bank).
88 Vogel an Blücher, 8. April 1952 (Archiv Abs, DAS, allgemeine Korrespondenz/Marshallplan-Ministerium).
89 Rendel an Roberts, 9. April 1952 (PRO FO 371/100083).
90 Deutsche Auslandsschulden, S. 96 ff.
91 Geschäftsbericht der Bank deutscher Länder für das Jahr 1953, S. 95.

ANMERKUNGEN ZU KAPITEL VII

1 Hans-Dieter Kreikamp: Zur Entstehung des Entschädigungsgesetzes der amerikanischen Besatzungszone; in: Wiedergutmachung in der Bundesrepublik Deutschland, hrsg. von Ludolf Herbst und Constantin Goschler. München 1989, S. 61-75.
2 Willy Albrecht: Ein Wegbereiter. Jakob Altmaier und das Luxemburger Abkommen; in: Wiedergutmachung in der Bundesrepublik Deutschland, hrsg. von Ludolf Herbst und Constantin Goschler. München 1989, S. 205-213, hier S. 206.
3 Frankfurter Neue Presse, 25. November 1949.
4 Eine deutsche Übersetzung der Note vom 12. März 1951 ist abgedruckt in: Felix E. Shinnar: Bericht eines Beauftragten. Die deutsch-israelischen Beziehungen 1951-1966. Tübingen 1967, S. 203-210.

⁵ Robert Haerdter: Antigermanismus? Israel, die Deutschen und die Bundesrepublik; in: Die Gegenwart, Nr. 15, 1. August 1951, S. 5 f.

⁶ Küster an Böhm, 23. Februar 1952 (PA/AA, Abt. II, Bd. 1676).

⁷ Die amerikanische Antwortnote vom 5. Juli 1951 in: FRUS, 1951, Band V, S. 748-750; die englische und die französische Note in PRO FO 371/93516 und 93517.

⁸ Vermerk Lincoln, 16. April 1951 (PRO FO 371/93515).

⁹ Durch ein Mitglied des Dreimächteausschusses erhielt die deutsche Delegation während der Londoner Schuldenkonferenz dennoch Kenntnis vom Inhalt der französischen Antwortnote. Vgl. Vermerk Vogel, 28. März 1952 (PA/AA, Abt. II, Bd. 1540), sowie Georg Vogel: Diplomat unter Hitler und Adenauer. Düsseldorf, Wien 1969, S. 231.

¹⁰ Shinnar, Bericht, S. 25. Kai v. Jena: Versöhnung mit Israel? Die deutsch-israelischen Verhandlungen bis zum Wiedergutmachungsabkommen von 1952; in Vierteljahrshefte für Zeitgeschichte, Jg. 34, 1986, S. 457-480, hier S. 462 f.

¹¹ Adenauer an Blücher, 13. Juli 1951; in: Adenauer, Briefe 1951-1953, S. 82 f.

¹² Deutscher Bundestag, Stenographische Berichte, I. Wahlperiode, 165. Sitzung, 27. September 1951, S. 6697 f.

¹³ Rudolf Huhn: Die Wiedergutmachungsverhandlungen in Wassenaar; in: Wiedergutmachung in der Bundesrepublik Deutschland; hrsg. von Ludolf Herbst und Constantin Goschler. München 1989, S. 139-160, hier S. 141. Vgl. zum Einfluß McCloys auch Bericht der britischen Gesandtschaft in Tel-Aviv, 17. September 1951 (PRO FO 371/93455).

¹⁴ Adenauer an Goldmann, 6. Dezember 1951; in: Adenauer, Briefe 1951-1953, S. 150.

¹⁵ Abs an Adenauer, 3. Dezember 1951 (Archiv Abs, DAS, Gläubigerländer/Israel).

¹⁶ Neue Zürcher Zeitung, Fernausgabe, 17. Januar 1952.

¹⁷ Vermerk Baker, 30. Oktober 1951 (NA, RG 59, Box 1514, 398.10-GDC/30-1051).

¹⁸ Vermerk Böker, 3. März 1952 (PA/AA, Abt. II, Bd. 1676); Blankenhorn an Abs, 15. März 1952 (Archiv Abs, DAS, Gläubigerländer/Israel).

¹⁹ Pfeiffer an Auswärtiges Amt, 11. März 1952 (PA/AA, Abt. II, Bd. 1676).

²⁰ Jewish Chronicle, London, 11. April 1952.

²¹ Kabinettsprotokolle, Bd. 5, 1952, S. 217.

²² Jerolaman an Margolies, 15. Mai 1952 (NA, RG 59, Box 1516, 398.10-GDC/5-1552).

²³ v. Jena, Versöhnung, S. 467.

²⁴ Yeshayahu A. Jelinek: Die Krise der Shilumim/Wiedergutmachungs-Verhandlungen im Sommer 1952; in: Vierteljahrshefte für Zeitgeschichte, Jg. 38, 1990, S. 113-139, hier S. 124.

[25] PA/AA, Abt. II, Bd. 1506.
[26] Die Erklärung von Keren ist abgedruckt in Rolf Vogel (Hrsg.): Deutschlands Weg nach Israel, Stuttgart 1967, S. 47 f.
[27] Vogel an Blücher, 1. März 1952 (BA B 146/1200; PA/AA, Abt. II, Bd. 1557).
[28] Jewish Chronicle, London, 1. Februar 1952. Auch die *New York Times* zeigte sich am 3. Januar 1952 in einem Bericht aus Tel Aviv gut unterrichtet: »It is understood that there has been some contact between Chancellor Adenauer and a prominent Israeli not connected with the Israeli Government and that the Bonn Chancellor encouraged the belief his Government would make payments in the form of goods over a period of years.«
[29] Abs an Adenauer, 29. Februar 1952 (PA/AA, Abt. II, Bd. 1540; BA B 146/1200).
[30] Abs an Adenauer, 22. Februar 1952 (BA B 136/1116; HABBk 2011).
[31] Abs an Schäffer, 25. Februar 1952 (HABBk 2011).
[32] Embassy London an Secretary of State, 3. März 1952 (NA, RG 59, Box 1516, 398.10-GDC/3-352).
[33] Crawford an britische Botschaft Tel Aviv, 11. März 1952 (PRO FO 371/100 082).
[34] Secretary of State an Embassy London, 7. März 1952 (NA, RG 59, Box 1516, 398.10-GDC/3-352).
[35] Byroade, Memorandum of Conversation with Hallstein, 12. März 1952 (NA, RG 59, 611.62A/3-1252); Lewis, Memorandum of Conversation with Krekeler, 7. April 1952 (NA, RG 59, 611.62A/4-752). Noch Ende April wurde öffentlich dafür plädiert, alle Verhandlungen gemeinsam an einem Ort zu führen (Hans Baumgarten: Die folgenschwere Schuldenkonferenz; in: Frankfurter Allgemeine Zeitung, 24. April 1952).
[36] McCloy an Secretary of State, 10. März 1952 (NA, RG 59, Box 1516, 398.10-GDC/3-1052).
[37] Secretary of State an Embassy London, 17. März 1952 (NA, RG 59, Box 1516, 398.10-GDC/3-1352).
[38] Adenauer an Abs, 8. April 1952; in: Adenauer, Briefe 1951-1953, S. 198 f. Faksimile in Manfred Pohl (Hrsg.): Hermann J. Abs, Eine Bildbiographie. Mainz 1981, S. 88. Vgl. auch Michael Wolffsohn: Das deutsch-israelische Wiedergutmachungsabkommen von 1952 im internationalen Zusammenhang; in: Vierteljahrshefte für Zeitgeschichte, Jg. 36, 1988, S. 691-731, hier S. 727 f. Er sieht diesen Brief als »Schlüsseldokument« an.
[39] Michael Wolffsohn: Globalentschädigung für Israel und die Juden? Adenauer und die Opposition in der Bundesregierung; in: Wiedergutmachung in der Bundesrepublik Deutschland, hrsg. von Ludolf Herbst und Constantin Goschler. München 1989, S. 161-190, hier S. 163-166.

Auch: Schäffer an Hartmann, 27. Februar 1952, zitiert nach: Kabinetts-protokolle, Band 5, 1952, S. 133.

[40] Adenauer an Schäffer, 29. Februar 1952; in: Vogel, Deutschlands Weg nach Israel, S. 40 f., und Adenauer, Briefe 1951-1953, S. 184 f. Ergän-zend: Adenauer an Schäffer, 3. März 1952 (Archiv Abs, DAS, Gläubiger-länder/Israel).

[41] Jewish Chronicle, London, 21. März 1952. Dazu Vermerke v. Trützsch-ler, 24. und 30. März 1952 (PA/AA, Abt. II, Bd. 1677). Das Dementi erschien am 4. April 1952.

[42] Hartmann an Hallstein, 18. Februar 1952 (PA/AA, Abt. II, Bd. 1676).

[43] Vermerk Böker, 3. März 1952 (PA/AA, Abt. II, Bd. 1676).

[44] Aufzeichnung Ludwig, 30. März 1952 (BA B 126/9863).

[45] Hans-Peter Schwarz: Die Ära Adenauer. Gründerjahre der Republik 1949-1957. Stuttgart, Wiesbaden 1981, S. 185 f.

[46] Hallstein an Abs, 5. März 1952 (Archiv Abs, DAS, Gläubigerländer/Is-rael); Vermerk Vogel, 7. März 1952 (PA/AA, Abt. II, Bd. 1540).

[47] Vermerke über die Ressortbesprechung am 8. März 1952 in PA/AA, Abt. II, Bd. 1540 und Archiv Abs, DAS, Gläubigerländer/Israel.

[48] Adenauer an Abs, 12. März 1952; in: Adenauer, Briefe 1951-1953, S. 188.

[49] Abs an Adenauer, 16. März 1952 (Archiv Abs, DAS, Gläubigerländer/Israel); Weiz an v. Trützschler, 16. März 1952 (PA/AA, Abt. II, Bd. 1513 und 1557).

[50] Wolff an Abs, 21. März 1952 (BA B 126/9863); Vogel an Blücher, 26. März 1952 (Archiv Abs, DAS, Gläubigerländer/Israel).

[51] Blücher erklärte diesen Widerspruch damit, daß die Erklärung vom September 1951 sich nur auf Wiedergutmachungsleistungen durch Ver-besserung der innerstaatlichen deutschen Gesetzgebung bezogen habe. Die Forderung Israels zur Erstattung der Eingliederungskosten war zu diesem Zeitpunkt weder der Art noch der Höhe nach bekannt gewesen. (Niederschrift über Besprechung am 14. Mai 1952, BA B 146/1200). Vgl. v. Jena, Versöhnung, S. 464.

[52] Warner an Kirkpatrick, 2. Mai 1952 (PRO FO 371/100007).

[53] Vermerk Vogel, 31. März 1952 (Archiv Abs, DAS, Auswärtiges Amt).

[54] Vermerk Emminger, 3. April 1952 (HABBk 2474).

[55] Ebenda.

[56] Deutsche Delegation für Auslandsschulden, Bericht über den Verlauf des ersten Teils der Internationalen Konferenz für Auslandsschulden in der Zeit vom 28. Februar bis 4. April 1952, 2. Mai 1952 (PA/AA, Abt. II, Bd. 1574). Vgl. zu den ursprünglichen Memoranden unten S. 146 f.

[57] Vogel an Blücher, 8. April 1952 (Archiv Abs, DAS, allgemeine Korre-spondenz/Marshallplan-Ministerium).

[58] Protokoll der Plenarsitzung, 4. April 1952 (Archiv Abs, DAS, Doku-mente).

[59] Die *Times* vom 15. Januar 1952 hatte damit gerechnet, daß die Konferenz bis Ende April dauern würde, während man auf deutscher Seite erwartete, sie »werde sich viele Monate mit Unterbrechungen hinziehen«. (Vermerk Wegmann, 11. Februar 1952; BA B 126/48408).

[60] Bericht Rendel, 28. August 1952 (PRO FO 371/100090).

[61] Vogel an Blücher, 8. April 1952 (Archiv Abs, DAS, allgemeine Korrespondenz/Marshallplan-Ministerium).

[62] Abs an Adenauer, 31. März 1952 (Archiv Abs, DAS, Gläubigerländer/Israel). Vgl. Wolffsohn, Globalentschädigung, S. 167.

[63] Franz Böhm: Das deutsch-israelische Abkommen 1952; in: Konrad Adenauer und seine Zeit. Politik und Persönlichkeit des ersten Bundeskanzlers. Beiträge von Weg- und Zeitgenossen. Stuttgart 1976, S. 437-465, hier S. 448.

[64] Acheson an McCloy, 4. April 1952; in: FRUS 1952-1954, Band IX, S. 913 f.; Foreign Office an Kirkpatrick, 4. April 1952; Kirkpatrick an Roberts, 5. April 1952 (PRO FO 371/100007). Vgl. auch Huhn, Wiedergutmachungsverhandlungen, S. 148.

[65] Akten zur Auswärtigen Politik der Bundesrepublik Deutschland, Bd. 2, S. 37.

[66] Frowein, Protokoll der Sitzung vom 5. April 1952 (Archiv Abs, DAS, Gläubigerländer/Israel).

[67] Zitiert nach Wolffsohn, Globalentschädigung, S. 168.

[68] Abs an Adenauer, 7. April 1952 (Archiv Abs, DAS, Gläubigerländer/Israel); Vermerk Wolff, 7. April 1952 (BA B 126/51544). Vgl. auch Frankfurter Allgemeine Zeitung, 9. April 1952; Handelsblatt, 23. April 1952.

[69] Böhm, Das deutsch-israelische Abkommen 1952, S. 454.

[70] Roberts an Kirkpatrick, 7. April 1952 (PRO FO 371/100007).

[71] Vermerk Wilson, 22. Mai 1952 (PRO FO 371/100008).

[72] Michael Wolffsohn: Die Wiedergutmachung und der Westen – Tatsachen und Legenden; in: Aus Politik und Zeitgeschichte, Nr. 16/17, 18. April 1987, S. 19-29.

[73] Vermerk Krebs, 19. April 1952 (Archiv Abs, DAS, Gläubigerländer/Israel). Vgl. auch Shinnar, Bericht, S. 38.

[74] Vermerk Krebs, 23. April 1952 (Archiv Abs, DAS, Gläubigerländer/Israel).

[75] Abs an Adenauer, 1. Mai 1952 (Archiv Abs, DAS, Gläubigerländer/Israel).

[76] Goldmann an Adenauer, 6. Mai 1952 (PA/AA, Abt. II, Bd. 1677).

[77] Steg an Weiz, 19. Mai 1952 (PA/AA, Abt. II, Bd. 1579).

[78] Wilmanns, Gutachten zur deutschen Auslandsverschuldung, 1. August 1947 (PA/AA, Abt. II, Bd. 1564).

[79] Abs, Probleme der deutschen Auslandsverschuldung, S. 82.

[80] Vermerk Tomberg, 27. Oktober 1949 (BA B 146/1175).

[81] Vermerk Gurski, 1. März 1950 (PA/AA, Abt. II, Bd. 1496).

[82] Slater an Blankenhorn, 9. Mai 1950 (PA/AA, Abt. II, Bd. 1496).

[83] German External Debts – Pre-War Debts. Report of the Working Party of the Allied Bank Commission, 17. Juni 1950 (HABBk 3376).

[84] Vermerk Granow, 10. November 1950 (BA B 146/1174 und B 126/48362; PA/AA, Abt. II, Bd. 1504; HABBk 2466 und 3765). Vgl. auch Financial Times, 28. November 1950; abgedruckt in: Bank deutscher Länder, Auszüge aus Presseartikeln, Nr. 140, 1. Dezember 1950, S. 5.

[85] Die Auslandsverschuldung Deutschlands nach dem Stand vom 30. September 1940, hrsg. von der Anmeldestelle für Auslandsschulden. Berlin [1940].

[86] Vermerk v. Schelling, 16. Dezember 1949 (HABBk 3805).

[87] Vocke an Bernard, 15. August 1950 (HABBk 3116); Kabinettsprotokolle, Bd. 2, 1950, S. 641.

[88] Bekanntmachung der Bank deutscher Länder vom 5. September 1950; in: Bundesanzeiger, Nr. 178, 15. September 1950.

[89] Vermerk Erbstößer, 11. April 1951 (HABBk 3765). Vgl. Vocke an Bernard, 5. Juni 1951 (HABBk 3116).

[90] Deutsche Auslandsschulden, S. 96 ff.

[91] Vermerk Kosmol, 28. November 1951 (BA B 126/48367).

[92] Weiz, Kurzprotokoll der Sitzung der Deutschen Delegation für Auslandsschulden am 21. April 1952 (PA/AA, Abt. II, Bd. 1507).

[93] Konferenzdokument GD/V/Steer/Dok. 11 (Archiv Abs, DAS, Dokumente).

[94] Ludwig Erhard: Die deutsche Wirtschaftspolitik im Blickfeld europäischer Politik; in: Albert Hunold (Hrsg.): Wirtschaft ohne Wunder. Erlenbach-Zürich 1953, S. 128-157, hier S. 138.

[95] High Commission Wahnerheide an Foreign Office, 19. September 1950. (PRO FO 371/85086).

[96] Werner Abelshauser: Ansätze »korporativer Marktwirtschaft« in der Korea-Krise der frühen fünfziger Jahre. Ein Briefwechsel zwischen dem Hohen Kommissar John McCloy und Bundeskanzler Konrad Adenauer; in: Vierteljahrshefte für Zeitgeschichte, Jg. 30, 1982, S. 715-756, hier S. 734-738.

[97] Vgl. Geschäftsbericht 1950 der Kreditanstalt für Wiederaufbau, S. 21.

[98] Hermann J. Abs, Vortrag vor der Industrie- und Handelskammer Frankfurt am Main am 23. Mai 1951 (Archiv Abs, Vorträge).

[99] Michael J. Hogan: The Marshall Plan. America, Britain, and the reconstruction of Western Europe, 1947-1952. Cambridge 1987, S. 355.

[100] Wilhelm Röpke: Das deutsche Wirtschaftsexperiment – Beispiel und Lehre; in: Albert Hunold (Hrsg.): Vollbeschäftigung, Inflation und Planwirtschaft. Erlenbach-Zürich 1951, S. 261-312, hier S. 291.

[101] Geschäftsbericht der Bank deutscher Länder für das Jahr 1950, S. 56.

[102] Edgar Salin: Die Überbrückung der westdeutschen Zahlungskrise; in: Basler Nachrichten, Nr. 541, 545 und 547, 19., 21. und 22. Dezember 1950.

[103] Rheinisch-Westfälische Bank, Wirtschaftsbericht, Januar 1952, S. 11.

[104] Vocke an Adenauer, 14. Oktober 1950; abgedruckt in: Die Korea-Krise als ordnungspolitische Herausforderung, S. 193-196.

[105] Abs, Probleme der europäischen Kreditwirtschaft, S. 21.

[106] Vocke an Adenauer, 26. Februar 1951; abgedruckt in: Die Korea-Krise als ordnungspolitische Herausforderung, S. 275-277.

[107] Institut für Weltwirtschaft an der Universität Kiel, Möglichkeiten und Grenzen eines deutschen Auslandsschuldendienstes (Innere Aufbringung und Transfer), Mai 1952, S. 2 (Archiv Abs, DAS, Transfer).

[108] Fritz Neumark: Zur Finanzgeschichte der Weimarer Republik; in: Finanzarchiv, Bd. 35, 1976/77, S. 351-366, hier S. 355 f.

[109] Vermerk Fetter, 25. Juli 1951 (NA, RG 59, Box 1514, 398.10-GDC/7-2551).

[110] Vermerk des BDI über Besprechung am 21. Februar 1952, 4. März 1952 (Archiv Abs, DAS, allgemeine Korrespondenz).

[111] Vermerk v. Spindler, 13. Februar 1952 (BA B 126/48378); Deutsche Delegation für Auslandsschulden, Memorandum über die deutsche Aufbringungsfähigkeit, 20. November 1951 (PA/AA, Abt. II, Bd. 1533).

[112] Fetter an Margolies, 4. Februar 1952 (NA, RG 59, Box 1516, 398.10-GDC/2-852).

[113] Blücher an Schäffer, 19. Januar 1952 (BA, NL Blücher/128); Deutsche Delegation für Auslandsschulden, Memorandum über die deutsche Transferfähigkeit, 10. November 1951 (PA/AA, Abt. II, Bd. 1534).

[114] Schäffer an Vocke, 26. Januar 1951 (HABBk 2043).

[115] Geschäftsbericht der Bank deutscher Länder für das Jahr 1951, S. 5.

[116] Institut für Weltwirtschaft an der Universität Kiel, Möglichkeiten und Grenzen eines deutschen Auslandsschuldendienstes (Unsere Aufbringung und Transfer), Mai 1952, S. 2 (Archiv Abs, DAS, Transfer).

[117] The Economist, 15. Dezember 1951, S. 1490. Das Bundeswirtschaftsministerium sah diese Angabe als von der britischen Regierung inspiriert an (Vermerk, 13. Februar 1952; Archiv Abs, DAS, Gläubigerländer/Israel).

[118] Ginsburg an Leverkuehn, 3. Juni 1952 (BA B 126/48380).

[119] Bank deutscher Länder, Die deutsche Transferfähigkeit, 2. Februar 1952 (Archiv Abs, DAS, Transfer). Vgl. Reinhard Neebe: Technologietransfer und Außenhandel in den Anfangsjahren der Bundesrepublik Deutschland; in: Vierteljahrschrift für Sozial- und Wirtschaftsgeschichte, Bd. 76, 1989, S. 49-75, hier S. 57.

[120] Hermann J. Abs, Vortrag in der Universität Bonn am 28. Januar 1952 (PA/AA, Abt. II, Bd. 1555).

[121] Vermerk Erbstößer, 11. Januar 1952 (HABBk 2467).

[122] Conference on German External Debts. Memorandum prepared by the Tripartite Commission on German Debts, December 1951, hier zitiert nach der deutschen Teilübersetzung in PA/AA, Abt. II, Bd. 1506.

[123] Vermerk v. Schelling, 22. Mai 1951 (HABBk 2466).

[124] Deutsche Delegation für Auslandsschulden, Bemerkungen zur Sperrmarkfrage, 1. April 1952 (Archiv Abs, DAS, Dokumente).

[125] Paul West: Tauziehen um die Schuldenregelung, in: Frankfurter Allgemeine Zeitung, 4. März 1952.

[126] Niemeyer an Rendel, 9. April 1952 (PRO FO 371/100084).

[127] Abs an Vorsitzenden des Handelspolitischen Ausschusses, 14. März 1952 (Archiv Abs, DAS, Transfer).

[128] Bundesministerium für Wirtschaft, Vermerk vom 13. Februar 1952 (Archiv Abs, DAS, Gläubigerländer/Israel).

[129] Erhard an Adenauer, 16. April 1952 (Archiv Abs, DAS, Gläubigerländer/Israel).

[130] Vocke an Berger, 9. April 1952 (HABBk 2014).

[131] Anlage zu: Vocke an Erhard, 28. April 1952 (HABBk 2021).

[132] Abs an Adenauer, 22. April 1952 (BA B 136/1116).

[133] Weiz, Kurzprotokoll der Delegationssitzung am 21. April 1952 (PA/AA, Abt. II, Bd. 1507); Bundesministerium für Wirtschaft, Arbeitsentwurf: Darstellung der deutschen Transferfähigkeit, 21. April 1952 (Ebenda und HABBk 644).

[134] Neue Zürcher Zeitung, Fernausgabe, 8. September 1951 und 3. Oktober 1951. Vgl. auch Financial Times, 24. November 1951.

[135] Vermerk Herbst, 24. April 1952 (BA B 126/48380).

[136] Ungezeichnete Niederschrift über eine Besprechung im Palais Schaumburg am 15. [muß heißen: 14.] Mai 1952 etwa von 11.30 Uhr bis 14.30 Uhr unter Leitung des Bundeskanzlers (zum Schluß des Vizekanzlers) (BA B 146/1200).

[137] Steg an Weiz, 19. Mai 1952 (PA/AA, Abt. II, Bd. 1579).

[138] Kabinettsvorlage des Bundesfinanzministeriums, 15. Mai 1952 (BA B 126/48380).

[139] In seinen Erinnerungen 1953-1955 (Stuttgart 1966, S. 147) behauptet Adenauer, von diesem Vorschlag nichts gewußt zu haben, doch sprechen zu viele Dokumente gegen seine Version. Vgl. Abs an Adenauer, 16. Mai 1952 (Archiv Abs, DAS, Gläubigerländer/Israel); Kabinettsvorlage des Bundesfinanzministers, 15. Mai 1952 (BA B 126/48380); Kabinettsprotokolle, Bd. 5, 1952, S. 329 f.; v. Jena, S. 473 f.

[140] Böhm: Das deutsch-israelische Abkommen 1952, S. 458.

[141] Krebs, Aufzeichnung über die Sitzung des Arbeits- und Organisationsausschusses vom 19. Mai 1952 (Archiv Abs, DAS, Auswärtiges Amt).

[142] Vermerk Abs, 20. Mai 1952 (Archiv Abs, DAS, Gläubigerländer/Israel).

[143] Goldmann an Adenauer, 19. Mai 1952; abgedruckt in: Vogel, Deutschlands Weg nach Israel, S. 52-54.
[144] Embassy London an Secretary of State, 20. Mai 1952 (NA, RG 59, Box 1516, 398.10-GDC/5-2052); Goldmann, Staatsmann ohne Staat, S. 326.
[145] Huhn, Wiedergutmachungsverhandlungen, S. 151.
[146] Painter, Protokoll über die Sitzung am 20. Mai 1952 (PRO FO 371/100084).
[147] Financial Times, 20. Mai 1952.
[148] Vermerk Baur, 20. Mai 1952 (PA/AA, Abt. II, Bd. 1557); Vermerk Crawford, 22. Mai 1952 (PRO FO 371/100084).
[149] Vermerk Seeliger, 20. Mai 1952 (Archiv Abs, Gläubigerländer/Israel).
[150] Adenauer an Abs, 21. Mai 1952; abgedruckt in: Adenauer, Briefe 1951-1953, S. 219.
[151] Kabinettsprotokolle, Bd. 5, 1952, S. 348 f.
[152] Huhn, Wiedergutmachungsverhandlungen, S. 153.
[153] Embassy London an Secretary of State, 20. Mai 1952 (NA, RG 59, Box 1516, 398.10-GDC/5-2052).
[154] Vermerk Crawford, 22. Mai 1952 (PRO FO 371/100084).
[155] Vermerk Crawford, 22. Mai 1952 (PRO FO 371/100084).
[156] Parker an Palliser, 9. April 1952 (PRO FO 371/100083).
[157] Abs, Bericht vor dem Auswärtigen Ausschuß des Bundestages, 8. Mai 1952 (Archiv Abs, DAS, Bundestag/Bundesrat).
[158] Vermerk Crawford, 22. Mai 1952 (PRO FO 371/100084).
[159] Vermerk Crawford, 22. Mai 1952 (PRO FO 371/100084). Vgl. auch The Economist, 24. Mai 1952, S. 535 f.
[160] Copleston an Roberts, 22. Mai 1952 (PRO FO 371/100084).
[161] Crawford an Copleston, 23. Mai 1952 (PRO FO 371/100084).
[162] Pierson an Riddleberger, 22. Mai 1952 (NA RG 59, Box 1516, 398.10-GDC/5-2252).
[163] Pierson an Riddleberger, 22. Mai 1952 (NA, RG 59, Box 1516, 398.10-GDC/5-2252).
[164] Bulletin des Presse- und Informationsamtes der Bundesregierung, Nr. 62, 4. Juni 1952, S. 682-687.
[165] Embassy London an Secretary of State, 23. Mai 1952 (NA, RG 59, Bot 1516, 398.10-GDC/5-2352).
[166] Financial Times, 31. Mai 1952.
[167] Edgar Salin: Westdeutsche Kreditpolitik im Schwebezustand; in: Basler Nachrichten, Nr. 266, 27. Juni 1952; abgedruckt in: Bank deutscher Länder, Auszüge aus Presseartikeln, Nr. 74, 2. Juli 1952, S. 1-3.
[168] Rendel an Roberts, 30. Mai 1952 (PRO FO 371/100085); Embassy London an Secretary of State, 28. Mai 1952 (NA, RG 59, Box 1516, 398.10-GDC/5-2852); Pierson an Riddleberger, 28. Mai 1952 (NA, RG 59, Box 1516, 398.10-GDC/5-2852).

[169] Financial Times, 27. Mai 1952.
[170] Vgl. auch Bericht Schlange-Schöningen zur Reaktion der englischen Presse, 4. Juni 1952 (PA/AA, Abt. II, Bd. 1507).
[171] Bulletin des Presse- und Informationsamtes der Bundesregierung, Nr. 62, 4. Juni 1952, S. 686. Vgl. auch The Economist, 7. Juni 1952, S. 674.
[172] Eden an Foreign Office, 28. Mai 1952 (PRO FO 371/100084). Vgl. Rendel an Roberts, 30. Mai 1952 (PRO FO 371/100085); Embassy London an Secretary of State, 30. Mai 1952 (NA, RG 59, Box 1516, 398.10-GDC/5-3052).
[173] Vermerk Merton, 5. März 1952 (Archiv Abs, DAS, allgemeine Korrespondenz).
[174] Protokoll der neunten Sitzung des Arbeits- und Organisationsausschusses am 12. Juni 1952 (Archiv Abs, DAS, Dokumente).
[175] Bericht Rendel, 28. August 1952 (PRO FO 371/100090).
[176] Berger an Westrick, 7. Februar 1952 (Archiv Abs, DAS, allgemeine Korrespondenz).
[177] Protokoll der Sitzung des Dreimächteausschusses am 29. November 1951 (Archiv Abs, DAS, Prozeß Young-Anleihe).
[178] Rendel an Roberts, 9. August 1952 (PRO FO 371/100083).
[179] Abbott an Crawford, 23. Oktober 1951 (PRO FO 371/93872).
[180] Der Bund, Bern, 17. Juni 1952.
[181] Embassy London an Secretary of State, 28. März 1952 (NA, RG 59, Box 1516, 398.10-GDC/3-2852).
[182] Embassy London an Secretary of State, 1. April 1052 (NA, RG 59, Box 1516, 398.10-GDC/4-152).
[183] Vermerk Rendel, 3. April 1952 (PRO FO 371/100103).
[184] Niemeyer an Rendel, 8. August 1951 (PRO FO 371/93872).
[185] Niemeyer an Rendel, 9. April 1952 (PRO FO 371/100084).
[186] Embassy London an Secretary of State, 5. Juni 1952 (NA, RG 59, Box 1517, 398.10-GDC/6-552); Abs an Auswärtiges Amt, 19. Juni 1952 (PA/AA, Abt. II, Bd. 1507); Vermerk Roberts, 11. Juni 1952 (PRO FO 371/100086).
[187] Vermerk Rendel, 4. Juni 1952 (PRO FO 371/100085).
[188] Industriekurier, 19. Juni 1952.
[189] »Am Mittwoch [11. Juni] gab es im Salon von Dr. Rogers im Savoy-Hotel einen solchen Krach, daß die schlimmsten Erwartungen gehegt werden«, meldete der Industriekurier am 14. Juni 1952.
[190] Secretary of State an Embassy London, 21. Juni 1952 (NA, RG 59, Box 1517, 398.10-GDC/6-2152).
[191] Vermerk Robinson über Gespräch mit Rogers und Spang, 20. Juni 1952 (NA, RG 59, Box 1517, 398.10-GDC/6-2052).
[192] Secretary of State an Embassy London, 21. Juni 1952 (NA, 59, Box 1517, 398.10-GDC/6-2152).

[193] Secretary of State an Embassy London, 23. Juni 1952 (NA, RG 59, Box 1517, 398.10-GDC/6-2352).

[194] Industriekurier, 26. Juni 1952.

[195] Vermerk Rendel, 26. Juni 1952 (PRO FO 371/100104).

[196] Embassy of London an Secretary of State, 25. Juni 1952 (NA, RG 59, Box 1517, 398.10-GDC/6-2552).

[197] Secretary of State an Embassy London, 23. Juni 1952 (NA, RG 59, Box 1517, 398.10-GDC/6-2352).

[198] Protokoll der Sitzung des Dreimächteausschusses am 29. November 1951 (Archiv Abs, DAS, Prozeß Young-Anleihe).

[199] Pierson an Secretary of State, 24. Juni 1952 (NA, RG 59, Box 1517, 398.10-GDC/6-2452).

[200] Eden an Embassy Washington 28. Juni 1952 (PRO FO 371/100104). Vgl. The Economist, 5. Juli 1952, S. 43 f.

[201] Embassy London an Secretary of State, 14. Juli 1952 (NA, RG 59, Box 1517, 398.10-GDC/7-1452).

[202] Handelsblatt, 23. Juni 1952.

[203] Vermerk Abs, 31. Juli 1972 (Archiv Abs, DAS, Prozeß Young-Anleihe). Für die Schweiz war diese Regelung nachteilig, da die Abwertung des Schweizer Frankens geringer gewesen war als die des Dollars. Als »Kompensation« wurde ein Hinweis auf die deutsche Wirtschafts- und Finanzlage in die vereinbarten Empfehlungen zur Regelung der Young-Anleihe aufgenommen.

[204] Abs an Zürcher Kantonalbank, 29. Dezember 1954 (Archiv Abs, DAS, Beratung).

[205] Embassy London an Secretary of State, 18. Juli 1952 (NA, RG 59, Box 1517, 398.10-GDC/7-1852).

[206] Embassy of London an Secretary of State, 22. Juli 1952 (NA, RG 59, Box 1517, 398.10-GDC/7-2252). Diese Aussage bezieht sich auf die Empfehlungen einer alliierten Studiengruppe aus dem Jahre 1948, die im Jahr darauf veröffentlicht wurden. Vgl. The Protection of Foreign Interests in Germany; in: Department of State Bulletin, Bd. 21, Nr. 537, 17. Oktober 1949, S. 573-584, hier S. 582 f. Allgemein zum Bericht der Studiengruppe Buchheim, Das Londoner Schuldenabkommen, S. 220 f.

[207] Embassy London an Secretary of State, 23. Juli 1952 (NA, RG 59, Box 1517, 398.10-GDC/7-2352).

[208] Vgl. S. W. [= Salomon Wolff]: »Gold, das Zinsen trägt«. Zur Emission der französischen Staatsanleihen; in: Neue Zürcher Zeitung, Fernausgabe, 28. Mai 1952.

[209] Vermerk Abs, 31. Juli 1972; Protokoll der Sitzung im Auswärtigen Amt, 8. Juli 1971 (Archiv Abs, DAS, Prozeß Young-Anleihe).

[210] Protokoll der Sitzung am 30. Juli 1952; Vermerk Wallenborg, 4. Juni 1973 (Archiv Abs, DAS, Prozeß Young-Anleihe).

211 Schäffer an Ernst, 16. August 1963 (Archiv Abs, DAS, Prozeß Young-Anleihe).

212 Vermerk Palliser, 7. August 1952 (PRO FO 371/100089).

213 Vermerk Jones, 1. August 1952, Embassy London an Secretary of State, 1. August 1952 (beide: NA, RG 59, Box 1517, 398.10-GDC/8-152).

214 Vermerk Jones, 3. August 1952 (NA, RG 59, Box 1517, 398.10-GDC/8-352).

215 Eckhard Wandel: Hans Schäffer. Steuermann in wirtschaftlichen und politischen Krisen. Stuttgart 1974, S. 282. Schon in der Zeit der Weimarer Republik war Schäffers Neigung zu akribischer Dokumentation nicht überall auf Gegenliebe gestoßen. Seine Aufzeichnungen verliehen ihm Macht, und es hieß, daß Reichsbankpräsident Luther sich vor eigenen Aussprüchen fürchtete, die Schäffer festgehalten hatte. (Salin an Harms, 3. Dezember 1931, UB Basel, NL Salin).

216 Vermerk Abs, 31. Juli 1972 (Archiv Abs, DAS, Prozeß Young-Anleihe). Vgl. Peter F. Schaffner: Die Regelung der verbrieften Auslandsschulden des Deutschen Reichs innerhalb des Londoner Schuldenabkommens – ein taugliches Modell zur Bereinigung gouvernementaler Auslandsschulden? Diss. Würzburg 1987, S. 45.

217 Vgl. unten S. 265 f.

218 Deutsche Delegation für Auslandsschulden, Bericht über den Verlauf des ersten Teiles der Internationalen Konferenz für deutsche Auslandsschulden in der Zeit vom 28. Februar bis 4. April 1952, 2. Mai 1952 (PA/AA, Abt. II, Bd. 1507).

219 Baur an Blücher, 12. Juni 1952 (PA/AA, Abt. II, Bd. 1557); Vermerk v. Schelling, 12. Juni 1952 (PA/AA, Abt. II, Bd. 1510 und 1557).

220 Vermerk v. Schelling, 10. Juni 1952 (HABBk 3775; PA/AA, Abt. II, Bd. 1571).

221 Fritz E. Unger: Das Deutsche Kreditabkommen 1952; in: Zeitschrift für das gesamte Kreditwesen, Jg. 5, 1952, S. 441 f.

222 Vermerk Klasen, 19. Juni 1952 (Archiv Abs, DAS, Anlage III/Stillhaltung).

223 Financial Times, 10. April 1952.

224 Memorandum Gomory, 30. April 1952 (Archiv Abs, DAS, Anlage III/Stillhaltung).

225 Financial Times, 21. Juni 1952.

226 Protokoll der Sitzung am 20. Juni 1952 (Archiv Abs, DAS, Protokolle).

227 Gomory an Riddleberger, 9. Juli 1952 (NA, RG 59, Box 1517, 398.10-GDC/7-952).

228 Riddleberger an Gomory, 21. Juli 1952 (NA, RG 59, Box 1517, 398.10-GDC/7-952).

229 Embassy London an Secretary of State, 20. Oktober 1952 (NA, RG 59, Box 1518, 398.10GDC/10-2052).

[230] Baur, Protokoll über Sitzung des Ausschusses A am 12. März 1952 (HADB, Zentrale/Auslandssekretariat, Handakten Krebs).

[231] Vermerk Vogel, 23. Juni 1952 (Archiv Abs, DAS, Anlage I).

[232] Blücher an Abs, 19. Juni 1952 (Archiv Abs, DAS, Anlage I).

[233] Blücher an Abs, 18. Juli 1952 (Archiv Abs, DAS, allgemeine Korrespondenz/Marshallplan-Ministerium).

[234] Industriekurier, 19. Juli 1952.

[235] Blücher an Abs, 18. Juli 1952 (Archiv Abs, DAS, allgemeine Korrespondenz/Marshallplan-Ministerium).

[236] Deutsche Auslandsschulden, S. 11.

[237] Vermerk Vogel, 23. Juni 1952 (Archiv Abs, DAS, Anlage I).

[238] Baur, Protokoll über Sitzung des Ausschusses A am 22. Juli 1952 (PA/AA, Abt. II, Bd. 1569). Vgl. auch Vogel an Blücher, 23. Juli 1952 (PA/AA, Abt. II, Bd. 1510).

[239] Baur, Protokoll über Sitzung Ausschuß A am 29. Juli 1952 (PA/AA, Abt. II, Bd. 1569).

[240] Heinrich Stein: Handel mit deutschen Auslandsbonds; in: Wertpapier-Mitteilungen, Teil IV B, 10. Jg. Nr. 2, 14. Januar 1956, S. 46-53; Hans-Georg Glasemann: Die Schattenquoten aus dem Londoner Schuldenabkommen; in: Die Bank, H. 6, Juni 1990, S. 347-353.

[241] Abs, Das Londoner Schuldenabkommen; in: Zeitfragen, S. 25.

[242] Deutscher Bundestag, Stenographische Berichte, I. Wahlperiode, 279. Sitzung, 2. Juli 1953, S. 14026 (Rede des SPD-Abgeordneten Gülich).

[243] Bank deutscher Länder an Abs, 12. August 1950 (Archiv Abs, DAS, Stillhaltung/Korrespondenz BdL). Vgl. auch Hans Gurski: Das Abkommen über deutsche Auslandsschulden und seine Durchführungsbestimmungen. Loseblatt-Sammlung, 2. Auflage, Köln 1955, S. 614.

[244] Gurski, Abkommen, S. 616 f.

[245] Blücher an Abs, 18. Juli 1952 (Archiv Abs, DAS, allgemeine Korrespondenz/Marshallplanministerium).

[246] Deutsche Delegation für Auslandsschulden, Aufzeichnung über die Konversionskasse für deutsche Auslandsschulden, 31. Januar 1952 (Archiv Abs, DAS, Konversionskasse).

[247] Kabinettsprotokolle, Bd. 4, 1951, S. 263.

[248] Die Tagebuchaufzeichnung Otto Lenz' vom 20. März 1951 ist in dieser Hinsicht irreführend. (Otto Lenz: Im Zentrum der Macht. Düsseldorf 1990, S. 61 f.).

[249] Secretary of State an High Commission Bonn, 11. Mai 1951 (NA, RG 59, Box 1513, 398.10-GDC/5-1151); McCloy an Secretary of State, 18. Mai 1951 (NA, RG 59, Box 1513, 398.10-GDC/5-1851).

[250] Granow an Schäffer, 24. Juli 1952 (BA B 126/48395).

[251] Diplomatische Vertretung Washington, Finanzbericht 44/51, 31. Juli 1951 (HABBk 3766).

[252] Bundesverband der Deutschen Industrie an Abs, 22. Juli 1952; Gummert an Abs, 22. Juli 1952 (PA/AA, Abt. II, Bd. 1569).

[253] Abs an Auswärtiges Amt, 23. Juli 1952 (PA/AA, Abt. II, Bd. 1569).

[254] Kabinettsprotokolle, Bd. 5, 1952, S. 486 f.

[255] Vogel, Vermerk über informelle Besprechung Ausschuß A am 3. Juli 1952 (PA/AA, Abt. II, Bd. 1569).

[256] H. Weitnauer: Das Londoner Schuldenabkommen und seine Ausführung. Düsseldorf 1953, S. 10.

[257] Industriekurier, 1. Juli 1952; Vogel an Blücher, 11. August 1952 (PA/AA, Abt. II, Bd. 1557; HABBk 2469).

[258] Vermerk Merton, 5. März 1952 (Archiv Abs, DAS, allgemeine Korrespondenz).

[259] Tr. [= Walter Trautmann]: Handelspolitik und Schuldentransfer; in: Vereinigte Wirtschaftsdienste, 19. August 1952; abgedruckt in: Bank deutscher Länder, Auszüge aus Presseartikeln, Nr. 95, 20. August 1952, S. 4-6.

[260] Vogel an Blücher, 8. April 1952 (Archiv Abs, DAS, allgemeine Korrespondenz/Marshallplan-Ministerium).

[261] Paul Krebs: »You just pay the amounts due . . .«. Vor 25 Jahren ist der Anlauf zu den Londoner Schuldenverhandlungen genommen worden; in: Börsen-Zeitung, Frankfurt, Nr. 253, Jahresschlußausgabe 1976, S. 13.

[262] Abs an Adenauer, 13. März 1952; v. Trützschler an Abs, 15. März 1952 (PA/AA, Abt. II, Bd. 1507 und 1557). Vgl. Kabinettsprotokolle, Bd. 5, 1952, S. 173.

[263] Bulletin des Presse- und Informationsamtes der Bundesregierung, Nr. 56, 17. Mai 1952, S. 612.

[264] Bulletin des Presse- und Informationsamtes der Bundesregierung, Nr. 74, 21. Juni 1952, S. 777.

[265] Hermann J. Abs: Die volkswirtschaftliche Belastung durch das Londoner Schuldenabkommen. Vortrag in Essen am 27. Mai 1953 (Archiv Abs, Vorträge).

[266] Vermerk Wolff, 23. Februar 1953 (BA B 126/48408).

[267] Ag [= Erich Achterberg]: Das Wort hat die Zentralbank; in: Zeitschrift für das gesamte Kreditwesen, Jg. 5, 1952, S. 299-301.

[268] Vgl. dazu den für die Stimmung eines Teils der deutschen Delegation aufschlußreichen Vermerk v. Schellings vom 17. Juni 1952 (HABBk 3116).

[269] Abs an Adenauer, 7. April 1952 (Archiv Abs, DAS, Gläubigerländer/Israel); vgl. auch Ginsburg an Leverkuehn, 5. Juni 1952 (BA B126/48380).

[270] Notiz Weiz über Besprechung am 2. Juli 1952, 3. Juli 1952 (PA/AA, Abt. II, Bd. 1564).

[271] Abs an Pierson, 5. Juli 1952 (PA/AA, Abt. II, Bd. 1510 und 1551).

[272] Financial Times, 3. Juli 1952; Vermerk Weiz, 3. Juli 1952 (Archiv Abs, DAS, Auswärtiges Amt). Vgl. auch The Economist, 5. Juli 1952, S. 43 f.

[273] Pierson an Secretary of State, 25. Juni 1952 (NA, RG 59, Box 1517, 398.10-GDC/6-2552).

[274] Bericht Rendel, 28. August 1952 (PRO FO 371/100090).

[275] Abs an Pierson, 5. Juli 1952 (PA/AA, Abt. II, Bd. 1510 und 1551).

[276] Protokoll der Sitzung des Arbeits- und Organisationsausschusses am 17. Juli 1952 (Archiv Abs, DAS, Protokolle.

[277] Baur an Blücher, 8. Juli 1952 (BA B 126/48380; PA/AA, Abt. II, Bd. 1510).

[278] Bericht Rendel, 28. August 1952 (PRO FO 371/100090).

[279] Bericht der Konferenz über Deutsche Auslandsschulden, London, Februar-August 1952, 8. August 1952 (Archiv Abs, DAS, Dokumente).

[280] Vermerk v. Schelling, 22. Mai 1951 (HABBk 2466).

[281] Hermann J. Abs: Die volkswirtschaftliche Belastung durch das Londoner Schuldenabkommen. Vortrag in Essen am 27. Mai 1953 (Archiv Abs, Vorträge).

[282] Kurt Ebert: Die neuen Anleihen nach der Londoner Schuldenregelung; in: Zeitschrift für das gesamte Kreditwesen, Jg. 6, 1953, S. 627-629, hier S. 629.

[283] Eine Übersicht bei Kurt Ebert: Die Tilgung der derzeitigen Bundesschulden; in: Wertpapier-Mitteilungen, Sonderbeilage 4/56 zu Teil IV B, Nr. 25 vom 23. Juni 1956.

[284] v. Maltzan, Die Transferfragen im Entwurf des Regierungsabkommens zur Regelung der deutschen Auslandsschulden, 10. Dezember 1952 (Archiv Abs, DAS, Transfer). Vgl. auch Geschäftsbericht der Bank deutscher Länder für das Jahr 1952, S. 82.

[285] Vermerk Palliser, 11. August 1952 (PRO FO 371/100089).

[286] Bericht Schlange-Schöningen, 3. März 1952 (HABBk 3771; PA/AA, Abt. II, Bd. 1506).

[287] Frankfurter Allgemeine Zeitung, 1. August 1952; Die Welt, 1. August 1952.

[288] Industriekurier, 2. Oktober 1952.

[289] Kurt Richebächer: Im Hintergrund das Auswärtige Amt; in: Der Volkswirt, Jg. 7, Nr. 9, 28. Februar 1953, S. 9 f.

[290] Mitteilungen des BDI, Nr. 1, 10. Oktober 1952, S. 4.

[291] Vermerk Baur, 10. September 1952 (Archiv Abs, DAS, Auswärtiges Amt).

[292] Schwede, Rundschreiben an die Gruppenleiter des Arbeitskreises für Auslandsanleihen, 15. August 1952 (Archiv Abs, DAS, Arbeitskreis für Auslandsanleihen).

[293] Schwede, Protokoll über die Sitzung des Arbeitskreises für Auslandsanleihen am 3. Oktober 1952, 9. Oktober 1952 (Archiv Abs, DAS, Arbeitskreis für private Auslandsanleihen).

[294] Ebenda.

[295] Hermann J. Abs: Die deutsche Auslandsschulden-Regelung. Vortrag im Hessischen Rundfunk am 15. August 1952, abgedruckt in: Bank deutscher Länder, Auszüge aus Presseartikeln, Nr. 95, 20. August 1952, S. 2 f.

[296] Embassy London an Secretary of State, 13. August 1952 (NA, RG 59, Box 1517, 398.10-GDC/8-1352).

[297] Bericht Rendel, 28. August 1952 (PRO FO 371/100090).

[298] Schumacher an Adenauer, 10. Mai 1952; in: Kurt Schumacher. Reden–Schriften–Korrespondenzen, hrsg. von Willy Albrecht. Berlin, Bonn 1985, S. 1005 f.

[299] Kabinettsprotokolle, Bd. 5, 1952, S. 553.

[300] Protokoll über Treffen von Acheson mit Eden am 26. Mai 1952 (PRO FO 371/100008).

[301] Vermerk über Sitzung am 10. Juni 1952; abgedruckt in: Nahum Goldmann: Staatsmann ohne Staat. Köln 1970, S. 465 f. Vgl. auch Shinnar, Bericht, S. 46-48.

[302] 1958 gelang es, die beiden letzten Jahresleistungen des Abkommens durch einen Kredit vorzufinanzieren (vgl. Shinnar, Bericht, S. 81).

[303] Huhn, Wiedergutmachungsverhandlungen, S. 154.

[304] Wolff an Schäffer, 12. Juni 1952 (PA/AA, Abt. II, Bd. 1541).

[305] Kabinettsprotokolle, Bd. 5, 1952, S. 395.

[306] Schäffer an Abs, 13. Juni 1952 (PA/AA, Abt. II, Bd. 1541).

[307] Abs an Schäffer, 14. Juni 1952 (PA/AA, Abt. II, Bd. 1541).

[308] Vermerk Abs, 7. Juni 1952 (Archiv Abs, DAS, Gläubigerländer/Israel).

[309] Kabinettsprotokolle, Bd. 5, 1952, S. 398.

[310] Schäffer an Vocke, 11. Juli 1952 (HABBk 2043, BA B 126/51544).

[311] Aufzeichnung Schäffer über Kabinettssitzung am 11. Juli 1952 (BA B 126/9863).

[312] Adenauer an Schäffer, 5. August 1952; in: Adenauer, Briefe 1951-1953, S. 261/263.

[313] Bericht Böhm, 2. Juli 1952 (BA B 136/1127; PA/AA, Abt. II, Bd. 1541).

[314] Huhn, Wiedergutmachungsverhandlungen, S. 156 f. Kabinettsprotokolle, Bd. 5, 1952, S. 456-458.

[315] Geschäftsbericht der Bank deutscher Länder für das Jahr 1952, S. 84. Von dieser Möglichkeit machte die Bundesregierung ab 1954 Gebrauch. (Hallstein an Shinnar, 23. Dezember 1953, BA B 126/12429).

[316] Abs an Auswärtiges Amt, 22. Juni 1952 (PA/AA, Abt. II, Bd. 1513 und 1541).

[317] Goldmann, Staatsmann ohne Staat, S. 327.

[318] Huhn, Wiedergutmachungsverhandlungen, S. 158.

[319] Schäffer, Aufzeichnung zur Kabinettssitzung am 28. August 1952 (BA B 126/9863). Vgl. Adenauer an Blankenhorn, 24. August 1952; in: Adenauer, Briefe 1951-1953, S. 269 f.

[320] In meinem Vortrag zum hundertsten Geburtstag von Fritz Schäffer habe ich am 20. Mai 1988 in Passau diese Episode ausführlicher geschildert. Vgl. Abs, Der Weg zum Londoner Schuldenabkommen; in: Mückl, Föderalismus und Finanzpolitik, S. 81-93.

[321] Vogel, Deutschlands Weg, S. 61.

[322] Kabinettsprotokolle, Band 6, 1953, S. 142 f.

[323] Vermerk v. d. Lippe, 25. Februar 1953 (HABBk 3379).

[324] Adenauer, Erinnerungen 1953-1955, S. 155.

[325] Hermann Volle: Das Wiedergutmachungsabkommen zwischen der Bundesrepublik Deutschland und dem Staate Israel; in: Europa-Archiv, Jg. 8, H. 8, 20. April 1953, S. 5619-5628.

ANMERKUNGEN ZU KAPITEL VIII

[1] Embassy London an Secretary of State, 15. August 1952 (NA, RG 59, Box 1517, 398.10-GDC/8-1552).

[2] Vermerk Baur, 5. September 1952 (Archiv Abs, DAS, Nachkriegswirtschaftshilfe); Embassy London an Secretary of State, 5. September 1952 (NA, RG 59, Box 1518, 398.10-GDC/9-552).

[3] Gunter an Riddleberger, 26. September 1952 (NA, RG 59, Box 1518, 398.10-GDC/9-2652).

[4] Deutsche Delegation für Auslandsschulden, Bericht über die Besprechungen betreffend die Abkommensentwürfe über die Nachkriegsschulden, 2. Januar 1953 (Archiv Abs, DAS, Nachkriegswirtschaftshilfe).

[5] Embassy London an Secretary of State, 2. Oktober 1952 (NA, RG 59, Box 1518, 398.10-GDC/10-252).

[6] Blücher an Abs, 18. Juli 1952 (Archiv Abs, DAS, allgemeine Korrespondenz/Marshallplan-Ministerium).

[7] Bericht der deutschen Delegation, 2. Januar 1953 (Archiv Abs, DAS, Nachkriegswirtschaftshilfe).

[8] Hermann J. Abs, Auslandsschulden und internationaler Zahlungsverkehr, Vorlesung in der Universität München am 20. Januar 1954 (Archiv Abs, DAS, Vorlesungen München 1953/54).

[9] Embassy London an Secretary of State, 21. Oktober 1952 (NA, RG 59, Box 1518, 398.10-GDC/10-2152).

[10] Bericht der deutschen Delegation, 2. Januar 1953 (Archiv Abs, DAS, Nachkriegswirtschaftshilfe).

[11] Staatliche Erfassungs-Gesellschaft für öffentliches Gut, Das Amerika-Geschäft im Rahmen der Londoner Nachkriegsschulden-Regelung, 31. März 1953 (Archiv Abs, DAS, Nachkriegswirtschaftshilfe/STEG).

[12] Wollnik an Abs, 3. Oktober 1952 (Archiv Abs, DAS, Nachkriegswirtschaftshilfe/STEG).

[13] Vogel an Wollnik, 16. Oktober 1952 (PA/AA, Abt. II, Bd. 1631). Ähnlich: Bröker an Loosen, 9. September 1952 (HABBk 2495). Vgl. allgemein Vogel, Diplomat, S. 214-232.

[14] Abs an Magnus, 7. Juli 1952 (Archiv Abs, DAS, Nachkriegswirtschaftshilfe/STEG). Gegen ein solches Verfahren: Albrecht an Bernard, 7. Oktober 1952 (HABBk 3116).

[15] Abs an Raemisch, 19. April 1952 (Archiv Abs, DAS, Nachkriegswirtschaftshilfe/STEG).

[16] Vermerk v. Schelling, 4. November 1952 (HABBk 3768). Vgl. Blücher an Abs, 19. Oktober 1952 (Archiv Abs, DAS, Nachkriegswirtschaftshilfe/USA).

[17] Deutsche Delegation für Auslandsschulden, Bericht über die Besprechungen betreffend den Abkommensentwurf über die Schulden aus dem Amerika-Geschäft, 15. Februar 1953 (BA B 126/48411, B 146/1219).

[18] Vermerk Gielhammer, 6. Oktober 1952 (PA/AA, Abt. II, Bd. 1631); Vermerk Jones, 29. September 1952 (NA, RG 59, Box 1518, 398.10-GDC/9-2952).

[19] Memorandum Vogel, 26. November 1952 (Archiv Abs, DAS, Nachkriegswirtschaftshilfe/STEG).

[20] Kabinettsprotokolle, Band 5, 1952, S. 711.

[21] Vermerk Baur, 1. Dezember 1952 (Archiv Abs, DAS, Nachkriegswirtschaftshilfe/STEG).

[22] Memorandum Vogel, 26. November 1952 (Archiv Abs, DAS, Nachkriegswirtschaftshilfe/STEG).

[23] Briefwechsel in PA/AA, Abt. II, Bd. 1635 und NA, RG 59, Box 1519, 398.10-GDC/12-3152.

[24] Vermerk Vogel, 22. Dezember 1952 (Archiv Abs, DAS, Nachkriegswirtschaftshilfe/STEG).

[25] Kabinettsprotokolle, Band 5, 1952, S. 673 f. und 710 f.

[26] Bericht der deutschen Delegation, 2. Januar 1953 (Archiv Abs, DAS, Nachkriegswirtschaftshilfe).

[27] Bank deutscher Länder an van Scherpenberg, 2. März 1957 (HABBk 2501).

[28] BGBl. II, 1953, S. 491-511.

[29] Embassy London an Secretary of State, 15. August 1952 (NA, RG 59, Box 1517, 398.10-GDC/8-1552).

[30] Embassy London an Secretary of State, 2. Oktober 1952 (NA, RG 59, Box 1518, 398.10-GDC/10-252).

[31] Bünger an v. Haeften, 25. September 1952 (PA/AA, Referat 507, Abgabe 1958, Bd. 4a).

[32] Embassy London an Secretary of State, 18. September 1952 (NA, RG

59, Box 1518, 398.10-GDC/9-1852). Vgl. auch Vermerk Crawford, 17. September 1952 (PRO FO 371/100093).

[33] Vermerk v. Schelling, 5. Februar 1953 (HABBk 3782).

[34] Vermerk v. d. Lippe, 6. März 1953 (HABBk 3379). Auch der *Volkswirt* stellte fest, daß die Konjunkturübersichten in den Monatsberichten der Bank deutscher Länder eine »betont optimistische Note« trügen (Aufschwungpause der Anpassungen; in: Der Volkswirt, Nr. 27, 5. Juli 1952).

[35] Embassy London an Secretary of State, 8. Oktober 1952 (NA, RG 59, Box 1518, 398.10-GDC/10-852).

[36] Vogel an Blücher, 8. April 1952 (Archiv Abs, DAS, allgemeine Korrespondenz/Marshallplan-Ministerium); vgl. Vermerk Peck, 23. September 1952 (PRO FO 371/100093).

[37] Embassy London an Secretary of State, 8. Oktober 1952 (NA, RG 59, Box 1518, 398. 10-GDC/10-852).

[38] Bank deutscher Länder an Abs, 31. Juli 1952; Abs an Vocke, 2. August 1952 (PA/AA, Abt. II, Bd. 1510); v. Maltzan an Abs, 30. August 1952 (Archiv Abs, DAS, Transfer).

[39] v. Maltzan, Die Transferfrage im Entwurf des Regierungsabkommens zur Regelung der deutschen Auslandsschulden, 10. Dezember 1952 (Archiv Abs, DAS, Transfer).

[40] Informelle Besprechungen zum Abkommen über deutsche Auslandsschulden vom 27. Februar 1953. Bonn 1954.

[41] Kabinettsprotokolle, Bd. 6, 1953, S. 186 f.

[42] Vgl. zum folgenden Paul Krebs, Artikel »Schuldenabkommen«; in: Handwörterbuch der Betriebswirtschaft, Band III. Stuttgart 1960, Sp. 4816-4829; außerdem: Ernst Féaux de la Croix: Betrachtungen zum Londoner Schuldenabkommen; in: Beiträge zum ausländischen öffentlichen Recht und Völkerrecht, Heft 29. Köln, Berlin 1954, S. 27-70.

[43] Ebert, Die neuen Anleihen, S. 627.

[44] Erbstößer an Vocke, 30. Oktober 1952 (HABBk 3782).

[45] Krebs an Kroog, 28. Juli 1954 (Archiv Abs, DAS, Anlage I/Kreuger-Anleihe).

[46] Vermerk Tomberg, 27. Oktober 1949 (BA B 146/1175).

[47] Bernd Höpfner: Clearingdefizite im Großwirtschaftsraum. Der Verrechnungsverkehr des Dritten Reiches 1939-1945; in: Bankhistorisches Archiv, Jg. 14, 1988, S. 116-138.

[48] Bericht Rendel, 28. August 1952 (PRO FO 371/100090).

[49] Abs, Das Londoner Schuldenabkommen; in: Zeitfragen, S. 26.

[50] Hallstein an Schmid, 15. Januar 1952 (PA/AA, Abt. II, Bd. 1506; BA B 126/48378).

[51] Wilhelm Grewe: Die Grundentscheidung der Bundesrepublik; in: Frankfurter Allgemeine Zeitung, 22. Mai 1982.

[52] Vermerk Palliser, 11. August 1952 (PRO FO 371/100089).

[53] Agreements with the Federal Republic of Germany. Message from the President of the United States, April 10, 1953. Washington 1953, S. 205 (Government Printing Office Publication 26118).

[54] Hermann J. Abs: Auslandsschulden und internationaler Zahlungsverkehr. Vorlesung an der Universität München am 2. Dezember 1953 (Archiv Abs, DAS, Vorlesungen München 1953/54).

[55] BGBl. II, 1954, S. 202.

[56] Vermerk Kaufmann, 27. April 1953 (Archiv Abs, DAS, Reparationen).

[57] Vermerk Kaufmann, 18. Juni 1955 (BA B 184/452).

[58] Secretary of State an Embassy London, 27. Oktober 1952 (NA, RG 59, Box 1518, 398.10-GDC/10-2352).

[59] Informelle Besprechungen zum Abkommen über deutsche Auslandsschulden, Sitzung vom 29. Januar 1953, Ziffer 76.

[60] Informelle Besprechungen zum Abkommen über deutsche Auslandsschulden, Sitzung vom 6. Februar 1953, Ziffer 2.

[61] Hermann J. Abs, Die volkswirtschaftliche Belastung durch das Londoner Schuldenabkommen. Vortrag in Essen am 27. Mai 1953 (Archiv Abs, Vorträge).

[62] Rudolf Dolzer: Schadenersatz für Zwangsarbeit? in: Frankfurter Allgemeine Zeitung, 27. November 1989.

[63] Vgl. Robert Vogler: Der Goldverkehr der Schweizerischen Nationalbank mit der Deutschen Reichsbank 1939-1945; in: Geld, Währung und Konjunktur, hrsg. von der Schweizerischen Nationalbank, Jg. 3, 1985, H. 1, S. 70-78; Klaus Urner: Emil Puhl und die Schweizerische Nationalbank. Zur Kontroverse um das deutsche Raubgold im Zweiten Weltkrieg; in: Schweizer Monatshefte, Jg. 65, 1985, S. 623-631.

[64] Boelcke, Goldpolitik, S. 308.

[65] Marco Durrer: Die schweizerisch-amerikanischen Finanzbeziehungen im Zweiten Weltkrieg. Von der Blockierung der schweizerischen Guthaben in den USA über die »Safehaven«-Politik zum Washingtoner Abkommen (1941-1946). Bern, Stuttgart 1984, S. 265.

[66] Daniel Frei: Das Washingtoner Abkommen von 1946; in: Schweizerische Zeitschrift für Geschichte, Jg. 19, 1969, S. 567-619, hier S. 588.

[67] Europa-Archiv, Jg. 4, 1949, S. 2160.

[68] Abgedruckt in der Denkschrift des Bundesfinanzministeriums vom 8. Oktober 1951 (BA B 126/48419; PA/AA, Abt. II, Bd. 1505).

[69] Schäffer an Bundeskanzleramt, 11. Januar 1950 (BA B 126/12439). Vgl. Adenauer an François-Poncet, 28. März 1950; abgedruckt in der Denkschrift des Bundesfinanzministeriums vom 8. Oktober 1951 (BA B 126/48419; PA/AA, Abt. II, Bd. 1505).

[70] Vgl. oben S. 57.

[71] Vermerk Hartmann, 30. Oktober 1950; Dittmann an Granow, 25. November 1950; Vermerk Granow, 27. November 1950; Aufzeichnung Hu-

ber über Unterredung mit Adenauer am 11. Dezember 1950. (BA B 126/
12474).

[72] Vermerk Wolff, 27. November 1950 (BA B 126/12474).

[73] Selbst der Schweizer Gesandte hielt nach den Erfahrungen, die die Alliierten mit der Verknüpfung von Schuldenanerkennung und Lockerung
des Besatzungsstatuts gemacht hatten, »bei der Behandlung der Frage
unserer allfälligen Akkreditierung bei der Bundesrepublik ein analoges
Junktim« für unzweckmäßig. (Bericht Huber, 18. Dezember 1950; abgedruckt in: Anfangsjahre der Bundesrepublik. Berichte der Schweizer
Gesandtschaft in Bonn 1949-1955. Auswahl und Einleitung von Manfred Todt. München 1987, S. 44 f.).

[74] Vermerk Wolff, 19. Februar 1951 (BA B 126/12474).

[75] Karl Eugen Thomä: Die Freigabe des deutschen Vermögens in der
Schweiz im Lichte des deutschen Verfassungsrechts; in: Der Schutz des
privaten Eigentums im Ausland. Festschrift für Hermann Janssen. Heidelberg 1958, S. 203-224, hier S. 203.

[76] Kabinettsprotokolle, Band 4, 1951, S. 488 f.

[77] Vermerk Wolff, 8. August 1951 (Archiv Abs, DAV, Schweiz); Vermerk
Schütte, 10. August 1951 (BA B 184/137).

[78] Schäffer an Melville, 15. Oktober 1951 (BA B 126/12477); vgl. Vermerk
Weiz, 20. September 1951 (PA/AA, Abt. II, Bd. 1505).

[79] Vermerk Granow, 10. Dezember 1951 (BA B 126/12477).

[80] Aufzeichnung Granow über Gespräch mit Iklé, 17. Dezember 1951 (BA
B 126/12474 und 12477).

[81] Bericht Granow, 15. Dezember 1951 (BA B 126/12474).

[82] Vermerk Granow, 15. Dezember 1951 (BA B 126/12474).

[83] Kabinettsprotokolle, Band 5, 1952, S. 105.

[84] Slater an Blankenhorn, 13. Februar 1952 (BA B 126/12477; PA/AA,
Abt. II, Bd. 1506).

[85] Vermerk Granow, 21. Februar 1952 (BA B 126/12477).

[86] Vermerk Böhmer, 25. Februar 1952 (BA B 184/138).

[87] Vermerk Palliser, 7. März 1952 (PRO FO 371/100081).

[88] Vermerk Emminger, 21. Februar 1952 (HABBk 2474). Vgl. New York
Times, 3. März 1952.

[89] Die Tat, Zürich, 2. April 1952.

[90] MacDermot an Crawford, 27. Februar 1952 (PRO FO 371/100081). Es
lohnt sich, einige Sätze daraus zu zitieren: »Minister Stucki [...] will, I
fear, be a great thorn in your flesh during the negotiations, for his tech-
nique in negotiation is brutal and uncompromising, a consequence no
doubt of his so frequently having had to negotiate with Germans. The
Federal Political Department give him plenty of rope, for sometimes his
methods work, but when he goes too far they have in the past proved
willing to disown in part what he has said on their behalf. It will be well

remembered that he regards the Washington Accord as a personal defeat which he is anxious to wipe out. [...] The present Conference will therefore give him one more and perhaps his last opportunity of getting his revenge.«

[91] Vogel an Blücher, 15. März 1952 (Archiv Abs, DAS, Gläubigerländer/ Israel).

[92] Vogel an Blücher, 8. April 1952 (Archiv Abs, DAS, allgemeine Korrespondenz/Marshallplan-Ministerium).

[93] Wolff an Hartmann, 9. Mai 1952 (BA B 126/12474).

[94] Vermerk Wolff, 13. Mai 1952 (BA B 126/12441).

[95] Wolff an Schäffer, 9. Juni 1952 (BA B 126/12441).

[96] Abs an Auswärtiges Amt, 6. Juni 1952 (BA B 126/12441; PA/AA, Abt. II, Bd. 1510).

[97] Embassy London an Secretary of State, 9. Oktober 1952 (NA, RG 59, Box 1518), 398.10-GDC/10-952); Abs an Auswärtiges Amt, 18. Oktober 1952 (Archiv Abs, DAS, Gläubigerländer/Schweiz).

[98] Embassy London an Secretary of State, 20. Oktober 1952 (NA, RG 59, Box 1518, 398.10-GDC/10-2052).

[99] Embassy London an Secretary of State, 7. November 1952; Secretary of State an Embassy London, 10. November 1951 (NA, RG 59, Box 1518, 398.10-GDC/11-752).

[100] Abs/Wolff an Hartmann, 6. November 1952; Vermerk Hartmann, 7. November 1952; Vermerk Granow, 7. November 1952; Vermerk Wolff, 12. November 1952 (Archiv Abs, DAV, Schweiz).

[101] Kabinettsprotokolle, Bd. 5, 1952, S. 699.

[102] Abs an Stucki, 23. September 1952; Vermerk Abs, 9. Oktober 1952 (Archiv Abs, DAS, Gläubigerländer/Schweiz).

[103] Abs an Schäffer, 9. Oktober 1952 (Archiv Abs, DAS, Gläubigerländer/ Schweiz).

[104] Vermerk Emminger/Joerges, 10. Dezember 1963 (Archiv Abs, DAS, BIZ).

[105] BIZ an Bundesfinanzministerium, 8. Mai 1950 (BA B 126/48399).

[106] Vermerk v. Schelling, 23. Juni 1952 (HABBk 3379).

[107] Frère an McCloy, 24. Februar 1950 (NA, RG 59, Box 1528, 398.14-BIS/ 2-2450).

[108] Vermerk v. Schelling, 11. Juni 1953 (HABBk 3791).

[109] Abs an Seidler, 27. April 1964 (Archiv Abs, DAS, BIZ).

[110] Vermerk Ernst, 27. Juli 1964 (Archiv Abs, DAS, BIZ).

[111] Vermerk v. Schelling, 11. Juni 1953 (HABBk 3791).

[112] Vermerk v. Schelling, 23. Juni 1952 (HABBk 3379).

[113] Vermerk Granow, 15. Juli 1964 (Archiv Abs, DAS, BIZ).

[114] v. Schelling an Troeger, 29. November 1963 (Archiv Abs, DAS, BIZ).

[115] Abs an Erhard, 30. August 1965 (Archiv Abs, DAS, BIZ).

[116] Monatsberichte der Deutschen Bundesbank, Mai 1966, S. 46.

[117] Aide-mémoire der dänischen Botschaft in Washington, 5. Januar 1952 (NA, RG 59, Box 1515, 398.10-GDC/1-552).

[118] Deutsche Delegation für Auslandsschulden, Bericht über die in London im März 1952 geführten Besprechungen zur Regelung der dänischen Forderung, 15. Februar 1953 (PA/AA, Abt. II, Bd. 1600).

[119] Slater an Blankenhorn, 20. Februar 1952 (Archiv Abs, DAS, Nachkriegswirtschaftshilfe/Dänemark).

[120] Deutsche Delegation für Auslandsschulden, Bericht über die in London im März 1952 geführten Besprechungen zur Regelung der dänischen Forderung, 15. Februar 1953 (PA/AA, Abt. II, Bd. 1600).

[121] Vermerk Vogel, 31. März 1952 (Archiv Abs, DAS, Nachkriegswirtschaftshilfe/Dänemark).

[122] Archiv Abs, DAS, Protokolle.

[123] Weiz an Auswärtiges Amt, 12. März 1953 (HABBk 3782).

[124] Deutsche Woche, München, 11. März 1953; Neuer Vorwärts, Hannover, 6. März 1953; Deutscher Kurier, Frankfurt, 7. März 1953.

[125] Handelsblatt, 25. März 1953; Der Volkswirt, Nr. 9, 28. Februar 1953, S. 9 f. Vgl. dagegen Paul Krebs: Verträge müssen gehalten werden; in: Frankfurter Allgemeine Zeitung, 20. April 1953.

[126] Gaston Coblentz: Hjalmar Schacht Back in Business; in: New York Herald Tribune, Paris, 21. Mai 1953.

[127] Hermann J. Abs, Die volkswirtschaftliche Belastung durch das Londoner Schuldenabkommen. Vortrag in Essen am 27. Mai 1953 (Archiv Abs, Vorträge).

[128] Financial Times, 26. Februar 1953.

[129] Pierson an Secretary of State, 21. Juni 1952 (NA, RG 59, Box 1517, 398.10-GDC/6-2152).

[130] Weiz an Abs, 17. Juli 1953; Hausenstein an Auswärtiges Amt, 23. Juni 1953; Walther an Auswärtiges Amt, 3. Juni 1953 (alle: Archiv Abs, DAS, Ratifizierung).

[131] Deutscher Bundestag, Stenographische Berichte, I. Wahlperiode, 262. Sitzung, 28. April 1953, S. 12749- 12752.

[132] Pünder an Abs, 18. Mai 1953 (Archiv Abs, DAS, Ratifizierung).

[133] Weiz an Abs, 2. Juni 1953 (Archiv Abs, DAS, Wellhausen-Ausschuß).

[134] Protokoll der 7. Sitzung des Sonderausschusses »Londoner Schuldenabkommen« am 30. Juni 1953 in Bonn, S. 4 (PA/AA, Abt. II, Bd. 1619).

[135] Deutscher Bundestag, Stenographische Sitzungsberichte, I. Wahlperiode, 279. Sitzung, 2. Juli 1953, S. 13954.

[136] Vermerk Weiz, 24. Juni 1953 (Archiv Abs, DAS, Wellhausen-Ausschuß).

[137] Protokoll der 7. Sitzung des Sonderausschusses »Londoner Schuldenabkommen« am 30. Juni 1953 in Bonn, S. 8 (PA/AA, Abt. II, Bd. 1619).

[138] Abs an Pünder, 8. Mai 1953 (Archiv Abs, DAS, Wellhausen-Ausschuß).

[139] Hermann J. Abs: Voraussetzungen und Aussischten für ausländische Kredite. Frankfurt 1953, S. 7. Vgl. die Rede des Abgeordneten Gülich im Bundestag (Stenographische Sitzungsberichte, I. Wahlperiode, 279. Sitzung, 2. Juli 1953, S. 13951).

[140] Unterlagen dazu in BA, ZSg 120, Kasten 426, Mappe 13.725/4c.

[141] Adenauer an Kirkpatrick, 31. Juli 1953 (BA B 126/12444).

[142] Hoyer Millar an Adenauer, 16. Oktober 1953 (BA B 126/12444).

[143] Agreements with the Federal Republic of Germany. Hearings before the Committee on Foreign Relations, United States Senate. Washington 1953 (Government Printing Office Publication 35132).

[144] Agreements with the Federal Republic of Germany. Hearings before the Committee on Foreign Relations, United States Senate. Washington 1953, S. 15 (Government Printing Office Publication 35132).

[145] Congressional Record, Senate, 9. Juli 1953, S. 8637.

[146] Zur gesamten Debatte vgl. Congressional Record, Senate, 9. Juli 1953, S. 8618-6844; 13. Juli 1953, S. 8918-8938, 8940-8948.

[147] J. Wolany: Sieben Jahre Londoner Schuldenabkommen; in: Wertpapier-Mitteilungen, Teil IV B, Nr. 40, 1. Oktober 1960, S. 1106-1117, hier S. 1106.

ANMERKUNGEN ZU KAPITEL IX

[1] BGBl. I, S. 553.

[2] Walther Skaupy: Deutsche Dollarbonds in den Vereinigten Staaten; in: Zeitschrift für das gesamte Kreditwesen, Jg. 8, 1955, S. 98-102.

[3] Report of the Validation Board for German Dollar Bonds September 1, 1955 - August 31, 1956; in: Department of State Bulletin, Bd. 36, Nr. 925, 18. März 1957, S. 447-456, hier S. 451.

[4] Report of the Validation Board for German Dollar Bonds September 1, 1953 - August 31, 1954; in: Department of State Bulletin, Bd. 32, Nr. 813, 24. Januar 1955, S. 139-149, hier S. 139.

[5] Deutsche Zeitung und Wirtschaftszeitung, 13. Dezember 1952. Mirow, Niederschrift über die Sitzung des Arbeitskreises deutsche Auslandsanleihen am 27. April 1955 in Düsseldorf (Archiv Abs, DAS, Arbeitskreis private deutsche Auslandsanleihen).

[6] Riddleberger am 17. Juni 1953; in: Agreements with the Federal Republic of Germany, Hearing before the Committee on Foreign Relations, United States Senate, June 17 and 18, 1953. Washington 1953, S. 11. Auch ein Bericht des *Validation Board* zählte zu den Gründen für die Wertpapierbereinigung »the security of the states of the free world. If

sales of ›bad‹ bonds were made to any great extent, a substantial amount of dollars would become available for use in subversive activities.« (Department of State Bulletin, Bd. 32, Nr. 813, 24. Januar 1955, S. 139).

7 Hermann J. Abs, Auslandsschulden und internationaler Zahlungsverkehr. Vorlesung in München am 20. Januar 1954 (Archiv Abs, DAS, Vorlesungen München 1953/54).

8 Bundesverband deutscher Banken, Rundschreiben Nr. 34, 16. April 1970.

9 Kurt Ebert: Die neuen Auslandsschuldverschreibungen der Bundesrepublik Deutschland; in: Wertpapier-Mitteilungen, Sonderbeilage zu Teil IV B, Nr. 22, 29. Mai 1954.

10 Giesecke & Devrient, Notiz über Besprechung mit Dieben am 14. Dezember 1951, 29. Dezember 1951 (Archiv Abs, DAS, Anlage I).

11 Ebert, Die neuen Anleihen, S. 627.

12 Hermann J. Abs: Fragen der Zahlungsbilanz, des Geld- und Kapitalmarktes in der Bundesrepublik. Kiel 1954, S. 3.

13 Geschäftsbericht der Bank deutscher Länder für das Jahr 1953, S. 84.

14 Hermann J. Abs, Londoner Schuldenabkommen und der Zusammenhang mit dem Zahlungsausgleich, Vortrag in München am 2. Juni 1954 (Archiv Abs, DAS, Vorlesungen München 1953/54).

15 Mit Dänemark wurde vereinbart, das bis 1972 laufende Abkommen durch höhere Jahreszahlungen bereits 1958 auslaufen zu lassen. Abkommen vom 10. August 1954, Anlage zu Seidler an Abs, 29. November 1954 (Archiv Abs, DAS, Nachkriegswirtschaftshilfe/Dänemark).

16 Frankfurter Allgemeine Zeitung, 26. März 1954.

17 Finanz und Wirtschaft, Zürich, Nr. 35, 1. Mai 1956, S. 1.

18 Financial Times, 6. April 1954.

19 Niemeyer an Vocke, 8. April 1954 (HABBk 3784).

20 Vermerk v. Schelling, 10. April 1954 (HABBk 3784).

21 Embassy London an Secretary of State, 26. Juli 1952 (NA, RG 59, Box 1517, 398.10-GDC/7-2652).

22 v. Schelling an Seidler (nicht abgesandter Entwurf), 8. Mai 1954 (HABBk 3784).

23 Schweizerischer Bankverein, Bulletin, Nr. 1, März 1954, S. 15.

24 Hermann J. Abs, Fragen der Zahlungsbilanz, S. 4; Deutsche Zeitung und Wirtschaftszeitung, 20. März 1954.

25 Bank deutscher Länder, Bericht über die Durchführung des Abkommens über deutsche Auslandsschulden, 3. März 1955 (Archiv Abs, DAS, allgemeine Korrespondenz/BdL).

26 Vermerk Brehm, 14. Februar 1955 (HABBk 644).

27 Handelsblatt, 17. August 1955.

28 Geschäftsbericht der Bank deutscher Länder für das Jahr 1954, S. 105.

29 Ht. [= Edwin Hurter]: Die liberalisierte Kapitalmark; in: Neue Zürcher Zeitung, Fernausgabe, 31. Januar 1958.

[30] Monatsberichte der Deutschen Bundesbank, März 1964, S. 9.
[31] Monatsberichte der Bank deutscher Länder, Dezember 1954, S. 31.
[32] Financial Times, 12. November 1954.
[33] Paul Krebs: Stillhaltung erfüllte ihren Zweck, in: Zeitschrift für das gesamte Kreditwesen, Jg. 7, 1954, S. 806-808. Vgl. auch Monatsberichte der Bank deutscher Länder, November 1954, S. 40 f.
[34] Bundesanzeiger, Nr. 42, 1. März 1963, S. 1.
[35] Monatsberichte der Deutschen Bundesbank, Mai 1959, S. 4 f.
[36] Monatsberichte der Deutschen Bundesbank, Juni 1960, S. 22.
[37] Hermann J. Abs: Das Londoner Schuldenabkommen; in: ders.: Zeitfragen der Geld- und Wirtschaftspolitik. Aus Vorträgen und Aufsätzen. Frankfurt 1959, S. 11-41, hier S. 11.
[38] Eckhardt Wanner: Ein Zündholzfabrikant finanziert das Reich; in: Die Bank, H. 4, 1983, S. 188-190.
[39] Erwin Seidler: Die Belastung der Bundesrepublik aus der Übernahme von Schulden des Deutschen Reiches; in: Bulletin des Presse- und Informationsamtes der Bundesregierung, Nr. 206, 3. November 1961, S. 1941 f.
[40] Jörg Jaeckel: Verpflichtungen aus Vorkriegsanleihen (»Schattenquoten«); in: Wertpapier-Mitteilungen, Teil IV, Jg. 44, Nr. 42, 20. Oktober 1990, S. 1738.
[41] Vgl. dazu allgemein Hans-Georg Glasemann/Ingo Korsch: Hoffnungswerte. Ungeregelte Ansprüche aus Wertpapieremissionen vor 1945 und ihre Entschädigung nach der Wiedervereinigung. Wiesbaden 1991.
[42] Otmar Emminger: D-Mark, Dollar, Währungskrisen. Erinnerungen eines ehemaligen Bundesbankpräsidenten. Stuttgart 1986, S. 78 f.
[43] The Times, 9. September 1957.
[44] Industriekurier, 21. September 1957.
[45] Otmar Emminger: Währungspolitische Betrachtungen. Berlin, München 1956, S. 17.
[46] Monatsberichte der Deutschen Bundesbank, November 1957, S. 45-50. Vgl. Vermerk Könneker, 28. November 1957 (HABBk 3381).
[47] Monatsberichte der Deutschen Bundesbank, November 1957, S. 49.
[48] Emminger an Vocke, 20. Juli 1956 (HABBk 2020).
[49] Vermerk Emminger, 12. Dezember 1956 (HABBk 2495).
[50] Geschäftsbericht der Deutschen Bundesbank für das Jahr 1957, S. 52.
[51] Monatsberichte der Deutschen Bundesbank, April 1961, S. 51 f.
[52] Vermerk Krebs, 6. Januar 1961 (Archiv Abs, DAS, Nachkriegswirtschaftshilfe/USA).
[53] Kreikamp, Vermögen, S. 91 f.
[54] Vermerk Abs, 25. November 1966 (Archiv Abs, DAV, USA).
[55] Hermann J. Abs: Die rechtliche Problematik privater Auslandsinvestitionen. Karlsruhe 1969, S. 16. Vgl. Abs an Carstens, 25. November 1966 (Archiv Abs, DAV, USA).

[56] Kreikamp, Vermögen, S. 243.

[57] Frankfurter Allgemeine Zeitung, 1. April 1968.

[58] The Times, 15. November 1968.

[59] Frankfurter Rundschau, 1. Juli 1971; Neue Zürcher Zeitung, Fernausgabe, 2. Juli 1971.

[60] Nürnberger Nachrichten, 24. Januar 1989; Börsen-Zeitung, Frankfurt, 24. Februar 1989.

[61] Der Volkswirt, Nr. 50, 15. Dezember 1951, S. 20.

[62] Vgl. oben S. 173 f.

[63] Seidler an Abs, 10. November 1972 (Archiv Abs, DAS, Prozeß Young-Anleihe).

[64] Bank deutscher Länder an Bundesfinanzministerium, 29. Januar 1957 (Archiv Abs, DAS, Anlage I).

[65] Kurt Ebert: Younganleihe und DM-Aufwertung; in: Wertpapier-Mitteilungen, Teil IV, Jg. 16, Nr. 15, 14. April 1962, S. 438-455.

[66] Vermerk Moos, 3. März 1971 (Archiv Abs, DAS, Prozeß Young-Anleihe).

[67] Heinrich Stein: Handel mit deutschen Auslandsbonds; in: Wertpapier-Mitteilungen, Teil IV B, Jg. 10, Nr. 2, 14. Januar 1956, S. 46-53; Rudolf Herlt: Deutsche Auslandsbonds auf dem Inlandsmarkt; in: Die Welt, 4. Oktober 1955.

[68] Monatsberichte der Deutschen Bundesbank, März 1964, S. 8.

[69] Seidler an Abs, 2. Februar 1971 (Archiv Abs, DAS, Prozeß Young-Anleihe).

[70] Note des Auswärtigen Amts, 1. Februar 1968 (Archiv Abs, DAS, Prozeß Young-Anleihe).

[71] Text des Urteils in: Die Wertsicherung der Young-Anleihe. Das Urteil des Schiedsgerichtshofes für das Abkommen über deutsche Auslandsschulden vom 16. Mai 1980, hrsg. von Peter Behrens. Tübingen 1984, S. 129 ff.

[72] Hugo J. Hahn: Abschluß des Young-Anleihe-Schiedsgerichtsverfahrens?; in: Zeitschrift für das gesamte Kreditwesen, Jg. 33, H. 14, 15. Juli 1980, S. 670-676.

[73] Pressenotiz der Deutschen Bundesbank, 28. Mai 1980; abgedruckt in: Deutsche Bundesbank, Auszüge aus Presseartikeln, Nr. 49, 31. Mai 1980, S. 7 f.

ANMERKUNGEN ZU KAPITEL X

[1] Hans-Peter Schwarz: Die Eingliederung der Bundesrepublik in die westliche Welt; in: Ludolf Herbst, Werner Bührer und Hanno Sowade (Hrsg.): Vom Marshallplan zur EWG. Die Eingliederung der Bundesrepublik Deutschland in die westliche Welt. München 1990, S. 593-612, hier S. 604.

[2] Hermann J. Abs: Deutschlands wirtschaftlicher und finanzieller Aufbau; in: Karl Carstens, Alfons Goppel, Henry Kissinger, Golo Mann (Hrsg.): Franz Josef Strauß. Erkenntnisse, Standpunkte, Ausblicke. München 1985, S. 351-370, hier S. 369.

[3] Geschäftsbericht der Deutschen Bundesbank für das Jahr 1958, S. 1.

[4] Vgl. Jacob S. Kaplan/Günther Schleiminger: The European Payments Union. Financial Diplomacy in the 1950s. Oxford 1989.

[5] Abs, Aufbau, S. 351.

[6] Vgl. dazu Hans-Jürgen Schröder (Hrsg.): Marshallplan und westdeutscher Wiederaufstieg. Stuttgart 1990; außerdem Holger Schmieding: Der Übergang zur Marktwirtschaft: Gemeinsamkeiten und Unterschiede zwischen Westdeutschland 1948 und Mittel- und Osteuropa heute; in: Die Weltwirtschaft, 1990, H. 1, S. 149-160, hier S. 155.

[7] Buchheim, Das Londoner Schuldenabkommen, S. 228 f.

[8] Kabinettsprotokolle, Bd. 6, 1953, S. 513 f.

[9] Buchheim, Das Londoner Schuldenabkommen, S. 222.

[10] Süddeutsche Zeitung, 3. Juli 1953.

QUELLEN- UND LITERATURVERZEICHNIS

1. Archivalien

Bundesarchiv Koblenz
B 126   Bundesministerium der Finanzen
B 136   Bundeskanzleramt
B 146   Marshallplan-Ministerium
B 184   Studiengesellschaft für privatrechtliche Auslandsinteressen
NL 80   Nachlaß Franz Blücher
R 7   Reichswirtschaftsministerium
ZSg 120 Presseausschnittsammlung

Politisches Archiv des Auswärtigen Amts, Bonn
Abteilung II

Historisches Archiv der Deutschen Bundesbank, Frankfurt am Main

National Archives, Washington D. C.
Record Group 59

Public Record Office, Kew
FO   371   Foreign Office, General Correspondence
FO 1023   Control Commission for Germany, Allied General
              Secretariat
FO 1036   Control Commission for Germany, Office of the
              Economic Adviser

Universitätsbibliothek Basel
Nachlaß Edgar Salin

Historisches Archiv der Deutschen Bank, Frankfurt am Main
Nachlaß Erich Bechtolf
Nachlaß Walter Tron
Rundschreiben der Deutschen Bank
Zentrale/Auslandssekretariat

Archiv Hermann J. Abs

2. Gedruckte Quellen und Statistiken

Adenauer, Briefe 1951-1953, hrsg. von Rudolf Morsey und Hans-Peter Schwarz. Berlin 1987.

Adenauer, Teegespräche 1950-1954, hrsg. von Rudolf Morsey und Hans-Peter Schwarz. Berlin 1984.

Agreements with the Federal Republic of Germany. Message from the President of the United States, April 10, 1953. Washington 1953 (Government Printing Office Publication 26118).

Akten zur Auswärtigen Politik der Bundesrepublik Deutschland, Bd. 1: Adenauer und die Hohen Kommissare 1949-1951, hrsg. von Hans-Peter Schwarz in Verbindung mit Reiner Pommerin. München 1989.

Akten zur Auswärtigen Politik der Bundesrepublik Deutschland, Bd. 2: Adenauer und die Hohen Kommissare 1952, hrsg. von Hans-Peter Schwarz in Verbindung mit Reiner Pommerin. München 1990.

Albrecht, Willy (Hrsg.), Kurt Schumacher. Reden – Schriften – Korrespondenzen, Berlin, Bonn 1985.

Anfangsjahre der Bundesrepublik. Berichte der Schweizer Gesandtschaft in Bonn 1949-1955. Auswahl und Einleitung von Manfred
Todt. München 1987.

Die Auslandsverschuldung Deutschlands nach dem Stand vom 30.
September 1940, hrsg. von der Anmeldestelle für Auslandsschulden.
Berlin [1940].

Congressional Record.

Deutsche Auslandsschulden. Dokumente zu den internationalen Verhandlungen Oktober 1950 bis Juli 1951. Herausgegeben vom Auswärtigen Amt, dem Bundesministerium der Finanzen, dem Bundesministerium für Wirtschaft und dem Bundesministerium für den
Marshallplan. Hameln (1951).

Deutsches Geld- und Bankwesen in Zahlen 1876-1975, hrsg. von der
Deutschen Bundesbank. Frankfurt am Main 1976.

Deutschland unter dem Dawes-Plan. Die Reparationsleistungen des
fünften Planjahres. Teil I: Hauptbericht. Berlin 1930.

Drittler, Georg (Hrsg.): Der Goldwert der Papiermark für die Jahre
1918-1923 an Hand des amtlichen Dollarkurses. Elbing 1924.

Foreign Relations of the United States.

Geschäftsberichte der Bank deutscher Länder bzw. der Deutschen
Bundesbank.

Haager Vereinbarungen vom Januar 1930 nebst allen Anlagen. Amtlicher Text. Berlin 1930.

Informelle Besprechungen zum Abkommen über deutsche Auslandsschulden vom 27. Februar 1953. Bonn 1954.

Jahresberichte der Kreditanstalt für Wiederaufbau.

Die Kabinettsprotokolle der Bundesregierung, hrsg. für das Bundesarchiv von Hans Booms, Bd. 1 bis Bd. 6. Boppard 1982-1989.

Die Sachverständigen-Gutachten. Der Dawes- und McKenna-Bericht
mit Anlagen. Frankfurt am Main 1924.

Saling's Börsen-Jahrbuch für 1926/27.

Statistisches Jahrbuch für das Deutsche Reich.

Verhandlungen des Deutschen Bundestages.

Verwaltungsberichte der Reichsbank.

Wiederaufbau im Zeichen des Marshallplanes 1948-1952. Zwölfter,
abschließender Bericht der Deutschen Bundesregierung über die
Durchführung des Marshallplanes für die Zeit bis 30. Juni 1952 und
Erster und Zweiter Bericht über die Fortführung amerikanischer
Wirtschaftshilfe (MSA) für die Zeit vom 1. Juli 1952 bis 31. Dezember 1952. Erstattet vom Bundesminister für den Marshallplan. Bonn
1953.

Der Young-Plan. Der Schlußbericht der Pariser Sachverständigen-
Konferenz im Wortlaut. Frankfurt am Main 1929.

Zündwarengesetze/Match Laws. Deutsche Zündwaren-Monopolgesellschaft. Jönköping 1946.

3. Literatur

Abelshauser, Werner: Ansätze »korporativer Marktwirtschaft« in der Korea-Krise der frühen fünfziger Jahre. Ein Briefwechsel zwischen dem Hohen Kommissar John McCloy und Bundeskanzler Konrad Adenauer; in: Vierteljahrshefte für Zeitgeschichte, Jg. 30, 1982, S. 715-756.

Abelshauser, Werner: Hilfe und Selbsthilfe. Zur Funktion des Marshallplans beim westdeutschen Wiederaufbau; in: Vierteljahrshefte für Zeitgeschichte, Jg. 37, 1989, S. 85-113.

Abs, Hermann J.: Probleme der europäischen Kreditwirtschaft; in: Wege zu einer europäischen Wirtschaft. Vorträge von Staatssekretär Prof. Hallstein und Vizepräsident Hermann J. Abs vor den Industrie- und Handelskammern zu Koblenz und Trier aus Anlaß von Tagungen des Deutschen Industrie- und Handelstages. Koblenz 1951, S. 18-29.

Abs, Hermann J.: Die deutsche Auslandsschulden-Regelung. Vortrag im Hessischen Rundfunk am 15. August 1952; abgedruckt in: Bank deutscher Länder, Auszüge aus Presseartikeln, Nr. 95, 20. August 1952, S. 2 f.

Abs, Hermann J.: Fragen der Zahlungsbilanz, des Geld- und Kapitalmarktes in der Bundesrepublik. Kiel 1954.

Abs, Hermann J.: Das Londoner Schuldenabkommen; in: ders.: Zeitfragen der Geld- und Wirtschaftspolitik. Aus Vorträgen und Aufsätzen. Frankfurt 1959, S. 11-41.

Abs, Hermann J.: Die rechtliche Problematik privater Auslandsinvestitionen. Karlsruhe 1969.

Abs, Hermann J.: Probleme der deutschen Auslandsverschuldung und der Auslandskredite; abgedruckt in: Hans-Peter Schwarz (Hrsg.): Die Wiederherstellung des deutschen Kredits. Das Londoner Schuldenabkommen. Stuttgart, Zürich 1982, S. 80-96.

Abs, Hermann J.: Deutschlands wirtschaftlicher und finanzieller Aufbau; in: Karl Carstens, Alfons Goppel, Henry Kissinger, Golo Mann (Hrsg.): Franz Josef Strauß. Erkenntnisse, Standpunkte, Ausblicke. München 1985, S. 351-370.

Abs, Hermann J.: Der Weg zum Londoner Schuldenabkommen; in: Wolfgang J. Mückl: Föderalismus und Finanzpolitik. Gedenkschrift für Fritz Schäffer. Paderborn, München, Wien, Zürich 1990, S. 81-93.

Achterberg, Erich: Das Wort hat die Zentralbank; in: Zeitschrift für das gesamte Kreditwesen, Jg. 5, 1952, S. 299-301.

Achterberg, Erich: General Marshall macht Epoche. Frankfurt am Main, Berlin 1964.

Adenauer, Konrad: Erinnerungen 1945-1953, Stuttgart 1965.

Adenauer, Konrad: Erinnerungen 1953-1955, Stuttgart 1966.

Albrecht, Willy: Ein Wegbereiter. Jakob Altmaier und das Luxemburger Abkommen; in: Wiedergutmachung in der Bundesrepublik Deutschland, hrsg. von Ludolf Herbst und Constantin Goschler. München 1989, S. 205-213.

Baumgarten, Hans: Die folgenschwere Schuldenkonferenz; in: Frankfurter Allgemeine Zeitung, 24. April 1952.

QUELLEN- UND LITERATURVERZEICHNIS

Bennett, Edward W.: Germany and the Diplomacy of the Financial Crisis, 1931. Cambridge, Mass., 1962.

Bergmann, Carl: Der Weg der Reparation. Frankfurt am Main 1926.

Bertuch, Fritz/Jaehnicke, Wilhelm: Das Deutsche Kreditabkommen von 1939. Berlin 1939.

Bettelheim, Charles: Die deutsche Wirtschaft unter dem Nationalsozialismus. München 1974.

Beusch, Paul: Währungszerfall und Währungsstabilisierung, hrsg. von Götz Briefs und Christian A. Fischer, Berlin 1928.

Blessing, Karl: Die deutsche Handelspolitik an der Jahreswende; in: Die Deutsche Volkswirtschaft, Jg. 5, 1936, S. 16-19.

Blessing, Karl: Gegenwartsaufgaben der Reichsbank; in: Die Staatsbank, Berlin, Jg. 4, 1937, S. 397-400.

Boelcke, Willi A.: Zur internationalen Goldpolitik des NS-Staates – Ein Beitrag zur deutschen Währungs- und Außenwirtschaftspolitik 1933-1945; in: Manfred Funke (Hrsg.): Hitler, Deutschland und die Mächte, Düsseldorf 1976, S. 292-309.

Böhm, Franz: Das deutsch-israelische Abkommen 1952; in: Konrad Adenauer und seine Zeit. Politik und Persönlichkeit des ersten Bundeskanzlers. Beiträge von Weg- und Zeitgenossen. Stuttgart 1976, S. 437-465.

Bonn, Moritz Julius: Der Neue Plan als Grundlage der deutschen Wirtschaftspolitik. München, Leipzig 1930.

Born, Karl Erich: Die deutsche Bankenkrise 1931. München 1967.

Buchheim, Christoph: Das Londoner Schuldenabkommen; in: Ludolf Herbst (Hrsg.): Westdeutschland 1945-1955. Unterwerfung, Kontrolle, Integration. München 1985, S. 219-229.

Buchheim, Christoph: Die Wiedereingliederung Westdeutschlands in die Weltwirtschaft. München 1990.

Byrnes, James F.: Speaking Frankly. New York, London 1947.

Cairncross, Alec: The Price of War. British Policy on German Reparations 1941-1949. Oxford, New York 1986.

Coblentz, Gaston: Hjalmar Schacht Back in Business; in: New York Herald Tribune, Paris, 21. Mai 1953.

Czada, Peter: Ursachen und Folgen der großen Inflation; in: Finanz- und wirtschaftspolitische Fragen der Zwischenkriegszeit, hrsg. von Harald Winkel. Berlin 1973, S. 9-43.

Dohrmann, Bernd: Die englische Europapolitik in der Wirtschaftskrise 1921-1923. München, Wien 1980.

Dolzer, Rudolf: Schandenersatz für Zwangsarbeit? in: Frankfurter Allgemeine Zeitung, 27. November 1989.

Dönhoff, Marion: Deutsches Soll und Haben; in: Die Zeit, Hamburg, 28. Dezember 1950; abgedruckt in: Bank deutscher Länder, Auszüge aus Presseartikeln, Nr. 1, 2. Januar 1951, S. 2 f.

Durrer, Marco: Die schweizerisch-amerikanischen Finanzbeziehungen im Zweiten Weltkrieg. Von der Blockierung der schweizerischen Guthaben in den USA über die »Safehaven«-Politik zum Washingtoner Abkommen (1941-1946). Bern, Stuttgart 1984.

QUELLEN- UND LITERATURVERZEICHNIS

Ebert, Kurt: Die neuen Anleihen nach der Londoner Schuldenregelung; in: Zeitschrift für das gesamte Kreditwesen, Jg. 6, 1953,
S. 627-629.

Ebert, Kurt: Die neuen Auslandsschuldverschreibungen der Bundesrepublik Deutschland; in: Wertpapier-Mitteilungen, Jg. 8, Sonderbeilage zu Teil IV B, Nr. 22, 29. Mai 1954.

Ebert, Kurt: Die Tilgung der derzeitigen Bundesschulden; in: Wertpapier-Mitteilungen, Jg. 10, Sonderbeilage 4/56 zu Teil IV B, Nr.
25, 23. Juni 1956.

Ebert, Kurt: Younganleihe und DM-Aufwertung; in: Wertpapier-
Mitteilungen, Teil IV, Jg. 16, Nr. 15, 14. April 1962, S. 438-455.

Elster, Karl: Von der Mark zur Reichsmark. Jena 1928.

Emminger, Otmar: Währungspolitische Betrachtungen. Berlin, München 1956.

Emminger, Otmar: D-Mark, Dollar, Währungskrisen. Erinnerungen
eines ehemaligen Bundesbankpräsidenten. Stuttgart 1986.

Erhard, Ludwig: Deutsche Wirtschaftspolitik; in: Wirtschaftsverwaltung, Jg. 1, 1948, Heft 1, S. 4-15.

Erhard, Ludwig: Die deutsche Wirtschaftspolitik im Blickfeld europäischer Politik; in: Albert Hunold (Hrsg.): Wirtschaft ohne Wunder. Erlenbach-Zürich 1953, S. 128-157.

Erler, Georg: Die Rechtsprobleme der deutschen Auslandsschulden-
regelung und ihre Behandlung auf der Londoner Schuldenkonferenz; in: Europa-Archiv, Jg. 7, 1952, S. 5165-5179.

Féaux de la Croix, Ernst: Betrachtungen zum Londoner Schulden-abkommen; in: Beiträge zum ausländischen öffentlichen Recht und Völkerrecht, Heft 29. Köln, Berlin 1954, S. 27-70.

Feldmann, Gerald D.: Vom Weltkrieg zur Weltwirtschaftskrise. Studien zur deutschen Wirtschafts- und Sozialgeschichte 1914-1932. Göttingen 1984.

Forbes, Neil: London banks, the German standstill agreements, and ›economic appeasement‹ in the 1930s; in: Economic History Review, Bd. 40, 1987, S. 571-587.

Frei, Daniel: Das Washingtoner Abkommen von 1946; in: Schweizerische Zeitschrift für Geschichte, Jg. 19, 1969, S. 567-619.

Friedensburg, Ferdinand: Die Weimarer Republik. Berlin 1946.

George, David Lloyd: Die Wahrheit über Reparationen und Kriegsschulden. Berlin 1932.

Gimbel, John: Amerikanische Besatzungspolitik in Deutschland 1945-1949. Frankfurt am Main 1971.

Glasemann, Hans-Georg: Die Konversionskasse für deutsche Auslandsschulden (1933-1975); in: Die Bank, H. 4, April 1990, S. 228-231.

Glasemann, Hans-Georg: Die Schattenquoten aus dem Londoner Schuldenabkommen; in: Die Bank, H. 6, Juni 1990, S. 347-353.

Glasemann, Hans-Georg/Korsch, Ingo: Hoffnungswerte. Ungeregelte Ansprüche aus Wertpapieremissionen vor 1945 und ihre Entschädigung nach der Wiedervereinigung. Wiesbaden 1991.

334

QUELLEN- UND LITERATURVERZEICHNIS

Goldmann, Nahum: Staatsmann ohne Staat. Köln 1970.

Grewe, Wilhelm: Die Grundentscheidung der Bundesrepublik; in: Frankfurter Allgemeine Zeitung, 22. Mai 1982.

Grüger, Franz: Wirkungen des Krieges und der Kriegsfolgen auf das deutsche Bankwesen mit einem Rückblick auf die Vorkriegszeit; in: Untersuchung des Bankwesens 1933, I. Teil, 1. Band, Berlin 1933, S. 23-55.

Gurski, Hans: Das Abkommen über deutsche Auslandsschulden und seine Durchführungsbestimmungen. Loseblatt-Sammlung, 2. Auflage, Köln 1955.

Haberler, Gottfried: Die Weltwirtschaft und das internationale Währungssystem in der Zeit zwischen den beiden Weltkriegen; in: Währung und Wirtschaft in Deutschland 1876-1975, herausgegeben von der Deutschen Bundesbank. Frankfurt am Main 1976, S. 205-248.

Haerdter, Robert: Antigermanismus? Israel, die Deutschen und die Bundesrepublik; in: Die Gegenwart, Nr. 15, 1. August 1951, S. 5 f.

Hahn, Hugo J.: Abschluß des Young-Anleihe-Schiedsgerichtsverfahrens?; in: Zeitschrift für das gesamte Kreditwesen, Jg. 33, H. 14, 15. Juli 1980, S. 670-676.

Haller, Heinz: Die Rolle der Staatsfinanzen für den Inflationsprozeß; in: Währung und Wirtschaft in Deutschland 1876-1975, herausgegeben von der Deutschen Bundesbank. Frankfurt am Main 1976, S. 115-155.

Hardach, Gerd: Währungskrise 1931: Das Ende des Goldstandards

1931; in: Finanz- und wirtschaftspolitische Fragen der Zwischen-kriegszeit, hrsg. von Harald Winkel. Berlin 1973, S. 121-133.

Hardach, Gerd: Weltmarktorientierung und relative Stagnation. Währungspolitik in Deutschland 1924-1931. Berlin 1976.

Hardach, Gerd: The Marshall Plan in Germany, 1948-1952; in: Journal of European Economic History, Jg. 16, 1987, S. 433-485.

Harmssen, G. W.: Reparationen, Sozialprodukt, Lebensstandard. Versuch einer Wirtschaftsbilanz, Heft 1. Bremen 1948.

Harris, Seymour E.: The Economic Recovery Program. Cambridge, Mass., 1948.

Heintze, Joachim: Die Wertpapiere der Konversionskasse; in: Zeitschrift für das gesamte Kreditwesen, Jg. 8, 1955, S. 149 f.

Helbich, Wolfgang J.: Die Reparationen in der Ära Brüning. Berlin 1962.

Helfferich, Karl: Die deutsche Währung im Jahre 1923. Leipzig 1931.

Hentschel, Volker: Zahlen und Anmerkungen zum deutschen Außenhandel zwischen dem Ersten Weltkrieg und der Weltwirtschaftskrise; in: Zeitschrift für Unternehmensgeschichte, Jg. 31, 1986. S. 95-116.

Herlt, Rudolf: Deutsche Auslandsbonds auf dem Inlandsmarkt; in: Die Welt, 4. Oktober 1955.

Hillgruber, Andreas: Europa in der Weltpolitik der Nachkriegszeit 1945-1963. München, Wien 1979.

QUELLEN- UND LITERATURVERZEICHNIS

Hirsch, Julius: Das amerikanische Wirtschaftswunder, Berlin 1926.

Hogan, Michael J.: The Marshall Plan. America, Britain, and the reconstruction of Western Europe, 1947-1952. Cambridge 1987.

Holtfrerich, Carl-Ludwig: Die deutsche Inflation 1914-1923. Berlin, New York 1980.

Höpfner, Bernd: Clearingdefizite im Großwirtschaftsraum. Der Verrechnungsverkehr des Dritten Reiches 1939-1945; in: Bankhistorisches Archiv, Jg. 14, 1988, S. 116-138.

Horstmann, Theo: Um »das schlechteste Bankensystem der Welt«. Die interalliierten Auseinandersetzungen über amerikanische Pläne zur Reform des deutschen Bankwesens 1945/46; in: Bankhistorisches Archiv, Jg. 11, 1985, S. 3-27.

Horstmann, Theo: Alliierte Bankpolitik nach dem Zweiten Weltkrieg in Westdeutschland – Neuordnung und Rekonzentration der deutschen Großbanken 1945-1956. Dissertation Bochum 1986.

Houwink ten Cate, Johannes: Hjalmar Schacht als Reparationspolitiker (1926-1930); in: Vierteljahrschrift für Sozial- und Wirtschaftsgeschichte, Bd. 74, 1987, S. 186-228.

Huhn, Rudolf: Die Wiedergutmachungsverhandlungen in Wassenaar; in: Wiedergutmachung in der Bundesrepublik Deutschland; hrsg. von Ludolf Herbst und Constantin Goschler. München 1989, S. 139-160.

Hurter, Edwin: Die liberalisierte Kapitalmark; in: Neue Zürcher Zeitung, Fernausgabe, 31. Januar 1958.

Irmler, Heinrich: Bankenkrise und Vollbeschäftigungspolitik (1931-1936); in: Währung und Wirtschaft in Deutschland 1876-1975, hrsg. von der Deutschen Bundesbank. Frankfurt am Main 1976, S. 283-329.

Jaeckel, Jörg: Verpflichtungen aus Vorkriegsanleihen (»Schattenquoten«); in: Wertpapier-Mitteilungen, Teil IV, Jg. 44, Nr. 42, 20. Oktober 1990, S. 1738.

Jaksch, Hans Jürgen: Kleine ökonometrische Modelle für sich rasch entwertende Währungen: Deutschland 1920/23 und Argentinien 1977/81; in: Ifo-Studien, Jg. 32, 1986, S. 241-274.

James, Harold: The Reichsbank and Public Finance in Germany 1924-1933. A Study of the Politics of Economics during the Great Depression. Frankfurt am Main 1985.

James, Harold: Deutschland in der Weltwirtschaftskrise 1924-1936. Stuttgart 1988.

Jelinek, Yeshayahu A.: Die Krise der Shilumim/Wiedergutmachungs-Verhandlungen im Sommer 1952; in: Vierteljahrshefte für Zeitgeschichte, Jg. 38, 1990, S. 113-139.

Jena, Kai v.: Versöhnung mit Israel? Die deutsch-israelischen Verhandlungen bis zum Wiedergutmachungsabkommen von 1952; in: Vierteljahrshefte für Zeitgeschichte, Jg. 34, 1986, S. 457-480.

Jerchow, Friedrich: Deutschland in der Weltwirtschaft 1944-1947. Alliierte Deutschland- und Reparationspolitik und die Anfänge der westdeutschen Außenwirtschaft. Düsseldorf 1978.

Jöhr, Walter Adolf: Schweizerische Kreditanstalt 1856-1956. Hundert Jahre im Dienste der schweizerischen Volkswirtschaft. Zürich 1956.

Kaplan, Jacob S./Schleiminger, Günther: The European Payments Union. Financial Diplomacy in the 1950s. Oxford 1989.

Kindleberger, Charles P.: Die Weltwirtschaftskrise. München 1973.

Die Korea-Krise als ordnungspolitische Herausforderung der deutschen Wirtschaftspolitik. Texte und Dokumente. Ein Symposion der Ludwig-Erhard-Stiftung Bonn am 7. November 1984 in Bonn. Stuttgart, New York 1986.

Krebs, Paul: Verträge müssen gehalten werden; in: Frankfurter Allgemeine Zeitung, 20. April 1953.

Krebs, Paul: Stillhaltung erfüllte ihren Zweck, in: Zeitschrift für das gesamte Kreditwesen, Jg. 7, 1954, S. 806-808.

Krebs, Paul: Artikel »Schuldenabkommen«; in: Handwörterbuch der Betriebswirtschaft, Band III. Stuttgart 1960, Sp. 4816-4829.

Krebs, Paul: »You just pay the amounts due ...«. Vor 25 Jahren ist der Anlauf zu den Londoner Schuldenverhandlungen genommen worden; in: Börsen-Zeitung, Frankfurt, Nr. 253, Jahresschlußausgabe 1976, S. 13.

Kreikamp, Hans-Dieter, Deutsches Vermögen in den Vereinigten Staaten. Die Auseinandersetzung um seine Rückführung als Aspekt der deutsch-amerikanischen Beziehungen 1952-1962. Stuttgart 1979.

Kreikamp, Hans-Dieter: Zur Entstehung des Entschädigungsgesetzes der amerikanischen Besatzungszone; in: Wiedergutmachung in der Bundesrepublik Deutschland, hrsg. von Ludolf Herbst und Constantin Goschler. München 1989, S. 61-75.

Kretzschmar, Winfried W.: Auslandshilfe als Mittel der Außenwirtschafts- und Außenpolitik. München 1964.

Krohn, Claus-Dieter: Stabilisierung und ökonomische Interessen. Die Finanzpolitik des Deutschen Reiches 1923-1927. Düsseldorf 1974.

Kroll, Gerhard: Von der Weltwirtschaftskrise zur Staatskonjunktur. Berlin 1958.

Krüger, Peter: Die Außenpolitik der Republik von Weimar. Darmstadt 1985.

Kuklick, Bruce: American Policy and the Division of Germany. The Clash with Russia over Reparations. Ithaca, London 1972.

Lademacher, Horst: Zur Bedeutung des Petersberger Abkommens vom 22. November 1949; in: Josef Foschepoth (Hrsg.): Kalter Krieg und Deutsche Frage. Deutschland im Widerstreit der Mächte 1945-1952. Göttingen, Zürich 1985, S. 240-265.

Lenz, Otto: Im Zentrum der Macht. Düsseldorf 1990.

Link, Werner: Deutsche und amerikanische Gewerkschaften und Geschäftsbanken 1945-1975, Düsseldorf 1978.

Löffelholz, Josef: Die Geschichte der Banken; in: Karl Theisinger/Josef Löffelholz: Die Bank. Lehrbuch und Nachschlagewerk des Bank- und Sparkassenwesens. Erster Band: Geld- und Bankorganisation. Wiesbaden 1952, S. 1-32.

Lüke, Rolf E.: Von der Stabilisierung zur Krise. Zürich 1958.

Luther, Hans: Vor dem Abgrund 1930-1933. Reichsbankpräsident in Krisenzeiten. Berlin 1964.

Magnus, Kurt: Eine Million Tonnen Kriegsmaterial für den Frieden. Die Geschichte der StEG. München 1954.

Marcus, Alfred: Kreuger & Toll als Wirtschaftsstaat und Weltmarkt. Zürich, Leipzig 1932.

Maxelon, Michael-Olaf: Stresemann und Frankreich 1914-1929. Deutsche Politik der Ost-West-Balance. Düsseldorf 1972.

Meinck, Gerhard: Hitler und die deutsche Aufrüstung 1933-1937. Wiesbaden 1959.

Merton, Richard: Erinnernswertes aus meinem Leben, das über das Persönliche hinausgeht. Frankfurt am Main 1955.

Mühlen, Norbert: Der Zauberer. Zürich 1938.

Müller, Helmut: Die Zentralbank – eine Nebenregierung. Reichsbankpräsident Hjalmar Schacht als Politiker der Weimarer Republik. Opladen 1973.

Neebe, Reinhard: Technologietransfer und Außenhandel in den Anfangsjahren der Bundesrepublik Deutschland; in: Vierteljahrsschrift für Sozial- und Wirtschaftsgeschichte, Bd. 76, 1989, S. 49-75.

Neumark, Fritz: Vom Dawes-Gutachten zum Young-Plan; in: Bankwissenschaft, Jg. 6, 1929/30, S. 302-314.

Neumark, Fritz: Neue Ideologien der Wirtschaftspolitik. Leipzig, Wien 1936.

Neumark, Fritz: Zur Finanzgeschichte der Weimarer Republik; in: Finanzarchiv, Bd. 35, 1976/77, S. 351-366.

Nübel, Otto: Die amerikanische Reparationspolitik gegenüber Deutschland 1941-1945. Frankfurt am Main 1980.

Pentzlin, Heinz: Hinter dem Rücken der Schuldner; in: Deutsche Zeitung und Wirtschaftszeitung, 22. Dezember 1951.

Pentzlin, Heinz: Hjalmar Schacht. Berlin, Frankfurt am Main, Wien 1980.

Pfleiderer, Otto: Die Reichsbank in der Zeit der großen Inflation, die Stabilisierung der Mark und die Aufwertung von Kapitalforderungen; in: Währung und Wirtschaft in Deutschland 1876-1975, herausgegeben von der Deutschen Bundesbank. Frankfurt am Main 1976, S. 157-201.

Pohl, Manfred: Wiederaufbau. Kunst und Technik der Finanzierung 1947-1953. Frankfurt am Main 1973.

Pohl, Manfred (Hrsg.): Hermann J. Abs. Eine Bildbiographie. Mainz 1981.

Radkau, Joachim: Entscheidungsprozesse und Entscheidungsdefizite in der deutschen Außenwirtschaftspolitik 1933-1940; in: Geschichte und Gesellschaft, Jg. 2, 1976, S. 33-65.

Rendel, George: The Sword and the Olive. Recollections of Diplomacy and the Foreign Service 1913-1954. London 1957.

Reuter, Franz: Schacht. Stuttgart 1937.

Richebächer, Kurt: Im Hintergrund das Auswärtige Amt; in: Der Volkswirt, Jg. 7, Nr. 9, 28. Februar 1953, S. 9 f.

Röpke, Wilhelm: Das deutsche Wirtschaftsexperiment – Beispiel und Lehre; in: Albert Hunold (Hrsg.): Vollbeschäftigung, Inflation und Planwirtschaft. Erlenbach-Zürich 1951, S. 261-312.

Salin, Edgar: Die wirtschaftlich-politische Situation in Westdeutschland; in: Basler Nachrichten, Nr. 177 und 179 vom 27. und 28. April 1950; abgedruckt in: Bank deutscher Länder, Auszüge aus Presseartikeln, Nr. 51, 5. Mai 1950, S. 1 f.

Salin, Edgar: Die Überbrückung der westdeutschen Zahlungskrise; in: Basler Nachrichten, Nr. 541, 545 und 547 vom 19., 21. und 22. Dezember 1950.

Salin, Edgar: Westdeutsche Kreditpolitik im Schwebezustand; in: Basler Nachrichten, Nr. 266, 27. Juni 1952; abgedruckt in: Bank deutscher Länder, Auszüge aus Presseartikeln, Nr. 74, 2. Juli 1952, S. 1-3.

Salin, Edgar: Eberhard Gothein; in: Kyklos, Bd. 7, 1954, S. 73-90.

Schacht, Hjalmar: 76 Jahre meines Lebens. Bad Wörishofen 1953.

Schaffner, Peter F.: Die Regelung der verbrieften Auslandsschulden des Deutschen Reichs innerhalb des Londoner Schuldenabkommens – ein taugliches Modell zur Bereinigung gouvernementaler Auslandsschulden? Diss. Würzburg 1987.

Schlieper, Gustaf: Die Entwicklung des Stillhalteabkommens; in: Bank-Archiv, Jg. 33, 1933/34, S. 234-238.

Schmieding, Holger: Der Übergang zur Marktwirtschaft: Gemeinsamkeiten und Unterschiede zwischen Westdeutschland 1948 und Mittel- und Osteuropa heute; in: Die Weltwirtschaft, 1990, H. 1, S. 149-160.

Schröder, Hans-Jürgen (Hrsg.): Marshallplan und westdeutscher Wiederaufstieg. Stuttgart 1990.

Schwarz, Hans-Peter: Die Ära Adenauer. Gründerjahre der Republik 1949-1957. Stuttgart, Wiesbaden 1981.

Schwarz, Hans-Peter: Die Eingliederung der Bundesrepublik in die westliche Welt; in: Ludolf Herbst, Werner Bührer und Hanno Sowade (Hrsg.): Vom Marshallplan zur EWG. Die Eingliederung der Bundesrepublik Deutschland in die westliche Welt. München 1990, S. 593-612.

Seidler, Erwin: Die Belastung der Bundesrepublik aus der Übernahme von Schulden des Deutschen Reiches; in: Bulletin des Presse- und Informationsamtes der Bundesregierung, Nr. 206, 3. November 1961, S. 1941 f.

Shinnar, Felix E.: Bericht eines Beauftragten. Die deutsch-israelischen Beziehungen 1951-1966. Tübingen 1967.

Simon, H. A.: Das Baseler Stillhalteabkommen; in: Bank-Archiv, Jg. 30, 1930/31, S. 506-514.

Simon, H. A.: Das neue Stillhalteabkommen; in: Bank-Archiv, Jg. 31, 1931/32, S. 180-185, 201-208, 229-234.

Simon, H. A.: Die Fortsetzung der Stillhaltung nach Kriegsausbruch; in: Bank-Archiv, Jg. 1940, S. 53-55, 74-77.

Simon, H. A.: Die Stillhaltung von 1941; in: Bank-Archiv, Jg. 1941, S. 245-248.

Skaupy, Walther: Deutsche Dollarbonds in den Vereinigten Staaten; in: Zeitschrift für das gesamte Kreditwesen, Jg. 8, 1955, S. 98-102.

344

Stein, Heinrich: Handel mit deutschen Auslandsbonds; in: Wertpapier-Mitteilungen, Teil IV B, Jg. 10, Nr. 2, 14. Januar 1956, S. 46-53.

Stucken, Rudolf: Geldpolitik und Vollbeschäftigung; in: Deutsche Geldpolitik. Schriften der Akademie für Deutsches Recht, Gruppe Wirtschaftswissenschaft, Nr. 4. Berlin 1941, S. 251-269.

Stucken, Rudolf: Schaffung der Reichsmark, Reparationsregelungen und Auslandsanleihen, Konjunkturen (1924-1930); in: Währung und Wirtschaft in Deutschland 1876-1975, herausgegeben von der Deutschen Bundesbank. Frankfurt am Main 1976, S. 249-281.

Thomä, Karl Eugen: Die Freigabe des deutschen Vermögens in der Schweiz im Lichte des deutschen Verfassungsrechts; in: Der Schutz des privaten Eigentums im Ausland. Festschrift für Hermann Janssen. Heidelberg 1958, S. 203-224.

Trachtenberg, Marc: Reparations in World Politics. New York 1980.

Trautmann, Walter: Handelspolitik und Schuldentransfer; in: Vereinigte Wirtschaftsdienste, 19. August 1952; abgedruckt in: Bank deutscher Länder, Auszüge aus Presseartikeln, Nr. 95, 20. August 1952, S. 4-6.

Tüngeler, Johannes: Die ersten Stunden; in: Beiträge zur Bankgeschichte. Sonderbeilage der Zeitschrift für das gesamte Kreditwesen (Beilage 1 zu Heft 17 vom 1. September 1979).

Unger, Fritz E.: Das Deutsche Kreditabkommen 1952; in: Zeitschrift für das gesamte Kreditwesen, Jg. 5, 1952, S. 441 f.

Urner, Klaus: Emil Puhl und die Schweizerische Nationalbank. Zur Kontroverse um das deutsche Raubgold im Zweiten Weltkrieg; in: Schweizer Monatshefte, Jg. 65, 1985, S. 623-631.

Vogel, Georg: Diplomat unter Hitler und Adenauer. Düsseldorf, Wien 1969.

Vogel, Rolf (Hrsg.): Deutschlands Weg nach Israel, Stuttgart 1967.

Vogler, Robert: Der Goldverkehr der Schweizerischen Nationalbank mit der Deutschen Reichsbank 1939-1945; in: Geld, Währung und Konjunktur, hrsg. von der Schweizerischen Nationalbank, Jg. 3, 1985, H. 1, S. 70-78.

Vogt, Martin (Hrsg.): Die Entstehung des Young-Plans. Boppard 1970.

Volle, Hermann: Das Wiedergutmachungsabkommen zwischen der Bundesrepublik Deutschland und dem Staate Israel; in: Europa-Archiv, Jg. 8, H. 8, 20. April 1953, S. 5619-5628.

Wandel, Eckhard: Hans Schäffer. Steuermann in wirtschaftlichen und politischen Krisen. Stuttgart 1974.

Wanner, Eckhardt: Ein Zündholzfabrikant finanziert das Reich; in: Die Bank, H. 4, 1983, S. 188-190.

Wegerhoff, Susanne: Die Stillhalteabkommen 1931-1933. Internationale Versuche zur Privatschuldenregelung unter den Bedingungen des Reparations- und Kriegsschuldensystems. Dissertation, München 1982.

Weigert, Oskar: Die Entwicklung des Beschäftigungsgrades und der Arbeitslosigkeit; in: Friedrich Raab (Hrsg.): Das Wirtschaftsjahr. Tatsachen, Entwicklungsbedingungen und Aussichten der deutschen Volkswirtschaft 1932/33. Leipzig 1933, S. 137-154.

Weitnauer, H.: Das Londoner Schuldenabkommen und seine Ausführung. Düsseldorf 1953.

Welter, Erich: Dreifache Krise. Die deutsche Wirtschaft im Jahre
1930. Frankfurt am Main 1931.

Welter, Erich: Der Krach von 1931. Frankfurt am Main 1932.

Die Wertsicherung der Young-Anleihe. Das Urteil des Schiedsgerichtshofes für das Abkommen über deutsche Auslandsschulden
vom 16. Mai 1980, hrsg. von Peter Behrens. Tübingen 1984.

West, Paul: Tauziehen um die Schuldenregelung; in: Frankfurter
Allgemeine Zeitung, 4. März 1952.

Winkel, Harald: Die Wirtschaft im geteilten Deutschland 1945-1970.
Wiesbaden 1974.

Wolany, J.: Sieben Jahre Londoner Schuldenabkommen; in: Wertpapier-Mitteilungen, Teil IV B, Jg. 14, Nr. 40, 1. Oktober 1960,
S. 1106-1117.

Wolff, Salomon: Frankreich und sein Gold. Frankfurt am Main 1933.

Wolff, Salomon: »Gold, das Zinsen trägt«. Zur Emission der französischen Staatsanleihe; in: Neue Zürcher Zeitung, Fernausgabe,
28. Mai 1952.

Wolffsohn, Michael: Die Wiedergutmachung und der Westen – Tatsachen und Legenden; in: Aus Politik und Zeitgeschichte, Nr. 16/
17, 18. April 1987, S. 19-29.

Wolffsohn, Michael: Das deutsch-israelische Wiedergutmachungsabkommen von 1952 im internationalen Zusammenhang; in: Vierteljahrshefte für Zeitgeschichte, Jg. 36, 1988, S. 691-731.

Wolffsohn, Michael: Globalentschädigung für Israel und die Juden? Adenauer und die Opposition in der Bundesregierung; in: Wiedergutmachung in der Bundesrepublik Deutschland, hrsg. von Ludolf Herbst und Constantin Goschler. München 1989, S. 161-190.

Wurm, Clemens A.: Frankreich, die Reparationen und die interalliierten Schulden in den 20er Jahren; in: Die Nachwirkungen der Inflation auf die deutsche Geschichte 1924-1933, hrsg. von Gerald D. Feldman unter Mitarbeit von Elisabeth Müller-Luckner. München 1985, S. 315-334.

4. Periodika

Allgemeine Wochenzeitung der Juden in Deutschland

Auszüge aus Presseartikeln, hrsg. von der Bank deutscher Länder bzw. der Deutschen Bundesbank

The Banker

Börsen-Zeitung

Bulletin des Presse- und Informationsamts der Bundesregierung

Der Bund

Bundesanzeiger

Bundesgesetzblatt

QUELLEN- UND LITERATURVERZEICHNIS

Bundesverband deutscher Banken, Rundschreiben

Department of State Bulletin

Deutsche Bank und Disconto-Gesellschaft, Wirtschaftliche Mitteilungen

Der deutsche Volkswirt

Deutsche Woche

Deutsche Zeitung und Wirtschaftszeitung

Deutscher Kurier

Deutscher Reichsanzeiger und Preußischer Staatsanzeiger

The Economist

Europa-Archiv

Financial Times

Finanz und Wirtschaft

Frankfurter Allgemeine Zeitung

Frankfurter Neue Presse

Frankfurter Rundschau

Frankfurter Zeitung

QUELLEN- UND LITERATURVERZEICHNIS

Handelsblatt

Industriekurier

Jewish Chronicle

Mitteilungen des BDI

Monatsberichte der Bank deutscher Länder bzw. der Deutschen Bundesbank

Die Neue Zeitung

Neue Zürcher Zeitung

Neuer Vorwärts

New York Times

News Chronicle

Nürnberger Nachrichten

Pressedienst Wirtschafts- und Sozialpolitik

Reichsgesetzblatt

Rheinisch-Westfälische Bank, Wirtschaftsberichte

Schweizerischer Bankverein, Bulletin

Der Spiegel

QUELLEN- UND LITERATURVERZEICHNIS

Stuttgarter Zeitung

Süddeutsche Zeitung

Die Tat

The Times

Der Volkswirt

Die Welt

Welt am Sonntag

Wirtschaft und Statistik

ABKÜRZUNGEN

AHK	Alliierte Hohe Kommission
BA	Bundesarchiv
BdL	Bank deutscher Länder
BGBl.	Bundesgesetzblatt
BIZ	Bank für Internationalen Zahlungsausgleich
DAS	Deutsche Auslandsschulden
DAV	Deutsches Auslandsvermögen
ECA	Economic Cooperation Administration
ERP	European Recovery Program
EZU	Europäische Zahlungsunion
FO	Foreign Office
FRUS	Foreign Relations of the United States of America
GARIOA	Government and Relief in Occupied Areas
HABBk	Historisches Archiv der Deutschen Bundesbank
HADB	Historisches Archiv der Deutschen Bank
ISG	Intergovernmental Study Group
JEIA	Joint Export Import Agency
JFEA	Joint Foreign Exchange Agency
NA	National Archives
NL	Nachlaß
OEEC	Organization for European Economic Cooperation
Oficomex	Office du Commerce Extérieur
PA/AA	Politisches Archiv des Auswärtigen Amts
PRO	Public Record Office
QR	Quantitative Receipt
RG	Record Group
SIM	Surplus Incentive Material
STEG	Staatliche Erfassungsgesellschaft für öffentliches Gut
UB	Universitätsbibliothek
UK	United Kingdom

Personenverzeichnis

Kursiv gedruckte Seitenzahlen verweisen auf die Anmerkungen. Die aufgeführten Funktionen beziehen sich lediglich auf die Zeit der Erwähnung im Text.

Abbott, J. E., britisches Schatzministerium 292, *305*.

Acheson, Dean (1893-1971), Außenminister der Vereinigten Staaten 1949-1953 64, 135, 171, 198, *288*, *300, 311*.

Adenauer, Konrad (1876-1967), Bundeskanzler 1949-1963 55 f., 64, 67-77, 79, 84, 90-92, 94-96, 98, 101, 104, 111, 113, 123-129, 131 f., 135-137, 139 f., 144 f., 152, 154-156, 159, 161 f., 165, 197-199, 201 f., 209 f., 215, 227, 243, 246, 268, 271, *283*, *286 f.*, *289, 291, 294-300, 302-304, 309, 311, 315 f., 319*.

Albrecht, Karl (1902-1976), Marshallplan-Ministerium 1949-1953 *313*.

Baade, Fritz (1893-1974), Mitglied des Bundestages 1949-1965 244, *284*.

Bachmann *292*.

Baker *297*.

Barou, Noah (1889-1955), Mitglied der israelischen Delegation bei den Verhandlungen in Den Haag 138.

Baur, Bruno (1915-1985), Regierungsrat im Marshallplan-Ministerium 203, *296, 304, 307 f., 310, 312 f.*

Bechtolf, Erich (1891-1969), Vorstandsmitglied der Norddeutschen Bank 1952-1957 *296*.

Begin, Menachem, israelischer Politiker (* 1913) 125.

Berg, Fritz (1901-1979), Präsident des Bundesverbandes der Deutschen Industrie 1949-1971 *294*.

Berger, Hugo-Fritz (* 1887), Ministerialdirigent im Reichsfinanzministerium *288, 303, 305*.

Bernard, Karl (1890-1972), Präsident des Zentralbankrats der Bank deutscher Länder 1948-1957 56, *301, 313*.

Bevin, Ernest (1881-1951), britischer Außenminister 1945-1951 64, *294*.

Beyer, Paul (1889-1969), Geschäftsführendes Vorstandsmitglied des Deutschen Industrie- und Handelstages 1950-1960 *294 f.*

Blankenhorn, Herbert (* 1904), Leiter der Verbindungsstelle zur Alliierten Hohen Kommission im Bundeskanzleramt 1949-1951, Leiter der Politischen Abteilung des Auswärtigen Amts 1951-1953 66, 77, 89, 124, 131, 136, 159, *284 f.*, *287, 290 f.*, *293, 295, 297, 301, 311, 316, 318*.

Blessing, Karl (1900-1971), Mitglied des Reichsbankdirektoriums 1937-1939 28.

Blücher, Franz (1896-1959), Bundesminister für Angelegenheiten des Marshallplanes 1949-1953 56, 62, 69 f., 73, 84, 90 f., 98, 116, 124, 126, 155, 180 f., *283, 286, 290, 292, 294-300, 302, 307-310, 312-314, 317*.

Boden, Hans Constantin (1893-1970), stellvertretender Vorsitzender des Vorstands der Allgemeinen Elektricitäts-Gesellschaft 111, 115.

Böhm, Franz (1895-1977), Professor an der Universität Frankfurt am Main 1946-1962 129-131, 135 f., 155-157, 159, 197-201, *297, 311*.

353

Stevens, Roger B. (* 1906), stellvertretender Unterstaatssekretär im Foreign Office 1948-1951 *287 f.*, *292.*

Stimson, Henry L. (1867-1950), Außenminister der Vereinigten Staaten 1929-1933 27.

Stresemann, Gustav (1878-1929), Reichskanzler 1923, Reichsaußenminister 1923-1929 4 f., 12, 18 f.

Stucki, Walter (1888-1963), Delegierter des Schweizer Bundesrates für Spezialmissionen 225, 228, 231 f., 234 f., 240, 316 f.

Symons, Ronald S. (* 1904), britisches Schatzministerium *293.*

Tiarks, Frank C. (1874-1952), Teilhaber von J. Henry Schroder & Co. 27.

Tomberg, Willy (1899-1979), Direktor der Bank deutscher Länder *300, 314.*

Treue, Hans (1898-1978), Mitglied des Direktoriums der Bank deutscher Länder 1948-1953 *284.*

Troeger, Heinrich (1901-1975), Vizepräsident der Deutschen Bundesbank 1958-1969 *317.*

Trützschler von Falkenstein, Heinz (1902-1971), Legationsrat I im Auswärtigen Amt *299, 309.*

Truman, Harry S. (1884-1972), Präsident der Vereinigten Staaten 1945-1953 45.

Turowski, Oberregierungsrat im Marshallplan-Ministerium *290.*

Veith, Werner, Rechtsanwalt 115.

Vieli, Pierre (* 1890), Mitglied der Generaldirektion der Schweizerischen Kreditanstalt 1937-1952 174.

Vocke, Wilhelm (1886-1973), Präsident des Direktoriums der Bank

deutscher Länder 1948-1957 56, 59, 69, 77-79, 109, 115 f., 145, 152, 155, 236, 252, 260, *282-284, 286, 288, 294 f., 301-303, 311, 314, 320 f.*

Vögler, Albert (1877-1945), Generaldirektor der Vereinigten Stahlwerke 18.

Vogel, Georg (* 1903), Ministerialrat (Ministerialdirigent 1952) im Marshallplan-Ministerium 68, 106, 126 f., 180, 182, 205, 207-209, *285, 290, 292, 294, 296-300, 308 f., 313 f., 317 f.*

Vogel, Otto A. H. (1894-1983), Vizepräsident des Bundesverbandes der Deutschen Industrie *294.*

Waley, Sir David (1887-1962) 83.

Wallenborg, Ebbe (1911-1987), Direktor der Stockholms Enskilda Bank *306.*

v. Walther, Gebhardt (1902-1982), deutsche Vertretung in Paris *318.*

Ward, John G. (* 1909), stellvertretender britischer Hoher Kommissar für Deutschland 1951-1954 *287, 291.*

Warner, E. R., Foreign Office *299.*

Wegmann, Bernhard (* 1902), Sekretär des Bundesratsausschusses für Auswärtige Angelegenheiten *300.*

Weiz, Gerhart (1906-1983), Legationsrat I im Auswärtigen Amt 68, 240, *287, 290-292, 295, 299-301, 303, 309 f., 316, 318.*

Wellhausen, Hans (1894-1964), Mitglied des Bundestages 1949-1957 113, 243, *294.*

Westrick, Ludger (1894-1990), Staatssekretär im Bundeswirtschaftsministerium 1951-1963 202, *305.*

Wiggin, Albert H. (1868-1951), amerikanischer Bankier 28.

Wilhelm, Karl Friedrich (1889-1959),

Mitglied des Direktoriums der Bank deutscher Länder 1948-1953 *294*.

Wilmanns *300*.

Wilson *300*.

Wilson, Woodrow (1856-1924), Präsident der Vereinigten Staaten 1913-1921 7.

Wirth, Joseph (1879-1956), Reichskanzler 1921-1922 10.

Wolf, Eduard (1903-1964), Mitglied des Direktoriums der Bank deut-

scher Länder bzw. der Deutschen Bundesbank 1951-1964 153.

Wolf, Louis (1891-1973) 142, *283 f*.

Wolff, Bernhard (1886-1970), Ministerialdirektor im Bundesfinanzministerium 1949-1954 106, 198, 228, 230, 232, 234, *285*, *288-291*, *293*, *299 f.*, *309*, *311*, *316 f*.

Wollnik, Josef, Vorsitzender des Vorstands der STEG *313*.

Young, Owen D. (1874-1962) 18.

SACHVERZEICHNIS

SACHVERZEICHNIS

Bildnachweis